高职高专
市场营销专业 精品规划教材

市场营销（第二版）

○ 魏玉芝　沙　粒　　　／主　编
○ 褚笑清　杜　琳　陈奇琦／副主编

SHICHANG
YINGXIAO

清华大学出版社
北　京

内 容 简 介

本书是为了适应我国高等职业教育市场营销教学需要而编写的,共 12 章,主要内容包括:营销概述、营销环境分析、购买行为分析、市场调查、目标市场战略、市场竞争战略、产品策略、定价策略、分销渠道策略、促销策略、营销组织与控制、市场营销的新发展。本书在理论上做到适度与够用,突出实战性与应用性,贴近高等职业教育教学实践,更好地体现了高等职业教育知识性与职业性相结合的特色。本书每章有学习目标、导入案例,正文中有小资料、小思考等栏目,章末有本章小结、同步训练。

本书可供高职高专相关专业学生使用,也可作为广大企业管理人员与市场营销爱好者自学提高的参考书。

本书封面贴有清华大学出版社防伪标签,无标签者不得销售。
版权所有,侵权必究。举报:010-62782989,beiqinquan@tup.tsinghua.edu.cn。

图书在版编目(CIP)数据

市场营销/魏玉芝,沙粒主编. ——2 版. ——北京:清华大学出版社,2013(2021.1重印)
高职高专市场营销专业精品规划教材
ISBN 978-7-302-33763-8

Ⅰ. ①市… Ⅱ. ①魏… ②沙… Ⅲ. ①市场营销学—高等职业教育—教材 Ⅳ. ①F713.50

中国版本图书馆 CIP 数据核字(2013)第 211413 号

责任编辑:左卫霞
封面设计:于晓丽
责任校对:袁　芳
责任印制:宋　林

出版发行:清华大学出版社
　　网　　址:http://www.tup.com.cn,http://www.wqbook.com
　　地　　址:北京清华大学学研大厦 A 座　　　　邮　编:100084
　　社 总 机:010-62770175　　　　　　　　　　　邮　购:010-62786544
　　投稿与读者服务:010-62776969,c-service@tup.tsinghua.edu.cn
　　质量反馈:010-62772015,zhiliang@tup.tsinghua.edu.cn
　　课件下载:http://www.tup.com.cn,010-62795764
印 装 者:北京九州迅驰传媒文化有限公司
经　　销:全国新华书店
开　　本:185mm×260mm　　印　张:18.5　　字　数:443 千字
版　　次:2008 年 12 月第 1 版　2013 年 11 月第 2 版　印　次:2021 年 1 月第 6 次印刷
定　　价:56.00 元

产品编号:050840-02

第二版前言

《市场营销》(第一版)2008年出版以后,因实用性较强,尤其注重学生营销技能的培养,受到老师与学生的好评。由于市场营销环境的不断发展变化,企业的营销活动也在不断地变化与调整,为了保证市场营销教学的时效性,本教材也做了相应的调整,进行了修订再版。

修订以后的教材,增加了"市场竞争战略"一章,补充了网络营销的方法以及相关内容;并结合企业营销实战的新变化,更换了90%左右的营销案例;出于实际教学效果的考虑,删除了原教材第7章的内容;把原教材第5章与第6章合并为一章;在第12章中增加了服务营销的内容。希望通过这样的调整,既方便老师的教学,又能提高学生学习的兴趣。

本教材从职业岗位能力要求和企业市场营销工作过程出发,分为营销概述、营销环境分析、购买行为分析、市场调查、目标市场战略、市场竞争战略、产品策略、定价策略、分销渠道策略、促销策略、营销组织与控制、市场营销的新发展共12章。在科学阐述市场营销理论的基础上,坚持理论联系实际,结合当前我国企业市场营销面临的现实问题,精选大量案例,设计实训任务,引导学生分析讨论案例,完成实训任务,从而使学生在掌握营销理论与方法的基础上,重点培养自己的实践能力。本教材以"理论够用、学以致用"为原则,每章关键概念都特别加以注明。在介绍基础知识和基本方法的同时,通过"导入案例"、"案例分析"、"小资料"、"小思考"等栏目,加入大量有价值的参考案例。另外,为了更加适应高职高专教学特点,正文中附加了很多图表。本教材在每一章后还针对教学内容编排了同步训练,突出了内容的实用性、方法的训练性及体系的逻辑性。

本教材由辽宁商贸职业学院魏玉芝、辽宁省信息中心沙粒担任主编,魏玉芝负责拟定编写大纲,组织协调统筹定稿。褚笑清(大连水产职业技术学院)、杜琳(沈阳理工大学应用技术学院)与陈奇琦(辽宁商贸职业学院)担任副主编。参加编写人员的具体分工是:魏玉芝编写第1章,沙粒编写第4章、第5章、第11章,杜琳编写第3章、第10章,褚笑清编写第9章、第12章,陈奇琦编写第6~8章。另外,辽宁商贸职业学院的王玲老师与逄晓彤老师参与了资料搜集工作。

本教材在编写过程中,得到清华大学出版社职业教育分社编辑的鼎力支持,在此向他们致以衷心的谢意!

本教材的编写参考了较多文献资料,对这些文献资料的原创者致以诚挚的感谢。由于编者学识、眼界及经验的局限,书中缺点、错误在所难免,希望读者提出批评和建议。

编 者

2013年7月

第一版前言

随着我国改革开放的不断深入和市场经济的迅速发展，全世界的交流和沟通变得越来越频繁和通畅，市场营销学这门学科也受到越来越广泛的关注。在当今市场经济快速发展的激烈竞争中，企业面临的竞争实际上是一种顾客注意力的竞争、民意的竞争、传播的竞争、关系的竞争，而市场营销是提高企业竞争力的关键。

近年来，我国高职高专教育有了长足的发展，但适合高职高专教育特色的教材并不多。市场营销是一门实践性很强的学科，因此本教材突出实践性、应用性的原则，重视理论联系实际，立足于市场营销基础知识，突出了案例教学，并将近年来企业界、学术界的最新动态有机地穿插到各部分内容中，便于学生掌握和运用市场营销学的基本理论和方法。另外，为了适应市场营销实践教学的需要，培养与提高学生的营销能力与技巧，本教材另有配套的实训教材陆续出版。

本书根据高职高专市场营销课程的教学基本要求编写。全书共分13章，主要内容包括认识市场营销，分析市场机会，选择目标市场，设计营销组合，管理营销活动五大方面。其中第1章导论，介绍市场营销的基本知识，认识市场营销；第2～4章主要介绍市场机会分析与分析方法；第5、6两章着重介绍目标市场选择的步骤；第7～11章主要阐述4P营销组合策略；第12章主要是对管理营销活动的分析；第13章主要介绍市场营销的新发展。本书以"理论够用、学以致用"为原则，文中重点概念用黑体标出，在介绍基础知识和基本方法的同时，通过"导入案例"、"案例分析"、"小资料"等版块，加入了大量有价值的参考案例。另外，为了更加适应高职高专教学特点，使内容更直观，书中附加了很多图表。每一章后还针对教学内容编排了关键概念、思考与练习、案例分析、技能训练等习题，突出了内容的实用性、方法的训练性及体系的逻辑性。

本书由辽宁商贸职业学院魏玉芝教授担任主编，负责拟定编写大纲，组织协调统筹定稿。杜琳（沈阳理工大学应用技术学院）、公丕国（沈阳理工大学应用技术学院）与杨光明（辽宁省财政厅预算处副处长）担任副主编。参编人员的具体分工是：魏玉芝编写第1章、第2章、第4～8章，杜琳编写第3章、第11章，公丕国编写第9章、第10章，杨光明编写第13章，苗晓艳（大连软件职业学院）编写第12章。另外，辽宁商贸职业学院的蔡蓉老师与赵素宁老师参与了资料搜集工作。

本书将营销理论与企业实践紧密结合，深入浅出、重点突出，可作为专科院校、高等职业学院、中职中专院校、成人教育学院经管类专业教材，也可供开设本课程的其他专业作为教材使用，还可作为企业管理人员和从事市场营销工作人员的参考书。

本教材的编写参考了较多文献资料，在此，对这些文献资料的原创者致以诚挚的感谢。由于编写者经验的局限，书中缺点在所难免，希望读者提出批评和改进意见。

编　者

2008年9月

目　　录

第1章　营销概述 … 1
1.1　市场营销和市场营销学 … 1
1.1.1　市场营销 … 1
1.1.2　市场营销学 … 6
1.2　市场营销观念 … 8
1.2.1　市场营销观念的演变 … 8
1.2.2　市场营销观念的发展 … 13
1.2.3　各种市场营销观念的比较 … 14
本章小结 … 15
同步训练 … 15

第2章　营销环境分析 … 18
2.1　市场营销环境概述 … 19
2.1.1　市场营销环境 … 19
2.1.2　市场营销宏观环境 … 19
2.1.3　市场营销微观环境 … 29
2.2　SWOT分析法 … 32
2.2.1　SWOT分析法的主要内容 … 32
2.2.2　SWOT分析的步骤 … 34
本章小结 … 35
同步训练 … 35

第3章　购买行为分析 … 39
3.1　消费者市场购买行为分析 … 40
3.1.1　消费者行为模式 … 40
3.1.2　影响消费者行为特征的因素 … 41
3.1.3　消费者购买行为类型和购买决策过程 … 45
3.2　组织者市场购买行为分析 … 48
3.2.1　组织市场的类型 … 48
3.2.2　组织市场的特点 … 49
3.2.3　生产者购买行为分析 … 50

本章小结 ·· 54
同步训练 ·· 54

第4章 市场调查 ·· 57

4.1 市场调查概述 ··· 58
4.1.1 市场调查 ·· 58
4.1.2 市场调查的范围与分类 ··· 60

4.2 市场调查的程序与方法 ·· 64
4.2.1 市场调查的程序 ·· 64
4.2.2 市场调查的方法 ·· 65

4.3 市场预测的主要技术 ··· 69
4.3.1 市场预测的一般问题 ·· 69
4.3.2 市场预测的基本方法 ·· 73

本章小结 ·· 74
同步训练 ·· 74

第5章 目标市场战略 ·· 78

5.1 市场细分 ·· 79
5.1.1 市场细分的概念与作用 ··· 79
5.1.2 市场细分的标准 ·· 82
5.1.3 市场细分的方法与步骤 ··· 90

5.2 目标市场选择策略 ·· 93
5.2.1 目标市场与目标市场营销 ··· 93
5.2.2 目标市场选择 ··· 95
5.2.3 目标市场的选择模式 ·· 99
5.2.4 目标市场策略 ··· 100

5.3 市场定位 ·· 107
5.3.1 市场定位概述 ··· 107
5.3.2 市场定位策略 ··· 113

本章小结 ·· 116
同步训练 ·· 117

第6章 市场竞争战略 ·· 120

6.1 市场竞争者分析 ·· 121
6.1.1 识别企业的竞争者 ··· 121
6.1.2 了解竞争者的优势与劣势 ··· 124

6.2 市场竞争战略 ·· 125
6.2.1 市场领先者战略 ·· 125

6.2.2　市场挑战者战略 ………………………………………………… 127
　　6.2.3　市场跟随者战略 ………………………………………………… 129
　　6.2.4　市场补缺者战略 ………………………………………………… 130
本章小结 …………………………………………………………………………… 131
同步训练 …………………………………………………………………………… 131

第7章　产品策略 ………………………………………………………………… 136

7.1　产品生命周期策略 …………………………………………………………… 137
　　7.1.1　产品及其生命周期 ………………………………………………… 137
　　7.1.2　产品生命周期 ……………………………………………………… 140
　　7.1.3　产品生命周期阶段的市场特点与营销对策 ……………………… 141
7.2　多产品组合策略 ……………………………………………………………… 145
　　7.2.1　产品组合的概念 …………………………………………………… 145
　　7.2.2　产品组合策略 ……………………………………………………… 147
7.3　产品品牌与包装策略 ………………………………………………………… 151
　　7.3.1　品牌 ………………………………………………………………… 151
　　7.3.2　品牌的定义与设计 ………………………………………………… 154
　　7.3.3　品牌策略 …………………………………………………………… 154
　　7.3.4　包装与包装策略 …………………………………………………… 156
7.4　新产品开发策略 ……………………………………………………………… 158
　　7.4.1　新产品 ……………………………………………………………… 158
　　7.4.2　新产品的设计与开发 ……………………………………………… 160
　　7.4.3　新产品开发策略 …………………………………………………… 162
本章小结 …………………………………………………………………………… 163
同步训练 …………………………………………………………………………… 163

第8章　定价策略 ………………………………………………………………… 167

8.1　定价流程 ……………………………………………………………………… 168
　　8.1.1　选择定价目标 ……………………………………………………… 168
　　8.1.2　影响企业产品定价的因素 ………………………………………… 170
8.2　定价方法 ……………………………………………………………………… 176
　　8.2.1　定价步骤 …………………………………………………………… 176
　　8.2.2　成本导向定价法 …………………………………………………… 177
　　8.2.3　需求导向定价法 …………………………………………………… 179
　　8.2.4　竞争导向定价法 …………………………………………………… 181
8.3　定价策略 ……………………………………………………………………… 183
　　8.3.1　新产品定价策略 …………………………………………………… 183
　　8.3.2　产品组合定价策略 ………………………………………………… 184

8.3.3　心理定价策略 ………………………………………………… 185
　　　8.3.4　折扣与折让定价策略 ……………………………………… 186
　　　8.3.5　地区定价策略 ………………………………………………… 187
本章小结 …………………………………………………………………… 188
同步训练 …………………………………………………………………… 188

第9章　分销渠道策略 ……………………………………………… 192
9.1　分销渠道概述 ………………………………………………………… 192
　　　9.1.1　分销渠道的定义与功能 ……………………………………… 193
　　　9.1.2　分销渠道模式与类型 ………………………………………… 194
9.2　中间商的作用与类型 ………………………………………………… 198
　　　9.2.1　中间商 …………………………………………………………… 198
　　　9.2.2　中间商的类型 ………………………………………………… 200
9.3　分销渠道的设计与选择 ……………………………………………… 203
　　　9.3.1　影响渠道选择的因素 ………………………………………… 203
　　　9.3.2　渠道设计决策 ………………………………………………… 205
9.4　分销渠道的管理 ……………………………………………………… 209
　　　9.4.1　分销渠道成员管理 …………………………………………… 209
　　　9.4.2　分销渠道冲突管理 …………………………………………… 210
9.5　产品实体分销 ………………………………………………………… 210
　　　9.5.1　产品实体分销的概念与职能 ………………………………… 211
　　　9.5.2　产品实体分销决策 …………………………………………… 211
本章小结 …………………………………………………………………… 213
同步训练 …………………………………………………………………… 213

第10章　促销策略 …………………………………………………… 216
10.1　促销与促销组合策略 ………………………………………………… 216
　　　10.1.1　促销 …………………………………………………………… 217
　　　10.1.2　促销的作用 …………………………………………………… 217
　　　10.1.3　促销组合策略 ………………………………………………… 218
10.2　人员推销的步骤和技术 ……………………………………………… 220
　　　10.2.1　人员推销 ……………………………………………………… 220
　　　10.2.2　人员推销的任务和程序 ……………………………………… 221
　　　10.2.3　推销人员的管理 ……………………………………………… 222
10.3　广告 …………………………………………………………………… 223
　　　10.3.1　广告的含义 …………………………………………………… 223
　　　10.3.2　广告的功能 …………………………………………………… 223
　　　10.3.3　广告媒体的选择 ……………………………………………… 224

　　　　10.3.4　广告的设计 ·················· 225
　　　　10.3.5　广告费用预算 ················ 226
　　　　10.3.6　广告效果评估 ················ 227
　　10.4　营业推广 ························· 228
　　　　10.4.1　营业推广的概念和种类 ········ 228
　　　　10.4.2　营业推广的特点 ·············· 230
　　　　10.4.3　营业推广的实施过程 ·········· 231
　　10.5　公共关系 ························· 232
　　　　10.5.1　公共关系的含义和特征 ········ 233
　　　　10.5.2　公共关系的职能 ·············· 233
　　　　10.5.3　公共关系的原则与实施步骤 ···· 234
　　　　10.5.4　公共关系活动方式 ············ 235
　　　　10.5.5　企业形象设计 ················ 236
　　本章小结 ······························· 238
　　同步训练 ······························· 239

第 11 章　营销组织与控制 ····················· 242
　　11.1　营销计划 ························· 242
　　　　11.1.1　营销计划的概念与内容 ········ 243
　　　　11.1.2　营销计划的基本流程 ·········· 244
　　11.2　营销组织 ························· 245
　　　　11.2.1　营销组织设计的原则与影响因素 ·· 246
　　　　11.2.2　营销组织设计的步骤与类型 ···· 247
　　11.3　营销控制 ························· 252
　　　　11.3.1　营销控制的概念与特点 ········ 253
　　　　11.3.2　营销控制的程序与方法 ········ 254
　　本章小结 ······························· 257
　　同步训练 ······························· 257

第 12 章　市场营销的新发展 ··················· 261
　　12.1　网络营销 ························· 261
　　　　12.1.1　网络营销的概念与特点 ········ 261
　　　　12.1.2　网络营销的类型与作用 ········ 263
　　　　12.1.3　网络营销的常用方法 ·········· 265
　　12.2　服务营销 ························· 267
　　　　12.2.1　服务营销概述 ················· 267
　　　　12.2.2　服务营销组合 ················· 268
　　12.3　关系营销 ························· 271

12.3.1　关系营销的概念与特征 ………………………………………………… 271
12.3.2　关系营销的原则与作用 ………………………………………………… 274
12.3.3　关系营销的层次 …………………………………………………………… 274
12.3.4　关系营销的实施 …………………………………………………………… 275
本章小结 …………………………………………………………………………………… 277
同步训练 …………………………………………………………………………………… 277

参考文献 ………………………………………………………………………………… 280

第 1 章

营销概述

学习目标

1. 掌握市场营销及其相关概念。
2. 掌握市场营销观念及其演变过程。

导入案例

永安百货公司的经营之道

20世纪初上海有一家永安公司,以经营百货著称。老板郭乐的经营宗旨是:在商品的花色品种上迎合市场的需要,在售货方式上千方百计地使顾客满意。商场的显眼处用霓虹灯制成英文标语"Customers are always right!"(顾客永远是对的!)作为每名营业员必须恪守的准则。为了留住一批常客,公司实行这样一些服务方式:一是把为重点顾客送货上门作为一条制度,使一些富翁成为永安公司的老主顾。二是公司鼓励营业员争取顾客的信任,密切与顾客的联系,对那些"拉"得住顾客的营业员特别器重,不惜酬以重薪和高额奖金。三是公司针对有钱人喜欢讲排场、比阔气、爱虚荣的心理,采取一种凭"折子"购货的赊销方式。顾客到永安公司购物,不用付现款,只需到存折上记上账。四是争取把一般市民顾客吸引到商店里来。如此四策的实施,使永安公司成为这样一家特殊商店:无论上流社会还是普通市民,只要光顾这里,都能满意而归。整个商场整天挤得水泄不通,生意格外红火。

资料来源:国际鞋业网,2012-10-24

引导问题:
怎样理解"顾客永远是对的!"?

1.1 市场营销和市场营销学

1.1.1 市场营销

1. 市场营销的定义

市场是企业活动的外部基础,是企业实现其目标与任务的关键。因此,认识市场是企业有效开展市场营销活动的前提条件。市场是由那些具有特定的需要或欲望,而且愿意并能通过交换来满足这种需要或欲望的全部潜在顾客构成的。市场是买卖关系的总和。现代市场营销学是从卖方的角度来研究买方市场的。从卖方角度研究买方市场,市场由三个要素构成:一是人口;二是购买力;三是购买欲望。因此,从市场营销的角度看,我们可以把市场表述为人口、购买力和购买欲望的乘积。对市场来说,人口、购买力与购买欲望三个要素是相互制约、缺一不可的。只有将这三个要素有机地结合起来,才能构成现实的市场,并决定市场的规模与容量。

市场营销(marketing)又称市场学、市场行销或行销学,简称"营销"(中国台湾地区常称作"行销"),是指个人或集体通过交易其创造的产品或价值,以获得所需之物,实现双赢或多赢的过程。市场营销是与市场有关的一切人类活动,即以满足人类的需求和欲望为目的,通过市场变潜在交换为现实交换的活动。市场营销不同于销售和促销,市场营销主要是辨别和满足人类与社会的需要,把社会或个人的需要变成有利可图的商机行为。近几十年来,中外学者对市场营销的定义表述各异,具有代表性的有以下几种,如表1-1所示。

表1-1 不同学者或机构对市场营销所下的定义

尤金·麦肯锡(美国)	市场营销是引导物品及劳务从生产者至消费者或使用者的企业活动,以满足并实现企业的目标
美国市场营销学会(AMA)	市场营销是关于思想、货物和服务的设计、定价、促销和分销的规划实施过程,目的是创造实现个人和组织的目标的交换
菲利普·科特勒(Philip Kotler)	市场营销是个人或群体通过创造并同他人交换产品和价值以满足需求和欲望的一种社会管理过程

由以上定义可以看出,随着社会经济的发展和人类认识的深化,市场营销的内涵和外延已大为丰富和扩展。市场营销不仅限于企业的活动,还拓展到非营利性组织与公共机构,可以被诸如博物馆、学校、慈善机构等组织所使用,以吸引客户、志愿者和捐助基金。如今,我们可以营销商品、服务、体验、信息、财产、地区、人物、组织和公用事业。同时,营销可以被应用到社会活动的发起上,如"请勿吸烟"、"远离毒品"、"每天锻炼"等。

由此可见,市场营销就是在变化的市场环境中,企业或其他组织以满足消费者需要为中心进行的一系列营销活动。市场营销包括市场调研、选择目标市场、产品开发、渠道选择、产品促销、产品储存和运输、产品销售、提供服务等一系列与市场有关的企业经营活动。

2. 市场营销的相关概念

营销学包含了许多核心概念,主要有五种:需要、欲望和需求;产品和效用;价值与满意;交换、交易与关系;市场、行业与网络。

(1) 需要、欲望和需求

一切市场活动都是由人类的需要和欲望引起的。可以说,如果人类没有需要和欲望,也就不存在市场和市场活动。因此,研究市场营销首先要研究人类的需要和欲望,人类的需要和欲望是市场营销学的出发点。

需要(needs)是指人们没有得到某些基本需要的具体满足物的感受状态。需要描述了人类固有的基本要求,既包括物质的、生理的需要,还包括精神的、心理的需要。这些需要具有多重性、层次性、个性化等特性,并且是不断发展变化的。所以,营销者只能通过营销活动对人的需要施加影响,并不能凭主观想象加以创造,它们存在于人类自身的生理结构和情感中。美国人本主义心理学家马斯洛提出的需要层次理论说明了人类的需要,即人类的需要有五个层次：生理需要、安全需要、社交需要、尊重需要和自我实现需要。其中，生理需要与安全需要属于物质需要；社交需要、尊重需要与自我实现需要属于精神需要。从物质需要到精神需要，呈现出由低到高的特点。

欲望（wants）是指人们的需要趋向某些特定的目标以获得满足的愿望。人的需要是有限的，而人的欲望是无限的，强烈的欲望能激发人的购买行为。例如，一个人需要食品，想得到一个汉堡包；需要娱乐，想到电影院去看电影。

需求（demands）就是有购买能力的欲望，即需求＝购买力＋购买欲望。当人具有购买能力时，欲望就能转换成需求。许多人都想要一辆轿车，但只有少数人愿意并能够买得起一辆轿车。因此，公司不仅要估量有多少人想要本公司的商品，更重要的是应该了解有多少人真正愿意并且有能力购买。

还没有得到满足的需要和欲望代表着市场机会。因此，企业要善于识别与发现市场上未满足的需要和欲望，并在此基础上生产适销对路的产品。只有这样，才有可能赢得顾客，赢得市场。同时，企业必须根据对需求水平和需求时间的预测，决定产品的生产数量和供给时间。

（2）产品和效用

产品（product）是指用来满足顾客需求或欲望的任何东西。产品包括有形产品与无形产品两种。有形产品是为顾客提供服务的载体；无形产品是指服务，如银行的金融服务、保险公司的保险服务、家电维修服务、美容服务等。

从更广义的角度讲，产品还可以包括体验、人员、地点、组织、信息与观念等。企业可以通过精心安排不同的服务和商品，创造、推进与实施营销品牌体验。如今，体验已成为企业在激烈的市场竞争中富有特色、能够触动顾客心灵的营销产品形式。

效用（utility）是消费者对满足其需要的产品全部效能的估价。消费者如何选择所需的产品，主要是根据对满足其需要的每种产品的效用进行估价而决定的。例如，顾客到某目的地所选择理想产品的标准是安全和速度，通常是将最能满足其需求到最不能满足其需求的产品进行排列，从中选择出最接近理想的产品，他可能会选择飞机作为交通工具，因为飞机对顾客效用最大。

（3）价值与满意

在对能够满足某一特定需要的商品进行选择时，人们所依据的标准是看哪种商品能给他们带来最大的价值（value）。例如，某消费者到某地去，使用的交通工具可以是自行车、摩托车、汽车，也可以是轮船、火车、飞机等。这些可供选择的产品构成产品的选择组合。又假设某消费者要满足不同需求，既要求速度、安全与舒适，又要求节约成本，这些构成其需求组合。每种产品有不同能力来满足不同需求，例如，自行车省钱，但速度慢，欠安全；汽车速度快，但成本高；飞机速度最快，但成本最大。消费者要决定一项最能满足其需要的产品，为此，他可以根据其目标，设法决定最满意（satisfaction）的产品、最关键的期望值。如果某公司的产品能给消费者带来价值并使其感到满意，那么该公司的产品就是成功的。怎么判断顾客是否得到了价值？"性价比"就是一个很好的衡量方法。"性价比"是指顾客购买产品得到的价值（效用）与顾客为了购买产品所付出的成本（费用）之比，即顾客让渡价值。

顾客让渡价值（customer delivered value）是顾客总价值（total customer value）与顾客总

成本(total customer cost)之间的差额。对顾客而言,顾客让渡价值实际上是按照顾客自己的心理感受来理解的。顾客让渡价值实际上是顾客通过购买和消费产品,从企业得到的"利润"。顾客总价值是指顾客从某一特定的产品或服务中获得的一系列利益,包括产品价值(product value)、服务价值(service value)、人员价值(personal value)和形象价值(image value)四个方面。顾客总成本是指顾客在评估、获得和使用某一特定产品或服务的过程中所产生的全部成本,包括货币成本(monetary cost)、时间成本(time cost)、体力成本(energy cost)和精力成本(psychic cost)四个方面。顾客让渡价值的构成如图1-1所示。

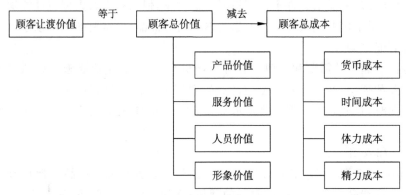

图1-1 顾客让渡价值的构成

顾客满意,是顾客对购买和消费的产品所提供的价值与顾客期望比较的一种结果。顾客让渡价值越高,说明顾客越感到满意。

小资料1-1　　　　　购买拖拉机的决策

一位来自农场的购买者想要购买一台拖拉机,他计划从A公司或B公司选择购买。推销员将各自产品的供应情况详细地介绍给购买者。这时购买者的心目中已经有了有关拖拉机特定用途的概念,亦即用拖拉机来进行搬运工作。他希望拖拉机具有某种程度的可靠性、耐久性和工作状况。假定他对两家公司的拖拉机进行评估后,认为A公司的产品因为具有可靠性、耐久性和良好的运营状况,所以是一种高价值的产品;而且还断定A公司能提供较好的服务。他还认为,A公司的人员具有更高的知识水平和更强的责任感。最后,他为A公司的企业形象赋予了较高价值。他是从四个要素来增加其所有价值的,即产品、服务、人员和形象,而且认为A公司能提供更大的顾客总价值。那么,他是否会购买A公司的产品呢?这还要考察A公司的顾客总成本。A公司和B公司两者的顾客让渡价值比较决定了他购买拖拉机的选择。

资料来源:[美]菲利普·科特勒.营销管理.王永贵等译.上海:上海人民出版社,2012

---

(4) 交换、交易与关系

人们可以通过四种方式获取产品,即自给自足、强取豪夺、乞讨和交换,前三种方式不存在市场营销,只有交换才产生市场营销。因此,交换构成市场营销的核心概念。交换(exchange)是指通过提供某种东西作为回报,从他人那里取得有价值东西的过程。交易(transaction)是指买卖双方之间的价值交换所构成的行为。

小资料 1-2　　　人们获得产品的四种方式

每个人都可以通过四种方式获得自己所需要的产品,交换是其中之一。第一种方式是自行生产,一个饿汉可以通过打猎、捕鱼或采集野果来充饥,不必与任何人发生联系,既没有市场,更没有营销的必要。第二种方式是强制取得,一个饿汉从另一人那里通过强制夺取或通过偷窃获得食物,对他人来说是一种伤害,毫无益处。第三种方式是乞讨,一个饿汉可以通过向别人乞讨的方式获得食物,而乞讨者没有任何东西作为回报。第四种方式是交换,一个人可以拿自己的物或钱与他人进行交换取得产品。有交换才有市场营销的产生。

资料来源:李文国. 市场营销. 上海:上海交通大学出版社,2005

交换的发生至少需要五个条件:①至少有买卖双方;②每一方都有被对方认为有价值的东西;③每一方都能沟通信息和传送物品;④每一方都可以自由接受或拒绝对方的产品;⑤每一方都认为与另一方进行交换是适当的或称心如意的。

具备了上述条件,就有可能发生交换行为。但最终是否产生交换行为,还要取决于交换双方能否找到交换的条件。只有当双方都认为自己在交换后会得到更大利益,至少不比以前差,交换才会真正产生。

交易和交换的区别体现在:交换是一个过程,而不是一种事件;如果双方正在进行谈判,并趋于达成协议,称为"在交换中";如果双方通过谈判并达成协议,就称为"发生了交易"。交易是指买卖双方价值的交换,是以货币为媒介;而交换不一定以货币为媒介,可以是物物交换。

关系(relationships)是指企业与其经营活动有关的各种群体,包括供应商、经销商、顾客所形成的交易关系。市场营销目标不仅仅停留在一次交易的实现,而是通过营销努力使这种交易关系能够长期稳定地保持下去,与此相对应就产生了关系营销。在关系营销条件下,企业与顾客保持广泛而密切的联系,价格不再是最主要的竞争手段,竞争者很难破坏企业与顾客的关系,强调顾客忠诚、保持老顾客比吸引新顾客更重要。

(5) 市场、行业与网络

从广义的角度看,市场(market)是商品买卖的场所,也是交换关系的总和。在市场营销学中,市场一般指企业的消费者群体。所有卖主的集合构成行业,所有买主的集合构成市场。市场与行业构成简单的市场营销体系,如图 1-2 所示。

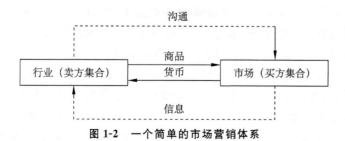

图 1-2　一个简单的市场营销体系

网络(networks)是企业同与各种公司利益攸关者形成长期稳定的市场网络。在现代市场营销活动中,企业市场网络的规模和稳定性成为形成企业市场竞争力的重要因素。

1.1.2 市场营销学

"市场营销学"是由英语"marketing"一词翻译而来。它有两层含义：一是指市场营销活动；二是指市场营销学，是指建立在经济科学、行为科学、现代管理理论基础之上的应用科学。它的形成与发展是美国社会经济环境发展变化的产物。

美国著名市场营销学家菲利普·科特勒指出："市场营销学是一门建立在经济学、行为科学、现代管理理论之上的应用科学。"经济科学提醒我们，市场营销是用有限的资源通过仔细分配来满足竞争的需要；行为科学提醒我们，市场营销学是涉及谁购买、谁组织，因此必须了解消费者的需求、动机、态度与行为；管理理论提醒我们，如何组织才能更好地管理其营销活动，以便为顾客、社会及自己创造效用。

从不同的认识角度研究市场营销学，国内外存在多种看法。早期美国市场营销学定义是：市场营销学是研究引导商品或劳务从生产者转移到消费者或使用者的一切商业活动的科学；日本市场营销学定义为：市场营销学是在满足消费者利益的基础上，研究如何适应市场需求而提供商品或服务的整个企业活动的科学等。

通过分析可以看出，市场营销学是一门以经济科学、行为科学、现代管理理论和现代科学技术为基础，研究以满足消费者需求为中心的企业营销活动及其规律性的综合性应用科学。市场营销学的研究对象是以满足消费者需求为中心的企业营销活动过程及其规律性。市场营销学自20世纪初在美国诞生以来，相继流传到欧洲、日本和其他国家，在实践中不断完善和发展。随着市场经济的发展，市场营销学发生了根本性的变化，从传统市场营销学演变为现代市场营销学，广泛应用于社会各类组织，从营利组织扩展到非营利组织，从国内扩展到国外。特别是经济组织的营销实践，推动着社会经济的蓬勃发展。由于企业是市场营销活动的主体，因此本书主要研究企业市场营销的理论与实践问题。

1. 市场营销学的产生和发展

市场营销学是一门新兴学科，其发展经历了四个阶段。

（1）形成阶段（20世纪初至20世纪30年代）

19世纪末20世纪初，欧美等主要资本主义国家相继完成工业革命；欧美许多大型工业企业推行了美国工程师泰勒的"科学管理"制度；一些企业生产增长速度超过了需求的增长速度，市场竞争出现；广告、商标与包装等现代市场销售手段兴起。为了解决产品的销售问题，一些经济学家和企业开始研究销售的技巧与方法。1905年，美国宾夕法尼亚大学开设"产品的市场营销"课程。1912年，第一本以分销和广告为主要内容的《市场营销学》教科书在美国哈佛大学问世。市场营销从经济学中分离出来，成为一门独立的学科。但这时的市场营销学主要研究有关推销术、分销与广告等方面的问题，而且仅仅限于某些大学的课堂教学中，还没有引起社会的重视，也未应用于企业营销活动。

（2）应用阶段（20世纪30～50年代）

这一时期，第一次世界性资本主义经济危机出现，表现为企业产品大量积压，工厂停工、停产，商店倒闭，工人失业，市场萧条。1929—1933年资本主义大危机，震撼了整个资本主义世界。生产严重过剩，产品销售困难，已直接威胁企业生存。为了争夺市场，企业家开始重视市场调研，提出"创造需求"的口号，致力于扩大销路，并在实践中积累了丰富的资料和经验。市场营销学也由此从课堂走向社会实践，并逐步形成体系，市场营销学科研究大规模展开。这期间,美国于1926年成立了全国市场营销学和广告学教师协会,1936年成立了市场营销学学会。理论与实践的结合促进了企业营销活动的发展,同时也促进了市场营销学的发展。但这一时期市场营销仍局限于流通领域,研究的仅仅是产品推销与广告宣传等。

(3) "革命"阶段(20世纪50~70年代)

这是市场营销学发展的关键阶段,标志着从传统的市场营销学到现代市场营销学的转变。20世纪50年代后,随着第三次科技革命的发展,企业的劳动生产率大幅度提高,市场供过于求的矛盾进一步激化。美国政府推行高工资、高福利、高消费以及缩短工作时间的政策,在一定程度上刺激了需求,但并未引起实际购买的直线上升。消费者需求和欲望在更高层次上发生变化,对社会供给提出了更高的要求。这时,传统的市场营销学已经不能适应形势要求,需要进行重大变革。在这种背景下,市场营销学发生了根本性变化,演变为现代市场营销学。以市场需求为导向的营销观念基本确立,"以需求为中心"成为市场营销的核心理念;对市场营销的研究已逐渐从产品的研究、功能的研究和机构的研究转向管理的研究,使市场营销理论成为企业经营管理决策的主要依据;市场营销的观念和策略已不局限在企业界应用,而且已经延伸到学校、医院、教会、公共机构等非营利性机构和组织。

这个阶段对市场营销学的发展具有深远历史意义,其影响一直延续至今。而后,市场营销学被广泛应用于社会各领域,并从美国扩展到其他国家。在法国,市场营销学最初应用于食品公司,20世纪60年代开始应用于工业部门,继而扩展到社会服务部门,1969年被引进法国铁路部门。20世纪70年代法国各高校开设市场营销课。在日本,20世纪50年代初开始引进市场营销学,1957年日本市场营销协会成立。20世纪60年代后,市场营销学被引入到苏联及东欧其他国家。

(4) 充实与发展阶段(20世纪70年代至今)

在此期间,市场营销领域又出现了大量丰富的新概念,使市场营销这门学科出现了变形和分化的趋势,其应用范围也在不断扩展。

1981年,莱维·辛格和菲利普·科特勒对"市场营销战"这一概念,以及军事理论在市场营销战中的应用进行了研究。几年后,列斯和特罗出版了《市场营销战》一书。1981年,瑞典经济学院的克里斯琴·格罗路斯发表了论述"内部市场营销"的论文。科特勒也提出要在企业内部创造一种市场营销文化,即使企业市场营销化的观点。1983年,西奥多·莱维特对"全球市场营销"问题进行了研究,提出过于强调对各个当地市场的适应性,将导致生产、分销和广告方面规模经济的损失,从而使成本增加。因此,他呼吁多国公司向全世界提供一种统一的产品,并采用统一的沟通手段。1985年,巴巴拉·本德·杰克逊提出"关系市场营销"、"协商推销"等新观点。1986年,科特勒提出了"大市场营销"这一概念,提出了企业如何打进被保护市场的问题。在此期间,"直接市场营销"也是一个引人注目的新问题,其实质是以数据资料为基础的市场营销,由于事先获得大量信息和电视通信技术的发展,才使直接市场营销成为可能。

进入20世纪90年代以来,关于市场营销、市场营销网络、政治市场营销、市场营销决策支持系统、市场营销专家系统等新的理论与实践问题,开始引起学术界和企业界的关注。进入21世纪,互联网的发展与应用,基于互联网的网络营销得到迅猛发展。

2. 市场营销学在中国的传播和发展

20世纪三四十年代,市场营销学在中国曾有一轮传播。现存最早的教材,是丁馨伯编译的《市场学》，由复旦大学1933年出版。改革开放30多年来，市场营销学在我国的传播与发展大体可分为三个阶段。

(1) 引进阶段(1978—1985年)

1978—1985年是市场营销学再次引进中国并初步传播时期。期间，北京、上海和广州等地的学者率先从国外引进市场营销学，并为这一学科的宣传、研究、应用和人才培养做了大量工作。高等院校相继开设市场营销课程，组织编写了第一批市场营销学教材。各类学会举办多种形式的培训班，通过电视讲座和广播讲座，推广传播营销知识。

(2) 应用阶段(1985—1992年)

1985—1992年是市场营销在中国进一步传播与应用时期。为适应国内深化改革、经济快速成长和市场竞争加剧的环境，企业界营销管理意识开始形成。市场营销的运用热潮从外贸企业、商业企业、乡镇企业逐步扩展到国有工业企业；从消费品市场扩展到工业品市场；能源、材料、交通、通信企业也开始接受市场营销概念。市场营销热点开始从沿海向内陆推进，全社会对市场营销管理人才出现了旺盛的需求。

到1988年，国内各大学已普遍开设了市场营销课程。与此同时，国内学者编著出版的市场营销教材、专著有300多种，发行销售超过1千万册。

(3) 拓展阶段(1992年至今)

1992年以后，是市场营销研究结合中国实际的提高与创新时期，中国营销学术界加强了国际沟通，举办了一系列市场营销国际学术会议，出现了一批颇有价值的研究成果。

1.2 市场营销观念

美国市场学家沃尔特·里斯顿说："在美国，一种新的观念就是一种新货币。"理念的领先几乎决定企业的命运，可以这样讲，没有思路就没有出路。

所谓市场营销观念，就是企业在开展市场营销活动的过程中，在处理企业、顾客和社会三者利益方面所持的态度、思想和观念。

由其定义可以看出，营销观念是营销活动的指导思想，因此，它对企业的营销活动起着方向性的作用，有什么样的营销观念，就会有什么样的营销活动。例如，健力宝的"第五季"和可口可乐公司的"酷儿"之所以采用不同的营销策略，就是因为两家企业的营销观念不同。"第五季"是典型的推销观念；而"酷儿"是典型的顾客导向市场营销观念。

1.2.1 市场营销观念的演变

一个多世纪以来，随着市场经济的不断发展，西方国家的企业经营思想经历了一个漫长的演变过程。企业的营销工作，最初是以"生产观念"和"产品观念"为指导思想，继而以"推销观念"为指导思想；第二次世界大战后，又逐渐演变为"市场营销观念"；20世纪70年代后，又依次出现了"社会营销观念"、"绿色营销观念"等。

1. 生产观念

生产观念是指企业的一切生产经营活动以生产为中心，围绕生产来安排一切业务，产生于20世纪20年代前。该观念认为，消费者喜欢那些随处可以买得到而且价格便宜的产品。

生产观念产生于典型的卖方市场。正是这种市场状态,导致了生产观念的流行。在这种观念的指导下,企业的中心任务是组织所有资源,集中一切力量努力提高劳动生产率,增加产量,降低产品成本,生产出让消费者买得到和买得起的产品。该观念根本不考虑消费者的需求,又称为"生产中心论"。20世纪20年代初期,美国汽车大王亨利·福特的名言"不管顾客需要什么,我的车是黑的",就是这种观念的典型代表。

(1) 主要特点:多产、多卖、多获利,"以量定产";不考虑消费者的需求。
(2) 典型语言:生产能生产的产品,我有你买。

小资料 1-3　　　　耐克斯品牌低价占领市场

中国香港 HNH 国际公司营销的耐克斯(Naxos)品牌,为我们提供了一个当代生产观念的例子。耐克斯品牌是在当地市场用低成本销售经典音乐磁带的供应者,但它迅速走向了世界。耐克斯的价格比其竞争者(宝丽金和 EMI)便宜 1/3,因为它的管理费只有 3%(大音乐制作公司为 20%)。耐克斯相信,若它比其他公司的价格低 40% 的话,就有利润。它希望用低价与削价政策来扩大市场。

资料来源:浙江工商大学网,"市场营销观念"词条解释

2. 产品观念

产品观念是指企业的一切生产经营活动以质量为中心,围绕质量来安排一切业务。这种观念认为消费者最喜欢高质量、性能最好和特色最多、价格公道的产品。因此,企业的任务是致力于制造优良产品并经常加以改进,认为只要产品好就会顾客盈门,而未看到市场需求的变化,导致产生"营销近视症"。"酒香不怕巷子深"是这种观念的形象说明。

(1) 主要特点:重视产品质量,"以质定产"。
(2) 典型语言:生产高质量和特色的产品,我好你买。

小资料 1-4　　　　广东佛山瓷砖患上"营销近视症"

"营销近视症"是由美国营销专家、哈佛大学管理学院西奥多·莱维特提出的。1960年他在《哈佛商业评论》上发表了《市场营销近视症》一文,根据自己对美国石油、汽车、电器等17个行业经营状况不佳的分析,指出造成这些行业不景气的主要原因是"市场营销近视症"。"营销近视症"是典型的产品导向,会导致企业在市场营销过程中迷恋自己的产品,而忽视了随时关注变化的市场需求,并对此做出相应的反应,从而出现企业营销行为"近视症"。

在陶瓷行业中,佛陶就是一个教训。当年佛陶集团由盛到衰,除了体制问题,其中一个根本的原因就在于其长期仅仅满足于"产品驱使"或"技术驱使",把自己同纷繁复杂的国内建陶市场及竞争对手隔离开来,患了严重的"营销近视症"。结果在营销手段上落后于南庄后起的民营企业,导致其销售市场全线崩溃。在建陶市场"一片大好"时,很多企业过于迷恋自身产品优势,对市场表现过于乐观,拼命上生产线。2008年下半年全球金融危机来袭,市场紧缩,一下停了一大片;没停的企业为了消耗产能,不惜大量卖砖坯给私抛厂获取微薄的利润。结果私抛厂以极低的价格更大地冲击了市场,导致佛山瓷砖终端市

场价格崩溃——在河南等一些内地市场,广东800mm×800mm规格的微粉瓷砖卖到20多元,比一些厂家的出厂价还低。曾几何时,佛山瓷砖由于质量好、知名度高,在市场上被视为奇货。现在,尤其近年,山东瓷砖在产品质量、花色上突飞猛进,价格远低于佛山瓷砖,佛山企业的市场优势已荡然无存。"营销近视症"让更多的企业陶醉于以往的市场成就,现在一些新兴产区上来,成为佛山产区强有力的对手,前所未有的危机正步步逼近佛山瓷砖。

资料来源:转引自陶瓷资讯网,颜维钧《金融危机 从汽车巨头破产联想到"营销近视症"》一文

3. 推销观念

推销观念是指企业的一切经营活动以推销为中心,重在诱导消费者购买产品。它产生于20世纪20年代末至50年代初。当时社会生产力有了巨大发展,市场正由卖方市场向买方市场过渡。尤其在1929—1933年特大经济危机期间,大量产品销售不出去,迫使企业重视广告术与推销术的应用研究,逐步确立了以销售为中心的营销观念。推销观念强调销售与推销的作用,增加销售人员,扩大销售机构,重视销售术的研究,充分利用广告宣传,千方百计招徕顾客。推销观念产生的基础是产品供过于求,质高价低的产品也未必能卖出去。但其实质仍然是以生产为中心。

(1) 主要特点:推销观念不是以买方需要为中心,而是以卖方需要为中心,属于"以销定产"。

(2) 典型语言:我们会做什么,就努力去推销什么。

生产观念、产品观念与推销观念被称为传统观念。传统观念是指建立在以生产者为导向的基础上,市场处于一种供不应求或由供不应求趋向供求平衡的状态,而且购买者总体呈现出的是一种无差别的需求。所不同的是,生产观念是等顾客上门;而推销观念加强了对产品的宣传。

由于推销观念只注重现有产品的推销,千方百计想把产品推销出去。在实际销售过程中,对顾客不愿购买的产品,往往采取强行推销手段。这与产品非常丰富的市场经济是非常不适应的。

4. 市场营销观念

市场营销观念产生于20世纪50年代中期。该观念认为,要达到企业目标,关键在于确定目标市场的需求与欲望,并比竞争者能更好地满足消费者的需求。

(1) 主要特点:以买方为中心,即以顾客的需要为中心;按需生产,以销定产。

(2) 典型语言:顾客需要什么,我们就生产供应什么。

市场营销观念的理论基础是"消费者主权论"。也就是说,决定生产什么产品的主动权不在于生产者,也不在于政府,而在于消费者,消费者起支配作用。生产者应认真进行市场调研,分析目标消费者的真正需求,根据目标消费者的需求,合理安排生产,组织销售,这样才能取得最佳的经济效益。联想集团"您的需求,我们的行动"观念,"技术创新、服务转型"观念;其他企业"阳光服务"、"顾客至上"等观念就是市场营销观念的形象说明。

小资料 1-5　　　　李锦记满足顾客个性化需求

不同国家、不同地区的人们在生活习惯和口味特点上有很大的差异。几千年来，中国基本上形成了"南甜北咸，东酸西辣"的大格局。因此，对于一个调味品品牌而言，能否做到针对消费者需求应变至关重要。为此，李锦记专门成立了产品研究及控制中心，由专人对新产品试味和尝试酱料各种食用方法，以期达到方便和用途广泛的产品概念目标。李锦记一些产品的配方甚至来自烹饪经验丰富的客户私人珍藏。而李锦记所选生蚝主要来自中国内地及日本、韩国。采购人员深入世界上人迹罕见的偏远地区采购土产香料、原料，以供开发新产品之用。

李锦记研制出多款新产品以满足消费者个性化的口味需求。比如，针对我国维吾尔族、回族聚居的西部市场开发出"清真酱料"等。李锦记集团主席李文达说："李锦记已有近百个品种，可以满足国内各地口味的需要，我们还将开发出更多的品种。"在国际市场上同样如此，像日本人喜甜、马来西亚人无辣不欢等饮食习惯均在李锦记的考虑之列。现在，欧美、日本、东南亚的许多中餐馆都把李锦记的产品作为不可缺少的调味酱料。为了吸引年轻消费者的注意，李锦记在产品包装上下足了功夫。中式酱料的产品包装大部分采用瓶装设计，每次使用都要把瓶子倒转过来。李锦记旧庄特级蚝油特别推出唧唧樽，突破传统，采用了倒立式的设计，可以直接将酱料挤出，并附有流量控制阀门，方便、干净，不会弄脏双手，深受家庭主妇欢迎。此外，李锦记旧庄特级蚝油还推出了唧唧支装，采用牙膏状设计，方便儿童使用，同时也更易于携带及储存，能够满足现代家庭旅行、烧烤及吃火锅等特别需求。

资料来源：吕艳丹. 百年李锦记的时尚营销. 中国市场，2009(42)

市场营销与推销不同。推销是以企业自身生产为出发点，通过促销宣传影响消费者，使消费者购买其产品；而市场营销则是以消费者的需求为生产经营的出发点，满足消费者的需求，综合运用各种科学的市场经营手段，把商品和劳务整体地销售给消费者，以促进并引导企业不断发展。推销观念与市场营销观念的区别如图 1-3 所示。

图 1-3　推销观念与市场营销观念的区别

5. 社会营销观念

社会营销观念是指企业提供的产品和服务，不仅要满足消费者的市场需求或短期欲望，而且要符合消费者的长远利益和社会的长远发展，改善社会福利。

社会营销观念产生于 20 世纪 70 年代中后期。当时西方资本主义国家出现了能源危机、通货膨胀、失业增加，环境污染严重，破坏了社会生态平衡，出现了伪劣产品及虚假广告等，引起消费者不满，掀起了消费者维权运动与生态平衡保护运动，迫使企业营销活动必须考虑消费者及社会长远利益。社会营销观念主要是为了抵制牟取暴利，以次充好、虚假宣传、欺骗顾客、损害消费者利益的各种行为，强调兼顾社会、顾客、企业三者利益，并使之协调一致，处于最佳状态。社会营销观念的三个纬度如图1-4所示。

　　社会营销观念的主要特点有：①消费者利益和社会利益并重，成为企业经营活动的双层中心；②综合运用各种营销手段，引导消费者合理消费是企业成功的关键；③重视追求企业的长远利益和社会的全面进步。

图1-4　社会营销观念的三个纬度

小资料1-6　　　　　　　美体小铺的成功秘诀

　　美体小铺（The Body Shop）是英国一个深为年轻女性熟知的护理品品牌。美体小铺的创始人叫安妮塔·罗迪克，一位狂热的环保主义者。安妮塔在创业前和创业后都是一位旅行家。她从世界各地的游历中了解到独特的美容方法，回到英国后开创了美体小铺，并用标新立异的墨绿颜色作为标准色来体现这个品牌的个人美容理念：崇尚天然护理、自然美容和绿色环境。1993年，美体小铺发起人权运动，呼吁国际关注奥干尼族（Ogoni）和他们的族长肯·萨洛-维瓦（Ken Saro-Wiwa）被压迫事件，并抗议壳牌公司与尼日利亚政府勾结抢占他们的国家。从此，美体小铺和其他非政府组织一起进行了长达4年的抗争，最后的结果是壳牌石油公司重新修改了他们的商业计划和做生意的方式，并且承诺整个公司关注人权和可持续发展。从创立至今，美体小铺建立品牌始终不渝的原则是：注重对社会环境的贡献和对动物以及自然资源的保护。其中，具体体现为坚持和反对用动物进行任何产品实验，所有的产品原料来源都取之于大自然。例如，它开发的苦瓜洗面奶、海菜洗发精等都是纯天然制品，而且包装都很朴实无华，全是再生的材料，连商品标签都强调简单环保。在美体小铺里，人们消费的已经不仅是护肤品或者化妆品，还有对人类与地球的关怀。美体小铺在不以牺牲未来和社会利益的前提条件下，满足现在的需求，以确保企业经营的持久有效。

　　这个品牌通过征服人们的爱心而征服了消费者，因为人们在这里消费的不仅是化妆品，还有爱心和责任。对于这种努力，市场也给予它巨大的回报。如今的美体小铺通过全球销售网与7700万多名顾客进行交易，每0.4秒就售出一件产品，已经是世界上成长最快的化妆品品牌之一。

　　资料来源：王典．从美体小铺的成功之道浅谈用社会营销与绿色营销理念塑造企业品牌．商场现代化，2010(29)

小思考

　　松下电器公司的创立者松下幸之助曾经说过："销售应该伴有服务，没有服务的销售已不能再称作是销售。这一意义对商家来说,意味着服务就是一种义务,但是只将其淡淡作为一种义务来看待,并且是迫于无奈去做的话,那就再也没有比这个更累的了。服务应该使对方满意,只有双方满意,才能称作是真正的服务。"松下幸之助的这些话体现了哪种营销观念?

1.2.2 市场营销观念的发展

1. 大市场营销观念

进入20世纪80年代后,发达国家生产过剩,市场竞争日益激烈,许多国家与地区政府对经济的干预加强,贸易保护主义盛行。各国政府为了保护本国的民族工业,采取了一系列关税和非关税贸易壁垒。在这种情况下,菲利普·科特勒在20世纪80年代中期提出了"大市场营销观念"。

大市场营销观念是指在特定的市场环境下,运用特殊的营销手段进行的活动,即:企业的市场营销策略除了4P(产品(product)、价格(price)、渠道(place)、促销(promotion))之外,还必须加上2P——政治权力(political power)和公共关系(public relation)。

(1) 政治权力,是指为了进入目标市场,向产业官员、立法人员和政府官员提出自己的主张,为了获得其他利益集团的预期反应和关注,运用审慎的外事活动和谈判技巧。

(2) 公共关系,则在于影响公众的观点,在公众心目中树立良好的产品和企业形象,这主要是通过大众性的沟通技术来实现。

科特勒进一步将加入此两个因素的营销称为"大市场营销"(megamarketing),意思是说营销是在市场特征之上的,即不仅仅要考虑市场环境因素,还要考虑政治和社会因素。这就是我们所说的6P。一般市场营销观念与大市场营销观念不同,如图1-5所示。

	对环境的认识	营销手段	涉及对象
一般市场营销观念	强调适应与顺从外部环境和市场需求	运用4P组合策略	运用顾客、中间商、调研公司
大市场营销观念	强调主动改变与影响外部环境和需求	增加权力与公共关系	增加立法、政府、政治团体等

图1-5 一般市场营销观念与大市场营销观念的区别

小资料1-7　　　　"百事可乐"与"可口可乐"的一进一退

20世纪80年代,由于印度国内软饮料公司和当地反跨国公司议员们的极力反对,可口可乐公司被迫从印度市场撤离。与此同时,百事可乐公司开始琢磨如何打入印度市场。百事可乐公司明白:要想占领印度市场,就必须消除当地政治力量的对抗情绪。百事可乐公司认为要解决这个问题就必须向印度政府提出一项使该政府难以拒绝的援助。百事可乐表示,要帮助印度出口一定数量的农产品以弥补印度进口浓缩软饮料的开销;还提出了帮助印度发展农村经济,转让食品加工、包装和水处理技术,从而赢得了印度政府的支持,迅速占领了印度软饮料市场。

---

2. 整合营销观念

进入20世纪90年代后,美国经济处于高度发达的"后工业"时代,由于计算机的广泛应用,技术水平的普遍提高,使得竞争者在产品与技术方面迅速同质化。营销中的售前、售中、售后服务如出一辙,消费者很难分出优劣。这种情况下,企业如何实现差异化,赢得更多的顾客?美国营销大师罗伯特·劳特伯恩(Robert Lauterborn)创建了"4C理论"。

"4C理论"包括顾客问题的解决、顾客成本、顾客便利及与顾客沟通。从关注4P转变到注重4C,是许多大企业全面调整市场营销战略的发展趋势,它更应为零售业所重视。"4C理论"强调消费者是企业一切经营活动的核心,要开发产品,但更要注重满足消费者的欲望和需求,加强顾客关系管理与产品开发。

(1)顾客问题的解决(customer solution):企业直接面向顾客,应更多考虑顾客的需要和欲望,建立以顾客为中心的营销观念,将"以顾客为中心"作为一条红线,贯穿于市场营销活动的整个过程。企业应站在顾客的立场上,研究顾客的购买行为,更好地满足顾客的需要。

(2)顾客成本(customer cost):顾客在购买某一商品时,除耗费一定的资金外,还要耗费一定的时间、精力和体力,这些构成了顾客总成本。所以,顾客总成本包括货币成本、时间成本、精神成本和体力成本等。由于顾客在购买商品时,总希望把有关成本包括货币、时间、精神和体力等降到最低限度,以使自己得到最大限度的满足。因此,企业必须考虑顾客为满足需求而愿意支付的"顾客总成本"。努力降低顾客购买的总成本,如降低商品进价成本和市场营销费用,从而降低商品价格,以减少顾客的货币成本;努力提高工作效率,尽可能减少顾客的时间支出,节约顾客的购买时间;通过多种渠道向顾客提供详尽的信息,为顾客提供良好的售后服务,减少顾客精神和体力的耗费。

(3)顾客便利(customer convenience):最大限度地便利消费者,是目前处于过度竞争状况的企业应该认真思考的问题。如上所述,企业在选择地理位置时,应考虑地区抉择、区域抉择、地点抉择等因素,尤其应考虑"消费者的易接近性"这一因素,使消费者容易到达商店。即使是远程的消费者,也能通过便利的交通接近商店。同时,在商店的设计和布局上要考虑方便消费者进出、上下,方便消费者参观、浏览或挑选,方便消费者付款结算等。

(4)与顾客沟通(communication):企业为了创立竞争优势,必须不断地与消费者沟通。与消费者沟通包括向消费者提供有关售货地点、商品、服务、价格等方面的信息;影响消费者的态度与偏好,说服消费者购买商品;在消费者的心目中树立良好的企业形象。在当今竞争激烈的市场环境中,企业的管理者应该认识到:与消费者沟通比选择适当的商品、价格、地点、促销更为重要,更有利于企业的长期发展。

关于市场营销观念的新发展,本书第12章有详细阐述。

1.2.3 各种市场营销观念的比较

以上营销观念可以概括为两大类:一是传统的经营观念,包括生产观念、产品观念、推销观念;二是现代市场营销观念,市场营销观念、社会营销观念与大市场营销观念都是现代营销观念。传统的经营观念,以生产为中心,重生产,轻消费。现代市场营销观念建立在以消费者为导向的基础上,市场处于一种供过于求的状态下,买方市场已经形成,而且购买者总体呈现出的是一种差异性的需求。六种营销观念的比较如表1-2所示。

表 1-2　六种营销观念的比较

营销观念		营销程序	营销重点	营销手段	营 销 目 标
传统营销观念	生产观念	产品—市场	产品	提高生产效率	通过扩大产量、降低成本,取得利润
	产品观念	产品—市场	产品	生产优质产品	通过提高质量、扩大销量,取得利润
	推销观念	产品—市场	产品	促进销售策略	加强销售促进活动、扩大销量,取得利润
现代营销观念	营销观念	市场—产品—市场	消费者需求	整体营销活动	通过满足消费者欲望和需求,取得利润
	社会营销观念	市场—产品—市场	消费者需求社会长期利益	协调性市场营销活动	通过满足消费者欲望和需求,增进社会长期利益,企业取得利益
	大市场营销观念	市场—产品—市场	消费者需求市场环境	运用 4P+2P 的整合营销策略	进入特定市场,满足消费者的需求,企业取得长期利润

本 章 小 结

1. 20 世纪初市场营销学产生于美国。几十年来,随着市场经济的发展,市场营销学也发生了根本性的变化,从传统的市场营销学演变为现代市场营销学。

2. 传统的营销观念与现代营销观念有三个明显的区别:一是在内容上,传统的市场营销实际上只是推销术或广告术,而现代市场营销已经从流通领域延伸到生产领域,乃至企业整个经营过程;二是市场营销中心发生了根本变化,从传统市场营销的产品推销中心,发展到现代市场营销的以消费者需要为中心,进而向以满足社会整体需求为中心发展;三是从推销产品来实现利润目标,发展到通过满足消费者需求来取得利润,以实现企业的最终目标。

3. 市场营销观念是随着社会生产力水平的提高而发生变化的,经历了生产观念、产品观念、推销观念、市场营销观念、社会营销观念等发展阶段。随着社会经济的发展,还将会有新的市场营销观念产生。

同 步 训 练

一、名词解释

市场营销　市场营销观念

二、单选题

1. 从古至今,许多经营者奉行"酒香不怕巷子深"的经商之道。这种市场营销管理哲学属于(　　)。

　　A. 推销观念　　　B. 产品观念　　　C. 生产观念　　　D. 市场营销观念

2. "我卖什么,顾客就买什么",属于(　　)。

　　A. 生产观念　　　B. 推销观念　　　C. 市场营销观念　　D. 产品观念

3. 市场营销观念的突出特征是(　　)。

　　A. 以产品质量为中心　　　　　　　B. 以产品价格为中心

　　C. 以产品产量为中心　　　　　　　D. 以消费者需求为中心

4. 社会市场营销观念中,所强调的利益应是(　　)。

A. 企业利益 　　　　　　　　　　　B. 消费者利益
C. 社会利益 　　　　　　　　　　　D. 企业、消费者与社会的整体利益

5. 现代市场营销的构架形成于（　　）。
A. 20世纪初 　　　　　　　　　　　B. 20世纪20年代
C. 第二次世界大战后 　　　　　　　D. 20世纪60年代

6. 下列说法正确的是（　　）。
A. 市场营销者可以通过市场营销活动创造需求
B. 需要就是对某种产品的需求
C. 市场营销者可以通过营销活动影响人们的欲望，进而影响人们的需求
D. 有了欲望，需求自然产生

7. 市场营销组合的4P是指（　　）。
A. 价格、权力、地点、促销 　　　　B. 价格、广告、地点、产品
C. 价格、公关、地点、产品 　　　　D. 价格、产品、地点、促销

8. （　　）下容易出现"市场营销近视症"。
A. 生产观念 　　　　　　　　　　　B. 推销观念
C. 产品观念 　　　　　　　　　　　D. 社会市场营销观念

9. （　　）是指以顾客为中心，整合企业内部所有资源，以提高顾客的服务水平和满意程度，使所有的部门都为顾客的利益提供一致的服务。
A. 整合营销 　　　　　　　　　　　B. 顾客满意
C. 市场营销观念 　　　　　　　　　D. 顾客让渡价值

10. 顾客想要找到一个理解顾客心思的朋友，这种需要是顾客的（　　）。
A. 未表明的需要 　　　　　　　　　B. 表明的需要
C. 秘密需要 　　　　　　　　　　　D. 令人愉悦的需要

三、多选题

1. 市场的构成要素有（　　）。
A. 人口　　　B. 购买力　　　C. 交换
D. 分工　　　E. 购买欲望

2. 现代营销观念的支柱是（　　）。
A. 顾客满意　　　B. 整合营销　　　C. 盈利能力
D. 目标市场　　　E. 市场需求

3. 市场营销组合的"4C理论"是指（　　）。
A. 顾客问题的解决　　　B. 顾客便利　　　C. 沟通
D. 顾客成本　　　E. 顾客需求

四、判断题

1. 产品观念认为，消费者喜欢那些随处可以买得到而且价格便宜的产品。（　　）
2. 传统的经营观念，包括生产观念、产品观念、推销观念。现代市场营销观念，市场营销观念、社会营销观念与大市场营销观念都是现代营销观念。（　　）
3. 营销者可以通过营销活动对人的需要施加影响，创造需要。（　　）
4. 顾客总价值越高，说明顾客就越感到满意。（　　）

5. 交易和交换的区别体现在：交换是一个过程，而不是一个事件。（　　）

五、简答题

1. 从营销者的角度如何理解市场。
2. 现代营销观念与传统营销观念有哪些区别？
3. 结合实际谈谈市场营销对企业、社会经济发展的作用。

六、案例分析题

"雷利"为何屡遭"雷击"

英国雷利自行车公司成立于1887年，"坚固实用"一直是其生产经营的指导思想。该公司生产出来的自行车以质量好而饮誉世界。不少买了雷利自行车的顾客，即使使用了六七十年，车子仍十分灵巧。雷利自行车成为高质量的代名词。然而1982年雷利自行车公司深陷泥潭，难以自拔。1986年，公司职员由1万多名裁至1700名。雷利自行车公司何以落到这般田地？

雷利自行车品牌打响后，几十年一直畅销不衰。这给公司决策者造成一种错觉：顾客最欢迎这种坚固耐用的古典式自行车，不希望它有任何改变。到了20世纪六七十年代，轿车在一些发达国家逐渐普及，自行车正逐渐成为一种被淘汰的交通工具。雷利自行车正在经营着一项走下坡路的事业。同时，在新技术的冲击下，发达国家自行车的主要消费者——青少年的消费偏好也发生了很大变化。现在，青少年的兴趣已经是电子游戏机了。青少年消费偏好的变化给雷利自行车带来很大打击。面对变化的市场，在自行车行业，很多富有进取心的企业设计出集游玩、健身、比赛于一体的新型自行车，一时成为盈利丰厚的黄金商品。例如，美国的青少年迷上这种多功能自行车的人比比皆是，并带动配套产品的销售。

雷利公司却一直固定在把自行车作为交通工具这一传统观念上。直到1977年，实在很难维持下去，它才投资筹建自行车比赛队，想让雷利自行车在体育用品市场上大显身手。谁料"天公不作美"，1986年夏天，北欧各国一直阴雨绵绵，寒冷潮湿的气候使自行车运动无法进行，购买自行车的人锐减，造成雷利自行车积压严重，公司周转资金严重不足。

亚洲一些国家和地区自行车行业的崛起和低价销售，也使雷利自行车不得不退出传统而利润丰厚的美国等市场，从而加快其衰落的步伐。雷利自行车公司不仅失去了欧美的自行车市场，而且也失去了第三世界的自行车市场。1986年后，英国与尼日利亚两国关系日渐恶化，尼日利亚政府对英国设置贸易壁垒，从而使雷利自行车无法进入这一市场。祸不单行，"两伊战争"爆发，昔日雷利自行车的另一大买主——伊朗，出于战争需要，几乎全部停止了雷利自行车的进口。另外，往日的财政困难、产品积压、人员过剩等一系列问题更日趋严重。

资料来源：北京劳动保障职业学院精品课网，http://jpkc.bvclss.cn/scyx/

问题：

1. 雷利自行车公司采用的是什么营销观念？
2. 从雷利自行车公司的失败中，我们得到什么启示？

第 2 章

营销环境分析

学习目标

1. 了解市场营销环境对企业市场营销活动的影响。
2. 熟悉市场营销的宏观环境和微观环境因素。
3. 掌握SWOT分析方法的内容和步骤。

导入案例

苹果公司遇到的问题

苹果公司（Apple Inc.）是美国的一家高科技公司。2012年1月26日,《纽约时报》A1版头条以"In China, Human Costs Are Built Into an iPad"为题,披露了苹果公司在中国组装iPad和iPhone的工厂剥削工人的现象。这一组采访了36位现任或前任苹果公司雇员及苹果公司供应商的深度调查报道,点燃了媒体对苹果公司"血汗工厂"的兴趣。这足以令苹果公司的客户感到被冒犯,并最终对该公司的金字招牌造成损害。随着全球媒体讽刺苹果公司代工厂的劳动环境及舆论引发的种种争议,苹果公司开始对这家业务合作伙伴富士康公司（Foxconn Electronics Inc.）三令五申,要求其必须改善不当的劳动环境与工作情形。

2013年央视"3·15"晚会曝光苹果公司在华产品售后服务执行"双重标准"。国家工商总局负责人表示,将依法查处苹果公司的"霸王条款"。在央视等多个国家级媒体的曝光之后,苹果公司悄然将中国市场上Mac和iPad产品的主要部件保修延长为两年。专家估计,连续被中国媒体报道"霸王条款",可能会导致苹果公司新机型上市批准延迟,加上其他竞争对手加速推出具有更多创新功能的手机,苹果公司的市场份额可能会大幅减少。这种情况下,包括联想公司、华为公司和中兴通讯公司在内的中国国内智能手机制造商将会受益,而最大的赢家无疑是以高端手机直接和iPhone竞争的三星电子公司。

资料来源：根据新浪网、阿里巴巴资讯网、搜狐财经网相关新闻综合编辑而成

引导问题：

苹果公司的企业行为遇到哪些环境问题的制约与影响？

2.1 市场营销环境概述

2.1.1 市场营销环境

1. 市场营销环境的概念

按照美国著名市场营销学家菲利普·科特勒的解释：市场营销环境是指影响企业的市场和营销活动的不可控制的参与者和影响力。具体来说就是，市场营销环境是指"影响企业的市场营销管理能力，使其能卓有成效地发展和维持与其目标顾客交易及关系的外在参与者和影响力"。因此，<u>市场营销环境是指直接或间接影响企业营销活动的所有外部力量和相关因素的集合，它是影响企业生存和发展的各种外部条件</u>。

2. 市场营销环境类型

根据影响力的范围和作用方式，市场营销环境可分为微观营销环境和宏观营销环境。

（1）微观营销环境

微观营销环境是指直接影响企业营销活动的各种力量，包括供应商、顾客、竞争者、营销中介、社会公众和企业自身。微观营销环境又称直接营销环境。

（2）宏观营销环境

宏观营销环境是指间接影响企业营销活动的各种社会力量，包括人口环境、经济、环境，政治、法律环境、科学技术环境、社会文化环境和自然生态环境等。相对微观营销环境，宏观营销环境对组织的作用是间接的，影响的范围也更广泛。宏观营销环境又称间接营销环境。

微观营销环境与宏观营销环境之间不是并列关系，而是主从关系。微观营销环境受制于宏观营销环境，微观环境中所有的因素都要受宏观环境中各种力量的影响。微观营销环境直接影响与制约企业的市场营销活动，而宏观营销环境主要是以微观营销环境为媒介间接影响与制约企业的市场营销活动。市场营销环境如图 2-1 所示。

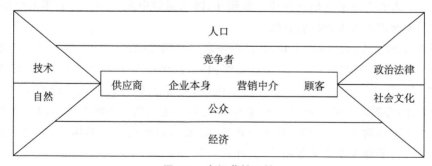

图 2-1　市场营销环境

2.1.2 市场营销宏观环境

市场营销宏观环境包括人口环境、经济环境、政治环境、法律环境、自然环境、科学技术环境与社会文化环境等因素，如图 2-2 所示。虽然这些因素具有一定的独立性，但它们之间又相互作用。例如，人口的增长（人口统计）导致了资源匮乏和环境污染（自然环境），使消费

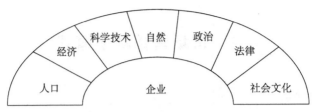

图 2-2 市场营销宏观环境

者要求法律保护(政治法律)。

1. 人口环境

人口是构成市场的第一位因素。因为市场是由那些想购买商品,同时又有购买力的人构成的。因此,人口数量直接决定市场的潜在容量,人口越多,潜在市场规模就越大。一方面,如果有足够的购买力,人口的增长往往意味着需求的增长与市场的扩大;另一方面,人口的增长对各种资源的供应又会形成过大的压力,导致成本增加,利润下降。

人口环境对市场营销的影响主要表现在:人口规模、人口结构、教育水平、人口地理分布与人口区间流动。

(1) 人口规模

一个国家或地区的人口数量,是衡量市场规模和潜在容量的一个基本要素。人口越多,则对食物、衣着、日用品的需求量越多,那么市场也就越大。因此,按人口数目可大略推算出市场规模。对企业来说,应准确掌握市场的人口数量,这有利于准确判断市场潜力。

人口的迅速增长促进了市场规模的扩大。因为人口增加,其消费需求也会迅速增加,市场的潜力也就会很大。

(2) 人口结构

① 年龄结构。不同年龄的消费者对商品的需求不一样。我国人口年龄结构的显著特点是:现阶段 0～14 岁少年比重约占总人口的 20%,这就意味在今后 20 年内,婴幼儿和少年儿童用品及结婚用品的需求将明显增长。按照国际通行标准,中国人口年龄结构已经逐步老龄化。老年人的需求呈现增长态势。可预计,诸如保健用品、营养品、老年人生活必需品、老年人文化生活需求等市场将会兴旺。

② 性别结构。人口的性别不同,其市场需求也有明显的差异。据调查,0～10 岁年龄组内,男性多于女性 20% 左右;11～20 岁年龄组内,男性多于女性 10% 左右;21～45 岁年龄组内,男性少于女性 5% 左右;46～70 岁年龄组内,男性多于女性 2% 左右;但到 71 岁以上,女性略多于男性,并随着年龄的增长女性生存率更高。相应的,市场上就会出现男性用品市场和女性用品市场的差异。例如,我国市场上,妇女通常购买自己的用品、家庭生活用品及杂货、衣服等,男子则主要购买耐用品、大件物品等。

③ 家庭结构。家庭是购买与消费的基本单位。家庭的数量直接影响到某些商品的消费。目前,世界上普遍呈现家庭规模缩小的趋势,越是经济发达地区,家庭规模越小。在我国,"四代同堂"现象已不多见,"三位一体"的核心家庭则很普遍。在中心城市 2～3 人的家庭规模占主体,并逐步由城市向乡镇发展。家庭数量的剧增必然会引起对炊具、家具、家用电器和住房等需求的迅速增长。随着单亲家庭以及成年后独自居住的人群不断增加,简易家具、小型家用电器、小户型青年公寓式住宅等产品受到欢迎。

④ 社会结构。我国的人口大部分在农村,农村人口占总人口的70%左右。因此,农村是一个广大的市场,其特点是相对消费水平较低,对相对低端产品有巨大的潜力。这一社会结构的客观因素决定了日用消费品企业在国内市场中,应当以农民为主要营销对象,市场开拓的重点也应放在农村。尤其是一些中小企业,更应注意开发价廉物美的商品,以满足农民的需要。

⑤ 民族结构。我国除了汉族以外,还有50多个少数民族。民族不同,其生活习性、文化传统也不相同。各民族的市场需求存在很大的差异。因此,企业营销者要注意民族市场的营销,尊重民族习惯,重视开发适合民族特性的商品。

(3) 教育水平

人群受教育水平可分类为:文盲;高中以下学历;高中毕业;大学和专家程度。人口受教育水平的变化,也影响着人们需求层次的变化,并带动需求变化。

(4) 人口地理分布与人口区间流动

由于自然地理条件以及经济发展程度等多方面因素的影响,人口的分布是不均匀的。在我国,人口总数的94%主要集中在东南部沿海一带,而西北地区人口仅占6%左右,而且人口密度逐渐由东南向西北递减。另外,城市人口比较集中,尤其是大城市人口密度很大,上海、北京、重庆等城市的人口都超过1000万人,而农村人口则相对分散。人口的这种地理分布表现在市场上,就是人口的集中程度不同,市场大小不同;消费习惯不同,市场需求特性不同。例如,南方人以大米为主食;北方人以面粉为主食,江、浙、沪沿海一带的人喜甜食,而川、湘、鄂一带的人则喜食辣味。随着经济的活跃和发展,人口的区域流动性也越来越大。在发达国家,除了国家之间、地区之间、城市之间的人口流动之外,还有城市人口与农村人口之间的流动。

在我国,人口的流动主要表现在农村人口向城市流动,内地人口向沿海经济开放地区流动。另外,经商、观光旅游、学习、就业等也使人口流动加速。对于人口流入较多的地方而言,一方面,会带来劳动力增多,引起就业问题突出,从而加剧行业竞争;另一方面,人口增多促使基本需求量增加,消费结构也发生一定的变化,带来当地企业较多的市场份额和营销机会。因此,人口流动是一个不容忽视的影响因素。

2. 经济环境

经济环境是指企业营销活动所面临的社会经济条件及其运行状况和发展趋势。它包括微观经济环境和宏观经济环境两个方面。经济状况的好坏,直接关系着消费者的购买力大小,实际经济购买力取决于实际收入、支出、储蓄、负债与信贷等。

(1) 微观经济环境

微观经济环境是指从消费者出发来考虑消费者购买力的组成与发展,主要包括消费者的收入、支出、储蓄与信贷。

① 消费者收入水平及其变化。消费者收入,是指消费者个人从各种来源中所得的全部货币收入,包括消费者个人的工资、退休金、红利、租金、赠予等收入。消费者的购买力来自消费者的收入,但消费者并不是把全部收入都用来购买商品或劳务,购买力只是收入的一部分。因此,研究消费收入时,必须要明确国民生产总值、人均国民收入、个人可支配收入与个人可任意支配的收入之间的联系与区别。

> **小资料 2-1　　　　　　　与消费者收入相关的概念**
>
> - 国民生产总值。国民生产总值是衡量一个国家经济实力与购买力的重要指标。从其变化可以了解一个国家经济发展的状况和速度。
> - 人均国民收入。它是国民收入总值与人口的比值,反映一个国家人民生活水平的高低,也在一定程度上决定了商品需求的构成。我国 2006 年人均国民收入 1740 美元,基本达到小康水平,但仍属发展中国家。
> - 个人可支配收入。这是在个人收入中扣除各项应交税款和非税性负担(如个人承担的住房公积金、养老保险金等)后所得余额,它是个人收入中可以用于消费支出或储蓄的部分,构成实际的购买力。
> - 个人可任意支配收入。这是在个人可支配收入中减去用于维持个人与家庭生存不可缺少的费用(如房租、水电、食物、燃料、衣着等项开支)后剩余的部分。这部分收入是消费需求变化中最活跃的因素,也是企业开展营销活动时所要考虑的主要对象。因为这部分收入主要用于满足人们基本生活需要之外的开支,一般用于购买高档耐用消费品、旅游、储蓄等,它是影响非生活必需品和劳务销售的主要因素。

很多产品是以家庭为基本消费单位的,如冰箱、脱排油烟机、空调等。因此,家庭收入的高低会影响很多产品的市场需求。一般来说,家庭收入高,对消费品需求大,购买力也大;反之,需求小,购买力也小。需要注意的是,企业营销人员在分析消费者收入时,还要区分"货币收入"和"实际收入"。实际收入是扣除物价变动因素后实际购买力的反映。因此,实际收入和货币收入并不完全一致。只有"实际收入"才影响"实际购买力"。

② 消费者支出模式和消费结构的变化。随着消费者收入的变化,消费者支出模式会发生相应变化,继而使一个国家或地区的消费结构也发生变化。西方一些经济学家常用恩格尔系数来反映这种变化。恩格尔系数的计算公式为

$$恩格尔系数=(食品的开支÷消费的总支出)\times 100\%$$

恩格尔系数表明,一个家庭收入越少,其总支出中用来购买食物的比例就越大。一般来说,食物开支占总消费量的比重越大,恩格尔系数越高,则生活水平越低;反之,食物开支所占比重越小,恩格尔系数越小,生活水平越高。

③ 消费者储蓄和信贷情况的变化。消费者的购买力还要受储蓄和信贷的直接影响。当收入一定时,储蓄越多,现实消费量就越小,但潜在消费量愈大;反之,储蓄越少,现实消费量就越大,但潜在消费量愈小。消费者储蓄一般有两种形式:一是银行存款,增加现有银行存款额;二是购买有价证券。企业营销人员应当全面了解消费者的储蓄情况,尤其是要了解消费者储蓄目的的差异。例如,城市居民的储蓄目的主要用来购买高档耐用消费品,农村则主要用于住宅建设和购买农用生产资料与设备。又如,2007 年股市利好的变化带动投资热,获利股民带动汽车、房产、高档消费品消费量的放大,也带来新的市场机遇。

消费者信贷,就是消费者凭信用先取得商品使用权,然后按期归还贷款,以购买商品。这实际上就是消费者提前支取未来的收入,提前消费。目前,盛行的消费者信贷主要有短期赊销、购买住宅分期付款、购买昂贵的消费品分期付款、信用卡信贷等几类。消费信贷把资金投向需要发展的产业,刺激这些产业的生产,带动相关产业和产品的发展。我国现阶段的

信贷消费主要是集中在房产、汽车、教育等大宗消费项目上。在都市,年轻人也有贷款购买计算机、数码产品、旅游等消费的兴起。

(2) 宏观经济环境

除了上述因素直接影响企业的市场营销活动外,还有一些经济环境也对企业的营销活动产生或多或少的影响。这种影响主要来自以下几个方面。

① 经济发展阶段。企业的市场营销活动要受到一个国家或地区的整体经济发展水平的制约。经济发展阶段不同,居民的收入不同,顾客对产品的需求也不一样,会在一定程度上影响企业的营销。例如,以消费者市场来说,经济发展水平比较高的地区,在市场营销方面,强调产品款式、性能及特色,品质竞争多于价格竞争。而在经济发展水平低的地区,则较侧重于产品的功能及实用性,价格因素比产品品质更为重要。在生产者市场方面,经济发展水平高的地区着重投资能节省劳动力的先进、精密、自动化程度高、性能好的生产设备,重视资本密集型产业的发展。在经济发展水平低的地区,其购买的大多是一些投资少、消耗劳动力多、操作简单、性能较为落后的机器设备,以发展劳动密集型产业为主。因此,对于不同经济发展水平的地区,企业应采取不同的市场营销策略。

② 经济体制。世界上存在着多种经济体制,有计划经济体制,有市场经济体制,有计划—市场经济体制,也有市场—计划经济体制等。不同的经济体制对企业营销活动的制约和影响不同。现阶段,我国市场发育不十分完善,还存在市场秩序混乱、行业垄断和地方保护主义现象,对企业全面开展营销活动有一定的消极影响。因此,企业要尽量适应这种局面,注意选择不同的营销策略,开拓市场。

③ 地区与行业发展状况。我国地区经济发展很不平衡,逐步形成东部、中部、西部三大地带和东高西低的发展格局。同时,在各个地区的不同省市,还呈现出多极化发展趋势。这种地区经济发展的不平衡,对企业的投资方向、目标市场以及营销战略的制订等都会带来巨大影响。另外,我国行业与部门的发展也有差异。因此,企业要处理好与有关部门的关系,加强联系;要关注与本企业联系紧密的行业或部门的发展状况,制订切实可行的营销措施。

④ 城市化程度。城市化程度是指城市人口占全国总人口的百分比,它是一个国家或地区经济活动的重要特征之一。城市化是影响营销的环境因素之一。这是因为城乡居民之间存在某种程度的经济和文化上的差别,进而导致不同的消费行为。例如,目前我国大多数农村居民消费自给自足的程度仍然较高,而城市居民则主要通过货币交换来满足需求。此外,城市居民一般受教育较多,思想较开放,容易接受新生事物;而农村相对闭塞,农民的消费观念较为保守,故一些新产品、新技术往往首先为城市居民所接受。企业在开展营销活动时,要充分注意这些消费行为方面的城乡差别,相应地调整营销策略。

⑤ 国家经济政策的变化。政府制定的经济政策对某一行业及某一企业的影响,既可以是鼓励和保护性的,也可以是限制性和排斥性的。对鼓励和保护类产业投资项目,国家制定优惠政策支持发展,以消除经济发展的瓶颈;对限制类和排斥类项目,国家督促改造和禁止新建或采取高税收、行业管制等政策。

3. 政治、法律环境

政治与法律是影响企业营销重要的宏观环境因素。政治因素像一只有形之手,调节着企业营销活动的方向;法律则为企业规定经营活动行为准则。政治与法律相互联系,共同对企业的市场营销活动发挥影响和作用。例如,2006年7月北京工商总局停止对登记地址为民宅的工商业户进行注册,使商住两用商品房价格严重受挫,同时京城写字楼租金在一个月内上升30%。

(1) 政治环境

政治环境是指企业市场营销活动的外部政治形势和状况,以及国家方针政策的变化对市场营销活动带来的或可能带来的影响。

① 政治局势。政治局势是指企业营销所处的国家或地区的政治稳定状况。一个国家的政局稳定与否,会给企业营销活动带来重大的影响。如果政局稳定,生产发展,人民安居乐业,就会给企业造成良好的营销环境。相反,政局不稳,社会矛盾尖锐,秩序混乱,这不仅会影响经济发展和人民的购买力,而且对企业的营销心理也有重大影响。

② 方针政策。各个国家在不同时期,根据不同需要会颁布一些经济政策,制定经济发展方针。这些方针、政策不仅影响本国企业的营销活动,而且还影响外国企业在本国市场的营销活动。例如,我国的产业政策、人口政策、能源政策、物价政策、财政政策、金融与货币政策等,都给企业研究经济环境、调整自身的营销目标和产品结构提供了依据。

③ 国际关系。这是国家之间的政治、经济、文化、军事等关系。发展国际的经济合作和贸易关系是人类社会发展的必然趋势,企业在其生产经营过程中,都可能或多或少地与其他国家发生往来,开展国际营销的企业更是如此。因此,国家间的关系也必然会影响企业的营销活动。

④ 政府对经济的干预。一国政府往往出于不同的政治理念和自身利益对本国经济进行干预。政府自身的利益或国家利益,通常包括5个目标,即自我保护目标、安全目标、繁荣目标、声誉目标、意识形态目标,这些目标是政府干预企业营销活动的主要依据。

⑤ 政治风险。政治风险是指政治力量引起一个国家营销环境显著变化的可能性,这种变化会给在该国从事营销活动的企业的利润及其他目标带来负面影响。在社会不稳定和秩序混乱的国家里,或者在本质上具有高度社会不稳定可能性的国家里,政治风险较大。

(2) 法律环境

法律环境是指包括一个国家规范人们行为的法律和法规、法律得以强制执行的程序,以及通过这一程序使受损害者得到补偿的机制。法律详细规定了企业的运作方式、限定了交易履行的方式、规定了交易各方的权利和义务,对营销活动带来制约、机会和影响。因此,一个国家的法律环境对企业的营销活动是极为重要的。

对企业来说,法律是评判企业营销活动的准则,只有依法进行的各种营销活动,才能受到国家法律的有效保护。同时,还要善于运用法律武器维护自己的合法权益。当其他经营者或竞争者侵犯自己正当权益的时候,要勇于用法律手段保护自己的利益。

小资料 2-2　　　　　　　国际电子商务的法律环境

全球电子商务立法,是近几年世界商事立法的重点。电子商务立法的核心,主要围绕电子签章、电子合同、电子记录的法律效力展开。从1995年美国犹他州颁布《数字签名法》至今,已有几十个国家、组织和地区颁布了与电子商务相关的立法。其中,较重要或影响较大的有:联合国贸易法委员会1996年的《电子商务示范法》和2000年的《电子签名统一规则》;欧盟的《关于内部市场中与电子商务有关的若干法律问题的指令》和《电子签名统一框架指令》；德国 1997 年的《信息与通用服务法》；俄罗斯 1995 年的《俄罗斯联邦信息法》；新加坡 1998 年的《电子交易法》；美国 2000 年的《国际与国内商务电子签章法》等。

资料来源：引自法律教育网《从国际电子商务立法到中国的电子商务政策法律环境》一文

4. 自然环境

（1）自然物质环境

自然物质环境主要指自然界提供给人类的物质财富，如矿产资源、森林资源、土地资源、水力资源等。这些资源可分为三类：第一类为取之不尽、用之不竭的资源，如空气、阳光和水，又称为"无限"资源；第二类为有限但可更新的资源，如森林、粮食等；第三类为既有限又不能再生的资源，如石油、煤及各种矿产。第一类和第二类资源各地分布不均，而且不同年份、季节情况不同；第三类更是长期面临短缺。这迫使人们研究、开发、利用新的资源，形成新的需求。

这些因素都会不同程度地影响企业的营销活动，企业也要对自然环境的变化负有责任。具体来说，我国自然资源面临的主要问题有：①自然资源日益短缺，如耕地锐减、森林赤字、淡水资源紧缺、不可再生的有限资源短缺等；②环境污染严重，能源成本不断提高；③政府对自然资源管理的干预不断加强。所有这些都会直接或间接地给企业带来机会或威胁。一方面，各种资源短缺对企业的生产形成很大的制约，有关环境保护的立法对企业也提出更高的要求；另一方面，环境的恶化给节能技术的应用、绿色产品的推广带来无限商机。

（2）地理环境

一个国家或地区的地形地貌和气候条件，是企业开展市场营销活动所必须考虑的地理环境因素，对市场营销有一定影响。例如，我国地域辽阔、南北跨度大，各种地形地貌复杂，气候差异也很大。北方地区多寒冷，对防寒保暖用品需求大，如羽绒服、棉手套、电暖风、电热毯等；南方地区对降温用品需求较大，如空调、电风扇、遮阳伞、凉棚等。

5. 科学技术环境

人类历史上经历了四次科技革命：第一次以蒸汽机技术为标志；第二次以电气技术为标志；第三次以电子技术为标志；第四次以信息技术为标志。科学技术是社会生产力中最活跃的因素。作为营销环境的一部分，科技环境不仅直接影响企业内部生产和经营，还同时与其他环境因素相互依赖、相互作用。尤其是新技术革命给企业市场营销既造就了机会，又带来了威胁。企业的机会在于寻找和利用新技术，面临的威胁可能有两方面：新技术的突然出现，使企业的现有产品变得陈旧；新技术改变了企业人员原有的价值观。新技术给企业带来巨大压力，如果企业不及时跟上新技术革命的发展，其产品很有可能很快被淘汰出局。正因为如此，西方"创新理论"的代表人物熊彼特认为："技术是一种创造性的毁灭"。

（1）新技术引起企业市场营销策略发生变化

由于科学技术的迅速发展，新技术应用于新产品开发的周期大大缩短，产品的更新换代加快。这要求企业营销人员不断寻找新市场、预测新技术，时刻注意新技术在产品开发中的作用，从而促进企业开发出给消费者带来更多收益的新产品。新技术的不断应用、技术环境的变化使人们的工作及生活方式发生了重大变化，企业市场营销策略也要不断变化。

（2）新技术引起企业营销管理的进步

新技术革命是管理改革或管理革命的动力，它向管理提出了新的课题和新的要求，又为企业改善经营管理、提高管理水平提供了物质基础。如今,一场以微电子革命为中心的新技术革命正在蓬勃发展,特别是计算机和互联网的出现,标志着技术发展进入了一个新的历史阶段。目前,许多企业的经营管理都使用了计算机和互联网,这对改善企业经营管理、提高企业经营效益起到很大的作用。

(3) 新技术对零售商业和购物习惯产生重大影响

由于电视、电话、计算机系统的迅速发展,出现了"电话购物"、"网上购物"等在家购物的购物方式。新技术革命使零售商业结构发生变化,古老传统的商业机构逐渐被新型的零售商业结构所代替。对买方来说,购物越来越不受时间、地点的限制,给购买带来了极大的方便。

企业应该经常了解和深刻分析当前营销环境各方面不断变化的情况,才能根据自身的优势与劣势制订出正确的营销战略与策略。这是正确实施企业营销的首要任务。现代科学技术是社会生产力中最活跃的和最具决定性的因素,科技的发展对经济的发展具有重大的影响,并直接或间接地带动企业营销活动的变化,尤其技术进步对企业生产和市场营销的影响更为直接和显著。它作为重要的营销环境因素,不仅直接影响企业内部的生产和经营,而且同时与其他环境因素相互依赖、相互作用,影响企业的营销活动。科学技术既为市场营销提供了科学理论和方法,又为市场营销提供了物质手段。科学技术的进步和发展,必将给社会经济、政治、军事以及社会生活等各个方面带来深刻的变化,这些变化也必将深刻地影响企业的营销活动。

例如,在美国,由于汽车工业的迅速发展,使美国成为一个"装在车轮上的国家",现代美国人的生活方式,无时无刻不依赖汽车。生活方式的改变,迫使企业营销方式发生改变,如计算机和互联网的发展使在家办公成为可能;人们已经逐渐习惯通过互联网购买产品,使电子商务成为一种高效的营销手段。

6. 社会文化环境

社会文化环境是影响企业营销活动最复杂的因素。因此,无论是国际市场营销,还是国内市场营销,企业都应重视对社会文化环境的分析。

每个人都生长在一定的社会文化环境中,并在一定的社会文化环境中生活和工作,他们的思想行为也必定受这种社会文化的影响和制约。社会文化主要是指社会的民族特征、价值观念、生活方式、风俗习惯、伦理道德、教育水平、语言文字、社会结构等的总和。人类在某种社会中生活,必然会形成某种特定的文化。不同国家、不同地区的人民,不同的社会与文化,代表着不同的生活模式,对同一产品可能持有不同的态度,直接或间接地影响产品的设计、包装、信息的传递方法、产品被接受的程度、分销和推广措施等。社会文化因素通过影响消费者的思想和行为来影响企业的市场营销活动。市场营销人员应重视对社会文化的调查研究,分析社会文化环境的针对性,做出适宜的营销策略。

(1) 教育水平

教育水平直接影响人们的消费行为和消费结构,企业所在地区的教育水平也在一定程度上制约着企业的营销活动。一般来说,受教育水平高的消费者对产品的内在质量、外观形象以及服务有较高的要求;而受教育水平低的消费者往往要求更多的实物样品和通俗易懂的产品介绍。受教育水平较低的人群,购买产品的理性程度相对低,对新产品的接受能力比较弱;而教育水平较高的地区正好相反。例如,对于香烟这种涉及吸食者健康问题的敏感型产品,在制订产品宣传方案时,应根据地区文化水平的普遍程度采用不同的产品宣传内容与方式。因此,我们在产品设计和制订产品策略时,应考虑到当地的教育水平,使产品的复杂程度、技术性能与之相适应。另外,企业分销人员的受教育程度等,对企业的市场营销活动也有一定的影响。

(2) 价值观念

不同的社会文化背景下,人们的价值观念相差很大。消费者对商品的需求和购买行为深受价值观念的影响。对于不同价值观念的消费者,营销人员应采取不同的策略。一种新产品的消费,会引起消费观念上某种程度的变革。对于乐于变革、喜欢猎奇、比较激进的消费者,应重点强调产品的新颖和奇特之处;而对于那些注重传统、喜欢沿袭传统消费方式的消费者,企业在制订促销策略时则应把产品同目标市场的文化传统联系起来。例如,中国传统的福禄寿星图案或古装仕女图案装饰适合在一些亚洲国家和地区行销,而欧美国家则不感兴趣;欧美市场上,给产品加上复活节、圣诞节、狂欢节的图案装饰,则更能打开销路。

在社会生活中,价值观念主要体现为时间观念、财富观念、创新观念和风险观念等。时间观念是指不同文化背景的人对待时间往往有不同的态度。创新观念反映出一个社会对待新事物的态度,在经济社会发展迅速的今天,创新观念和创新行为的影响越来越大。消费观念直接影响市场的规模和潜力。风险观念是指人们对风险的不同认识,它也会直接影响企业营销策略的成败。

小资料 2-3　　　　　　　高档洋酒在中国的销售

生产洋酒的跨国公司深谙中国文化:长期以来,中国人习惯以权力来表明人的层次。随着中国经济的快速发展,社会上出现了迅速富裕起来的群体,对于这些有了钱而没有身份的人来说,洋酒无疑提供了一个表明身份的环境和道具。早在 18 世纪的法国上流社会聚会中,干邑就远远超出了功能上的意义,成为社会精英们交际的一部分,被看做是上流社会生活的缩影。这些精明的洋酒厂家敏锐地洞察到这一中西文化的契合点,进行洋酒推广,并大获成功。金王马爹利只做限量发售,其售价在 1 万~2 万元之间。1994 年,马爹利在上海为促销极品干邑金王马爹利而举办"王者之宴"并大获成功。除了媒体宣传和超豪华宴会,马爹利、轩尼诗等大公司还经常组织古典会等高雅活动在世界巡演。随着这种贵族文化的生活的深入人心,人们在不知不觉中将洋酒与贵族文化之间画上了等号。

资料来源:吴险峰. 浅析文化差异对国际营销的影响. 当代经济,2009(5)

---

(3) 风俗习惯

风俗习惯是指人们根据自己的生活内容、生活方式和自然环境,在一定的社会物质生产条件下长期形成并世代相袭的一种风尚,由于重复、练习而巩固下来并变成需要的行动方式等的总称。风俗习惯是人类各种习俗中重要的习俗之一,是人们历代传递下来的一种消费方式。也可以说,是人们在长期的经济与社会活动中所形成的一种消费风俗习惯,它表现出独特的心理特征、道德伦理、行为方式和生活习惯。例如,新疆人爱吃羊肉,爱尔兰人不食咸牛肉和土豆;意大利人忌讳菊花,日本人忌用茶花等。从事市场营销必须研究了解目标市场消费者的禁忌、习俗、避讳、信仰、伦理等,它也是企业进行市场营销的重要前提。

小资料 2-4　　　　　　　　　国际营销与风俗习惯

风俗习惯对国际营销的影响主要表现在审美情趣、商务谈判、消费方式、新产品开发和包装等方面。黑色在美国和欧洲是哀悼时候使用的颜色;而在日本和远东,白色才是此场合使用的颜色。在与阿拉伯人进行商务谈判的时候,取得哪怕只是一点的一致意见,也要花上好几天时间,因为他们在谈判的时候更喜欢谈一些与生意无关的事情。坎贝尔公司发现在中国销售汤料很难,因为99%的中国家庭喜欢喝自己煨的汤而不是购买速溶汤料。日本消费者更喜欢商品紧紧堆积在一起的连锁店,而不喜欢像美国那样仓库式的连锁店。

资料来源:吴险峰. 浅析文化差异对国际营销的影响. 当代经济,2009(5)

（4）审美观念

审美观念通常是指人们对商品的好坏、美丑、善恶的评价。不同的国家、民族、宗教、阶层和个人,往往有不同的审美标准。人们的消费行为归根到底不外乎维护每个社会成员的身心健康和不断追求生活的日趋完善。人们在市场上挑选购买商品的过程,实际上也是一次审美活动。消费者个人的审美活动表面上看起来属于个人行为,实质上反映了一个时代、一个社会人们的审美观念和审美趋势。目前,中国消费者日益增强的审美取向有:一是追求健康美;二是追求色彩形式美;三是追求购物环境与服务美。

（5）宗教信仰

不同的宗教信仰有不同的文化倾向和戒律,从而影响人们认识事物的方式、价值观和行为准则,影响人们的消费行为,带来特殊的市场需求,与企业的营销活动有密切的关系。特别在一些信奉宗教的国家和地区,宗教信仰对市场营销的影响力更大。

小资料 2-5　　　　　　　　日本索尼公司在泰国的惨痛教训

日本索尼收录机因在电视广告问题曾在泰国遭遇灭顶之灾,本来索尼公司制作了精美的电视广告,要在泰国雄心勃勃地推广产品。广告的画面上,佛祖释迦牟尼端庄静坐,闭目凝神,潜心修炼。然而,当佛祖戴上索尼收录机的耳机后,竟然凡心大动,在佛堂上眉飞色舞、手舞足蹈……佛祖之威严和宗教之虔诚荡然无存。在佛教之国,这则广告亵渎了佛祖,触犯了泰国国教,激起了泰国人的愤怒。最终,泰国政府责令索尼公司立刻停播广告,同时规定,一年里任何公众媒体不得刊登索尼的信息,给索尼造成了巨大的损失。

资料来源:李雅梅. 多元文化在泰国的映射. 云南师范大学学报,2009

（6）民族性格

最能反映文化对性格形成作用的、在大多数民族成员身上都体现出来的典型特征,就构成了民族性格。不同的文化形成不同的民族性格,不同的民族性格造成了消费行为倾向的差别。西方民族的典型性格是外向和奔放,中华民族的典型性格则是内向和含蓄,这两种民族性格的不同使中国人和西方人的消费行为截然不同。

| 小资料 2-6 | 东西方民族性格下的旅游营销 |

西方传统文化强调支配自然,强调着眼于未来,强调个人主义,塑造了西方民族较普遍和较明显的外倾型性格特点;而中华民族一贯的思想理念是"父母在,不远游,游必有方",反映了中华民族的内倾型的民族性格特征。两种不同的民族性格导致了对待旅游出行截然不同的态度。因此,在对西方旅游者进行旅游营销宣传时,营销口号只需要体现旅游地的吸引力在哪里。而在对中国旅游者进行旅游营销宣传时,营销口号首先要能够激发游客的旅游动机;其次是展现旅游地的吸引力。东西方人不同的民族文化还导致了他们在进行旅游项目选择时的差异性,西方人倾向于挑战性、冒险性的旅游项目;而东方人倾向于常规的、温和的旅游项目。

资料来源:李萃,刘志敏. 旅游营销口号设计研究. 中国旅游报,2011-03-04

2.1.3 市场营销微观环境

企业的微观营销环境主要由企业的供应商、营销中介、顾客、竞争对手、社会公众以及企业自身组成。市场营销微观环境如图 2-3 所示。

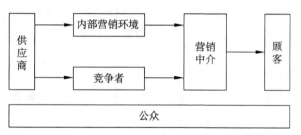

图 2-3 市场营销微观环境

1. 供应商

供应商是指向企业及其竞争者提供生产产品和服务所需资源的企业或个人。供应商是影响企业营销微观环境的重要因素之一。供应商所提供的资源主要包括原材料、设备、能源、劳务、资金等。这些资源是企业营销活动顺利进行的前提。供应商对企业营销活动有不可忽视的影响,直接影响产品数量、质量,左右产品成本、价格和企业的利润空间。

供应商对企业营销活动的影响主要表现在供货的稳定性与及时性、供货的价格变动、供货的质量水平等。因此,企业对供应商应尽可能保持良好的关系,开拓更多的供货渠道,以使供货源能够保证时间与连续性要求,以便能够应对市场供应及价格变化。同时,企业在寻找和选择供应商时,应特别注意考核供应商的资信状况。要选择那些能够提供品质优良、价格合理、交货及时、有良好信用,在质量和效率方面都信得过的供应商,并且要与主要供应商建立长期稳定的合作关系,保证企业生产资源供应的稳定性,以免与供应商的关系发生变化时使企业陷入困境。

2. 营销中介

营销中介是指协助企业促销、销售和配销其产品给最终购买者的企业或个人,包括中间商、物流公司、营销服务机构和财务中间机构。大多数企业的营销活动都必须通过它们的协助,它们是顺利进行市场营销不可缺少的环节。因此,企业在市场营销过程中,必须重视中介组织对企业营销活动的影响,并要处理好同它们的合作关系。

(1) 中间商

中间商是协助企业寻找顾客或直接与顾客交易的商业性企业。中间商可分为两类:代理中间商和经销中间商。代理中间商有代理商、经纪人和生产商代表。中间商由于与目标顾客直接打交道,其销售效率、服务质量直接影响到企业的产品销售。因此,必须选择合适的中间商。

(2) 物流公司

物流公司是指协助厂商储存货物并把货物从产地运送到目的地的专业企业,包括仓储公司与运输公司。物流公司提供的服务可以是针对生产出来的产品,也可以是针对原材料及零部件。其基本功能是调节生产与消费之间时空背离的矛盾,为消费者提供适时、适量、适地的商品供给和服务。因此,物流公司的作用在于帮助企业创造时空效益。

(3) 营销服务机构

营销服务机构主要是指为厂商提供营销服务的各种机构,如营销调查公司、广告公司、传播媒介公司和营销咨询公司等。在现代社会,大多数企业都要借助这些服务机构来开展营销活动,如请调查公司对其服务进行评价、请广告公司制作产品广告、依靠公关公司传播信息等。企业选择这些服务机构时,应对它们所提供的服务、质量、创造力等方面进行评估,并定期考核其业绩,及时替换那些不具有预期服务水平和效果的机构,这样才能提高自己的经济效益。

(4) 财务中间机构

财务中间机构包括银行、信用公司、保险公司和其他协助融资或保障货物的购买与销售风险的公司。在现代经济社会中,企业与金融机构有着不可分割的联系。例如,企业间的财务往来要通过银行账户进行结算;企业财产和货物要通过保险公司进行保险等。而银行的贷款利率上升或是保险公司的保险金额上升,会使企业的营销活动受到影响;信贷来源受到限制会使企业处于困境。诸如此类的情况都将直接影响到企业的日常运转。因此,企业必须与财务中间机构建立密切的关系,以保证企业资金需要的渠道畅通。

3. 公众

公众是指对企业实现其目标的能力感兴趣或发生影响的任何团体或个人。企业的公众环境如图2-4所示。公众对企业的生存和发展产生巨大的影响,公众可能有增强企业实现其目标的能力,也可能会产生妨碍企业实现其目标的能力。企业的公众主要有以下几种。

(1) 金融公众,是指那些关心和影响企业取得资金能力的集团,包括银行、投资公司、证券公司、保险公司等。

(2) 媒介公众,是指那些联系企业和外界的大众媒介,包括报纸、杂志、电视台、电台等。

(3) 政府公众,是指与企业的业务、经营活动有关的政府机构和企业的主管部门,如主管有关经济立法及经济政策、产品设计、定价、广告及销售方法的机构;国家经委及各级经委、工商行政管理局、税务局、各级物价局等。

(4) 公民行动公众,是指有权指责企业经营活动破坏环境质量、企业生产的产品损害消

图 2-4　企业的公众环境

费者利益、企业经营的产品不符合民族需求特点的团体和组织,包括消费者协会、保护环境团体等。

（5）地方公众,主要是指企业周围居民和团体组织,他们对企业的态度会影响企业的营销活动。

（6）一般公众,是指对企业产品并不购买,但深刻地影响着消费者对企业及其产品看法的个人,一般公众对企业形象影响较大。

（7）企业内部公众,是指企业内部全体员工,包括领导（董事长）、经理、管理人员、职工。处理好内部公众关系是搞好外部公众关系的前提。企业必须采取积极适当的措施,主动处理好同公众的关系,树立企业的良好形象,促进市场营销活动的顺利开展。

4. 内部营销环境

面临相同的外部环境,不同企业的营销活动所取得的效果并不一样,这是因为它们有不同的内部环境要素。在内部各环境要素中,人员是企业营销策略的确定者与执行者,是企业最重要的资源。企业管理水平高低、规章制度的优劣,决定着企业营销机构的工作效率;资金状况与厂房设备等条件,是企业进行一切营销活动的物质基础,这些物质条件的状况决定了企业营销活动的规模。此外,企业文化和企业组织结构是两个需要格外注意的内部环境要素。

近年来,企业文化日益受到重视。所谓企业文化,是指企业的管理人员与职工共同拥有的一系列思想观念和企业的管理风貌,包括价值标准、经营哲学、管理制度、思想教育、行为准则、典礼仪式以及企业形象等。企业文化在调动企业员工的积极性,发挥员工的主动创造力,提高企业的凝聚力等方面有着重要的作用。良好的企业文化状况可以促使企业员工们努力工作以取得更高的绩效,从而更好地实现企业的目标,增强企业员工责任感和主人翁精神。

企业组织结构主要是指企业营销部门与企业其他部门之间在组织结构上的相互关系,营销部门在整个企业组织中的地位影响到营销活动能否顺利进行。由于企业内各部门的经营目标、职能侧重点不同,营销部门与其他部门之间往往会在经营意愿上有所冲突。

5. 顾客

企业的一切营销活动都是以满足顾客需要为中心的,因此顾客是企业最重要的环境因素。顾客是企业服务的对象,也是企业的目标市场。顾客可以从不同角度以不同的标准进行划分。按照购买动机和类别分类,顾客市场可以分为:生产者市场、消费者市场、政府集团市场、中间商市场、非营利机构市场、国际市场,如图 2-5 所示。

图 2-5　企业顾客类型

上述每一种市场都有其独特的顾客。这些市场上不同的顾客、不同的需求,必然要求企业以不同的服务方式提供不同的产品(包括劳务),从而制约着企业营销决策的制订和服务能力的形成。因此,企业要认真研究不同顾客群,分析其类别、需求特点、购买动机等,使企业的营销活动能针对顾客的需要,满足顾客的愿望。

6. 竞争者

竞争是商品经济的基本特性,市场是企业与形形色色竞争者竞技的舞台。企业在目标市场进行营销活动的过程中,不可避免地会遇到竞争者或竞争对手的挑战。在竞争性市场上,除来自本行业的竞争外,还有来自代用品生产者、潜在加入者、原料供应商和购买者等多种力量的竞争。竞争者的营销战略以及营销活动的变化,都将直接对企业造成威胁,因此企业必须密切注视竞争者的任何细微变化,并做出相应的对策。

企业在开展市场营销活动中,经常与不同的竞争对手形成竞争关系,而且这种竞争关系受多种因素影响处于不断变动中。如何适时调整竞争策略,取得竞争优势,是企业必须考虑的问题。

2.2　SWOT 分析法

2.2.1　SWOT 分析法的主要内容

1. SWOT 分析法的概念

SWOT 分析法是一种综合考虑企业内部条件和外部环境的各种因素而进行选择最佳营销战略的方法。"S"是指企业内部的优势(strength),"W"是指企业内部的劣势(weak),"O"是指企业外部环境的机会(opportunity),"T"是指企业外部环境的威胁(threat)。使用 SWOT 分析法,可以清楚确定企业的资源优势和缺陷,了解企业所面临的机会和挑战,对于制订企业未来的发展战略有着至关重要的意义。

2. SWOT分析法主要内容

(1) 竞争优势

竞争优势(S)是指企业超越其竞争对手的能力,或者指企业所特有的能提高企业竞争力的东西。例如,当两家企业处在同一市场或者说它们都有能力向同一顾客群体提供产品和服务时,如果其中一家企业有更高的盈利率或盈利潜力,我们就认为这家企业比另外一家企业更具有竞争优势。

竞争优势可以包括以下几个方面:①技术优势,是指独特而先进的生产技术、低成本生产方法、完善的质量管理体制与丰富的营销经验等;②资产优势,是指先进的生产流水线、现代化车间和设备、自然资源储存丰富、充足的资金来源、优秀的品牌形象、先进的企业文化等;③人力优势,是指关键领域拥有专长的职员、积极上进的职员、职员拥有丰富的工作经验与很强的组织学习能力;④组织优势,是指高质量的控制体系、完善的信息管理系统、忠诚的客户群、强大的融资能力;⑤竞争能力优势,是指产品开发周期短、强大的营销网络、与供应商良好的伙伴关系、对市场环境变化反应迅速、市场份额的领导地位。

(2) 竞争劣势

竞争劣势(W)是指企业某种缺少或做得不好的东西,或指某种会使企业处于劣势的条件。可能导致企业内部弱势的因素有:①缺乏具有竞争意义的技能技术;②缺乏有竞争力的资产资源、人力资源与组织资源;③关键领域里的竞争能力正在丧失。

(3) 企业面临的潜在机会

市场机会(O)是影响企业战略的重大因素。企业管理者应当确认每一个机会,评价每一个机会的成长和利润前景,选取那些可与企业财务和组织资源匹配、使企业获得的竞争优势潜力最大、机会最佳。

潜在的发展机会可能是:①客户群的扩大趋势或产品细分市场;②技能技术向新产品、新业务转移,为更大客户群服务;③市场进入壁垒降低;④获得购并竞争对手的能力;⑤出现向其他地理区域扩张,扩大市场份额的机会。

(4) 危及企业的外部威胁

在企业外部环境中,总是存在某些对企业的盈利能力和市场地位构成威胁的因素。企业管理者应当及时确认危及企业未来利益的威胁,做出评价并采取相应的战略行动来抵消或减轻它们所产生的影响。

企业的外部威胁(T)可能是:①出现强大的新竞争对手;②替代品抢占企业销售额;③主要产品市场增长率下降;④汇率和外贸政策的不利变动;⑤人口特征、社会消费方式的不利变动;⑥客户或供应商的谈判能力提高;⑦市场需求减少;⑧容易受到经济萧条的影响。

由于企业的整体性和竞争优势来源的广泛性,在做优、劣势分析时,必须从整个价值链的每个环节上,将企业与竞争对手做详细的对比,如产品是否新颖、制造工艺是否复杂、销售渠道是否畅通、价格是否具有竞争性等。同时,衡量一家企业及其产品是否具有竞争优势,是从顾客角度,而不是从企业的角度来进行分析。

企业在维持竞争优势过程中,必须深刻认识自身的资源和能力,采取适当的措施。因为企业一旦在某一方面具有竞争优势,势必会吸引竞争对手的注意。一般来说,企业经过一段时期的努力,建立起某种竞争优势;然后,就处于维持这种竞争优势的态势,竞争对手开始逐渐做出反应;而后,如果竞争对手直接进攻企业的优势所在,或采取其他更为有力的策略,就会使这种优势受到削弱。所以,企业应保证其资源的持久竞争优势。影响企业竞争优势持续时间的因素主要有三个方面:①建立这种优势要多长时间?②能够获得的优势有多大?③竞争对手做出有力反应需要多长时间?如果企业分析清楚了这三个因素,就可以明确自己在建立和维持竞争优势中的地位。

对于企业而言,竞争对手的竞争优势,就是企业自身的竞争劣势。企业内部优势和劣势是将企业自身的实力与竞争对手的实力相比较而言的。当两家企业处于同一市场或向同一顾客群体提供产品或服务时,其中之一家企业更盈利或具有潜力,则该企业更具竞争优势。企业应不断改进其劣势,发扬其优势作用,以更好地获取市场机会,实现企业经营目标。企业不应去纠正其所有劣势,主要应该认真研究在企业已拥有的机会中有多少是企业占有的绝对优势。

2.2.2 SWOT 分析的步骤

SWOT 分析的步骤如下所述。

第一步:罗列企业的优势和劣势、可能的机会与威胁。

第二步:优势、劣势与机会、威胁相组合,形成 SO、ST、WO、WT 策略。

第三步:对 SO、ST、WO、WT 策略进行甄别和选择,确定企业目前应该采取的具体战略与策略。SWOT 分析如表 2-1 所示。

表 2-1 SWOT 分析

S/W O/T	内部优势(S)	内部劣势(W)
市场机会(O)	SO 战略(增长型) 发展优势,利用机会	WO 战略(扭转型) 利用机会,克服弱点
环境威胁(T)	ST 战略(多样化型) 利用优势,回避威胁	WT 战略(防御型) 减少劣势,回避威胁

明确企业的优势与劣势,就了解企业能够做什么;而机会与威胁是企业外部环境可能产生的影响,把握企业外在环境带来的机会与威胁,也就了解企业应该做什么。当然,SWOT 分析法不是仅仅列出四项清单,最重要的是通过评价公司的强势、弱势、机会、威胁,最终得出以下结论:在公司现有的内外部环境下,如何最优地运用自己的资源;如何建立公司的未来资源。

小资料 2-7   **芸祥公司的 SWOT 分析**

家纺行业是纺织行业一个重要的子行业。对于中国家纺企业来说,市场主要分为国内和国外两个市场。目前,国际家纺市场已经基本达到成熟状态。芸祥公司始建于 1992 年,是一家集生产、贸易、服务于一体的大型工艺家纺企业。公司主营被套、床单、窗帘、台布、枕袋等家用纺织品和服装服饰品,产品远销英、美、法等 50 多个国家和地区,是江北最大的抽纱家纺生产加工基地之一,在 2008—2009 年度中国纺织服装企业竞争力 500 强中排名第 55 位。其业务主要集中在国际市场上,业务模式是典型的 OEM 模式,国际贸易能力居于国内领先水平。表 2-2 是芸祥公司营销战略环境 SWOT 分析。

表 2-2　芸祥公司营销战略环境 SWOT 分析

S/W ＼ O/T	内部优势(S) 稳定的国际贸易业务为公司奠定开发中国市场坚实的基础;产品品质和样式处于行业的领先地位,盈利能力处于国际贸易类公司的中上水平;公司拥有两个品牌商标并已获得多项荣誉,代表了丰富的企业内涵	内部劣势(W) 缺乏设计能力和自主创新能力;缺乏传统渠道营销能力,缺乏专卖店运营经验;在行业普遍"圈地运动"中落后,基本上没有几家品牌专卖店
市场机会(O) 政治、经济、文化和科技因素促进中国家纺市场平稳快速增长;消费者只认外观和品质,不认品牌;国内市场家纺企业集中度低,目前没有领导型企业或品牌出现,但已经出现一批强势品牌	SO 战略(增长型) 产品组合策略:追随市场上强势品牌,产品组合采用整体家居设计,随大流,搭上行业发展的"顺风车"	WO 战略(扭转型) 产品设计策略:借助外力提升产品设计能力,采用产品设计外包的策略
环境威胁(T) 上游生产要素:家纺企业的成本控制能力低;竞争停留在产品竞争层次,消费者转换成本低;营销渠道模式单一,对销售商和加盟商的争夺加剧,致使连锁加盟成本升高	ST 战略(多样化型) 品牌宣传策略:从消费者的生活方式上寻求宣传点;塑造属于自己品牌的生活方式	WT 战略(防御型) 营销渠道策略:营销渠道上避开品牌专卖店的形式,采用网络营销和体验式营销相结合的策略

资料来源:隋静,周海霞.山东芸祥绣品有限公司营销战略探讨.中国集体经济,2011(3)

本章小结

1. 市场营销环境是企业不可控制的影响力量,对营销环境的了解、分析和把握可以使企业经营决策有所依据,能帮助企业发现优势,及时了解与满足消费者的需求,有利于企业掌握市场机会,规避环境威胁,及时调整策略。它具备普遍性、科学性、不确定性与应用性等特征。

2. 根据影响力的范围和作用方式,市场营销环境可分为微观营销环境和宏观营销环境。微观营销环境是指直接影响企业营销活动的各种力量,包括供应商、顾客、竞争者、营销中介、社会公众和企业自身。宏观营销环境是指间接影响企业营销活动的各种社会力量,包括人口环境、经济环境,政治、法律环境,科学技术环境、社会文化环境和自然生态环境等。

同步训练

一、名词解释

市场营销环境　宏观营销环境　微观营销环境

二、单选题

1. 衡量市场规模和潜在市场容量的一个基本要素是(　　)。

A. 技术因素　　　　B. 人口规模　　　　C. 政治、法律环境　　D. 教育水平

2. (　　)是向企业及其竞争者提供生产经营所需资源的企业或个人。

A. 供应商　　　　B. 中间商　　　　C. 广告商　　　　D. 经销商

3. (　　)是扣除物价变动因素后实际购买力的反映。只有它才影响"实际购买力"。

A. 人均国民收入　　B. 实际收入　　　C. 货币收入　　　D. 个人可支配收入

4. 对于香烟这种涉及吸食者健康问题的敏感型产品,在制订产品宣传方案时,更应根据(　　)采用不同的产品宣传内容与方式。

A. 地区文化水平的普遍程度

B. 新技术对零售商业和购物习惯产生重大影响

C. 国家经济政策变化

D. 宗教信仰

5. 南方人以大米为主食,北方人以面粉为主食;江、浙、沪沿海一带的人喜甜食,而川、湘、鄂一带的人则喜食辣味。这种现象是受营销环境因素中(　　)的影响。

A. 教育水平　　　　　　　　　　B. 消费者收入和水平

C. 人口地理分布与区间流动　　　D. 政治、法律因素

6. 当家庭收入达到一定水平时,随着收入增长,恩格尔系数将(　　)。

A. 下降　　　　B. 增大　　　　C. 不变　　　　D. 上下波动

7. (　　)主要是指企业周围居民和团体组织,他们对企业的态度会影响企业的营销活动。

A. 企业内部公众　B. 地方公众　　　C. 一般公众　　　D. 公民行动公众

8. SWOT分析法是一种综合考虑企业内部条件和外部环境的各种因素而进行选择最佳营销战略的方法。W是指企业内部的(　　)。

A. 机会　　　　B. 威胁　　　　C. 优势　　　　D. 劣势

9. 最能反映文化对性格形成作用的、在大多数民族成员身上都能体现出来的典型特征,构成(　　)。

A. 社会文化　　B. 宗教信仰　　C. 审美观念　　D. 民族特征

三、多选题

1. 以下因素属于市场营销宏观环境的有(　　)。

A. 人口环境　　　　B. 经济环境　　　C. 政治环境与法律环境

D. 自然环境　　　　E. 科技和社会文化环境

2. 下列属于宏观经济环境的有(　　)。

A. 经济发展阶段　　B. 经济体制　　　C. 地区与行业发展状况

D. 城市化程度　　　E. 国家经济政策的变化

3. 营销中介是指协助企业促销、销售和配销其产品给最终购买者的企业或个人,包括(　　)。

A. 中间商　　　　　B. 供应商　　　　C. 实体分配机构

D. 金融中介机构　　E. 营销服务机构

4. 企业顾客的类型有(　　)。

A. 生产者市场、消费者市场　　　　　B. 中间商市场

C. 非营利机构市场   D. 国际市场
E. 政府集团市场

四、判断题

1. 微观环境与宏观环境之间是一种并列关系，微观营销环境并不受制于宏观营销环境，各自独立地影响企业的营销活动。（　　）
2. 一个国家或地区的人口数量，是衡量市场规模和潜在容量的一个基本要素。人口越多，则对食物、衣着、日用品的需要量也越多，那么市场也就越大。（　　）
3. 恩格尔系数越高，生活水平越高；恩格尔系数越小，生活水平越低。（　　）
4. 社会文化环境是影响企业营销活动的最复杂因素。（　　）
5. 家庭是购买和消费的基本单位。世界上普遍呈现家庭规模缩小的趋势。（　　）

五、简答题

1. 市场营销环境包括哪些内容？
2. 简要分析营销宏观环境及其对营销的影响。
3. 简要分析营销微观环境及其对营销的影响。

六、案例分析题

机遇与挑战，长城葡萄酒未来发展之路

长城葡萄酒是全球500强企业中粮集团旗下驰名品牌，是中国最早按照国际标准酿造的地道葡萄酒，中国第一瓶干白、第一瓶干红葡萄酒以及第一瓶起泡酒均在中粮酒业诞生。长城葡萄酒多次在国际专业评比中获奖，远销法国、英国、德国、日本等20多个国家和地区，拥有"中国出口名牌"称号。依托中粮集团这个品牌优势，长城成为中国葡萄酒第一品牌，是"中国名牌产品"和"行业标志性品牌"，连续多年产销量居全国第一。长城拥有三大不同的产区，在不同的葡萄产区形成不同风格的葡萄酒，满足了不同层次消费者的需求。

近年来，中国经济的快速发展所带来的消费者收入水平与消费水平的提高、城市化范围的提高等，极大地提升了对葡萄酒消费的需求。我国成为世界上葡萄酒消费增长最快的市场。2011年，我国葡萄酒总产量达到115.69万千升，同比增长13.02%；进口量为36.16万千升，同比增长27.6%。部分高收入人群成为进口葡萄酒文化的传播者与市场推动者，有效带动并拉动了市场需求，高端产品消费群已形成。

随着营销手段的发展，产品的高度同质化时代已经安静地到来。现在的葡萄酒行业，从葡萄原料的收购到酒品最终的酿制，整个流程各个厂家几乎没有本质区别。中国消费者对葡萄酒知识的匮乏，对酒的鉴别能力较差，因此更看重品牌和商标。

当前国产葡萄酒的市场属于寡头垄断型。随着王朝葡萄酒的衰弱，目前就国内来说，对长城葡萄酒能够构成威胁的只有张裕葡萄酒，张裕葡萄酒成为最大的竞争对手。调查显示，长城和张裕两个品牌葡萄酒的知名度最高，分别为90%和89%；同时，品牌推荐度也不分上下，分别为63%和64%。由此可知，张裕葡萄酒和长城葡萄酒在市场竞争中，势均力敌，不分伯仲。"传奇品质，百年张裕"，1892年创立的张裕品牌是中国市场上最具文化底蕴的葡萄酒品牌。与张裕葡萄酒比起来，长城葡萄酒的发展历史的确不算长。短短30年，对于葡萄酒这个特殊饮品来说，没有历史积淀很难拥有稳定的顾客群。

经济的增长和消费者需求旺盛，促进了国际市场对中国市场的关注，进口葡萄酒以年均50%的增速大规模涌入中国市场，销售额蒸蒸日上。进口葡萄酒在中国市场的强劲持续推广,更是对葡萄酒消费文化的深度教育。2008年,进口葡萄酒占据中国11.8%的市场,但是到2013年这个数据将达到15.8%。其发展趋势不可小视。进口葡萄酒现在已经遍布几乎所有的酒水销售渠道,经销商在进口葡萄酒的高毛利诱惑下,不少已转投进口酒的"怀抱",进口葡萄酒专卖店也已经遍地开花。国产品牌葡萄酒在小型商店、批发市场及商场、超市等渠道上比进口品牌有优势,销量也比较大,但是这些国产品牌多是以100元以内的产品为主。就市场份额来看,国产品牌与进口品牌大致在1∶1的水平,与五年前相比市场份额已下降不少。虽然国产葡萄酒品牌面临洋品牌的压力,但随着中国葡萄酒行业进入洗牌期,市场出现了两大变化:一是国产、进口葡萄酒之间竞争更为充分,将重新划分市场版图;二是进口葡萄酒内部会产生新的运营模式,市场将形成部分综合品牌运营商。在行业重新洗牌的过程中,行业高、中、低端产品结构将逐步呈现"两头小、中间大"的纺锤形价格态势。

资料来源:韩伟,韩敏敏. 长城葡萄酒的品牌营销浅析. 张家口职业技术学院学报,2010(23),4

问题:
1. 长城葡萄酒面对哪些环境威胁?应该采取怎样的对策?
2. 葡萄酒市场又带来怎样的市场机会?长城葡萄酒应该如何对待这些机会?

第 3 章

购买行为分析

学习目标

1. 了解消费者市场和生产者市场的特点。
2. 熟悉影响消费者购买行为的主要因素。
3. 掌握消费者的购买和生产者购买决策过程。
4. 掌握运用不同的方法了解购买决策的参与者,培养确定购买行为类型的能力。

导入案例

Zappos 的成功之道

2009 年亚马逊公司收购了 Zappos 网站,这是亚马逊进行的规模最大的并购交易——4000 万美元现金外加 8 亿多元股票。专业销售鞋子、配饰和服装的网站 Zappos.com 于 1999 年白手起家,不到十年,销售额达 10 亿美元,已经成为网络上最大的鞋类零售商。从审美角度来看,他们的网站没有什么过人之处。但是,Zappos 有两件事情做得很好:首先是一流的客户服务;其次是重视数据,利用数据了解客户的需求并围绕这些信息打造网站。虽然你可能认为自己主要的业务是销售产品,但是你的点击数可能代表了阅读客户评论的访问者数量。或者,你可能正在销售 10 个系列的产品,但只有其中两个系列产生了特别高的流量。了解客户的兴趣和网络消费行为特点,可以帮助你设计一个能更好地满足客户预期的网站。在过去的 24 小时中赚 15 000 美元当然很好,但是若能知道推动这个购买浪潮的因素,就需要网站分析了解客户。了解更细微的消费者购买习惯,是最成功的销售网站关注的问题,并由此可以在最佳时机将商品投放到相应"地域"的目标"商店"中去。

资料来源:全球品牌网,www.globrand.com

引导问题:

Zappos 网站成功的主要原因是什么?

消费者行为的发展和变化是促进营销发展变化的重要因素之一。社会中每个人都是消费者,而且在消费过程中每一个人都有自己的价值判断、消费习惯、行为方式,在购买不同性质或大小不同的商品时,也会产生不同的心理,会受到不同的因素影响。因此,我们就要详细研究不同的购买心理、影响消费的因素和消费决策过程,以确切了解在营销过程中消费者的行为模式将对销售产生怎样的影响,并通过消费者行为的研究,掌握购买商品的活动和与这种活动有关的决策过程,寻求满足消费者需求的营销努力途径。

3.1 消费者市场购买行为分析

消费者市场是指所有为了个人消费而购买物品或服务的个人和家庭所构成的市场。消费者市场是现代市场营销理论研究的主要对象。消费者的购买行为是指消费者为个人或家庭的消费而购买商品或服务,为此而支付货币或其他现金替代物的行为。商品购买者和消费者在购买和消费过程中,每一个人都有自己的价值判断、消费习惯、行为方式,在购买不同性质或大小不同的商品时,也会产生不同的心理,会受到不同的因素影响。消费者各方面的差异巨大,因此在购买的商品和服务方面行为各不相同,不同的消费者对不同产品产生不同的购买行为。作为销售企业可以通过对消费者购买行为的分析,选择有效的销售策略。

3.1.1 消费者行为模式

社会中每个人都是消费者,消费者受到年龄、性别、身体状况、性格、习惯、偏好、职业、地位、收入、文化教育程度、地理环境、气候条件等多种因素的影响,对市场的消费需求和购买行为具有很大的差异性,所购商品的品种、规格、数量、质量、花色和价格也会千差万别。消费者购买行为研究内容如表 3-1 所示。

表 3-1 消费者购买行为研究

消费者购买行为研究内容(如计算机生产销售商必须能够回答以下问题)	
市场由谁构成?(who)	什么人在买计算机?
消费者购买什么?(what)	目前消费者买什么样的计算机?
消费者为什么购买?(why)	消费者买计算机的目的是什么?
消费者的购买活动有谁参与?(who)	哪些人参与购买计算机的过程并做出决策?
消费者怎样购买?(how)	消费者怎么买计算机?
消费者何时购买?(when)	消费者在什么时候买计算机?
消费者何地购买?(where)	消费者在哪里买计算机?

消费者每天都在做出大量的消费决策。我们首先了解一下消费者行为的刺激—购买模式。这个模式显示了营销和环境刺激进入消费者的意识后,消费者的个性特点和决策过程导致了某种消费结果。消费者购买行为模式如图 3-1 所示。

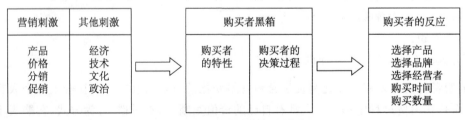

图 3-1 消费者购买行为模式

购买者黑箱是消费者对外界刺激转化为反应的场所,分为两个部分:第一部分是购买者的特征,它们影响购买者对于刺激如文化、社会、个人、心理的认识和反应;第二部分是购买者的决策过程,它影响购买结果。市场营销人员的任务就是要理解在消费者的意识当中,外界的刺激到来之后和消费者的购买决策做出之前,到底发生了什么。

3.1.2 影响消费者行为特征的因素

消费者的购买行为受多种内、外部因素的影响,主要有文化、个人、心理和社会因素。营销人员基本上无法控制这些因素,但这些因素是制订市场策略的基础和根据。影响消费者行为的因素可以分为:内在因素、外在因素和企业市场营销因素。

消费者内在因素包括:心理因素、生理因素、行为因素影响下的消费者购买决策过程等。外在因素包括宏观因素和微观环境因素。宏观环境因素有:人口、经济、政治、法律、社会、文化、自然、科学技术等;微观环境因素有:卖场购物环境、卖场人流、服务人员技能与态度、参与购买人员的态度等。企业市场营销因素包括:产品因素、价格因素、渠道因素、促销因素。在这些因素中,文化因素起着最广泛、最深刻的影响。

1. 文化因素

对于消费者行为而言,文化因素的影响力既广又深,其中尤为重要的是文化、亚文化及社会阶层。

(1) 文化(culture)。文化是消费者欲望与行为的基本决定因素,是引发人们各类需求和行为的最根本原因。文化是指人类从生活实践中建立起来的价值观、道德、信仰、理想和其他有意义的象征的综合体。文化一般是本国或本民族人民在生活习惯、价值判断和行为模式等方面的一种长期而稳定的积淀。每个人都在一定的社会文化环境中成长,通过家庭和其他主要机构的社会化过程学到和形成了基本的文化观念。例如,中国的儒家文化传统是仁爱、诚实、礼貌、忠孝、上进等。

文化对消费者的影响在不同的国家之间的影响极为重大。例如,日本对荷花的见解与中国认为荷花"出淤泥而不染"的见解完全不同,认为它是一种妖花,并对其怀有偏见。所以,在一些服装或其他相关产品上印上荷花图案就会引起日本人的误解,影响销售。

文化的转型和沟通也创造了很多产品机会。例如,随着世界交往的增多,各国之间文化交流的机会也越来越多,在生活方式上也有很多趋同的倾向。人们现在越来越习惯于上网,网络成为连接世界的桥梁,不同国家、不同民族都可通过互联网很容易了解彼此的生活方式和需求,由此所带来的网络产品营销呈几何增长的趋势。

(2) 亚文化(sub-culture)。每种基本的核心文化中都包含着更小的团体所形成的亚文化,它们提供给团体成员更特定的认同对象和社会化作用,并对人们造成更直接的影响。亚文化是某一局部文化现象,指由具有共同生活经历和环境形成的具有共同价值观念的人群组成。每种文化都由更小的亚文化构成;亚文化包括国籍、宗教、种族和地理地域特征。我国主要的亚文化群有民族亚文化群、宗教亚文化群、年龄亚文化群、地区亚文化群、性别亚文化群、职业亚文化群。每种亚文化都使其成员在社会性上区别于其他文化。很多亚文化组成了重要的细分市场,需要市场人员根据当地特定的需求提供个性化的产品设计。

(3) 社会阶层(social class)。社会阶层是具有相对的同质性和持久性的群体,依据职业、收入、所受教育程度及居住区域按等级排列,同一阶层成员具有类似的价值观、兴趣爱好和行为方式。它是社会学家根据职业、收入来源、教育水平、价值观和居住区域对人们进行的一种社会分类,是按层次排列的,具有同质性和持久性的社会群体。社会阶层构成一个体系,在这个体系中每个成员都属于某个角色,并且不可以随便改变。一定阶层中的人有着类似的购买偏好和行为。

社会阶层有许多特征。不同的社会阶层在穿着、语言模式、娱乐偏好及其他很多特征方面都有许多不同。首先,在同一个社会阶层的人要比在两个社会阶层的人在行为模式上有更多的相似性;其次,不同社会阶层的人在一生中也可以由于种种变化而改变自身的社会地位,这种移动变化的程度取决于社会阶层的稳固程度;最后,社会地位是由一系列特征给予暗示的——如职业、收入、财富、教育和价值取向等——而不是由任意一个单一因素决定的。

2. 个人因素

个人因素包括年龄及家庭生命周期阶段、职业、经济状况、生活方式、性格和自我观念等方面。个人因素主要是指消费者行为受个人特征的影响,特别是受购物者年龄、家庭和生命周期阶段、职业和经济状况、生活方式、个性和自我意识等影响。一个购买者的行为往往是由一个人的人格特征决定的。

(1) 年龄和生命周期阶段。人在一生中要购买许多产品和服务,不同年龄的消费者有不同的需求和偏好。在不同的阶段所需要的产品和服务是不同的。有时,购买行为还和"家庭生命周期"——家庭随时间推移而不断成熟,所经历的不同阶段——息息相关。表 3-2 是家庭的生命周期。

表 3-2 家庭的生命周期

单身	年轻,不住家里
新婚	新婚,无子女
满巢一	已婚,最小子女小于 6 岁
满巢二	已婚夫妇,有 6 岁以上子女
满巢三	年长夫妇,和未独立子女同住
空巢一	年长夫妇,无子女同住,有工作
空巢二	年长夫妇,无子女同住,已退休
鳏寡一	尚在工作
鳏寡二	退休

营销者通常确定其目标市场的生命周期阶段,并针对每一阶段提供适当的产品营销计划。但随着社会的变化,如今的营销者还要迎合一些新出现的非传统阶段,如延期父母(已成人的孩子又回来居住)及同居者等。

(2) 职业。职业也会影响一个人的消费模式。不同职业消费者,有不同的消费行为和购买习惯。一位普通职员和一名白领经理人对服饰的需求一定有差异。因此,有的公司甚至向某个特定职业群体提供专业的产品和业务。

(3) 经济状况。一个人的经济状况会影响其对产品的选择。一个人的收入、储蓄和可支配收入等决定了他对产品的选择权限。收入敏感型产品的营销者应关注个人的收入、储蓄和利率的发展趋势。如果经济指标显示要出现经济衰退,那么营销者就应该采取行动来重新设计、定位其产品,并且重新对其产品进行定价。

(4) 生活方式。生活方式是指一个人的生活形式,可以由他或她的消费心态来表示。

人的生活方式是影响个人行为的各种因素的综合反映,包括衡量消费者主要的生活态度数据(AIO项目)——行为(activities)、兴趣(interests)及观念(opinions)。它勾勒了一个人在社会上的行为及相互影响的全部形式。营销者可以根据目标顾客的生活方式差异,为消费者提供实现其不同生活方式的产品。

(5) 个性。个性是导致一个人对自身环境产生相对一致和持久的反应的独特心理特征。个性常用某些性格术语来进行描述,如自信、好支配他人、好交际、好自主、好自卫、适应性强及进取心强等。个性在研究消费者行为方面具有相当大的价值。因此,每个人与众不同的个性会最终影响购买行为。市场人员应该尽力使产品或品牌呈现出来的观念或意识与消费者的自我意识相吻合。

3. 心理因素

消费者的购买行为还受到以下四个方面心理因素的影响。

(1) 动机。动机是一个被激励的需要,它足以使一个人采取行动来满足这种需要。一个人在每一个时刻都会有许多需求,有些是生理需求,如干渴、饥饿等;其他一些需求是心理性的,如被了解、被尊重等。很多需求没有强烈到迫使某人在某一时刻去做什么。一个需求只有达到足够强烈的程度才能成为"动机"。因此,所谓"动机"是指足以迫使人去寻找满足的需要。

小资料 3-1   **人类动机理论**

心理学家发展出了多种人类动机理论。其中,有两个被广为接受的理论——弗洛伊德理论和马斯洛动机理论,对消费者的分析和营销具有特别的借鉴意义。

(1) 弗洛伊德理论。弗洛伊德认为人们对影响其行为的心理因素基本上没有认识。他相信随着人们的成长,他们压抑了许多渴望。这些渴望并没有完全消失,也没有被完全控制。他们会在梦里、会在无意识的话语里、会在意念的活动中出现,并最终反映在心理中。所以,弗洛伊德并不认为人们已经完全了解了自己的动机。

(2) 马斯洛动机理论。马斯洛一直寻求去解释为什么人们会在特定的时间受到特定需求的驱使。为什么一个人会把大部分时间和精力放在安全问题上,而另一个人则把时间和精力放在获取社会地位上。马斯洛的结论认为,人的需求是有层次的,从最迫切到不太迫切依次排列。按照重要性来排列依次为:生理需要、安全需要、社会需要、尊重需要和自我实现需要。一个人首先是满足最重要的需要。当这个需要被满足之后就不再成为动机,而会去继续寻找下一个最重要的需要。

资料来源:杨文士,焦叔斌. 管理学原理. 第2版. 北京:中国人民大学出版社,2003:271-280

---

(2) 知觉。知觉是将感觉到的外界刺激变成有意义的个人经验的一种过程。简而言之,知觉就是理解了的感觉。知觉具有选择性,这种选择性包括选择性注意、选择性曲解、选择性记忆。一个人的行动会受到这个人对环境知觉的影响。在同一情况下,具有相同动机的人会采取完全不同的行动,原因就是他们对外界环境的知觉不同。

(3) 学习。学习是指由于经验而引起的个人行为的变化。人类的行为有些是与生俱来的、本能的,大多数行为是通过学习、实践得来,人们在行动时,他们也同时在学习。人类的大部分行为都是通过学习得到的,学习过程发生在动机、刺激、线索、反应及巩固的相互作用过程中。"动机"是强烈的要求人们采取行动的内部刺激;"线索"是指能决定人们何时、何地、怎样做出决定的小刺激。营销者可以通过将产品和强烈的动机联系在一起,使用各种线索及提供各种巩固的方法,来创造顾客对产品的需求。

(4) 信念和态度。信念是指一个人对某些事物所持有的看法。态度是指一个人对某些事物或看法所持的评价、知觉和倾向。

消费者在购买和使用商品的过程中形成了信念和态度。通过行动和学习,人们会获得信念和态度。而这些信念和态度反过来又会影响他们的购买行为。营销者对人们关于某个产品或服务所形成的看法感兴趣,正是这些看法构成了能影响购买行为的品牌或产品形象。如果其中有些看法不正确或对购买者不利,营销者就需要开展营销攻势来更正它们。

态度是指一个人对某个客观事物或观念的相对稳定的评价、感觉及倾向。态度使人们产生喜欢或不喜欢某些事情,接受或回避这些事情的固定想法,因此态度相对较难改变。一个人所有的态度形成某个模式,要改变其中的某个态度还需相应改变许多其他的态度。因此,公司应尽量使其产品适应已有的态度而不是试图去改变态度。如果想尝试改变态度会付出很多,需要对比成本和收益之间的差距。

4. 社会因素

社会因素是指消费者周围的人对他所产生的影响,其中以相关群体、家庭以及身份与地位最为重要。消费者的行为还会受到家庭、相关群体和角色、地位等的影响。

(1) 家庭。家庭是一个社会中最重要的消费购买组织。它是由居住在一起的,彼此有血缘关系、婚姻关系或抚养关系的人群组成。家庭一般由父母和兄弟姐妹组成。从父母身上,一个人获取了有关宗教、政治、经济、个人目标、自我价值和爱的观念,甚至即使一个消费者不常和其父母接触,父母对他们的影响还是很大的。家庭作为消费群体曾被广泛研究。

(2) 相关群体。相关群体是指对一个消费者的行为和价值观能产生直接(面对面)或间接影响的人群。相关群体分为两种:一是成员团体——自己身为成员之一的团体;二是理想团体——自己虽非成员,但愿意归属的团体。有些相关群体是一些和我们最亲近的人群,如家庭成员、朋友、邻居和同事等;有些相关群体是我们愿意归属的团体,如宗教、工会等。相关群体会影响个人的行为和生活方式,影响个人的态度和自我意识,影响消费者对产品品牌的选择和偏好。

由于群体具有强大的影响力,市场营销人员就要尽量发掘出目标消费者的相关群体,所以产品生产者或营销人员必须找到接近相关参照群体中观念领导者的手段。观念领导者(opinion leader)是参照群体的一员,由于有特殊的技术、知识、个性和特点,因此能对他人产生影响。社会各个阶层都有观念领导者;在某个产品上他有可能是观念领导者;在其他产品上,他又可能只是观念追随者。市场人员通过研究与观察领导者相关的地理与心理特征,观察领导者所接触的媒体、所发出的信息来确认市场领导者。

(3) 角色与地位。个人必然从属于很多群体——家庭、俱乐部、协会等。一个人在群体中的地位可以以其角色和地位来判断。角色是由人们所期望的个人所应该表现出来的一系列行为所组成,每一种角色都反映了一定的地位。这些角色和地位都反映了社会对其的综合评价。人们在购物中,有时会选择那些能反映自身角色和地位的产品,这就是为什么某些大公司总裁会选择驾驶奔驰,穿着名贵服装等的原因。市场人员应该明白和研究隐藏在产品和品牌背后的"象征地位和身份"。

3.1.3 消费者购买行为类型和购买决策过程

1. 消费者购买行为类型

消费者在购买商品时,会因商品价格、购买频率的不同而介入的程度不同。根据购买者在购买过程中介入程度和品牌间的差异程度,可将消费者的购买行为分为以下四种类型。

(1) 复杂的购买类型

复杂的购买类型是消费者初次在购买差异性很大的消费品时所发生的购买行为。购买这类商品时,通常要经过一个较长的考虑过程。消费者对于那些单位价格较高且不熟悉、重复购买率低的产品表现出的购买最为复杂。此类购买行为对于消费者来说,是一个认识和学习的过程。消费者首先要产生对产品的信念;然后逐步形成态度;进而对某类产品产生偏好;最终做出慎重的购买决策。

在此种购买过程中,开始时消费者由于对产品不熟悉,不了解产品的类型、产品特征,不清楚产品属性和各品牌产品间的差别,并且缺少购买、鉴别、使用产品的经验和相关知识,为此购买者首先要广泛搜集各种相关信息,学习、了解产品相关知识。对可供选择的产品进行全面评估,在此基础上建立起自己对该品牌的信念,形成自己对各个品牌的态度。最后慎重地做出购买决策。因此,企业营销人员需要通过高度介入广告,如媒体广告、试销、市场推广等活动,满足消费者对实际市场和产品信息的需要,使消费者能够了解产品及品牌特性、企业优势、服务等有关信息,以便使消费者做出较为明智的选择。

(2) 和谐型购买类型

消费者购买差异性不大的商品时所发生的一种购买行为。由于各个品牌之间没有显著差异,消费者会对所购买产品产生失调感。消费者一般不必花费很多时间去收集并评估不同品牌的各种信息,他们将更多的注意力集中于品牌价格、购买时间和购买地点等问题,并一般从产生购买动机到决定之间的时间较短。

如果消费者在购买以后,认为自己所买产品物有所值,甚至优于其他同类产品,就有可能形成对该品牌的偏好;相反,感到某些方面不满意,就有可能形成厌恶感。因此,消费者购买后将寻找种种的理由来减轻这种不平衡感,对自己的选择做出有利的评价来证明自己的购买决策的正确性。营销人员应通过有效的措施,帮助消费者减少失调感,同时应当尽可能地与消费者进行沟通,增强他们的信念,坚定其对产品的信心,提高对所购买商品的满意程度及对其购买决定的认可度。

(3) 习惯性购买类型

习惯性购买类型是指消费者对所选购的产品和品牌比较了解,已经有相应的选择标准,主要依据过去的知识和经验习惯性地做出购买决定。

习惯性的购买行为是指消费者有时购买某一商品,当所购买的产品价格低廉、经常购买,对产品的类型、特征、主要品牌较熟悉;或消费者认为各品牌之间差异性很小,并已经形成品牌偏好,消费者的这种购买行为不必经过建立信念、态度、决策等一系列的过程,也无须对品牌信念、特点进行研究和评价,而通过像看电视或报刊等途径被动接受信息,品牌选择主要依靠"熟悉",且购买后一般不对其进行评价。因此,企业营销人员针对此类购买行为可以采取价格优惠、营销推广、鼓励试用、增加销售网络等措施来建立消费者对本企业产品的购买习惯。

(4) 多变型购买类型

多变型购买类型是指消费者了解现有各品牌和品种之间的明显差异,在购买产品时并不深入收集信息和评估比较就决定购买某一品牌,购买时随意性较大。只在消费时才加以评估,但是在下次购买时又会转换其他品牌。

消费者转换品牌的原因不一定与他对该产品是否满意有什么联系,可能是对原来口味心生厌倦或者只是为了尝鲜,主要目的还是为了寻求产品的多样性。针对这种多变型购买行为,市场领导者和挑战者的营销策略是不同的。市场领导者力图通过占有货架、避免脱销和提醒购买的广告来鼓励消费者形成习惯性购买行为;采取多品牌策略,同时尽力增加产品品种,以增加产品的营销机会。例如,月饼产品生产厂家可参照此策略,可以采取廉价、赠券、优惠、试用等方式吸引消费者进行挑选,增加企业产品销售量。挑战者则以较低的价格、折扣、赠券、免费赠送样品和强调试用新品牌的广告来吸引消费者改变原有习惯性购买行为。

消费者购买行为受多种因素的影响,且消费者面对同一产品个体差异较大,会有不同的行为表现。因此,在营销过程中应注意灵活性,具体问题具体分析,针对性地制订营销策略。

2. 消费者购买决策过程

典型的购买决策过程一般包括五个阶段:需求确认、信息收集、方案评价、购买决定及购买后行为,如图 3-2 所示。购买过程在购买者实际做出购买行为之前就已经开始了,而且会持续到购买之后。作为营销者,应该重点关注整个购买进程,而不是购买决策本身。

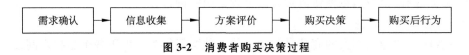

图 3-2 消费者购买决策过程

(1) 需求确认

需求确认是消费者购买决策过程的起点。购买过程开始于需求确认,当消费者在现实生活中感觉到或意识到实际与期望之间有一定差距,这种差异源于购买者觉察到目前的实际情况和理想状况之间的差异。当产生了要解决这一问题的要求时,购买的决策便开始了。需求可由内部的或外部的刺激引起。一个人的内部需求——饥饿、口渴在累积到了一定的程度之后会转化为动机,这是由内部引起的。当某个人看到街上开过一辆跑车,顿起羡慕之情而打算也要拥有一辆;或看到电视广告而产生购买某种洗发水的欲望,这都是由外部刺激引起的。市场营销人员应善于安排诱因,促使消费者对企业产品产生强烈的需求,并立即采取购买行动。

在需求确认这个步骤中,营销人员应了解消费者有什么样的需求或问题、它们是怎样产生的以及如何把消费者引向特定的产品。在收集到这样的信息后,营销人员可以识别出哪些因素最经常引发人们对产品的兴趣,然后制订包含这些因素的营销计划。

(2) 信息收集

消费者被唤起的需要并不是马上采取购买行动去满足,往往保留在消费者记忆之中,作为满足未来需要的必要项目。消费者一旦产生需求之后,这时购买者就会产生一种强烈的注意力,对满足需要的事物极其敏感,就有可能去寻找与产品有关的相关信息。如果消费者的需求极为强烈而周围又有现成满意的产品,那么消费者极有可能直接购买。如果情况并不完全如此，消费者可能会在心里记着需求，并通过多种途径对相关产品进行信息寻找。他所进行寻找信息的工作量，取决于他动机的强烈程度、开始拥有的信息量、获取信息的难易程度以及他在寻找信息过程中所获得的满足。

消费者可以从以下渠道获取信息。

① 个人来源：家庭、朋友、邻居、熟人等。

② 商业来源：广告、销售人员、经销商、包装、陈列等。

③ 公共来源：大众媒体、消费者信誉机构等。

④ 经验来源：接触、检验、使用产品等。

这些信息的影响力随产品和购买者的不同而不同。这些信息的来源主要是由营销者控制的，其中最有影响力的来源一般是个人来源，在服务方面尤为明显。因为，个人来源一般能为消费者提供对产品的评价，而商业来源一般只是告知消费者有关产品的信息。公司需要综合设计其营销计划，以便让未来顾客了解关于其产品的各方面的知识。公司必须仔细识别消费者的信息来源及每个来源的重要性，询问消费者是如何知道公司品牌的，他们获取信息的多少以及他们对哪些信息及来源更为重视。

（3）方案评价

方案评价是消费者利用各种来源的信息，对商品进行分析、对比、评价的过程。

消费者如何处理竞争品牌信息，并最终做出方案价值评判呢？在实践过程中，消费者在所有购买过程中都不是简单使用某一种简单的评价方法，而是有几种不同的评价过程。

一些基本概念应该有助于帮助理解消费者的评价过程，我们要假设消费者的消费一般是理性的。首先，消费者购买产品是为了满足某种需求，消费者将产品看做是一系列产品属性的组合。例如，汽车的属性有可能包括速度、外观、大小、价格等。这些属性哪些比较重要，不同消费者的看法不同，消费者会比较关注与他们需求密切相关的属性。其次，尽管属性相同，在消费者的脑海中也会形成对不同品牌的信念。人们对于某种特定品牌的一系列观点和信念就是我们所说的品牌形象。由于消费者在购买过程中会受到一系列因素的影响，如选择性的注意、曲解、保留等，"品牌形象"和实际产品的属性还是有一定的差距。最后，消费者对产品的全部满意程度随着产品所有属性的水平而变化。这就是说，很少有消费者对某个产品的所有属性都是满意的。如果一个产品的所有属性都符合消费者需求的话，那他就会毫不犹豫地进行购买。而在一般情况下，消费者总是在比较产品属性和心理需求之间的差距，通过不同的权重比较，消费者就会做出选择。

一般来说，消费者会做详细的估计和逻辑思考。但有时他也可能不做任何评价，做出冲动、凭感觉的购买。有时消费者自己制订购买决策，有时消费者向朋友、营销人员进行咨询或阅读说明书。作为营销人员，应研究购买者在实际中如何评价可供选择的品牌，了解评价过程如何进行，了解何种媒介对消费者更具影响力，他们就可以采取一定的行动来影响购买者的决策。

（4）购买决策

通过对备选方案评价过程，消费者对不同品牌进行排序形成购买意向，即进入购买决策和实施购买的阶段。消费者购买决策的最后确定，除了消费者自己的喜好外，还受其他因素的制约。一般来说，消费者的购买决策将是购买他所最爱的品牌，但是在购买意向和决策之间还受到他人的态度及不可预料情况的影响。不可预料的情况往往会改变消费者的购买意向。有时,其他的情况或购买意向往往会改变消费者预期的打算。例如,小李打算购房,但由于房价高涨、国家购房贷款政策的变化而延后了买房的打算,改为购车改进生活出行问题。由此可见,倾向性以及购买意向并不一定真正引发购买行为。在这个阶段,企业一方面要向消费者提供更多、更详细的商品信息,使消费者消除各种疑虑;另一方面要通过提供各种销售服务,方便消费者选购,促进消费者做出购买本企业产品的决策。

(5) 购买后行为

消费者购买了商品,并不意味着购买行为的结束。消费者购买一种产品以后,把他所体验到的产品实际性能与以前对产品的期望进行比较、检验,形成所谓的购后行为。为此,企业要注意已购买产品利益及确认购买决策正确与否的过程。消费者通过比较,会产生一定的购后感受。企业应该及时收集信息,加强顾客意见反馈的收集和售后服务工作,并采取相应措施,改善消费者的购后感受。消费者的购买后行为也关系到产品在市场上的命运。

平均来说,满意的顾客会向3个人讲述自己买了件好产品;而不满意的顾客却会向11个人进行抱怨。中国有句俗话"坏事传千里",部分也就是这个意思。所以,销售商除了向消费者提供名副其实的商品之外,还要尽量消除顾客的不满意感。企业应当建立鼓励消费者进行投诉的系统,一方面可以了解企业做得怎么样及如何进行提高;另一方面还可以通过各种售后服务或感谢信等一系列措施,使消费者相信自己的判断是正确的。

3.2 组织者市场购买行为分析

市场上的组织不仅出售产品和劳务以满足广大消费者的需求,而且也在大量购进产品和各类服务,以满足其进行再生产的需要。组织市场是一个非常大的市场,比消费者市场的规模要大得多。**概括地说,组织市场(organizational market)是由那些采购产品或劳务的正式组织构成。**这些组织包括:工业购买者、中间商、政府机构等。它们在购买动机、影响购买动机的因素及购买程序方面与最终消费者有一定的相似之处,但在一定程度上又有很大不同。因此,向组织市场出售产品或劳务的企业面临着不同的挑战,需要了解组织采购者复杂购买动机和采购过程,研究其行为特点和影响其决策的因素,并因此而找到相应的营销战略、战术。以下我们较为具体地分析一下集团购买者的类型和一些特征。

3.2.1 组织市场的类型

组织市场可划分为以下几个主要的类型。

1. 产业市场

产业市场是指为满足工业企业生产其他产品的需求而提供劳务和产品的市场,由一些个人和组织构成。它们采购产品和劳务,目的是加工生产其他产品或劳务,以供出售或出租从中盈利。一般来说,产业市场是最庞大和多样化的组织市场。

2. 中间商市场

中间商市场也称为转卖者市场、转卖市场,是由以营利为目的地从事转卖或租赁业务的个人和组织构成,包括批发商和零售商两个部分。一般来说,中间商购物是为了转售,他们为顾客充当了采购代理人的角色。在较发达的商品经济条件下,大多数商品是由中间商经营的,只有少数商品采取直销形式。

3. 政府采购市场

政府采购市场由需要采购货物和劳务的各级政府组成,采购的目的是执行政府的职能。政府采购的产品和劳务的种类繁多,从军火、燃料、汽车,到食品、工程等,应有尽有。对任何一个制造商或中间商来说,政府机构都是一个巨大的买家。

4. 非营利性组织市场

非营利性组织泛指所有不以营利为目的、不从事营利性活动的组织。我国通常将非营利性组织称为"机关团体、事业单位"。

3.2.2 组织市场的特点

组织市场与消费者市场有一定的相似性。但是,由于市场结构和需求特性、购买者成分及购买者决策类型及规则上有较大的差异,所以组织市场和消费者市场还是有很大的差异性。组织市场具有鲜明的特点。

1. 组织市场人数较少,购买规模较大

上亿元的订单在组织市场上并不稀奇,其整体购买数量和金额比消费者市场大得多。

2. 组织市场的地理区域分布相对集中

组织市场在地理上集中,有利于组织购买者辨认、比较,吸引更多的客户;往往也集中了更多的配套服务,有利于组织购买者的活动。在我国,组织市场相对集中在大中城市,如沈阳的五爱服装城、义乌小商品批发市场、石狮的服装批发城都体现了这些特征。

3. 组织市场的需求缺乏弹性

组织市场的需求一般不会受到价格变动的影响,特别是在短期内更是如此。许多组织产品和劳务的需求也缺乏弹性。

4. 组织市场需求的波动性

组织市场的需求是派生于消费者市场,消费者市场的小量波动也会导致组织市场的巨大波动。

5. 组织购买者的购买决策较为复杂

组织购买者影响决策的人多,成分复杂,还会涉及更多人甚至政府高官。因此,在组织市场上,营销企业通常派遣同样受过良好训练的人来与买方洽谈。

6. 专业化采购

与消费者市场相比,组织市场上的购买者多为受过专门训练的采购员或代理人完成。他们对所购买产品性能、质量、规格、技术要求非常熟悉,并了解供应商情况。

7. 直接采购

组织购买者通常直接从生产者处订货、采购,以降低风险和购买成本。

8. 互惠购买

组织购买者倾向于选择那些从自己处采购产品的供应商,即你买我的货、我用你的产品。

在组织市场上,依据以上特点,买卖双方往往倾向于建立长期客户关系,相互依托。在购买者决策的各个阶段,从帮助客户确定需求,寻找能满足这些需求的产品和劳务,直到售后服务,卖方要始终参与并同客户密切合作,甚至还要经常按客户要求的品种、规格定期提供产品和劳务。从长期看,组织市场上的营销者要通过为客户提供可靠的服务及预测他们眼前和未来的需要,与客户建立持久的关系,从而保持自身的销售额。

3.2.3 生产者购买行为分析

生产者市场与消费市场具有一定的相似性,但两者又有很大区别。与消费者市场相比,生产者市场有一些显著不同的类型和特点。

1. 生产者采购业务的主要类型

生产者采购行为的复杂程度和采购决策项目的多少,取决于采购业务的类型。产业用户的采购业务大致可分为三种类型:直接重购、修正重购和新购。

(1) 直接重购

为了生产需要,按照原来的购买方式和条件,向原来的供应商订货,这是一种常规的购买行为。用户按既定的方案不做任何修订,直接进行采购业务。这是一种相对复杂的采购活动,供应者、购买对象、购买方式等都不变,按照一定的程序办理,基本上不需要做新的决策。针对这种购买类型,供应方的努力重点应在保持产品和服务的质量,并尽量简化买卖手续,节省购买者的时间,争取稳定供应关系。直接重购型对新的供应者竞争机会较少,可从零星交易入手,逐步扩大,以争取一席之地。

(2) 修正重购

修正重购是指产业用户由于生产的需要,为了更好地完成采购任务,修订采购方案,改变产品的规格、型号、价格等条件,或寻找更合适的供应者。在这种情况下,采购活动比较复杂,参与采购决策的人数也比较多,原来的供应者为了不失去客户,必须尽力改进工作,全力以赴保住客户,而对于其他竞争者来说,则是一个获取新订单的好机会。

(3) 新购

新购是指产业用户首次购买从未购买过的设备、原料、服务等,并在市场上寻找供应商,这是最复杂的采购。新购的金额和风险越大,则参与的人越多,由于买方对新购买的产品心中无数,所需了解的信息也越多,且参加制订购买决策的人数也越多。这种情况对供应者是最好的竞争机会,可以派出专业人员携带样品或样本上门推销,尽量提供必要的信息,帮助用户解决疑问,减少顾虑,促成交易。许多公司还设立专门的机构负责对新客户的营销,以求建立长期的供应关系。

新购的决策必须包括以下内容:产品规格、价格幅度、交货条件和交货时间、服务条款、付款方式、订购数量、可考虑的供应者名单、选定的供应者。其他两类采购业务的决策,则可能只包括上述几项内容。

系统购买和销售(systems buying and selling)是另一种买卖方式,起源于政府购买大型武器或通信设备。政府不愿分别采购各个部分再将其装配起来,而希望供应者提供完整的成套设备及其他各种必要的服务,即销售系统或"一揽子交易"。这种方式也适用于产业市场大规模工程的交易,如水坝、钢铁厂、输油管线等。从实际生活中我们可以发现,订货单往往被那些能够提供最完整系统以满足客户需要的公司获得。

2. 生产用户决策的参与者

在生产用户采购组织中,参与采购决策过程的所有成员称为"采购中心",他们有共同的采购目标,并分担决策风险。这些参与者担任的角色包括以下四种类型。

(1) 使用者。所要采购物品的实际使用者,通常采购某种物品的要求是由他们首先提出来的,在规格型号上起很大的作用。

(2) 影响者。企业内、外部直接或间接影响采购决策的人,其中技术人员是特别重要的影响者。

(3) 采购者。企业里有权决定采购项目和供应者的人。在日常采购中,采购者就是决策者;在复杂的采购中,决策者常常是企业的主管。

(4) 控制者。控制者是指可控制信息流的人员,他们可控制外界与采购有关的信息。例如,采购代理往往有权阻止供应商的推销人员与使用者或决策者见面;其他的控制者还有技术人员,甚至秘书。

采购中心的规模大小和成员多少,随采购物品的不同而定。生产用户市场的营销者必须了解谁参与主要决策、他们对哪些决策有影响、他们影响的相对程度如何、决策参与者们评价的标准是什么。了解采购者的上述情况,然后才能有针对性地采取促销措施,特别是对大客户应作为重点推销对象,大力开展调研和促销工作。

随企业的规模不同,采购组织的大小不同。有的企业仅仅一人或数人负责采购;有的则设有专门的采购部门,并设一个负责专管采购的高级职位。采购人员的权限也各有不同,有的企业把选择供应者和产品规格的权限完全赋予采购人员;有些公司的采购人员只选择供应者;还有些采购人员则只是奉命下订单。通常采购人员对小的产品有决定权,对大产品则只能按照决策机构的决定行事。

3. 影响生产者用户采购决策的要素

有人认为,生产用户的购买行为纯粹属于理性活动,追求的是最大的经济利益,因此供应者只要满足采购者的这些活动就可以了。也有人认为,生产用户的采购者是人,就具有人性的某些弱点,特别是当供应者在质量、价格、服务方面大致相似的情况下,采购人员选择供应商就要考虑人际关系和个人情感因素。因此,影响采购决策的主要因素,可归因于四大类:环境因素、组织因素、人际因素和个人因素。每一大类中又包含若干具体内容。影响采购者的主要因素,如图 3-3 所示。

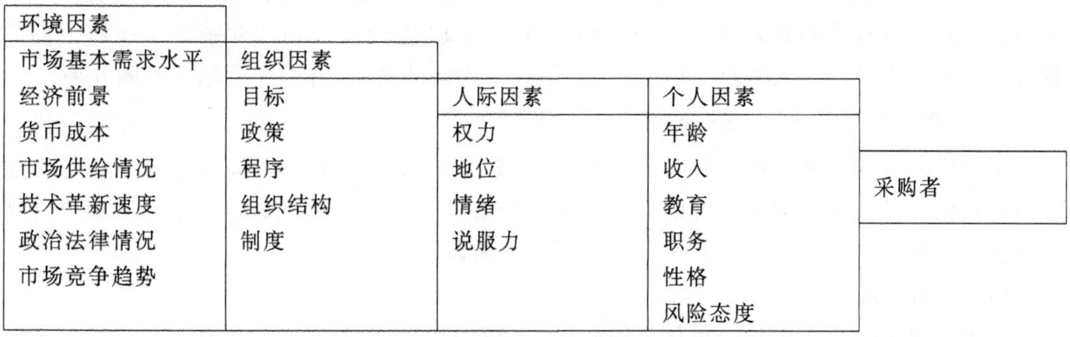

环境因素				
市场基本需求水平	组织因素			
经济前景	目标	人际因素	个人因素	
货币成本	政策	权力	年龄	
市场供给情况	程序	地位	收入	采购者
技术革新速度	组织结构	情绪	教育	
政治法律情况	制度	说服力	职务	
市场竞争趋势			性格	
			风险态度	

图 3-3 影响采购者的主要因素

(1) 环境因素

市场环境和经济前景对产业的发展影响相当大,也必然影响到产业用户的采购计划。例如,通货膨胀率是否居高不下、投资是否紧缩等。原料的供给状况是否紧张,也是影响产业用户采购的一个重要的环境因素。一般企业都愿意购买并存储较多的紧缺物资,保证供应是采购部门的重要职责。此外,技术、政治、竞争等环境因素的变化,也都会影响产业市场的采购,营销者需要密切注意将问题转化为机会。

(2) 组织因素

每个组织都各有其目标、政策、作业程序、组织结构和制度。产业市场营销者应尽力了解各种采购组织,细心收集和累积有关资料,经过研究,大致有以下几种趋势。

① 采购部门升级。过去,采购部门在组织结构中属于低层次的部门。近年来,由于采购工作的重要性越来越强,有许多公司不断提高采购部门的地位,有些大公司甚至专门设立采购副总。

② 集中采购。许多大公司为了降低成本将原来各部门分散进行的采购,集中起来统一进行。对供应者来说,将意味着人数虽少但职位更高的采购者,要比原来的分散采购复杂得多。

③ 长期合同。许多生产用户愿意和所信任的供应者签订长期合同,双方通过 E-mail、电话或传真往来,进行长期业务合作。

④ 评估和奖励采购工作。许多公司对采购工作实行奖励,促使采购人员致力于寻求对公司最有利的供货条件。

⑤ 及时生产系统。及时生产系统的出现极大地影响了生产企业的采购政策,由于及时的供货,几乎不需要库存。

(3) 人际因素

产业用户的采购工作往往受到正式组织以外的各种人际因素的影响。采购中心的各个参与者在权力、地位、情绪和说服力等方面各有不同的特点,商业人员有时很难确定购买过程中有哪些人际关系因素和群体动态的因素。有时,在采购中心职位最高的人并不一定是最有影响力的人。参与者对购买决策有影响,可能是因为他们控制着奖励与惩罚;也可能是因为有某种专长,或者与其他重要参与者有特殊的关系。人与人之间的关系常常是很微妙的。如果营销者充分了解用户的各种特点,对于营销工作肯定会有很大帮助。

(4) 个人因素

每个参与采购决策的人,难免受个人感情因素的影响。这种个人因素又因个人的年龄、职务、个性、教育水准和对风险认识的不同而异。因此,生产者市场的营销者必须对他们的顾客——采购人员的个人特点有所了解,处理好个人间的关系,有助于营销业务的开展。

4. 生产者用户的采购决策过程

生产资料的购买者和消费资料的购买者一样,也有决策过程。供货企业的最高管理层和市场营销人员还要了解其顾客购买过程的各个阶段的情况,并采取适当措施,才能成为现实的卖主。生产购买者购买过程一般要经过 8 个阶段。

(1) 提出需要

提出需要是生产者购买决策过程的起点。采购工作开始于企业内部有人提出对某种产品或劳务的需要,提出需要的可能是外部或内部的刺激。内部的刺激有:决定生产某种新产品,需要新的设备及原材料;设备发生故障,需要更新设备或零部件;发现过去采购的原材料有问题,需要更换供应者,或寻求更好的货源等。外部的刺激,如展销会、广告或供应者推销人员的访问等。在这个阶段,营销人员为加强推销,应经常开展广告宣传,派人访问用户,增强外部刺激,发掘潜在需求。

(2) 确定总体需求

在认识到市场需求之后,便开始进一步确定所需要的产品种类与数量,从总体上确定下来。复杂的采购任务,由采购人员同企业内部的有关人员共同研究决定;简单的任务则由采购人员直接决定。营销人员在此阶段要设法参与这一过程,并提供必要的帮助。

(3) 说明需求

说明需求是指对所需产品的规格、型号等技术指标做详细的说明。总体需要确定后,便要对所需产品的规格、型号等技术指标做详细的说明。这要由专门人员运用价值分析进行,说明技术要求,作为采购人员的采购依据。营销人员也要运用价值分析技术,向顾客说明其产品有良好的功能。

(4) 查询供应商

采购人员通常利用工商名录或其他资料查询供应商,将那些有良好信誉和合乎自身要求的供应商列为备选对象,有时也通过其他企业了解供应者的信誉。供应商应通过各种途径宣传介绍自己,扩大知名度,树立良好的信誉,方便生产者用户的采购。

(5) 征求供应者的信息

找到备选的供应商后,应尽快请他们寄来产品说明书、价目表等有关信息资料,特别是较复杂和贵重的项目,企业邀请供应商对企业的采购决策提出建议,必须要求详细的资料,并对其建议进行分析和评价。因此,供应商必须善于提出与众不同的建议书、产品目录、说明书、价目表等资料,增强顾客的信任感。

(6) 选择供应者

采购者在收到各个供应商的有关资料之后,初步选择比较合适的供应商;然后通过进一步洽谈,争取有利条件;进行比较,选择自己满意的对象。在这个阶段,营销人员应注意了解采购者具体采购中最注重的因素,向其提出优于竞争者的条件,而在其他方面提出补偿条件,既可争取到订单,又不至于影响企业利益。选择供应商一般要考虑的主要因素有:交货能力,产品质量、品种、规格,产品价格,企业信誉和历来表现,维修服务能力,技术能力和生产设备,付款结算方式,企业财务状况,对顾客的态度,企业地理位置。

生产者用户根据以上的标准挑选出最佳的供应者。大多数情况下,生产者用户不愿意依靠单一的供应者,以免被动。通常是,确定一个主要的供应者,供应量约占50%以上;另外的则由其他供应商供给。这有助于供应商之间展开竞争,改善供应条件。

(7) 发出正式的订单

用户在选定供应者之后,就会发出正式的订货单,写明所需产品的规格、数量、要求交货的时间、各种保修条件等,是购买决策过程中的实际购买阶段。用户或者采取"一揽子合同",这种方式使供应者的产品销路较有保障。

(8) 评估履约情况

评估履约情况即购后评价。采购部门向使用者征求意见,了解他们对购进的产品是否满意,并考察各个供应者履约情况,然后根据这种检查和评估,决定今后对各个供应者的态度。因此,供应者应认真履行合同,尽量提高顾客的满意程度。

生产者市场是一个相当活跃的领域。营销者应调查研究生产者用户的需要和采购决策过程,了解其不同阶段的特点,制订出切实有效的市场营销计划,以达到令人满意的营销效果。

本章小结

1. 消费者购买行为受多种因素的影响,而且不同类型消费者的行为模式和决策模式各不相同,但各种类型消费者行为同样具有普遍性、科学性和规律性等特征。因此,掌握消费者行为,寻求满足消费者需求的营销努力途径,对营销人来说至关重要。

2. 本章从消费者市场、组织市场、生产者市场等购买行为分析入手,研究各种购买行为类型的特点及影响因素、购买决策过程,寻求其中的规律性。营销企业应该认识和把握消费者购买行为、购买心理、影响消费的各种因素和消费决策过程,以确切了解在营销过程中购买者的行为模式对销售产生怎样的影响,掌握其行为规律,才能科学确定产品营销策略,提高市场营销效率,在充分满足消费者需要的前提下实现企业发展目标。

同步训练

一、名词解释
消费者市场　消费者购买动机　消费者购买行为

二、单选题
1. 消费者购买行为的特点主要有(　　)。
　　A. 需求多样性　　B. 需求弹性小　　C. 感情动机　　D. 理性决策
2. 按马斯洛的需要层次论,最高层次的需要是(　　)。
　　A. 生理需要　　B. 安全需要　　C. 自我实现需要　　D. 社会需要
3. 消费者购买决策过程的顺序通常是(　　)。
　　A. 引起需要→收集信息→评价比较→决定购买→购后感受
　　B. 引起需要→评价比较→收集信息→决定购买→购后感受
　　C. 收集信息→评价比较→引起需要→决定购买→购后感受
　　D. 决定购买→引起需要→评估比较→收集信息→购后感受
4. 根据马斯洛的需要层次理论,(　　)。
　　A. 需要的层次越高越不可缺少　　B. 需要的层次越低越重要
　　C. 尊重的需要是最高层次的需要　　D. 层次最高的需要最先需要
5. 制约顾客购买行为的最基本因素是(　　)。
　　A. 文化因素　　B. 经济因素　　C. 个人因素　　D. 社会因素
6. 当家庭收入达到一定水平时,随着收入增长,恩格尔系数将(　　)。
　　A. 下降　　B. 增大　　C. 不变　　D. 上下波动
7. 消费者的购买单位是个人或(　　)。
　　A. 集体　　B. 家庭　　C. 社会　　D. 单位
8. 某种相关群体的有影响力的人物称为(　　)。

A. 意见领袖　　　B. 道德领袖　　　C. 精神领袖　　　D. 经济领导者
9. 一个人的(　　)影响着消费需求和对市场因素的反应。
　　A. 能力　　　　B. 个性　　　　　C. 联系　　　　　D. 精神
10. 不同生活方式下,(　　)对产品和品牌有不同的需求。
　　A. 群体　　　　B. 社会　　　　　C. 模型　　　　　D. 艺术

三、多选题

1. 消费者市场的特点主要有(　　)。
　　A. 广泛性　　　　B. 分散性　　　　C. 复杂性
　　D. 易变性　　　　E. 发展性
2. 一个国家的文化包括的亚文化群主要有(　　)。
　　A. 语言亚文化　　B. 宗教亚文化　　C. 民族亚文化
　　D. 种族亚文化　　E. 地理亚文化
3. 消费者对产品的评价主要涵盖(　　)。
　　A. 产品属性　　　B. 属性权重　　　C. 品牌信念
　　D. 效用要求　　　E. 评价模型
4. 人们对刺激物产生的知觉有(　　)等几个层次的理解。
　　A. 选择性注意　　B. 选择性扭曲　　C. 选择性保留
　　D. 选择性淘汰　　E. 选择性理解
5. 同一社会阶层的成员具有类似的(　　)。
　　A. 收入　　　　　B. 个性　　　　　C. 价值观
　　D. 兴趣　　　　　E. 行为

四、判断题

1. 生产者购买为理性动机,消费者购买为感性动机。(　　)
2. 惠顾动机是顾客对特色品牌和商店产生信任而重复购买的动机。(　　)
3. 一般而言,人类的需要是由低层次向高层次发展的。(　　)
4. 家人、朋友、亲属、伙伴是最典型的主要的非正式群体。(　　)
5. 人们倾向于保留那些与其态度和信念相符的信息。(　　)

五、简答题

1. 消费者市场购买行为有哪些特点?
2. 影响消费者购买行为的因素包括哪些方面?
3. 消费者购买决策过程经历了一个怎样的过程?
4. 简述组织市场购买决策过程。

六、案例分析题

汽车制造商:什么是消费者需要的汽车

　　汽车制造厂商很难确定消费者到底需要什么样的汽车。表面上看似乎每个车型都很成功,如福特汽车公司的金牛(Taurus)、本田汽车公司的雅阁(Accord),但汽车行业却有更多失败的案例。为什么生产一部消费者想买的汽车(或卡车)是如此的困难呢?至少部分原因在于汽车厂商没有真正了解消费者的需要与欲望。

　　开什么车,可反映车主的很多特征。汽车很贵,却属于大众消费产品。对消费者来说除功能外,汽车也有显摆的作用。汽车专家认为美国婴儿潮族群的购买习惯比较类似,他们喜欢日本和欧洲的进口车。一位34岁的法律教授这样形容她的车:"我不喜欢福特,本田车看起来比较酷。"因此,汽车的品牌形象、何人拥有特定车型与汽车功能一样重要。

20世纪90年代,敞篷车、运动型汽车和小货车在美国的销售非常火爆,占总销售量的45%。同时,汽车制造厂商热衷于开发新的车型,如通用汽车公司凯迪拉克品牌(Cadillac)旗下的Escalade型汽车(目前世上马力最大的越野车)、别克品牌(Buick)旗下的朗迪(Rendezvous)型汽车、福特汽车公司林肯品牌(Lincoln)旗下的领航者(Navigator)系列汽车,以及福特品牌(Ford)旗下的大型运动汽车雅士(Expedition)。不过,环境的变化和发展(如全球温室效应及大型汽车保险费的提高等)可能会影响未来对汽车的需求。

消费者的偏好也在不断发生变化。近年来,美国市场对旅行车的需求激增,因而有些汽车制造厂商认为美国消费者已经开始对小卡车不感兴趣。同时,汽车购买者的人口结构特征也在发生变化。原先购买汽车的主要目的是为了载人,当小孩长大离家后,小卡车和运动型汽车就失去了吸引力。20世纪80年代出生的消费者曾对这些车型非常感兴趣,但很快这些消费者就会迈入空巢期,他们希望购买更舒适、更具身份地位的进口轿车吗?

来看看德国大众汽车公司推出的重新设计的甲壳虫(Beetle)吧。这款新型甲壳虫与40年前差别很大,除了外表近似之外,新的甲壳虫车型更宽敞,内饰更舒适,空调、六喇叭音响是标准配备。大众汽车(美国)公司总裁克莱夫·瓦瑞洛夫(Clive Warrilow)说:"原先的甲壳虫车是用来载人的,新款甲壳虫是高档车、时尚车。"

新款甲壳虫车获得了婴儿潮族群以及非传统小型车年轻爱好者的青睐,它在美国的年销售量上升50%,超过30万辆。大众公司见此想借风助势,计划推出甲壳虫系列车:小型货车、大型旅行车以及新的豪华型房车。不过,并不是每个人都认同这个新计划。有些主管认为这些新车型将与现有大众车型和公司其他车型(如奥迪)造成直接竞争。更重要的是,新车型将会削弱甲壳虫车在消费者心中已建立的独特形象,会演变成一种普通车型,进而让市场认为大众汽车公司只是一般的汽车制造厂商而已。

大众汽车公司和其他汽车制造厂商正在努力预测和影响消费者的购买行为。为了实现这一目的,他们需要了解哪些知识或信息呢?

整个市场通常可分成两个大的细分市场:消费者市场和组织市场。……我们首先将概要描述消费者市场当前的一些主要特征,就如大众汽车公司和其他汽车制造厂商所认为的那样,消费者市场的特征会对企业营销活动产生深远的影响。然后,我们将分析消费者是如何进行购买决策的,消费者购买决策过程会受到哪些因素的影响。

资料来源:杨勇.市场营销:理论、案例与实训.北京:中国人民大学出版社,2011:69

问题:

1. 大众汽车公司和其他汽车制造公司正在努力预测和影响消费者的购买行为,为了实现这一目的,你认为它们需要了解哪些知识或信息?

2. 根据这次的营销实战分析,你对中国的汽车制造公司有何建议?

第4章 市场调查

学习目标

1. 掌握市场调查的概念。
2. 了解市场调查的内容与分类。
3. 掌握市场调查的程序与方法。
4. 了解市场预测的基本方法。

导入案例

酷儿果汁饮料的成功

酷儿是可口可乐公司针对亚洲市场研发的一种特色果汁饮料。这种饮料在亚洲饮料市场上所向披靡，迅速成为日本、韩国、中国等地最受消费者喜爱的果汁产品。酷儿果汁能够在竞争激烈的果汁饮料市场取得如此成功，绝非偶然。

在中国的果汁饮料市场上，汇源、茹梦、大湖、华邦等诸多知名品牌各占一席之地，统一、康师傅、娃哈哈、牵手、农夫山泉又相继推出瓶装果汁，品牌林立。在此竞争态势下，一个新品牌要想成功进入该市场确非易事。可口可乐公司经过市场调查发现，6~14岁的儿童是果汁饮料的重要消费群体，但并未引起果汁生产厂商的重视，没有一家针对14岁以下的儿童来诉求。在洞察这一市场机会后，可口可乐公司就顺理成章地将自己的果汁饮料目标定位在儿童市场。

准确地定位之后，可口可乐对这一目标市场进行了进一步深入的调查与分析。根据一项"儿童生活快乐指数"的调查发现，有将近一半的小学儿童体会不到快乐。同时，要打入儿童饮料市场，得先通过父母亲严格把关（事实上，可口可乐后来发现，这款饮料的购买者有65%是妈妈）。由此，公司制定了"快乐"、"健康"这两大诉求点。儿童的消费心理特点决定了不可能向他们灌输天然、健康等理性说教的概念，于是公司针对儿童的特点成功创造了"酷儿"这一独具特色的品牌形象，使与目标消费者的沟通变得轻松、简单、容易。为了突破妈妈对饮料的心理防备，酷儿的产品更是从一开始就宣传"添加维他命（维生素）C及钙"，强调可以喝得快乐又健康。

酷儿果汁透过广告、网络、试饮、"酷儿与消费者面对面"等活动，火力一致集中于建立酷儿这个角色的个性，让它真人化。角色的成功塑造使酷儿成为小朋友心目中的超人气小明星。2002年，果汁饮料在中国市场上创造了仅用3个月便完成预订全年销售额的成绩。

资料来源：转引自新视野网，《"酷儿"，酷在哪里——兼谈新产品上市操作》一文

引导问题：

结合案例，了解一下酷儿进军亚洲市场的成功之处主要在哪里。

4.1 市场调查概述

4.1.1 市场调查

1. 市场调查的定义

市场调查是指根据市场营销的需要，运用科学的方法，对企业营销活动的有关信息、资料有目的地进行收集、整理与分析，提出调查报告，为企业营销管理者正确决策提供科学依据的活动。 市场调查是企业开展经营活动的前提，是企业有效利用和调动市场情报、信息的主要手段。市场调查是一个过程。

美国市场营销学权威教授菲利普·科特勒对市场调查的定义为：市场调查是系统地设计、搜集、分析和提出数据资料以及提出与公司所面临的特定的营销状况有关的调查结果。

根据市场信息的范围不同，市场调查有狭义与广义之分。狭义市场调查是将市场调查的领域锁定在对顾客或消费者需求研究方面；广义市场调查是将市场调查的领域扩展到为一切与市场营销活动有关的方面。可以从两个方面理解广义市场调查：从纵向看，市场调查贯穿于市场营销活动全过程，从市场研发开始，到营销战略与策略的制订，直至产品销售与售后服务，市场调查活动一直伴随始终；从横向看，市场调查领域不仅涵盖对顾客或消费者购买行为的调查，而且涉及以市场为导向的企业经营环境研究、竞争对手研究、市场营销组合要素研究等方面。

2. 市场调查的要素

（1）市场调查的主体是企业

企业围绕具体营销活动，通过自身的调查机构与专业人员或请专业的市场调查咨询公司，对相关的信息资料进行市场调查。

（2）市场调查的客体主要是消费者

市场调查是以消费者为中心所做的调查，了解和研究消费者的购买欲望与购买动机，把握消费者对商品的意见和要求。

（3）市场调查的目的是为企业营销决策者提供决策依据

市场调查是为了发现问题和解决问题而组织的，包括营销策划、信息收集、资料整理与分析的活动过程。市场调查依靠科学的手段与方法，以确保调查结果的客观性和准确性。

3. 市场调查的特征与作用

（1）市场调查的特征

市场调查作为企业获取信息的一种主要方法，具有以下特征。

① 市场调查具有普遍性。市场调查存在于企业经营活动的各个环节和各个方面，是企业经营活动中不可或缺的一部分。企业要想在激烈的市场竞争中获取相对的竞争优势，就

必须进行全方位的市场调查;同时,还要根据市场变化调整策略。进行经常性的市场调查,有助于企业发现新的市场机会,开拓新的市场领域。

② 市场调查具有科学性。市场调查运用科学的方法设计方案、定义问题、采集数据与分析数据,从中提取有效的信息,不是主观臆造的。市场调查结果的分析,也是在科学原理指导下进行的,并且被实践证明是行之有效的。

③ 市场调查具有不确定性。市场是由众多因素影响和控制的,调查虽然具有针对性,但市场是不断发展变化的。市场调查应针对不同调查者采用不同的调查方法,而被调查者反映的信息又不一定很全面,有可能是现实情况的一个侧面。因此,市场调查的结果往往具有不确定性。

④ 市场调查具有应用性。每一次市场调查都是为一项营销活动做准备,用来解决特定的营销问题。因此,市场调查是一种具有使用目的的应用性调查。

(2) 市场调查的作用

① 市场调查与分析是企业决策的前提与基础。市场调查与分析能够有效地了解市场、认识市场、分析市场。因此,科学的市场调查是企业决策的重要依据。

② 市场调查与分析能帮助企业发现自己的优势。企业通过市场调查,可以了解竞争对手的情况,分析竞争对手的优势与劣势,找出自身的优势和劣势,在竞争中回避对手的优势,发挥自己的长处,抓住市场机会。

③ 市场调查与分析能帮助企业了解市场供求状况,帮助企业发现消费者的现实需求;同时,还可以找到潜在需求,给企业带来无限商机。因此,企业通过市场调查可以充分挖掘市场潜力,创造出更多、更有效的新的市场和新的顾客。

小资料 4-1　　　　　　　坎贝尔汤料公司成为邮刊广告客户

帕林是柯的斯出版公司的经理。20世纪初,他就在公司设立了世界上最早的调研组织。当时,柯的斯公司的业务代表向美国鼎鼎有名的坎贝尔汤料公司推销"星期六邮刊"的广告版面。但对方告诉他:邮刊不是汤料公司的好媒体,因为邮刊的主要读者是工薪阶层,而坎贝尔的汤料是以高收入家庭购买为主。工薪阶层主妇为了省钱,往往自己凑合着自己烧汤,只有高收入家庭才愿意花10美分购买已经调配好的坎贝尔汤。帕林要想办法反驳对方的观点。为此,帕林抽取了一条垃圾运输线,让人从该线路的各个垃圾堆中收集汤料罐。结果发现从富裕区收集到的汤料罐几乎没有,因为富裕家庭总是让仆人动手准备汤料;大部分汤料罐是从蓝领区收集到的。帕林认为,对蓝领阶层的妇女来说,节约做汤时间可以更多地为家人做衣服或者其他挣钱的活。在摆出这些发现后,坎贝尔很快成为邮刊的广告客户。从此,"垃圾调研法"就产生了。

资料来源:豆丁网,http://www.docin.com/p-428389536.html

---

④ 市场调查与分析有利于企业掌握环境变化,及时调整策略。市场环境是不断发展变化的,市场调查与分析能帮助企业在变化的市场环境中发现规律,发现有价值的信息。

当然,市场调查也有其局限性。第一,市场调查不是万能的。并非所有信息都可以通过市场调查获得,如商业机密就很难获得。第二,市场调查通常是对今天的事实或被调查者过去发生的行为资料的收集。企业仅根据市场调查结果进行决策,当然会不适应。第三,市场调查的信息不一定都是真实的。第四,调查结果不一定公正,带有一定倾向性。对于同一个问题,不同观点的人会有不同的调查结果。第五,在大多数市场调查中,由于受抽样方法及人为原因的影响,都会存在一定程度的误差。例如,在亚洲,人们对研究的文化价值观念不同于美国。亚洲人讨厌抽象或理性的问题措辞,而在美国则使用很普遍。又如,日本人不喜欢同别人产生抵触或不一致的看法,这样就有可能导致调研误差。因此,我们要对调查结果客观分析,正确看待。

4.1.2 市场调查的范围与分类

1. 市场调查的范围

市场调查的研究范围相当广泛,从广义上讲,凡是与企业营销活动有关的所有因素,都是市场调查的对象。由于市场调查主要是围绕企业营销活动展开的,因此市场调查通常包括市场需求调查、营销环境调查、市场竞争调查、营销要素调查等。

(1) 市场需求调查

市场需求调查在企业营销调查中是最重要的内容,主要包括生产者需求调查与消费者需求调查。进行市场需求调查的主要目的是更好地满足消费者需求,及时调整企业经营管理决策来适应不断变化的市场。

企业可以根据市场需求水平、技术发展、竞争态势、政治法律状况,以及企业自身经营目标、战略、政策、采购程序、组织结构和制度体系等,对生产者需求进行调查。

企业的一切活动都是围绕着消费者进行的。消费者需求调查是企业营销调查中最重要的内容。消费者需求调查包括目标市场选择调查、顾客购买动机调查、顾客购买影响因素调查、顾客购买决策过程调查、消费者需求量调查、消费者需求结构调查、消费者需求时间调查、消费者购买力调查、消费者支出结构调查、消费者行为调查与消费者满意度调查等。

(2) 营销环境调查

任何企业的营销活动都是在一定的环境中进行的,环境的变化,既可以给企业带来市场机会,也可以形成某种威胁。因此,对市场营销环境的调查是企业营销活动管理的一项重要工作。对环境因素的调查有助于企业认识、利用和适应环境因素。

企业的营销环境包括微观环境与宏观环境,它们通过直接或间接的方式给企业的营销活动带来影响与制约。微观环境主要包括企业内部、营销渠道、顾客、竞争者和社会公众等;宏观环境主要包括人口、经济、自然、技术、政治、法律及社会文化等。企业要时刻认识和把握自己所处的生存与发展环境,同时还要能动地影响环境。

(3) 市场竞争调查

市场经济充满了竞争,任何企业、任何产品在市场上都会遇到竞争。当产品进入销售旺季时,竞争对手就会增加。竞争可以是直接竞争,如生产或经营同类产品的厂家;也可以是间接竞争,即产品不同但用途相同或相似的产品。例如,矿泉水制造厂商对生产果汁、汽水的厂商来说,就构成间接竞争。无论何种竞争,无论竞争对手的实力如何,要想使自己处于有利地位,首先要对竞争对手进行调查,以确定企业的竞争策略。

企业要出色地完成组织目标,必须能比竞争者更好地满足目标市场的需求。因此,企业不但要全面了解目标市场的需求,还要时刻掌握竞争者的动向,分析竞争者的优势与劣势,以便制订恰当的竞争战略和竞争策略。市场竞争调查主要侧重于企业与竞争对手的对比研究,包括两个方面:一是对竞争形势的一般性调查,如不同企业或企业群体的市场占有率、经营特征、竞争方式,行业的竞争结构及变化趋势等。二是针对某个竞争对手的调查,如企业与竞争对手在产品品种、质量、价格、销售渠道、促销方式、服务项目等方面态势的调查。调查的主要目的是做到在竞争中知己知彼、百战不殆。

(4) 营销要素调查

营销要素调查的主要目的是为了帮助企业能正确地使用这些市场营销组合工具,更好地满足顾客需求,达到企业经营的目的。市场营销要素调查主要包括:产品或服务调查、价格调查、分销渠道调查与促销调查等。

产品或服务调查是市场营销组合调查的重要组成部分,也是其他营销调查的基础。产品调查主要包括:顾客追求的产品核心利益调查,新产品设计、开发与试验的调查,产品生命周期的调查与产品包装的调查等。

价格是市场营销组合中最敏感、最活跃的要素,也是市场竞争的重要手段。注重产品的价格调查对于企业制订正确的价格策略具有重要作用。价格调查一般包括:市场供求情况及变化趋势的调查、影响价格变化各种因素的调查、替代品价格的调查、新产品定价策略的调查等。

分销渠道是产品从生产者向消费者转移过程中经过的通道。分销渠道策略是营销活动的重要组成部分之一,合理的分销渠道能够使产品及时、安全、经济地通过必要的环节,以最低的成本、最短的时间实现最大的价值。因此,分销渠道调查是市场调查的重要组成部分,主要包括:选择各类中间商的调查、对影响分销渠道选择各个因素的调查等。

促销是营销者与购买者之间信息沟通与传递活动。促销目的就是激发消费者的欲望,影响消费者的购买行为,扩大产品的销售,增加企业的效益。促销调查的内容一般包括:促销手段的调查、促销策略的可行性调查等。

除了以上列举的主要范围之外,市场调查还可以应用在更多、更广泛的方面。例如,美国总统选举要通过市场调查来了解民意,制定施政纲要;国外陪审团成员的选择,很多也是借助市场调查及其工具来产生的。

2. 市场调查的分类

(1) 按资料来源不同分类

按资料来源不同,将市场调查分为文案调查、实地调查和网络调查。

① 文案调查。文案调查是收集、分析历史的和现实的已有各种信息和情报资料,获取与调查目的相关信息的一种调查方法。它具有获取信息快、方法简单、节省资金等特点。同时,文案调查还可以与实地调查结合使用。例如,调查分析汽油价格变化对消费者购车的影响,就可以通过文案调查对过去的资料进行收集;现在的资料,则采用实地和网络调查的方式获得。

② 实地调查。对市场现象进行实地观察,是市场调查最基本的收集资料方法之一。实地调查包括访问法、观察法、实验法等。访问法是将要调查的事项,以面谈、电话、书面等形式向被调查者提出询问,获得调查资料的方法,如面谈、电话访问、问卷调查。观察法是凭借自己或借助仪器,观察市场,并进行现场记录,用以收集资料的方法。实验法是在模拟环境中小规模进行实验,判断相关量之间关系的调查方法。

> **小资料 4-2　　　　　　　楚汉大酒店的经营之道**
>
> 　　楚汉大酒店坐落在南方某省会城市的繁华地段,是一家投资几千万元的新建大酒店,开业初期生意很不景气。公司经理为了寻找症结,分别从该市的大中型企业、大专院校、机关团体、街道居民中邀请了12名代表参加座谈会,并亲自走访东、西、南、北四区的部分居民及外地旅游者。调查后发现,该酒店没有停车位,顾客来往很不方便;居民及游客对酒店的知晓率很低,更谈不上满意度;酒店与其他酒店相比,经营特色是什么,大部分居民不清楚。为此,酒店做出了兴建停车场、在电视上做广告、开展公益及社区赞助活动,突出经营特色,开展多样化服务等决策。决策实施后,酒店的生意日渐火红。
>
> 　　资料来源:符莎莉.市场营销实务.北京:电子工业出版社,2012

　　③ 网络调查。这是借助网络直接收集一手资料或间接收集二手资料的市场调查。随着信息技术的突飞猛进,信息爆炸使个体与社会发生了根本性的变革,个体通过一种结成网状的电信设备进行网络层面的物质活动、精神活动和话语交流。这使网络调查具有巨大的技术优势和发展潜力,跨越了时空限制,不仅节省人力、物力和财力,而且将彻底改变传统的调查模式,是一次根本性的变革。但网络调查也存在着问题和弊端,其中最主要的问题就是网络调查结果的可靠性、客观性。

　　(2) 按调查样本产生的方式分类

　　按调查样本产生的方式,市场调查可以分为市场普查、重点调查、抽样调查、典型调查等。

　　① 市场普查,就是对市场调查指标总体进行调查,也就是对所要认识的研究对象全体进行全方位的调查。它是获得较为完整的信息资料的调查方法。

　　② 重点调查,是指从调查对象总体中选出一部分重点单位进行调查。这种方法的优点是节省人力、节省开支,同时能较快掌握调查对象的基本情况。

　　③ 抽样调查,是指在调查对象总体中抽取一部分子体作为样本进行调查,再根据样本信息,推算出市场总体情况的方法。这是市场调查中最常使用的方法。

　　④ 典型调查,是指从调查对象总体中有意识地选择一些具有典型意义或具有代表性的单位进行专门调查。

　　(3) 按调查的目的分类

　　按市场调查的目的不同,可分为探索性调查、描述性调查、因果性调查、预测性调查。

　　① 探索性调查。探索性调查是指在情况不明条件下,为了找出问题的症结,明确进一步深入调查的具体内容和重点而进行的调查,又称为非正式调查或试探性调查。

　　探索性调查的主要功能是"探测",即帮助调查主体识别和了解:公司的市场机会可能在哪里,公司的市场问题可能在哪里,并寻找那些与之有关的影响变量,以便确定下一步市场调查或市场营销努力的方向,即发现问题、寻找市场机会。例如,某超市近几个月来金龙鱼色拉油销量大幅度下降,是市场环境变化了、新的竞争者加入了,还是市场上出现了功能强大的替代品?原因很多,到底是哪一种?为了找到可能的原因,又不可能一一调查,这就需要进行探索性调查。探索性调查一般在新产品开发过程中或在一项大型市场调查活动开始阶段使用。其主要解决的问题是"可以做什么"。但是,探索性调查只能将市场存在的机会与问题呈现出来,它既不能回答市场机会与问题产生的原因,也不能回答市场机会与问题将导致的结果,后两个问题常常依靠更加深入的市场研究才能解决,如"是否存在市场机会"。

② 描述性调查。描述性调查是指描述市场状况,经过周密计划,正式地、全面地对特定的市场情报和市场数据进行系统的收集与汇总,以达到对市场情况准确、客观的反映与描述。它比探索性调查更深入、更仔细,通常不涉及事物的本质与事物发展的内在原因,而是说明要调查市场的状况特征,是市场现象的具体化。常见的描述性调查有市场分析调查、产品分析调查、销售分析调查、价格分析调查、渠道分析调查、广告分析调查、形象分析研究等。描述性调查是市场调查的重要组成部分,它主要解决"是什么"的问题。

描述性调查通常用5W1H描述。

- 哪些人构成了市场(Who)——购买者
- 他们购买什么(What)——购买对象
- 他们为何购买(Why)——购买目的
- 他们怎样购买(How)——购买方式
- 他们何时购买(When)——购买时间
- 他们在哪里购买(Where)——购买地点

一般来说,描述性市场调查要有比较规范的市场调查方案、比较精确的抽样与问卷设计,以及对调查过程的有效控制。描述性市场调查的结果常常可以通过各种类型的统计表或统计图来表示。同样,描述性调查也不能回答市场现象产生的原因,及其可能导致的后果。但是,由于描述性的调查结果有助于识别市场各要素之间的关联与关系,因此它对于进行下一步的因果研究提供了重要的分析基础,如"如果存在市场机会,市场将会有多大"。

③ 因果性调查。因果性调查是以解释市场变量之间的因果关系为目的的调查,又称解释性市场调查,其目的在于对市场现象发生的因果关系进行解释说明。它的主要功能是在描述市场调查的基础上,对调查数据进行加工与计算,再结合市场环境要素的影响,对市场信息进行解释和说明,进一步分析何者为因、何者为果。例如,顾客为什么不满意,如何才能提高顾客的满意度与忠诚度,售后服务对顾客满意度的影响等。这些都需要进行因果性调查。

探索性调查与描述性调查侧重于市场调查方面的问题;因果性调查则侧重于市场分析与研究,是更高一级的市场调查方式,主要解决"为什么"或"如何做会产生什么结果"的问题。通过因果分析,市场调查人员能够解释一个市场变量的变化是如何导致或引起另一个市场变量的变化。

④ 预测性调查。预测性调查是以预测未来市场变化趋势为目的的调查。市场预测调查是在市场描述性调查和因果调查的基础之上,依据过去和现在的市场经验和科学的预测技术,对市场未来的趋势进行测算和判断,以便得出与客观事实相吻合的结论。它主要通过了解现有市场状况,结合过去情况,总结市场变化趋势与规律,运用类推或数学模型方法对未来市场变化做出预测。预测性调查的目的在于对某些市场变量未来的前景和趋势进行科学的估计和推断,回答"将来的市场将怎样"。

从方法上看,市场预测可分为定性预测和定量预测。定性预测又称判断预测,是凭借市场信息和预测者的知识、经验、智慧,对未来市场销售量进行估计,它通常在缺乏数据或不必要搜集详细数据时采用。定量预测又称统计预测,需要依据一定的市场描述性调查资料,利用科学的数学模型和统计分析方法,对市场需求量进行分析和研究,它通常在市场数据充足,且预测精度要求较高时采用。定量预测的特点是:重数据、轻主观、精度高、技术性强。

(4) 按调查时间划分

按调查时间划分,市场调查可分为经常性市场调查、一次性市场调查、定期性市场调查。经常性市场调查是对市场现象的发展变化过程进行连续的观察;一次性市场调查则是为了解决某种市场问题而专门组织的调查;定期性市场调查是对市场现象每隔一段时间就进行一次的调查。它们分别研究不同的市场现象,满足市场宏观、微观管理的需要。

(5) 按调查主体划分

按调查主体划分,市场调查可分为企业市场调查、政府部门市场调查、社会组织市场调查、个人市场调查。企业在经营过程中,为了更好地发现市场机会,就要进行市场调查,企业是市场调查的主体。政府部门是社会经济的主要调节者,需要经常开展市场调查活动,但政府部门的市场调查一般都是较大范围的调查,如经济普查。社会组织的市场调查是指各种协会、学会、中介组织、事业单位、群众组织等,为了学术研究、工作研究、提供咨询等需要,组织开展专业性较强的市场调查活动。个人的市场调查主要指个人、个体经营者和研究人员为研究需要而进行的市场调查。

(6) 按商品用途划分

按商品用途划分,市场调查可分为消费品市场调查、生产资料市场调查、服务市场调查。消费品市场调查是直接面向最终消费者的物质产品市场的调查,如个人生活用品。生产资料市场调查是指购进产品不是用于消费,而是用于再生产的产品市场调查,如配件。服务市场调查是指不以实物形式,而是以劳务或服务形式表现的无形商品市场的调查,如金融、保险、咨询等。

(7) 按调查空间范围划分

按调查空间范围划分,市场调查可分为国际市场调查、全国性市场调查、国内区域性市场调查。国际市场调查是指对其他国家或地区的商品或劳务营销环境所进行的市场调查,是一些企业开拓海外市场、进行国际贸易时必须进行的市场调查。全国性市场调查是针对国内市场开展的全国性大规模市场调查。国内区域性市场调查是针对国内某个相对较小的区域市场进行的市场调查。

4.2 市场调查的程序与方法

4.2.1 市场调查的程序

营销调查程序包括:确定问题及调查目标;制订调查计划;现场调查、收集信息;分析信息、解释结果;提交研究报告,如图 4-1 所示。

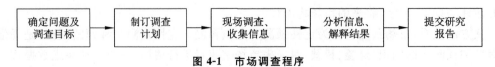

图 4-1 市场调查程序

(1) 确定问题及调查目标

调查的第一步要求营销经理和营销研究人员认真确定问题和调查目标。正确地定义问题等于解决一半问题。所要调查的问题,既不可过于宽泛,也不宜过于狭窄,要进行明确界定,并充分考虑调查成果的时效性。调查问题与目标的表述将指导整个调查过程,营销经理和调查人员将这些描述做成书面材料,以确保他们对调查的目的和预期结果看法一致。

(2) 制订调查计划

营销调查中,确定所需要的信息,制订有效收集信息的计划,并向营销经理提出计划是非常关键的一步。此计划需要决定资料来源、调查人员收集信息的方法、调查工具的选择,抽样计划,接触方法。营销经理在批准计划前,需要预测该调查计划的成本,并依据此项活动的目标加以规范。在调查中,二手信息的收集因其特性备受关注。

(3) 现场调查、收集信息

调查中信息收集花费最大而又容易失误,并直接影响调查结果。收集的实地调查数据纷繁杂乱,调查者必须仔细甄别收集到的原始信息,以使所使用的数据准确无误。收集的原始数据经整理和使用适当,可以成为后继营销活动的有力支持。

(4) 分析信息、解释结果

对收集来的信息进行分析处理也是一门艺术。现代营销人员可采用计算机辅助方式,运用专业系统软件,利用模型进行数据分析,以便发现有助于营销管理决策的信息。

(5) 提交研究报告

调查报告的形成是营销调查的最后一步。调查报告不只是计算机分析汇总的一系列数据和统计图表,更应包含调查人员依据数据得出的结论及给出的营销建议,这些建议与结论才是对营销决策最具意义的调查结果。

4.2.2 市场调查的方法

1. 问卷调查法

问卷调查是企业进行实地调查、搜集第一手市场资料最基本的工具。在现实的市场调查活动中,市场调查的内容非常丰富,人们不仅要了解市场潜量、市场需求规模等方面的市场调查总体的数量特征,而且还要了解关于市场需求的行为特征,以及产生各种行为的动机、态度等方面的心理特征信息。问卷调查法为有效地搜集这些信息提供了良好的技术手段,所以在市场调查活动中被广泛地运用。

(1) 问卷调查的程序

问卷调查是根据统一设计好的问卷,向被调查者调查搜集关于市场需求方面的事实、意见、动机、行为等情况的一种间接的、书面的、标准化的调查方法。问卷调查的程序包括调查方案设计,确定调查问卷对象,问卷的设计与制作,问卷的发放,问卷的回收、整理与分析,撰写问卷调查报告6个步骤,如图4-2所示。

(2) 问卷设计与制作

问卷的设计与制作并不存在严格的必须遵守的程序,一般遵循以下工作流程。

① 明确调查主题。在进行问卷设计之前,必须要明确调查的主题以及问卷调查目的与调查主题的关系。

② 拟定调查项目。问卷设计之前,问卷设计人员应该根据问卷调查主题拟定一份问卷

图 4-2　问卷调查的基本程序

调查基本内容纲要。

③ 设计问句与问句排序。问句设计一方面要考虑是否反映了调查者的基本意图;另一方面还要考虑被调查者能否正确理解问句。同时,需要对设计好的问句进行合理排序。

④ 问卷评估、测试与修订。当一份问卷雏形形成后,需要进行评估,并选择有典型意义的少量样本进行测试,测试的主要目的是被调查者对问卷的理解与调查目标之间是否存在偏差,最后进行修订。

⑤ 付印。在资金、时间、设备等资源条件允许的条件下,市场调查人员应该为自己的调查对象准备好一份最具吸引力的、便于阅读、易于回答的调查问卷。

(3) 问句的种类与设计原则

问句是一份调查问卷的基本构成要素,问卷的目的与调查的项目基本是靠问句来反映。因此,问卷设计的核心内容是问句设计。问句的分类方法很多,以下是几种主要类型。

① 按问卷中问句形式,主要分为封闭式与开放式问句。例如,您现在使用的洗衣粉是什么品牌?(开放式问句);你通常在哪里购买方便面?(单选:A. 超级市场 B. 杂货店 C. 百货商店)(封闭式问句)。

② 按说明问题的深度分,主要分为事实性问句、态度性问句与原因性问句。例如,你一天抽几支烟?(事实性问句);你认为 CCTV 一套哪个时段的电视节目可视性最强?(态度性问句);为什么熄灯后使用收音机?(原因性问句)。

③ 按问句答案内容分,主要分为系统性问句与非系统性问句。

④ 按解决问题的功能分,主要分为过滤性问句、提问式问句、探求式问句、强度式问句与核实式问句。

问句设计应坚持以下几个基本原则:定义清楚;语句简洁;避免引导;注意过滤;数量适中;不问隐私。

2. 抽样调查法

抽样调查法是市场调查中的一种常用方法,是指在调查对象的总体中,抽取一部分样本,并对其进行观察,然后根据对样本单位的观察结果来推测调查总体基本特征的方法。在这类调查中,一般将与调查主题相关的所有假设调查对象称为调查的"母体",也称"总体";将从中抽选出的一部分被调查者称为"样本"或"子样"。

(1) 抽样调查的方法

在市场调查过程中,抽样调查的方法大体可以分为两类:随机抽样和非随机抽样,如表 4-1 所示。

表 4-1 抽样调查方法

随机抽样	简单随机抽样	总体的每个成员都有已知的、均等的被抽中的机会。例如,将总体编号后,任选其中的几个号码
	分层抽样	将总体分成不重叠的组(如年龄组),在每组内随机抽样
	等距抽样	将总体各单位按某标志排列后,依一个固定顺序和间隔来抽样
	分群抽样	将总体分成不重叠的组(如街区组),随机抽取若干组进行调查
非随机抽样	随意抽样	调查员选择总体中最易接触的成员来获取信息
	估计抽样	调查员按自己的估计选择总体中可能提供准确信息的成员(如要了解中高层收入人群的消费习惯,可选择在高档小区中进行)
	定额抽样	按若干分类标准确定每类规模,然后按比例在每类中选择特定数量的成员进行调查(如男 20 个,女 30 个)

小资料 4-3　　　　　　对家用轿车需求的抽样调查方法

某汽车经销商委托高校市场调查研究中心调查研究甲城对家用轿车的需求分析,希望从家庭收入、家庭人口、家庭住址、住房面积、家庭成员所从事职业等方面,分析这些因素对家用轿车需求量的影响,并要求定量分析,建立统计模型,且该模型能够用于统计预测。该中心研究人员经过多次与销售商沟通,设计出调查问卷,并得到经销商的确认,在确定调查方案时,研究人员初步提出以下三种调查设想:设想一,根据该市各区(县)的户数比例、分配样本量,并在各区(县)中随即抽取样本户、进行问卷调查。设想二,充分利用学校学生众多的优势,展开调查。可以根据学校学籍登记表得到学生学号,从中随即抽取一定量的学生,针对这些被抽中的学生的家庭,进行问卷调查。设想三,安排该校学生在街头随机拦访一定量的行人,进行问卷调查。

上述三种抽样方法是什么样的抽样方法?答:设想一:分层抽样;设想二:简单随机抽样;设想三:拦截访问或简单随机抽样。

资料来源:引自道客巴巴网,《市调重点案例》一文,http://www.doc88.com

(2) 抽样调查的基本程序

抽样调查是市场调查整体方案的一个组成部分,科学的和可操作性的抽样调查方案一般有 6 个基本步骤,如图 4-3 所示。

图 4-3 抽样调查的基本程序

① 定义调查总体。根据市场调查主题与市场调查提纲的要求,确定抽样调查基本对象的范围。

② 选择样本框。市场调查人员可以通过各种方式获得样本框。例如,从公司内部的客户信息库中获得基本用户的抽样调查样本框;对城镇居民的调查,可以通过居民委员会或派出所来获得样本框。

③ 确定抽样数目。在市场调查中,抽样数目是一个非常重要的问题。若样本数目不够多,缺乏代表性;若样本数目过多,又会造成抽样过程中不必要的人力与财力资源浪费。

④ 选择抽样方法。一般来说,选择哪种抽样方法,取决于调查技术要求、调查总体的分布特征以及调查成本的限制。

⑤ 抽样计划与实施。不同的抽样方法,抽样计划的设计不同。在随机抽样中,分类抽样、等距抽样和分阶段抽样的抽样设计较为复杂;在非随机抽样中,配额抽样的设计相对复杂。

⑥ 对调查总体特征的推断。抽样调查的最终目的是通过对样本的观察,达到对调查总体的一般认识。因此,抽样调查的最后阶段是用样本数据对调查总体数据进行估计或推断。

3. 态度测量表

在问卷调查设计中,大量的问句表现为对市场的特征、消费者购买行为、态度、心理与动机等方面的测量。由于消费者与市场的特征非常复杂,在问卷调查中往往采用各种不同的测量尺度与测量表。

(1) 测量尺度

问卷调查中常用的态度测量尺度有 4 种:定类尺度、定序尺度、定距尺度和定比尺度。其中,定类尺度是基础,后一种都是前一种的升级。一般来说,定类尺度、定序尺度多用于态度测量;定距尺度可用于态度测量,也可用于客观指标的测量;定比尺度多用于客观指标的测量。定类尺度与定序尺度测量的级别较低,应用广泛。

(2) 测量表

态度测量是对被调查者的行为、态度、心理进行测量的基本形式,具体又分为直接量表与间接量表。直接量表是指由调查者设计各种不同类型的问题,直接向被调查者进行询问,被调查者根据自己的行为、态度对问句直接做出回答的一种方法,其具体形式主要有:是否型量表、选择型量表、标度式量表与配对比较型量表。

间接量表是由调查者根据市场调查目的的要求,涉及一系列调查问句,由被调查者根据自己对问题的态度来决定语句的选择的一种态度测量表。常见的有沙斯通量表、赖克梯量表与哥提曼量表。

4. 访问调查法

(1) 访问调查方式(见图 4-4)

图 4-4 访问调查方式

(2) 访问调查实施过程

① 访问前的准备。主要包括:熟悉调查提纲、学习相关知识、选择被访问者、安排访问时间与访问地点、集体访问前的准备。

② 访问进行。由三个步骤构成:约访、开场白、访问进行。约访与开场白是一种铺垫;

访问是核心部分。

③ 访问记录。访问过程中,访问者要对访问内容进行记录。通常采用录音记录,然后进行笔记整理。

④ 访问结束及结束后的工作。访问结束时应向被访问者致谢,同时也可以与被访问者建立某种联系,说明必要时可能还要来访等。访问结束后整理访问材料,必要时可以向被访问者发出致谢信。

其他访问法主要有:实验调查法,是指用自然科学中的实验求证的原理来研究和解决市场问题,也是市场调查中的一种较为常用的方法;直接观察法,是指调查者根据调查目的的要求,深入调查现场,通过对调查对象进行直接的察看或测量。例如,通过调查人员的感官,眼看、鼻嗅、耳闻、手摸、品尝来观察;专家调查法,是一种依靠专家的知识、经验和市场观察能力,来搜集和分析市场情况的方法。

4.3 市场预测的主要技术

4.3.1 市场预测的一般问题

1. 市场预测的概念与作用

(1) 市场预测的概念

预测是指根据已经获得的资料,运用科学的方法,对事物未来的发展趋势做出客观估计和判断的过程。作为通用的方法论,预测理论既可以应用于研究自然现象,如气象预测;也可以应用于研究社会现象,如经济发展预测。市场预测是预测理论在营销领域的运用。

市场预测是指在市场调查的基础上,根据市场的历史和现状,凭借经验并运用一定的预测理论和技术,对市场未来发展的趋势进行的测算和判断的活动和过程。市场预测并非毫无根据地胡乱估计,首先其依据是市场调查所获得的资料和信息,必须依据这一基础进行测算和判断;其次,这种判断要运用一定的预测理论或技术,即运用科学的方法。由此也可以看出,市场预测具有科学性。这一性质保证了市场预测的结果具有相当的准确性,能够帮助企业活动决策者做出科学的决策。但由于所获得的调查信息有限,并无法保证信息的客观性,再加上预测者个人的主观原因,使得预测结果具有局限性,企业活动决策者进行决策时不能完全依赖预测结果。

(2) 市场预测的作用

① 有利于企业做出正确的经营决策。它减少了对市场活动认识的不确定性,针对解决决策关心的主要市场问题(即市场变量),如市场需求、商品销售、价格、市场占有率、产品生命周期等的发展变动趋势和可能达到的水平做出定性与定量的估计,能够为制订解决问题的方案及方案论证、比较选择提供科学依据。

② 有利于企业主动适应市场变化,提高企业竞争力。通过市场预测活动,可以随时了解市场上各种商品的供求变动状况及趋势;随时把握消费者潜在需求,自觉地指导企业正确选择或调整生产经营方向,选择新产品开发;采取正确的经营对策及时打入并占领市场,不断扩大产品销售,提高市场占有率。

③ 有利于企业提高经营计划的科学性和经济效益。企业应生产经营哪些产品,数量是多少;开发什么新产品,投入资源是多少;产品定价是多少,如何销售;配备什么样的生产设备,采购什么样的原材料。这些问题的解决,都要依赖市场预测。

④ 有利于企业协调各部门的工作。企业依据未来一段时间的销售预测,可以指导财务部门确定下一阶段筹集资金和经营上所需的资金;指导制造部门估计生产能力和产出水平;指导采购部门确定采购原材料的数量;指导人事部门确定所需员工的数量等。

2. 市场预测的内容与类型

(1) 市场预测的内容

市场预测的内容很广泛,包括影响市场营销的各方面因素。概括起来,主要有以下几个方面。

① 预测市场需求。预测市场需求是市场营销预测的重要内容。所谓市场需求量是指消费者、用户在一定时间、一定市场范围内对商品的需求量。这里的需求包括两层概念:一是消费者想要拥有和使用某种产品的愿望;二是消费者有能够实现购买愿望的货币支付能力。

市场需求又包括市场需求潜量、市场销售潜量及市场最低需求量,如图 4-5 所示。

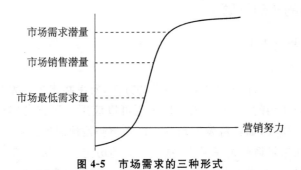

图 4-5　市场需求的三种形式

② 预测市场占有率。市场需求反映的是某种产品总的市场需求情况,而市场占有率才能反映企业产品在市场上占有的份额。所谓市场占有率,是指在一定时期一定市场内,企业生产的某种商品的实际销售量与该市场内同种类别商品销售总量的比率。

市场占有率又分绝对市场占有率和相对市场占有率。通常,市场占有率即为绝对市场占有率。相对市场占有率是指本企业市场占有率与同行业销售量最大的企业市场占有率的比,反映本企业产品与同行业竞争对手产品的比较关系。

市场占有率反映企业产品在市场上的占有水平及企业的竞争能力。市场占有率高,即意味着企业的产品受欢迎,竞争力强;反之,则说明产品不大受欢迎,缺乏竞争力。因此,市场占有率是综合反映企业经营状况和管理水平的一项重要指标,是市场营销预测的一项重要指标,是市场营销预测的重要内容。

通过对市场需求潜量、市场销售潜量及市场占有率的预测,即可预测本企业产品在市场上的销售量。预测计算公式为

$$本企业商品销售量 = 市场预测销售量 \times 市场占有率$$

③ 预测企业资源。资源是企业生产经营的物质基础。企业所需资源主要包括人力、财力和物力等。人力是指企业发展所需各类技术人才、管理人才及其他专门人才;财力是指企

业发展所需资金;物力是指企业生产所需原材料、能源、燃料、动力、设备、零配件等物质资料的供应及保证。通过对资源预测,企业就可能掌握人、财、物等资源的发展动态,以及有计划地合理开发、配置和使用资源,保证企业发展的需要。

④ 预测技术发展。科学技术是推动企业进步与社会发展的强大动力。技术对企业发展的推动作用主要表现在两方面:一是新技术的应用必然引起产品更新换代和新产品问世,以便满足消费者新的需求,有利于企业开拓新的市场;二是新技术应用也会推动设备改造与工艺革新,以便大幅度提高生产效率。所以,技术预测对企业发展具有重要意义。

技术发展预测的主要内容,是围绕与本企业有关的新技术、新产品、新材料、新工艺、新设备等方面的动态及其发展趋势。通过技术发展预测,企业能够明确技术发展的方向,制订正确的技术发展方针和确定产品发展方向。

(2) 市场预测的类型

按照市场预测时间的长短,可以分为短期市场预测、中期市场预测和长期市场预测。按市场预测的空间范围,可以分为宏观市场预测和微观市场预测。按市场预测的性质,可以分为定性预测和定量预测。

定性预测也叫经验判断预测,是指预测者凭其经验、理论、水平及分析能力,根据占有的资料,对未来市场的发展趋势做出估计和判断的一种预测方法。定性预测不需要很多数据资料,可以迅速做出判断。在影响市场的因素很多而数据很少或没有数据时,可以采用这种方法,如对比分析法、集合意见法、顾客意见法、专家意见法等都属于定性预测。

定量预测是指根据收集和整理的市场历史和现实数据,运用数学方法对市场发展趋势进行预测的一种方法。定量预测需要完整的数据资料来建立数学模型进行预测,相对而言,操作起来要复杂。时间序列预测、因果分析预测都属于定量预测法。定性预测和定量预测各有利弊、各有所长,在实际预测时,应结合起来使用。

3. 市场预测的原则与步骤

(1) 市场预测的原则

市场预测的原则是市场预测活动的指导思想,阐明了人们为什么能够对市场未来发展变化做出估计和推测,而且这种预测有一定的科学性。

① 连续性原则。连续性原则是指市场的现象和事物发展具有一定的延续性。未来的市场需求,是过去和今天的市场需求延续和发展,因此可以根据市场的过去和现在,预测市场的未来。市场预测中之所以贯穿了连续性原则,这是因为,一切社会经济现象都有过去、现在和未来。没有一种事物的发展会与其过去的行为没有联系,过去的行为不仅影响到现在,还会影响到未来。换而言之,一切社会经济现象的存在和发展具有连续性。

② 类推原则。类推原则是指市场活动中,有许多现象、事物在发展规律上有类似之处,因此可以将已知事物发展过程类推到预测对象上,对预测对象的未来做出预测。例如,世界许多国家在人均国民生产总值达到 1000 美元后,汽车、住宅将成为人们消费的热点。根据这一经济发展规律,我们可以预测,我国在人均国民生产总值达到 1000 美元后,汽车和住宅将成为今后一段时期消费的热点。

类推原则的根据,是因为客观事物之间存在着某些类似性,这种类似性具体表现在事物之间结构、模式、性质、发展趋势等方面的接近。利用预测对象与其他事物的发展变化在实践有先后不同,但在表现形式上有类似之处的特点,人们有可能根据已知事物的某种类似的结构和发展模式,通过类推的方法对未知事物发展的前景做出预测。

③ 相关性原则。相关性原则是指市场中许多事物、现象是彼此关联的,利用这种关联,可以进行市场预测。例如,婴儿食品的需求和婴儿的人数有很强的关联性。若掌握了未来婴儿出生数,就可预测婴儿食品需求量。这就是市场预测的相关性原则。相关性原则体现了唯物辩证法因果联系的观点。唯物辩证法认为,客观世界的事物总是相互联系的,不存在孤立的事物。一个事物的变化总会引起另一事物的变化,它们构成了因果关系,利用事物的因果关系,就可以进行市场预测。市场预测方法中,回归分析法就是这一原则的应用。

(2) 市场预测的步骤

市场预测是在市场调查研究基础上,明确预测目标,收集资料,分析判断并运用预测方法,做出预测结论的复杂过程。这一过程具体包括以下步骤。

① 确定预测目标。确定预测目标,是进行市场预测首先要解决的问题。要完成一项市场预测,首先要明确预测的目的是什么、预测的对象是什么。只有预测目标与对象明确了,才能根据预测目标有意识地去收集各种资料,采用恰当的预测方法进行预测。

确定了预测目标,就使整个市场预测工作有了明确的方向和内容。例如,某地区为制订小轿车生产行业长远规划,开展了该地区2010年家庭小轿车需求预测。该项预测目标明确,预测对象是小轿车,预测项目涉及居民家庭小轿车的需求量预测、影响居民小轿车需求的各种因素(如收入水平)的预测。该项预测属于长期的市场预测。对企业而言,预测目标的确定,应根据企业生产经营管理的需要,服从企业经营决策的要求。要开展目标分析,也就是运用系统观点,逐步把握目标和外部环境之间的依存关系。

② 收集分析有关资料。科学的市场预测,必须建立在掌握充分的市场资料基础上。预测目标确定后,就要围绕预测目标,去广泛收集各种历史和现实资料。市场预测所需资料有两类:一类是关于预测对象本身的历史和现实资料,如近年来××地区家庭私人购买小轿车的统计资料;另一类是影响预测对象发展过程的各种因素的历史和现实的资料。例如,影响居民家庭购买小轿车的因素有收入状况、小轿车价格变动资料、城市道路发展变化资料等。

③ 进行分析判断。分析判断是指对收集的历史和现实资料进行综合分析,对市场未来的发展变化趋势做出判断,为选择预测方法,建立预测模型提供依据。

要分析各种市场影响因素对市场未来需求的影响;要分析预测期内生产、供应、销售关系及其变化;要分析消费心理、消费倾向等对市场未来需求的影响。要主要分析消费者的消费心理、消费倾向、消费行为、价值观念等变化对市场未来需求的影响。例如,随着我国进入小康社会,人们对健康日益重视,可以预测各种健身用品需求量将会越来越大。

④ 选择预测方法,建立预测模型。市场预测要依赖预测方法。根据预测目标,在对有关资料进行分析判断后,就要选择预测方法。预测方法选择是否适当,将直接影响预测结果的可靠性。预测方法很多,有定性预测法和定量预测法两大类。每一类中,又有许多具体方法,而每一种方法对不同的预测对象、目标的有效性是不同的。

选择预测方法一般应从以下方面考虑:一方面,要根据预测目标和要求来选择预测方法;另一方面,要根据预测对象本身的特点来选择预测方法。预测模型与预测方法是紧密联系在一起的,确定了预测方法,也就确定了预测模型。建立预测模型,是指依据预测目标,运用预测方法建立起来的数学模型。

⑤ 得出预测结论。这是市场预测工作的最后一个阶段。包括两个环节:一是利用预测

模型计算出预测值。就是根据具体的数学模型,输入有关数据资料,经过运算,求出预测值。二是评价预测值的合理性,确定预测结论。

利用预测模型计算出来的预测值,只是初步预测的结果。由于种种原因,预测值和实际情况总是存在一定偏差,这就是预测误差。因此,在确定最后预测结论时,一般需要对预测的误差做出估计。预测值误差实质上是对预测模型精确度的直接评价,决定着对模型是否认可、是否需要做出修正。如果预测误差较小,符合预测要求,就可确定预测结论,即确定最终的预测值。

需要指出的是,为了保证预测值的准确性,在市场预测中,常常要同时采用不同的预测方法与预测模型,并对它们的预测结果进行比较分析,进而对预测值的可信度做出评价,以确定最符合实际的预测值。

4.3.2 市场预测的基本方法

1. 经验判断预测法

(1) 对比分析法

对比分析法是指将预测目标与其同类的或相似的事物加以对比分析,推断预测目标未来发展取向与可能水平的一种预测方法。这种方法实际上是运用类比的原则,对预测目标进行推断的一种方法。其主要类型有由点推算面、由局部类推整体、由相近产品类推新产品或同类产品、由相似国外市场类推国内市场等。

对比分析法一般适用于开拓新市场,预测潜在购买力和需求量,预测新产品长期的销售变化规律等,比较适合中长期的预测。

(2) 集合意见法

集合意见法是指集合企业内部经营管理人员、业务人员等的意见,凭他们的经验和判断共同讨论市场趋势而进行市场预测的方法。由于经营管理人员、业务人员等比较熟悉市场需求及其变化动向,他们的判断往往能反映市场的真实趋向,因此集合意见法是进行短、近期市场预测常用的方法。根据参与预测的人员不同,这种方法又可分为两种:经理判断法和销售人员判断法。经理判断法是由企业的经理或厂长召集各业务部门的主管人员,共同讨论市场趋势,并做出预测结果的一种预测方法。销售人员判断法是指企业负责人召集销售人员讨论市场发展趋势,预测市场结果的一种预测方法。

(3) 专家意见法

专家意见法是指企业邀请内部或外部的具有某一方面专业知识和丰富经验的专业人员(即专家),根据市场预测的目标和要求,综合专家意见进行市场预测的一种方法。由于专家在某方面具有权威性,预测结果较准确,同时这种预测方法组织较方便,预测时间短,已成为重要的定性预测方法。

按照征求专家意见的方式不同,专家意见预测法可以分为:专家会议法、头脑风暴法和德尔菲法。

(4) 顾客意见法

顾客意见法是指预测人员直接调查顾客或用户的购买意向,在分析市场需求变化的趋势和竞争情况后,做出对本企业产品需求的预测。此法适用于用户数量不太多或用户与本企业有固定协作关系的企业,主要是制造生产资料类产品的企业。如果用户量大,调查起来就很困难。该方法的优点是直接了解用户的意见,使调查结果更加真实;缺点是调查数据在实际购买时会受各种因素影响而发生改变,预测者要提前充分考虑。另外,对潜在客户的调查预测比较困难。

2. 时间序列预测法

时间序列预测法是一种定量预测方法。它是将预测目标的历史数据按时间的顺序排列成为时间序列,然后分析其随时间变化的发展趋势,外推预测目标的未来值的一种预测方法,也叫历史延伸法或外推法。也就是说,时间序列预测法将影响预测目标的一切因素都由"时间"综合起来加以描述。因此,时间序列预测法主要用于分析影响事物的主要因素比较困难或相关变量资料难以得到的情况,预测时先要进行时间序列的模式分析。

时间序列预测法的基本特点是:假定事物的过去趋势会延伸到未来;预测所依据的数据具有不规则性;撇开了市场发展之间的因果关系。

时间序列预测法包含多种方法:简单平均法、移动平均法、指数平滑法、季节指数法、趋势外推法、生命周期法等。

3. 因果分析法

客观事物之间总是相互联系的,而且常常是通过因果关系进行着某种联系。在经济现象中,这种因果关系更加普遍。例如,人们的收入水平提高了,市场就会繁荣;广告的投入增加了,产品的销售量就会增加等。因此,对于有些市场预测可以通过寻找和分析经济现象中的因果关系进行,回归分析就是这样一种分析方法。

所谓回归分析就是研究某一个因变量与其他自变量之间的数量变动关系,由回归分析求出的关系式叫做回归模型。回归分析预测法就是从各种经济现象之间的相互关系出发,通过对与预测对象有联系的现象变动趋势的分析,推算预测对象未来状态的一种预测方法。回归分析法根据自变量的多少,可分为一元回归分析和多元回归分析。根据因变量与自变量是否线性相关,可分为线性回归和非线性回归。线性回归是指因变量与自变量的关系是直线型的;非直线型回归是指因变量与自变量的关系是非直线型的,如呈曲线形的。

需要说明的是,需求预测是一项非常复杂的工作,随着环境的不断变化,市场需求与企业需求也是不断变化的、不稳定的。需求越不稳定,就越要求精确的预测。这就要求把市场调查与预测作为一项长期的工作来抓。

本章小结

1. 市场调查就是运用科学的方法与手段,系统地、有目的地收集、分析和研究与市场营销有关的各种信息,提出分析的结论与建议,作为企业分析市场和制订营销决策的依据。

2. 市场预测是指在市场调查的基础上,利用各种信息资料,采用科学方法进行分析与研究,以推测未来一定时期内市场需求情况及其发展趋势,为企业确定营销目标和制订营销策略提供依据。

同步训练

一、名词解释

市场调查　抽样调查法　市场预测

二、单选题

1. （　　）是指根据市场营销的需要，运用科学的方法，对企业营销活动的有关信息、资料有目的地进行收集、整理与分析，提出调查报告，为企业营销管理者正确决策提供科学依据的活动。
   A. 营销信息系统　　B. 市场调研　　C. 市场预测　　D. 决策支持系统

2. （　　）是企业营销调查中最重要的内容。
   A. 市场营销要素调查　　　　　　B. 竞争者调查
   C. 市场营销环境调查　　　　　　D. 消费者需求调查

3. 收集、分析历史的和现实的已有各种信息和情报资料，获取与调查目的相关信息的一种调查方法是（　　）。
   A. 文案调研　　B. 网络调研　　C. 实地调研　　D. 问卷调研

4. （　　）是指从调查对象总体中有意识地选择一些具有典型意义或具有代表性的单位进行专门调查。
   A. 典型调查　　B. 重点调查　　C. 抽样调查　　D. 市场普查

5. 顾客为什么不满意？如何才能提高顾客的满意度与忠诚度？售后服务对顾客满意度的影响？这些调研属于（　　）。
   A. 探索性调研　　B. 描述性调研　　C. 因果性调研　　D. 预测性调研

6. 将总体各单位按某标志排列后，依一个固定顺序和间隔来抽样的抽样方法是（　　）。
   A. 分层抽样　　B. 等距抽样　　C. 分群抽样　　D. 随意抽样

7. 将要调查的事项以面谈、电话、书面等形式向被调查者提出询问，获得调查资料的方法是（　　）。
   A. 访问法　　B. 实验法　　C. 观察法　　D. 问卷调研法

8. （　　）是由调查者根据市场调查目的的要求，涉及一系列调查问句，由被调查者根据自己对问题的态度来决定语句的选择的一种态度测量表。
   A. 态度测量表　　B. 直接量表　　C. 测量尺度　　D. 间接量表

9. 所谓（　　）是指在市场调查的基础上，根据市场的历史和现状，凭借经验并运用一定的预测理论和技术，对市场未来发展的趋势进行的测算和判断的活动和过程。
   A. 定性预测　　B. 市场调研　　C. 市场预测　　D. 因果分析

10. 将预测目标的历史数据按时间的顺序排列成为时间序列，然后分析其随时间变化的发展趋势，外推预测目标的未来值的一种预测方法是（　　）。
    A. 时间序列预测法　　　　　　B. 因果关系预测法
    C. 回归分析预测法　　　　　　D. 经验判断预测法

三、多选题

1. 市场调研的特征有（　　）。
   A. 普遍性　　B. 科学性　　C 动态性
   D. 不确定性　　E. 应用性

2. 按调查主体划分，市场调查可分为（　　）。
   A. 政府部门市场调查人　　　　　　B. 社会组织市场调查价格

  C. 个人市场调查   D. 企业市场调查过程
  E. 区域市场调研
 3. 营销调查程序包括(　　)。
  A. 制订调查计划   B. 提交研究报告
  C. 确定问题及调查目标   D. 分析信息、解释结果
  E. 现场调查、收集信息
 4. 按说明问题的深度分,问句主要分为(　　)。
  A. 开放式问句   B. 事实性问句   C. 态度性问句
  D. 原因性问句   E. 封闭式问句
 5. 市场预测的原则是(　　)。
  A. 连续性原则   B. 相关性原则   C. 类推原则
  D. 对比原则   E. 客观原则

四、判断题

 1. 市场调查结果比较公正客观,不带有倾向性,可以作为企业决策依据。(　　)
 2. 描述性调查一般在新产品开发过程中或在一项大型市场调查活动开始阶段使用。其主要解决的问题是"可以做什么"。(　　)
 3. 按问句答案内容分可分为过滤性问句、提问式问句、探求式问句、强度式问句与核实式问句。(　　)
 4. 定性预测不需要很多数据资料,可以迅速做出判断。(　　)
 5. 在市场调查中,抽样数目是一个非常重要的问题。若样本数目不够多,缺乏代表性;若样本数目过多,又会造成抽样过程中不必要的人力与财力资源浪费。(　　)

五、简答题

 1. 市场调研的范围有哪些?它有哪些种类?
 2. 市场调查的程序与主要方法有哪些?

六、案例分析题

益生堂闯关策划前提:市场调查

  从1994年至1997年6月,我们为益生堂实施营销策划差不多有三年的时间。在这三年里,这个品牌从诞生到发展、壮大,直至成为全国保健品中一个比较出名的品牌,经历了许许多多有意思的事。作为一个策划人,亲身体味了这其中的酸、甜、苦、辣,也获得了各种营销经验,觉得有必要向更多的朋友说一下。我想无论是成功的、还是失败的经验,都应该与正在从事销售或策划的人士来分享。如果您能从中获得启发或教训,那就格外有意义。
  这句话说来容易,但真正做到就非常困难。现在许多专业化的调查公司将市场调查搞得又复杂、又难理解,一大堆模棱两可的数据交给企业,许多企业看得直瞪眼,还是搞不清楚该怎么办。我们决定摒弃这种调研方法,运用便利抽样以及配额抽样法,结合消费者深度访谈、营业员深度访谈、经销商深度访谈的方法,调查清楚以下几个问题。
  (1)消费者是否喜欢"益生堂"这一传统品牌?
  (2)益生堂三蛇胆最受欢迎的功能承诺是什么?
  (3)益生堂的心理价格定在多少合适?
  (4)消费者对保健品最担心的是什么?

(5) 目标消费者的消费心理是什么？有何购买习惯？

(6) 益生堂三蛇胆的独特卖点是什么？

(7) 益生堂的包装是否受喜欢？

经过长达两个多月的市场调查，走访了近1200多名消费者，400多名营业员及经销商，基本摸清了深圳、广州两地市场的状况，这次调研对制订益生堂三蛇胆的目标市场运作策略形成起了决定性的作用，特别是对大家争论已久的定价、功能点、独特卖点、销售渠道等问题有了明确统一的认识。从此，益生堂公司定下了一个制度——以后进入任何一个市场都必须先进行市场调研。若一次调研不行，就要调研多次，直到摸清情况再切入市场。

资料来源：符莎莉. 市场营销实务. 北京：电子工业出版社，2012

问题：

1. 该调查公司采取的是何种调查方式？这种方式调研过程是什么？

2. 根据材料所述，在益生堂公司管理成功的各种营销经验中，其中一条就是"没有实实在在的市场调查，就不会有正确的营销策划"，你如何理解这句话？

第 5 章

目标市场战略

学习目标

1. 了解市场细分的主要方法。
2. 掌握市场细分作用、原则与标准。
3. 理解企业目标市场选择的主要方法及特点。
4. 把握企业进行市场定位的主要方法。

导入案例

宝洁公司的市场细分

宝洁公司设计了 9 种品牌的洗衣粉：汰渍（Tide）、奇尔（Cheer）、格尼（Gain）、达诗（Dash）、波德（Bold）、卓夫特（Dreft）、象牙雪（Ivory Snow）、奥克多（Oxydol）和时代（Era）。宝洁的这些品牌在相同的超级市场上相互竞争。但是，为什么宝洁公司要在同一品种上推出好几个品牌，而不集中资源推出单一领先品牌呢？答案是不同的顾客希望从产品中获得不同的利益组合。以洗衣粉为例，有些人认为洗涤和漂洗能力最重要；有些人认为使织物柔软最重要；还有人希望洗衣粉具有气味芬芳、碱性温和的特征。宝洁公司至少发现了洗衣粉的 9 个细分市场。为了满足不同细分市场的特定需求，公司就设计了 9 种不同的品牌。这 9 种品牌分别针对如下 9 个细分市场。

汰渍，洗涤能力强，去污彻底。它能满足洗衣量大的工作要求，是一种用途齐全的家用洗衣粉，"汰渍一用，污垢一无"；奇尔，具有"杰出的洗涤能力和护色能力，能使家庭服装显得更干净、更明亮、更鲜艳"；奥克多，含有漂白剂，它"可使白色衣服更洁白，花色衣服更鲜艳，所以无须漂白剂，只需奥克多"；格尼，最初是宝洁公司的加酶洗衣粉，后重新定位为干净、清新，"如同太阳一样让人振奋"的洗衣粉；波德，其中加入了织物柔软剂，它能"清洁衣服，柔软织物，并能控制静电"，波德洗涤液还增加"织物柔软剂的新鲜香味"；象牙雪，"纯度达到 99.44%"，这种肥皂碱性温和，适合洗涤婴儿尿布和衣服；卓夫特，也用于洗涤婴儿尿布和衣服，它含有"天然清洁剂"硼石，"令人相信它的清洁能力"；达诗，是宝洁公司的超值产品，能有效去除污垢，但价格相当低；时代，是天生的去污剂，能清除难洗的污点，在整个洗涤过程中效果良好。可见，洗衣粉可以从职能上和心理上加以区别，并赋予不同的品牌个性。通过多品牌策略，宝洁已占领了美国更多的洗涤剂市场，目前市场份额已达到 55%，这是单个品牌所无法达到的。

资料来源：苏兰君. 现代市场营销能力培养与训练. 北京：北京邮电大学出版社，2005：54

引导问题：
宝洁公司市场细分的依据是什么？

5.1 市 场 细 分

5.1.1 市场细分的概念与作用

市场是由众多的消费者构成的。然而，消费者实在太多，消费者的需要存在很大的差异性，这就决定了任何一家企业，都不可能满足所有消费者对某种产品的需求；同时，由于企业资源的有限性，也不可能满足所有消费者的不同需要。因此，一家企业要想在激烈的市场竞争中求得生存与发展，必须通过市场调查，将市场细分为需求不同的若干消费者群体，发现和评价市场机会，进行正确的市场细分。

1. 市场细分的概念与实质

美国市场营销学温德尔·史密斯于20世纪50年代中期首先提出市场细分的概念。它的产生与发展大致经历了三个阶段，如表5-1所示。

表 5-1 市场细分战略发展的三个阶段

项 目	大量营销	产品差异化营销	目标市场营销
时间	19世纪末20世纪初	20世纪30年代	20世纪50年代
竞争焦点	降低成本	销售产品	争取并保有消费者
主要特点	大规模生产单一产品，大众化渠道销售，以取得规模效益	开始重视产品的差异性与独特性，向市场推出与竞争者不同的产品	以消费者为中心，在市场细分基础上，选择目标市场，设计相应营销组合

（1）市场细分的基本概念

市场细分是指企业根据消费者需求的差异性，把消费者整体市场划分成若干个子市场，每个子市场都是由需求类似的消费者群构成，从而确定目标市场的过程。

市场细分以后所形成的具有相同需求的消费者群体称为细分市场，亦称"子市场"。不同细分市场的消费者对同一产品的需求，存在着明显差别；而同一细分市场的消费者，其需求则非常相似。以消费者对化妆品的需求为例，不同的消费者对化妆品有不同的需求：有的要求保湿、有的要求美白、有的要求除皱等。由此，化妆品消费者可以分为不同的消费者群，化妆品市场就可以被细分为若干个子市场。

（2）市场细分的实质

市场细分的实质是细分消费者的需求。企业进行市场细分，就是要发现不同消费者需求的差异性，然后把需求基本相同的消费者归为一类，这样就可以把某种产品的整体市场划分为若干个细分市场。市场细分不是对产品分类，而是对同种产品需求各异的消费者进行分类。市场细分是一种存大异、求小同的市场分类方法。

市场细分的最终目的是为了选择和确定目标市场，并在此基础上，企业运用各种可控因素，实现最优化组合，以达到企业市场营销战略目标。从这个意义来看，市场细分是目标市场营销的起点和基础,是企业市场营销战略的平台。企业的一切市场营销战略,都必须从市场细分出发。没有市场细分,就无法确定企业的目标市场,企业也就无法在市场竞争中找到企业的市场定位。

2. 市场细分的客观依据与意义

(1) 市场细分的客观依据

市场细分的客观依据,主要表现在以下方面。

① 消费者需求的差异性。消费者需求的差异性以及由此决定的购买者动机和行为的差异性,是市场细分的内在依据。

从消费者需求状况看,整体市场可分为同质市场和异质市场。同质市场是指消费者对某一产品的需求、购买行为、对企业市场营销组合策略的反应等基本相同或相似的市场。只有少数产品的市场属于同质市场。异质市场是指消费者对某一产品的需求、购买行为、对企业市场营销组合策略的反应等存在差异的市场。绝大多数产品的市场是异质市场。正是异质市场的存在,使市场细分成为可能。从这个意义上说,市场细分就是把异质市场划分为同质市场的过程。

② 消费者需求的相似性。市场细分的客观基础还在于消费者需求的相似性。从整体看,消费者需求具有差异性是绝对的,因为世界上不存在两个完全相同的消费者,但在同一细分市场内部,消费者需求具有差异性又是相对的,同一细分市场内部消费者需求又具有相似性,形成相似性的消费者群。从这个意义上来说,市场细分并不仅仅意味着把同一产品的整体市场加以分解。

③ 企业资源的有限性。由于企业资源的有限性,为了进行有效市场竞争,迫使企业进行市场细分。在现代市场经济条件下,企业受到资源有限性的限制,不可能向整体市场提供满足所有消费者所有需求的一切产品和服务,只能满足一个或几个细分市场的消费者需求。为了进行有效市场竞争,企业必须选择与之相适应的有利可图的细分市场,放弃那些与之不相适应的细分市场,集中企业资源,实现企业市场营销战略目标。

(2) 市场细分的意义

实行市场细分,可为企业了解市场、研究市场、选择目标市场提供依据。因此,市场细分具有非常重要的意义。

① 有利于企业把握市场机会,有针对性开展营销活动。市场细分是企业市场营销战略的重要组成部分,是现代企业市场营销活动的重要策略,对企业来说是非常有力的竞争手段。细分市场是企业发现市场机会的起点,分析并把握市场机会是企业正确决策的起点。而这种市场机会能否真正成为企业的市场机会,主要取决于两点:一是看这种市场机会是否与企业目标相一致;二是看利用这种机会能否比竞争者更具有优势。

显然,这些都是以市场细分为起点的。通过市场细分,企业可以有效地分析各个消费者群的需求及其满足程度;同时,了解市场上的竞争状况,发现哪一类消费需求尚未满足、哪一类需求已经满足。在市场供给看似十分丰富,竞争者似乎占领了市场的每个角落时,企业只要善于运用市场细分,就能找到属于自己的市场机会。因为消费者的需求是没有穷尽的,总会存在着尚未满足的需求。结合本企业的资源状况,抓住这样的市场机会,把它确定为目标市场。

例如,海尔集团就是通过市场细分不断发现新的市场机会,并在此基础上通过一系列营销努力逐步发展成知名的大型跨国公司。2002年3月,我国北方大部分地区都遭受了沙尘暴的袭击,海尔针对这一情况,推出"防沙尘暴Ⅰ代"商用空调,并推向受沙尘暴影响较大的华北、东北、西北与华东部分地区,深受北方地区消费者的欢迎。

② 有利于企业深刻认识市场,更好地掌握目标市场的特点。市场是由众多消费者组成的,每一个消费者都有不同的需求、欲望与消费偏好,因此市场是非常复杂的。只有通过市场细分,企业才能深刻认识目标市场,详细地了解每个目标市场的需求特点。

例如,某企业生产的速冻虾仁原来主要面向消费者市场,分销渠道主要是超市和专业食品商店,但是随着市场竞争的加剧,销量大幅度下降。后来,公司进行大量市场调查,把速冻虾仁的购买者分成三类:一类是大宗用户;一类是饭店;一类是家庭主妇。三个细分市场对速冻虾仁的品种、规格、包装、价格等要求不尽相同。大宗用户与饭店对虾仁的品质要求较高,但对价格不太敏感;家庭主妇对虾仁的品质、包装、外观都有较高要求,而且要求价格要合理。根据这些特点,该公司重新选择目标市场,改为以饭店与大宗用户为主要顾客,并相应地调整了销售渠道以及营销组合策略,效果显著。

③ 市场细分有利于企业集中使用资源,增强企业市场竞争能力。特别是对于资源有限的小企业来说,只有通过市场细分,选择有利可图的细分市场,集中使用资源,投入一个或少数几个细分市场,扬长避短、有的放矢地开展市场营销活动,增强市场调查、分析与研究的针对性。

④ 有利于企业适应需求特点,正确地规划营销组合方案。市场细分有利于企业制定和调整市场营销组合策略,实现企业市场营销战略目标。企业在未细分的整体市场上,一般只会采取一种市场营销组合策略。由于整体市场上的消费者需求差异性较大,使企业市场营销活动往往不能得到令人满意的效果,而且由于整体市场需求变化较快、较复杂,企业难以及时掌握,致使企业的市场营销活动缺乏时效性。而市场细分后,某个细分市场的消费者需求基本相似,企业能密切注意细分市场消费者需求变化,并迅速地制订和调整市场营销组合策略,顺利实现企业市场营销战略目标。

企业通过市场细分,选择好自己的目标市场,才能根据各个目标市场的需求特点,分别规划不同的营销策略组合方案,并有效地实施营销方案。市场细分后,每个市场变得非常具体,消费者的需求清晰明了,企业可以根据不同的商品制订出不同的市场营销策略。没有市场细分,就无法选择目标市场,企业所制订的营销组合策略必然是无的放矢。同时,在细分市场基础上,信息反馈灵敏,一旦消费者需求发生变化,企业可根据反馈信息,迅速改变原来的营销组合策略,制订出相应的对策,使营销组合策略适应消费者变化了的需求。

⑤ 有利于提高企业竞争能力,取得良好的经济效益。市场细分对提高企业经济效益有重要作用:一是通过细分市场,确立目标市场,然后把企业的人力、物力和财力集中投入目标市场,形成经营上的规模优势,取得理想的经济效益;二是市场细分后,企业可以面对自己的市场,生产适销对路的商品,加速商品周转,提高资金利用率,从而降低成本,提高经济效益;三是细分后的市场非常具体,企业可以具体细致地研究市场潜在需求、市场发展趋势,有利于满足不断变化的社会消费需要。

> **小资料 5-1　　通用汽车的成功**
>
> 　　20世纪20年代中期,亨利·福特和他有名的汽车统治了美国的汽车工业。福特汽车公司早期成功的关键是它只生产一种产品。福特认为如果一种型号能适合所有的人,那么零部件的标准化以及批量生产将会使成本大大降低,会使客户满意。那时的福特是对的。
>
> 　　随着市场经济的发展,美国的汽车消费者开始有了不同的选择,有人想买娱乐用车,有人想买时髦车,有人希望车内空间大些等。通用汽车公司总裁艾尔佛雷德·斯隆发现这一问题不久,招聘一些市场调查与研究人员,让他们研究消费者购买轿车的真正需求是什么。通过调查发现:Chevrolet是为那些刚刚能买汽车的人生产的;Pontiac是为那些收入稍高一点的客户生产的;Oldsmobile是为中产阶级生产的;别克是为那些想有更好的车的人生产的;凯迪拉克是为那些想显示自己地位的人生产的。
>
> 　　此后,通用汽车不久就开始比福特汽车更畅销了。而市场细分作为一种重要的营销策略越来越受到企业家们的高度重视,充分显示了它的重要作用。
>
> 　　资料来源:杨莉惠.客户关系管理实训.北京:中国劳动社会保障出版社,2006:5

5.1.2 市场细分的标准

　　根据什么标准来进行市场细分,是进行市场细分首先要解决的问题。消费者需求的差异性是市场细分的依据。因此,所有构成消费者需求差异的因素都可以作为市场细分的标准。为了便于研究,市场营销学根据消费者的购买行为特点与企业经营的实际情况,按照消费者市场与组织市场的不同特点,分析细分标准。

　　1. 消费者市场细分标准

　　消费者市场的细分标准因企业的不同而各具特色。一般来说,消费者市场的细分标准主要有四个方面,即地理细分(geography segmentation)、人口细分(demographic segmentation)、心理细分(psychographic segmentation)、行为细分(behavioral segmentation),每个方面又包括一系列细分因素,如表5-2所示。

表5-2　消费者市场细分的一般标准

细分标准	细分变量因素	典型分类
地理细分	地区	华南、华北、东北、东南、西南、西北
	城市规模	大、中、小城市,镇、乡、村,郊区和农村
	密度	高密度、中密度、低密度
	气候	干旱、湿润、寒带、温带、亚热带、热带
人口细分	年龄	老年、中年、青年、少年、儿童、婴儿
	性别	男、女
	家庭规模	1~2人、3~4人、5~7人、8人以上
	家庭类型	中等家庭、小型扩展家庭、大型扩展家庭
	家庭月收入	高、中、低、贫困
	职业	专业技术人员、经理、官员、职员、农业人员学生、退休者、失业者
	教育	小学以下、中学、专科、大学本科、研究生
	宗教	佛教、天主教、穆斯林教、基督教、道教等
	国籍	中国人、日本人、韩国人、美国人、英国人等
	家庭生命周期	单身阶段、新婚阶段、满巢阶段、空巢阶段、鳏寡阶段

续表

细分标准	细分变量因素	典 型 分 类
心理细分	社会阶层 生活方式 个性	下层、中层、上层 享受型、地位型、朴素型、自由型 随和、孤独、内向、外向
行为细分	购买时机 追求利益 使用者状况 使用率 购买状态 对营销因素的反应 偏好与态度	平时、双休日、节假日 便宜、实用、安全、方便、服务 未曾使用者、曾经使用者、潜在使用者、首次使用者、经常使用者 不使用、少量使用、中量使用、大量使用 未知、已知、试用、经常购买 对产品、价格、渠道、促销、服务等的敏感 极端偏好、中等偏好、没有偏好；热心、积极、不关心、消极、敌意

(1) 地理细分

地理细分是指企业按照消费者所在的地理位置以及其他地理(包括城市农村、地形气候、交通运输等)来细分消费者市场。地理变量包括地区、地形、城镇规模、交通运输条件、人口密度、气候条件等因素。

我国市场按地理方位可分为东北市场、华北市场、华东市场、华中市场、西南市场与西北市场等；按地理区域划分，我国有23个省、4个直辖市、5个自治区、2个特别行政区，实际上就是34个子市场。

在市场营销学中，把地理因素作为细分消费者市场的标准，主要是因为处在不同地理环境的消费者对企业的产品有不同的需要和偏好，他们对企业所采取的市场营销策略，对企业的产品价格、分销渠道、广告宣传等市场营销措施，也各有不同的反应。再如，我国餐饮业中流传的"南甜、北咸、东辣、西酸"就反映了不同地区消费者的需求差异。又如，农村人买东西比较在意"实惠"，城市人买东西则更多讲究"时髦"，这也反映了农村与城市消费者之间的需求差异。即使处于同一地理位置的消费者需求仍会有很大差异。再如，在我国的一些大城市，如北京、上海、广州，流动人口逾百万，这些流动人口本身就构成一个很大的市场。很显然，这一市场有许多不同于常住人口市场的需求特点。但处于同一地理位置的消费者，受当地地理环境、气候条件、社会风俗、传统习惯的影响，消费者需求又具有一定的类似性。这也是市场细分的重要依据。

因此，简单地以某一地理特征区分市场，不一定能真实地反映消费者的需求共性与差异性。企业在选择目标市场时，还需结合其他细分变量予以综合考虑。在不同的市场，市场潜量与成本费用也不同。所以，企业应选择那些能充分发挥资源优势，而且能带来较高效益的市场作为目标市场。

(2) 人口细分

人口细分是指企业按照人口统计学变量来细分消费者市场。这类因素很多，其中性别、年龄、收入、受教育程度、职业、家庭规模是最常用的市场细分因素。人口变量一直是细分消费者市场最常用的细分因素，主要原因有两个方面：一是消费者对产品的欲望、偏好和使用率与人口变量有密切联系；二是人口变量较其他变量更易于测量，且有丰富的第二手资料可查询。例如，服装市场，可以根据人口统计因素，按性别分为男装、女装；按年龄分为婴儿装、童装、青少年装、中老年装;按收入分为高档服装、中档服装、普通服装等。

① 性别。性别是最常用的细分因素,由于性别的不同,消费者对商品的需求及购买行为一般都有明显的差异,如在服饰、发型、生活必需品等方面均有差别。例如,一些汽车制造商,过去一直是迎合男性要求设计汽车。现在,随着越来越多的女性参加工作并拥有自己的汽车,这些汽车制造商开始研究女性消费者的特点,设计适合女性朋友的汽车。

② 收入。市场消费需求由消费者的购买力所决定,由于收入能直接影响消费者的购买力、生活方式,故它能反映消费者对产品的需求。房屋的类别、家具、汽车、衣服、食物和体育用品等常用收入来细分,在经济发展水平较低的地区,用收入来划分高、中、低档市场大体上是合理的。高收入消费者与低收入消费者在产品选择、休闲时间安排、社会交际与交往等方面都会有所不同。例如,同是外出旅游,在交通工具以及食宿地点的选择上,高收入者与低收入者会有很大不同。

③ 年龄。不同年龄的消费者有不同的需求特点。例如,青年人对服饰的需求,与老年人的需求差异较大;青年人需要鲜艳、时尚的服装,老年人需要端庄素雅的服装。运用人口统计学变量进行细分如表 5-3 所示。

表 5-3 运用人口统计学变量进行细分

人口年龄	优先需求	主要产品需求
10~19 岁	自我、教育、社会化	时装、汽车、娱乐、旅游
20 岁	事业	应酬、衣物与服饰
21~29 岁	婴儿、事业	家居用品、园艺用品、育婴用品、保险、DIY 用品
30~59 岁	小孩、事业、中年危机	幼儿食品、食品、教育、交通工具
60~69 岁	自我、社交关系	家具与家饰、娱乐、旅行、嗜好、豪华汽车、游艇设施、投资商品
70~79 岁	自我、健康、孤独	健康服务、健康食品、保险、便利商品、电视与书籍、长途电话、服务

小思考

近年来,随着人们生活水平的提高,年轻人崇尚个性化的生活方式,女性尤其是年轻女性饮酒的人数在不断增加。根据调查显示,近三年来中国各大城市时常有饮酒行为的女性在以每年 22% 的速度增加,由于饮酒的女士数量增长很快,各种女士酒不断上市。燕京推出的无醇啤酒,吉林长白山酒业推出的"艾妮靓女女士专用酒",台湾烟酒公司推出功能性饮料——无芝啤酒,都是针对女性市场的。国内女士酒大约有 40 余种,都是近来才出现的。

这一案例中啤酒市场的细分标准都有哪些?

资料来源:荣晓华. 消费者行为学. 大连:东北财经大学出版社,2006:16

④ 职业与教育。受教育程度和职业与消费者的收入、社交、居住环境及消费习惯有密切关系,受教育程度和职业的不同对商品的式样、设计、包装的要求也不一样。按消费者职业的不同,所受教育的不同以及由此引起的需求差别细分市场。例如,由于消费者受教育水平有差别,审美观不同,因而对居室装修来说,受过高等教育的人更注重健康,多选用环保装饰材料。

⑤ 家庭生命周期。家庭是社会的细胞,是商品采购的单位。一个国家或地区家庭数(户数)的多少及家庭平均人口的多少对市场影响很大。家庭人口的多少对于许多家庭用品

的消费形态有直接影响。例如,大家庭要用大锅,小家庭用小锅。又如,家庭平均人口减少,则家庭单位增加,导致房屋市场扩大,家用电器需求增加,并要求小型精巧。一个家庭按年龄、婚姻和子女状况,可划分为多个阶段。在不同阶段,家庭购买力、家庭人员对商品的兴趣与偏好会有较大差别。

除了上面分析的几个因素外,经常用于市场细分的人口变量还有家庭规模、国籍、种族、宗教等。一般来说,企业多采用两个或两个以上人口变量来细分市场。

(3) 心理细分

心理细分是指根据消费者所处的社会阶层、生活方式、价值观、个性特点等心理因素细分市场。心理状态直接影响着消费者的购买趋向,特别在比较富裕的社会中,顾客购买商品已不限于满足基本的生活需要,心理因素影响购买行为的力量更为突出。

心理细分是建立在价值观念和生活方式基础之上的。许多产品和服务都是通过心理细分来进行定位。例如,有些仪器专为那些注重身体健康,要保持体形的人们设计;许多汽车也通过心理细分定位来吸引特殊生活方式的消费者。即使消费者处于相同的人口细分市场,他们在心理变量方面也可能有极大差异。例如,中国移动通信公司就是针对"新新人类"的个性化需求,专门推出了"动感地带"服务项目,其广告语——"我的地盘我做主"——也与他们的需求特征极其吻合。再如,购买西服,有的消费者是从社会需要出发,追求价廉物美;而有的消费者则是出于自我价值实现的需要,崇尚名牌高档。心理细分的变量主要有以下方面。

① 社会阶层。社会阶层是指在某一社会中具有相对同质性和持久性的群体。处于同一阶层的成员具有类似的价值观、兴趣爱好与行为方式,不同阶层的成员则存在较大的差异。因此,识别不同社会阶层消费者所具有不同的特点,对于很多产品的市场细分将提供重要依据。

② 生活方式。生活方式通常指一个人怎样生活。不同的人追求的生活方式不同。例如,有的追求时髦、时尚;有的追求恬静、简朴;有的追求刺激、冒险;有的追求稳定、安逸。

③ 个性。个性是指一个人比较稳定的心理倾向于心理特征,它会导致一个人对其所处环境做出相对一致和持续不断的反应。通常情况下,个性会通过自信、自主、支配、顺从、保守、适应等性格特征表现出来。因此,个性可以按这些性格特征分类,从而为市场细分提供依据。例如,在西方国家对化妆品、香烟、啤酒与保险类的产品,采用个性特征进行市场细分取得了成功。按消费者性格类型细分市场如表5-4所示。

表5-4 按消费者性格类型细分市场

性 格	消费需求特点
习惯型	偏爱、信任某些熟悉的品牌,购物时注意力集中,定向性强,反复购买
理智型	不易受广告等外来因素影响,购物时头脑冷静,注重对商品的了解与比较
冲动型	易受商品外形、包装与促销的刺激,对商品评价以直观为主,购物前并没有明确的目标
想象型	感情丰富,善于联想,重视商品的造型、包装与命名,以自己丰富的想象联想商品
时髦型	易受相关群体、流行时尚的影响,标新立异、时髦,注重引人注意,或显示身份与地位
节俭型	对商品价格敏感,力求以物美价廉的商品,购物时精打细算、讨价还价

（4）行为细分

行为变量包括购买时机、追求利益、使用者状况、品牌忠诚度、使用率、购买的准备阶段与消费者的态度等因素。

① 购买时机。可以根据顾客购买或使用产品的时机进行分类。时机细分有助于提高品牌的使用率。例如，在西方国家，橙汁一般属于早餐饮料。营销策划者可以促使人们在午餐、晚餐或一天中的任何时间饮用，以提高橙汁销量。再如，城市公交公司可以根据上班高峰与非高峰时期乘客的需求特点划分不同的细分市场，并制订出不同的营销策略。营销人员应着眼于利用各种特殊的时机（节日、庆典、升学、升职等），提供能满足这些特定时机的需求的产品或服务。

我国许多企业，如化妆品、服装、糖果、保健品企业等，都在全国性的节日（如国庆、元旦、中秋节、母亲节、儿童节）来临前，就以过节送礼的好产品而大做广告，借机推销以增加销售量。

② 追求利益。以顾客所追求的利益来细分市场，是指根据购买者从特定产品中可能得到的利益来划分消费者。例如，对购买手表的消费者而言，有的追求经济实惠、价格低廉；有的讲究耐用可靠、使用和维修方便；有的则追求手表表现出象征意义（身份、地位等）。每一种追求不同利益的群体都有其特定的人口、行为和心理特征。营销策划人员可以利用这些依据，确定自己的品牌适应哪些利益细分市场，并制订相应的营销组合。

例如，Haley曾做过一项牙膏市场研究，发现牙膏顾客所追求的利益有四项：低价格、防蛀牙、洁白牙齿、味佳。他还进一步分析了追求不同利益的消费者群体的特征，发现看重低价格的人具有独立性；看重防蛀牙的人是忧虑者，大多属于大家庭；看重洁白牙齿的人重视社会交际，大多属抽烟者或单身汉；讲求味佳的人重视享受。从这些发现，生产牙膏的企业就可以选择所欲强调的利益，生产出具有该项利益的产品，或者生产不同牌子的牙膏，各自突出某项利益，并借助广告将信息传播给寻求此利益的顾客群体。牙膏市场的利益细分如表5-5所示。

表5-5　牙膏市场的利益细分

利益细分	人文特征	行为特征	心理特征	符合该利益的品牌
价廉物美	男性	大量使用者	自主性强者	在减价中的牙膏
防治牙病	大家庭	大量使用者	忧虑保守者	佳洁士
洁齿美容	青少年	吸烟者	社交活动多者	美加净
口味清爽	儿童	果味爱好者	清洁爱好者	高露洁

③ 使用者状况。一些产品或品牌可以按使用者状况划分，分为未曾使用者、曾使用者、潜在使用者、初次使用者和经常使用者。企业应根据自身的情况，对不同的使用者，采用不同的营销策略。一般来说，市场占有率高的公司对潜在使用者的开发特别有兴趣；相反，小公司仅能尽力吸引固定使用的顾客购买该品牌。

我们必须知道，潜在使用者和固定使用者所需要的沟通方式与市场营销方式均有所不同。对潜在使用者来说，他们在目前不使用产品，可能因有机能性、文化性及经济性等原因阻挠他们使用。例如，香烟的潜在使用者，是目前不抽烟的成年人；汽车的潜在使用者，是有经济能力而目前未购买者。同时，人们也可以因为对产品本身的无知、呆滞或心理上抵抗等原因，而处于潜在使用者的状态。一个有意转变潜在使用者成为真正使用者的企业，必须小心区别潜在购买者的可能原因。若是对产品无知,则必须加强情报传播,打开知名度;若是呆滞的现象,则须求助于有效的广告;至于心理抵抗的现象,则须设计美妙韵律的广告,以克服抵抗力。

④ 品牌忠诚度。企业根据消费者某种品牌的偏好和经常使用的程度细分市场。所谓品牌忠诚,是指由于价格、质量等诸多因素的吸引力,使消费者对某一品牌的产品情有独钟,形成偏爱并长期购买这一品牌的行为。

根据消费者品牌忠诚度的高低情况,可以分为四类:专一品牌忠诚者——这类消费者始终不渝地只购买一种品牌的商品;几种品牌忠诚者——这类消费者忠诚于两三种品牌;转移忠诚者——这类消费者会从偏爱的品牌转移到偏爱另一种品牌;非忠诚者——这类消费者对任何品牌都没有忠诚感,有什么品牌就买什么品牌,如表 5-6 所示。通过了解消费者品牌忠诚情况和品牌忠诚者的各种心理与行为特征,不仅为企业细分市场提供一个基础;同时,也有助于企业了解为什么有些消费者忠诚于本企业,而另外一些消费者则忠诚于竞争者的产品,从而为企业选择目标市场提供启示。

表 5-6　按顾客忠诚度细分市场

忠诚度类型	购买行为特征	市场营销对策
专一品牌忠诚者	始终购买同一品牌	用俱乐部制等办法保持老客户
几种品牌忠诚者	同时购买几种品牌或交替购买	分析竞争者的营销策略
转移忠诚者	不固定某一品牌	了解营销工作的弱点
非忠诚者	从来不忠于任何品牌	使用有力的促销手段吸引他们

⑤ 使用率。使用率是一个较容易使用的市场细分标准。市场细分可根据消费者对产品的使用率来划分成几种:少量使用者、中度使用者及大量使用者。大量使用者可能仅占市场人口的一小部分,但其所消费的产品数量却占一相当大的比例,因此这部分的使用者就成了公司企业的主要目标市场。我们希望找出每类使用者的人口统计特征、个性和接触媒体的习惯,以帮助市场营销人员拟定价格和媒体信息等策略。例如,市场调查发现,经常大量饮用啤酒的消费者占啤酒市场消费者人数并不多,但他们却能消费啤酒产量多数,如表 5-7 所示。他们年龄大多数在 25~50 岁之间,每天看电视 3 个小时以上,而且最喜欢看体育节目。很显然,企业若掌握了这些市场信息,开拓这个市场,选择体育节目时断播发广告可能是最有效的策略。

表 5-7　美国啤酒消费者结构模式

项　　目	非使用者	轻度使用者	重度使用者
所占比例	68%	16%	16%
啤酒消费量	0%	12%	88%

表 5-7 显示总人口中只有 32% 的人消费啤酒,其中 16% 人口几乎消费了 90% 的啤酒产品。这种关系我们经常称为 80/20 法则。因此,啤酒公司宁愿吸引一个重度饮用啤酒者,而放弃几个轻度饮用啤酒者。大多数营销策划者都把重度使用者作为主要的目标市场,推出针对性的营销策略。

⑥ 购买的准备阶段。消费者对各种产品了解程度往往因人而异。有的消费者可能对

某一产品的确有需要,但并不知道该产品的存在;有的消费者虽已知道产品的存在,但对产品的价值、稳定性等方面还存在疑虑;还有一些消费者正在考虑购买。

⑦ 消费者的态度。企业可根据市场顾客对产品的热心程度来细分市场。不同消费者对同一产品的态度可能有很大的差异。例如,有的很喜欢持肯定态度,有的持否定态度,还有的则处于既不肯定也不否定的无所谓态度。企业应针对持不同态度的消费群体进行市场细分,并在广告、促销等方面有所区别。

但是,以上所描述的几种细分因素并非每种都能有效地细分市场,有些企业试图以一个因素(如年龄)来细分市场,但往往划分效果并不理想。在实际工作中,我们经常用年龄、性别、收入、职业、受教育程度来进行市场细分。需要注意的是,真正的市场细分化不以分割为目的,而是以发现"处女市场"为目的。如果不理解市场"细分化"的这一实质,那么很容易陷入为细分而细分的陷阱,这样只会徒增产品种类,使库存大增、生产量锐减,且会急速降低经营效率,使经营因细分而变细小。

小资料 5-2　　法国剃须刀生产企业 BIC 的市场细分方法

当 BIC 于 1981 年进入一次性剃须刀市场时,一项具有挑战性的任务就是把那些喜欢低廉同时方便使用的消费者与那些喜欢昂贵并且技术先进的消费者分开。一种可能性是运用性别作为划分消费者所寻找的不同利益的标准。事实证明,与男性相比,女性对剃须刀根本就不感兴趣,而且当男士们发现他们感兴趣的产品是为女士提供的,就会放弃对这种产品的使用。

另一种方法是按消费者年龄和相关联的生活方式划分细分市场。对于那些活跃于社交活动并且偶尔不回家的剃须刀消费者来讲,一次性产品更具吸引力。进一步讲,这些消费者通常是年轻人群体,不像成年人有稳定的剃须习惯。因此,有很大部分的希望让他们使用 BIC 的产品。最后,他们可能会去吸引"喜欢睡沙发床的人",因为这些人自认为他们非常活跃、充满活力。因此,相对于性别划分,年龄和生活方式的划分,可能潜在地吸引了更大的细分市场。

资料来源:道恩·亚科布齐,凯洛格.论市场营销.海口:海南出版社,2003:23

---

2. 生产者市场细分标准

在消费者市场细分变量中,除人口因素、心理因素中的某些具体变量如生活方式等以外,相当一部分同时可以用作细分生产者市场的依据。但是,由于生产者市场的特殊性,有必要根据生产者市场的特点,补充最终用户、用户地点和用户规模作为细分生产者市场的标准,如表 5-8 所示。

表 5-8　生产者市场细分补充标准

细分标准	细分变量因素
最终用户	商品的规格、型号、品质、功能、价格等
用户地点	资源条件、自然环境、社会环境、气候条件等
用户规模	大、中、小量用户

(1) 最终用户

用户所属的行业不同,工业品需求有很大的差异。营销人员可以根据用户行业不同特点进行市场细分。例如,同是钢材,有的用户用于生产;有的用户造船;有的用于建筑。不同行业的最终用户,通常会在产品的规格、型号、品质、功能、价格等方面提出不同的要求,追求不同的利益。据此来细分工业市场,便于企业展开针对性经营,设计不同的市场营销组合方案,开发不同的变异产品。

(2) 用户地点

用户地点涉及自然环境、资源条件、气候条件、交通运输、社会环境等方面因素,以及生产的相关性和连续性的不断加深而要求的生产力合理布局,都会形成若干个产业区,如我国的西部有色金属、山西煤炭、江浙丝绸工业等。这就决定了工业市场比消费者市场更为集中。企业按用户的地理位置来细分市场,选择用户较为集中的地区作为自己的目标市场,不仅联系方便,信息反馈快,而且可以更有效地规划运输路线,节省运力与运费。同时,也能更加充分地利用销售力量,降低推销成本。

工业市场细分通常采用两个步骤。第一步,根据购买者的组织特征,对购买者进行宏观细分,即按购买组织的类别不同、规模大小、地理位置、所在行业、最终产品的用途等进行细分。第二步,再根据购买者的行为特征进行微观细分。微观细分往往侧重于购买时的行为偏向性,即购买者对产品性能、质量、服务、交货期、价格等的偏向。另外,大多数情况下,生产者市场经常采用几个变数结合起来进行细分。以某一铝制品公司市场细分为例,如图5-1所示。

由图5-1可知,这家公司首先按最终用户需要这个标准来细分铝制品市场,细分为"汽车业"、"住宅业"和"制罐业"三个市场。在这三个市场中,企业先根据自己的实力和能力,选择住宅这个子市场为目标市场。其次,公司按照所需产品这一标准,把住宅业市场细分出"半原料"、"建筑材料"、"铝活动屋"三个子市场,公司又从中选出建筑材料这个子市场为目标市场。再次,公司按照用户规模这一标准,又将建筑市场细分为"大客户"、"中客户"、"小客户"三个子市场,从中公司又选出大客户这一子市场为目标市场。最后,公司按照客户所追求利益这个标准,再把大客户市场细分为"价格"、"服务"、"品质"三个子市场,公司按照自己的能力和客户的需要,选择提供服务这个子市场为目标市场来开展经营活动。

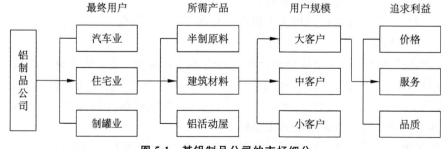

图5-1 某铝制品公司的市场细分

(3) 用户规模

企业可以根据用户规模大小来细分市场,并根据用户或客户的规模不同,企业的营销组合方案也应有所不同。例如,在工业市场,大量用户、中量用户、少量用户的区别,要比消费者市场更为明显。大客户的采购量往往占销售额的 30%～50%,有的甚至高达 80% 以上。用户或客户规模不同,企业的营销方案也应不同。例如,对大客户,宜于直接联系、直接供应,由销售经理亲自负责;而小客户则宜于由批发商或零售商去组织供应。

无论是消费者市场还是生产者市场,企业依据细分因素进行市场细分时,必须注意以下问题:一是企业要经常调查、研究和预测所用依据的变化情况和变化趋势;二是不同的企业在进行市场细分时,应根据本企业的具体情况,分别采用不同的细分依据;三是企业进行市场细分时,要注意所选用的各种依据的有机组合。

5.1.3 市场细分的方法与步骤

1. 市场细分的方法

对企业来说,进行市场细分固然重要。但是,在运用细分标准进行市场细分时,必须注意以下几个问题:第一,细分标准的动态性。市场细分的各项标准随着社会生产力及市场环境的变化而不断变化。例如,年龄、收入、人口密度、城镇规模、购买动机等都是经常变化的。第二,细分标准的差异性。由于各企业的生产技术条件、资源、财力和营销的产品不同,所采用的标准也应有所区别。第三,细分标准的灵活性。企业在选择市场细分标准时,可采用一项标准,也可采用多个变量因素组合或系列变量因素进行市场细分。市场细分方法主要有以下几种。

(1) 单一标准法

单一标准法是指根据市场主体的某一因素进行细分。例如,服装市场,按性别细分,可分为男装与女装;按气候细分,可分为春装、夏装、秋装、冬装;按年龄细分,可分为童装、少年装、青年装、中年装、老年装。当然,按单一标准细分市场,并不排斥环境因素的影响作用,考虑到环境因素的作用更符合细分市场的科学性要求。

对某些通用性比较大、挑选性不太强的产品,可按一个对消费者影响最强的因素加以细分。例如,资生堂公司是日本最大的化妆品公司,1987 年提出"体贴不同岁月的脸",按年龄因素,把女士化妆品分为四个系列。

① 为十几岁少女提供 Reciente 系列;
② 20 岁左右的是 Ettusais 系列;
③ 30～40 岁妇女则有 Elixir 系列;
④ 50 岁以上的妇女则可以用防止肌肤老化的 Rivital 系列。

(2) 主导因素排列法

主导因素排列法是指一个细分市场的选择存在多因素时,可以从消费者的特征中寻找和确定主导因素,然后与其他因素有机结合,确定细分市场的目标市场。例如,职业与收入一般是影响女青年服装选择的主导因素,文化、婚姻、气候则居于从属地位。因此,应以职业、收入作为细分女青年服装市场的主要依据。

例如,某家具公司主要可以根据与家具销售关系最密切的人口因素,如户主年龄、家庭人口数和收入水平三项来细分家具市场,如图 5-2 所示。

(3) 综合因素法

综合因素法是指根据影响消费者需求的两种或两种以上的因素综合进行细分。综合因素法的核心是并列多因素分析,所涉及的各项因素无先后顺序和重要与否区别。

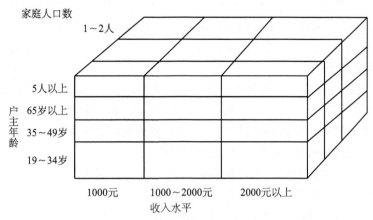

图 5-2 某家具公司的市场细分标准

(4) 系列因素法

系列因素法是指细分市场所涉及的因素是多项的,但各项因素之间先后有序,由粗到细、由浅入深、由简至繁、由少到多进行细分。这种细分方法可使目标市场更加明确、具体,有利于企业更好地制订相应的市场营销策略,如表 5-9 所示。只要改变一个变量,就会形成另一个新的市场。一个企业究竟选用哪些变量作为细分市场的依据,应当根据具体情况而定。用作市场细分的变量也要根据市场需求适时做出调整,以求不断发现新的市场机会。

表 5-9 市场细分系列因素法

年 龄	性 别	文 化	职 业	收 入	城 市	兴 趣	购买心理
婴幼儿	女	小学	工人	低	大	运动	求新
青少年	男	中学	农民	中	农村	艺术	求名
中年		大学	公务员	高	小	文学	求实
老年			知识分子		其他	模仿	
			学生				

2. 市场细分的步骤与原则

(1) 市场细分的步骤

市场细分是一项非常复杂的工作,要求有科学的程序,有条不紊地按照一定的步骤进行。美国市场学家麦卡锡提出细分市场的一整套程序,这一程序包括 7 个步骤。

① 确定产品市场范围。也就是说,要确定进入什么行业,生产什么产品。通常来说,通过市场调查应着重收集下列资料:产品的属性及其重要程度;品牌知名度及受欢迎程度;产品使用方式;调查对象对产品类别态度;调查对象的人口统计、心理统计和媒体基础统计等。产品市场范围应以顾客的需求,而不是产品本身特性来确定。例如,某一房地产公司打算在乡间建造一幢简朴的住宅,若只考虑产品特征,该公司可能认为这幢住宅的出租对象是低收入顾客。但从市场需求角度看,高收入者也可能是这幢住宅的潜在顾客。因为高收入者在住腻了高楼大厦之后,恰恰可能向往乡间的清静,从而可能成为这种住宅的顾客。

② 列举潜在顾客的基本需求。其主要工作是对市场调查取得的资料进行分析,删除相关性高的变量,并找出差异性最大的细分市场;同时,根据消费者不同的态度、行为、人口变量、心理变量和消费习惯,描绘出各个细分市场的轮廓。例如,经过研究,可以把房地产市场

细分为 6 个细分市场:居住性低档房市场;投资型高档房市场;居住型中档房市场;投资型中档房市场;居住型低档房市场;投资型低档房市场。如,公司可以通过调查,了解潜在消费者对前述住宅的基本需求。这些需求可能包括:遮风避雨,安全、方便、宁静,设计合理,室内陈设完备,工程质量好等。

③ 确定市场细分标准。企业将列出的各种需求,提供给顾客让不同类型的顾客挑选出他们最迫切的需求,最后集中起来,选出两三个作为市场细分标准。例如,经济、安全、遮风避雨是所有顾客共同强调的,但有的用户可能特别重视生活的方便,另外一类用户则对环境的安静、内部装修等有很高的要求。通过这种差异比较,不同的顾客群体即可初步被识别出来。抽掉潜在顾客的共同要求。上述所列购房的共同要求固然重要,但不能作为市场细分的基础。例如,遮风避雨、安全是每位用户的要求,就不能作为细分市场的标准,应该剔出。

④ 确定本企业开发的子市场。对子市场进行深入调查研究,企业应充分考虑本身的资源条件,分析其优势与劣势、机会与威胁。在各类子市场中,应选择与本企业经营优势和特色相一致的子市场。同时,进行大量市场调查,研究本企业所开发细分子市场,弄清它的市场规模、潜在需求、竞争状况、发展趋势等,确定本企业在细分市场上的占有份额。

⑤ 进一步分析每一细分市场需求与购买行为特点,并分析其原因,以便在此基础上决定是否可以对这些细分出来的市场进行合并,或做进一步细分。

⑥ 采取相应的营销组合策略开发市场。企业选择能够获得有利机会的目标市场以后,着重寻求营销商品、营销渠道、定价策略与促销手段等营销策略的最佳组合,使企业在选定的目标市场上能够不断扩大,从而不断提高企业的竞争能力。

⑦ 评估细分结果。市场细分的目的是为了识别消费者需求上的差异,以实现营销上的最佳利益。估计每一细分市场的规模,即:在调查基础上,估计每一细分市场的顾客数量、购买频率、平均每次的购买数量等,并对细分市场上产品竞争状况及发展趋势做出分析。市场细分程度要合理,不能认为市场的细分越细越好。因时因地制宜,宜细则细,宜粗则粗,以务实为上。

(2) 有效市场细分的原则

市场细分的标准并不是唯一的,不意味着营销者可以随心所欲地选取某一标准或标准组合进行市场细分。相反,有效的市场细分必须遵循四大原则:差异性、可衡量性、可进入性、可盈利性。该四大原则构成了市场细分理论建筑的"柱子",缺一不可。其中,可区分性是理论要求;可衡量性是技术要求;可进入性是行动要求;可盈利性是目标要求。企业在实施市场细分时,必须关注市场细分的实用性和有效性,应当遵循市场细分的一般原则。

① 差异性原则。差异性原则是指市场细分后,各个细分市场消费者需求应具有差异性,而且细分市场对企业市场营销组合策略中任何要素的变化都能做出迅速、灵敏的差异性反应。差异性原则在于确保企业产品开发和价格策略的针对性,向消费者提供差异化、个性化产品。

如果不同细分市场顾客对产品需求差异不大,行为上的同质性远大于其异质性,此时企业就不必费力对市场进行细分。另外,对于细分出来的市场,企业应当分别制订出独立的营销方案。如果无法制订出这样的方案,或其中某几个细分市场对是否采用不同的营销方案不会有大的差异性反应,便不必进行市场细分。

② 可衡量性原则。所谓可衡量性是指市场细分的标准和细分以后的市场是可以识别

和衡量的。细分出来的市场不仅范围明确,而且对其容量大小也能大致做出判断。例如,细分市场中消费者的年龄、性别、文化、职业、收入水平等都是可以衡量的;而要测量细分市场中有多少具有"依赖心理"的消费者,则相当困难。以此为依据细分市场,将会因此无法识别、衡量而难以描述,市场细分也就失去了操作实际意义。

可衡量性原则包括3个方面内容:一是消费者需求具有明显的差异性;二是对消费者需求的特征信息易于获取和衡量;三是经过细分后的市场范围、容量、潜力等必须是可以衡量的。可衡量性原则,在于确保清晰地区分细分市场的消费者群。

③ 可进入性原则。可进入性原则是指细分市场应该是企业市场营销活动能够到达的市场,即企业通过市场营销活动能够使产品进入并对消费者施加影响的市场,这主要表现在两个方面:一是企业具有进入某个细分市场的资源条件和竞争实力(人力、财力、物力、技术),细分后的市场(与企业的资源相当)企业是能够去占领的。一方面,有关产品的信息能够通过一定传播途径顺利传递给细分市场的大多数消费者;另一方面,企业在一定时期内能将产品通过一定的分销渠道送达细分市场。二是各个细分市场吸引力大小,细分后的市场(市场规模、容量、购买力)值得企业去占领。否则,细分市场的价值就不大。例如,生产冰激凌的企业,如果将我国中西部农村作为一个细分市场,恐怕在一个较长时期内都难以进入。

④ 可盈利性原则。所谓可盈利性是指企业对所选择的目标市场要求足以使企业获利,即:细分市场的规模足够大,有足够的利润来吸引企业为之服务。进行市场细分时,企业必须考虑细分市场上顾客的数量,以及他们的购买能力和购买产品的频率。如果细分市场的规模过小,市场容量太小,细分工作烦琐,成本耗费大,获利小,就不值得去细分,不值得企业为其制订专门的营销计划。

5.2 目标市场选择策略

5.2.1 目标市场与目标市场营销

细分市场揭示了企业所面临的各种市场机会,但企业到底能否把握住这些市场机会,则有赖于目标市场的选择,市场细分的最终目的也是为了选择和确定目标市场。目标市场选择是目标市场营销的第二步。企业的一切市场营销活动,都是围绕目标市场进行的。确定目标市场,实施目标市场策略是目标市场选择的重要内容。

1. 目标市场与目标市场营销的概念

目标市场是指企业在细分市场的基础上,经过评价和筛选所确定的作为其主要服务对象的细分市场。也就是说,企业可望能以某种相应的商品和服务去满足其需求,为其服务的那些消费者群体。目标市场选择,是指企业从有望成为自己的目标市场中,根据一定的要求和标准,选择其中某个或某几个目标市场作为可行经营目标的决策过程。

目标市场营销是指企业通过市场细分选择了自己的目标市场,专门研究其需求特点并针对其特点提供适当的产品或服务,制订一系列的营销措施和策略,实施有效的市场营销组合。为有效地实现目标市场营销,企业必须采取三个重要的步骤,如图5-3所示。

(1) 市场细分

市场细分是在市场调研和预测的基础上，将整个市场区分为几个不同的购买者群体，对不同的群体销售不同的产品或提供不同的服务。

(2) 选择目标市场

选择目标市场是选择对本企业吸引力的一个或几个细分的小市场（子市场）作为自己的目标市场，实行目标营销。

(3) 市场定位

市场定位是为本企业的产品确定一个在市场上竞争的有利地位，在目标顾客心目中树立起适当的产品形象，做好市场定位工作。

市场细分、目标市场选择与市场定位是三个既有区别又密切联系的概念。市场细分是按不同的购买欲望和需求划分消费者群的过程；目标市场选择则是在几个可能的目标市场中选择最有价值的目标市场，作为营销对象的决策过程；市场定位的实质是取得目标市场的竞争优势。所以，进行目标市场选择与市场定位，都有赖于市场细分。市场细分是进行目标市场选择与市场定位的前提和条件；目标市场选择与市场定位则是市场细分的目的和归宿。

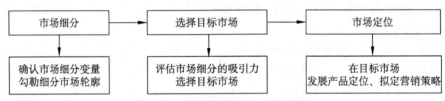

图 5-3　目标市场营销的三个步骤

2. 选择目标市场的依据

在企业市场营销活动中，企业必须选择和确定目标市场。这是出于以下原因。

(1) 消费者需求的差异性。因为现代企业的一切活动是围绕消费者的需求进行的，必须充分满足消费者的需求，企业才能生存与发展。然而，消费者的需求是千差万别的，没有任何一个企业可以满足所有消费者的所有需求，而只能满足市场中一部分特定消费者的需求，企业选定市场中适合企业资源的特定消费者，开发产品为其服务，这样才有助于打开产品销路，实现经营目标。

(2) 选择和确定目标市场，明确企业的具体服务对象，关系到企业市场营销战略目标的落实，是企业制订市场营销战略的首要内容和基本出发点。

(3) 企业资源的有限性。企业必须根据自身的人财物、产供销的条件，即根据本企业的市场相对优势选择目标市场，因为并非所有的细分市场对本企业都具有吸引力。

(4) 对于企业来说，并非所有的细分市场都具有同等吸引力，都有利可图。只有那些和企业资源条件相适应的细分市场，对企业才具有较强的吸引力，是企业的最佳细分市场。各个细分市场之间各个目标之间互相存在着矛盾，企业必须从经济价值角度对细分市场进行评价，以决定取舍；否则，将会造成效率的下降和人力、物力等资源的浪费。

由此可见，市场细分并不是企业的最终目的，它显示了企业所面临的市场机会。目标市场选择则使企业通过评价各种市场机会，决定为多少个细分市场服务的重要营销策略。目标市场选择主要包括两项工作：一是评价细分市场；二是选定目标市场。

5.2.2 目标市场选择

1. 确定目标市场

选择目标市场的首要步骤是分析评价各个细分市场,即:对各细分市场在市场规模增长率、市场结构吸引力和企业目标与资源等方面的情况进行详细评估,在综合比较、分析的基础上,选择出最优化的目标市场。细分市场的评价,主要是评价它的经济价值,这是进行目标市场选择的基础。评价的标准是企业能在哪个市场上获得更多的未来收益。企业对不同的细分市场进行评价,一般要考虑以下因素:细分市场规模和增长率、细分市场的结构吸引力、企业的目标与资源。评估细分市场的主要项目与内容如表 5-10 所示。

表 5-10 评估细分市场的主要项目与内容

项 目	内 容
市场潜力	当前销售价值 预计销售增长率 预期的利润
市场结构吸引力	行业内部竞争 潜在竞争对手的进入威胁 替代产品的威胁 顾客的议价能力 供应商的议价能力
企业的目标与资源	企业的长远发展目标:经济环境、政治环境与社会责任 市场能力:市场占有率、市场增长率、产品独特性、良好的声誉 生产能力:低成本优势、技术优势 企业资源优势:营销技术、人力资源优势、资金实力、管理优势、一体化趋势

(1) 细分市场规模和增长率分析

企业进入某一市场时,期望能够有利可图。如果市场规模狭小或者趋于萎缩状态,企业进入后很可能难以获得发展。因此,对细分市场的评估首先要进行市场需求潜量分析,即潜在细分市场是否具有适度的规模和发展潜力。"适度规模"是一个相对概念,并不是越大越好,对于不同规模的企业意味着不同的概念。也就是说,对于大企业而言,只有销售量足够大的细分市场才算适度;反之,对于小企业而言,只要细分市场能够使企业的既有资源充分发挥效用即为适度。在市场营销学中,市场=人口×购买能力×购买欲望。所以,考核细分市场的规模是否与企业能力相匹配,可以主要从人口数量、购买能力与购买欲望三个方面进行。

除了静态考虑细分市场的规模外,还要动态考虑细分市场的发展前景,即市场增长率。细分市场的发展前景通常是企业的一种期望特征,是保证企业进入后可获得持续盈利与增长的基础。这也就意味着,企业不仅要考虑细分市场的现有规模,还必须就细分市场未来规模进行预测。与细分市场规模的考核相同,未来规模的预测也可以从人口数量、购买能力与购买欲望三个方面展开,还要综合考虑行业及相关的经济、技术、政治、社会等环境因素并具有敏锐的洞察力。

例如,一个生产服装的企业,面临竞争激烈的服装市场。企业管理人员在细分市场时,分析各种因素对服装市场的影响,发现消费者与价格是当前市场竞争比较重要的因素。因此,按照这两个因素细分市场。以下以该服装企业为例,详细说明确定目标市场的步骤。

第一步,列出每个细分市场的销售业绩,如表 5-11 所示。

表 5-11 服装细分市场的销售业绩 　　　　　　　单位:元

种　类	男式服装	女式服装	童　装	销售总额
高档服装	1 600 000	2 500 000	300 000	4 400 000
中档服装	2 400 000	2 000 000	1 200 000	5 600 000
低档服装	1 000 000	1 500 000	800 000	3 300 000
小　计	5 000 000	6 000 000	2 300 000	13 300 000

资料来源:吴勇.市场营销.北京:高等教育出版社,2001:74

第二步,抽出其中某一细分市场具体分析,如表 5-12 所示。

表 5-12 女装中档服装市场价值分析

项　目	本年销售额/元	明年预计销售额/元	销售额年增长率
本企业销售额	2 000 000	2 300 000	15%
服装市场销售额	9 800 000	10 486 000	7%
企业市场占有率	20%	22%	

根据上述资料分析可知:

① 本企业女装中档服装本年销售额为 200 万元,占市场总销售额 20%。

② 企业明年销售额计划增长 15%,明年预计销售额 230 万元,占市场总销售额 22%。

第三步,企业为实现上述销售预测,采用的销售渠道和可能要花费的促销费用,如表 5-13 所示。

表 5-13 促销费用 　　　　　　　单位:元

渠道 类型	公共关系	营业推广	广告宣传	人员推广
消费者	10 000			
批发商		50 000		30 000
零售商				60 000

企业计划用 1 万元邀请消费者开茶话会,征询消费者意见;计划用 5 万元参加服装交易会;计划 3 万元和 6 万元用于批发商和零售商的促销费用。

这样把以上列出的细分市场逐一分析以后,我们就可以了解到企业现有细分市场的情况与机会;然后把它们的盈利可能性与企业目标比较,评估出每个细分市场的价值。

(2) 细分市场结构吸引力分析

细分市场可能具有适度规模和成长潜力,然而从长期盈利的观点来看,细分市场未必具有长期吸引力。细分市场吸引力的衡量指标是成本和利润。

在一个细分市场中,如果许多势均力敌的竞争者同时进入或参与该细分市场,或者一个细分市场上已有很多颇具实力的竞争企业,那么该细分市场的吸引力就会下降,尤其是当该细分市场已趋向饱和或萎缩时。潜在进入者既包括在其他细分市场中的同行企业,也包括那些目前不在该行业经营的企业。如果该细分市场的进入障碍较低,则该细分市场的吸引力也会下降。替代者的产品从某种意义上限制了该细分市场的潜在收益。替代品的价格越有吸引力,该细分市场增加盈利的可能性就被限制得越紧,从而使该细分市场吸引力下降。购买者和供应者对细分市场的影响表现在他们议价的能力上。如果某细分市场上,购买者的压价能力很强,或者供应者有能力抬高价格或降低所供产品的质量或服务,那么该市场的吸引力就下降。

因此,一个具有适当规模和成长率的细分市场,有可能缺乏盈利潜力。如果存在所需的原材料被一家企业所垄断、退出壁垒很高、竞争者很容易进入等问题,想必它对企业的吸引力会大打折扣。因此,对细分市场的评估除了考虑其规模和发展潜量外,同时也要对其吸引力做出评价。美国市场营销学家迈克尔·波特认为,有5种群体力量影响整个市场或其中任何细分市场。企业应对这5种群体力量对长期盈利能力的影响做出评价:行业竞争者、潜在进入者、替代产品、购买者和供应商,如图5-4所示。细分市场内激烈竞争,潜在的、新参加的竞争者的加入,替代产品的出现,购买者议价能力的提高,供应商议价能力的加强,都有可能对细分市场造成威胁,失去吸引力。

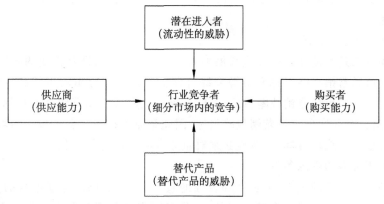

图 5-4 决定细分市场结构吸引力的 5 种力量

① 行业竞争者的威胁,即细分市场内同行业之间是否存在激烈的竞争。如果某个细分市场存在为数众多的竞争者,或者竞争者的实力强大,或者竞争者的攻击意识强烈,这就意味着企业可能要面临价格战、广告战的威胁。为了在竞争中取得优势,企业可能还要不断推出新产品并投入大量的资金来坚守该细分市场,那么该细分市场就可能会失去吸引力。

② 潜在进入者的威胁,即新的竞争者能否轻易地进入该细分市场。根据行业利润的观点,最具有吸引力的细分市场应该是进入的壁垒高、退出的壁垒低,如图5-5所示。这样的市场里,新的企业很难进入,但经营不善的企业可以安然撤退;如果细分市场的进入壁垒很低,而退出壁垒高,该细分市场就容易吸引新竞争者的加入,一旦经营不善,必须坚持到底,这是最坏的情况;如果细分市场进入与退出壁垒都低,企业可以进退自由,获得报酬虽很稳定,但不高。总之,新竞争者加入越多,市场占有率的争夺就会越激烈,该市场的吸引力也就越低。

③ 替代产品的威胁。替代产品是指在功能上能部分或全部代替某一产品的产品。替代产品的威胁就是细分市场上是否已经存在替代产品或者有潜在的替代产品。替代产品的威胁越大,细分市场内企业的价格和利润就越受限制,该细分市场的吸引力就会越低。为了减少替代产品的威胁,企业应设法扩大产品的差异化程度。

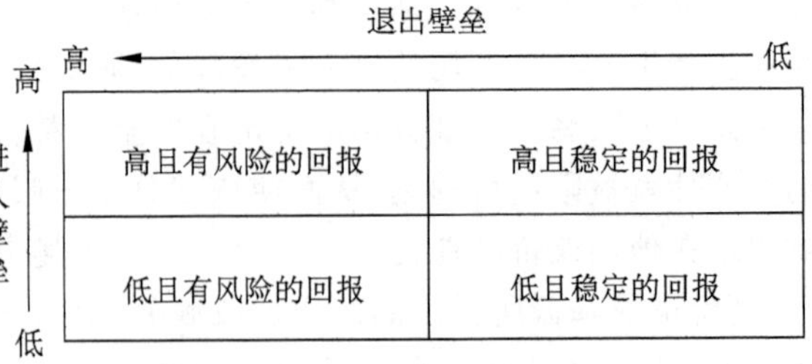

	退出壁垒	
高 ←		→ 低
进入壁垒 高	高且有风险的回报	高且稳定的回报
进入壁垒 低	低且有风险的回报	低且稳定的回报

图 5-5 潜在进入者的威胁

④ 购买者的议价能力加强的威胁，即顾客讨价还价的能力是否很强或正在增强。顾客的议价能力越强，对产品价格、质量和服务的要求就会越高，企业之间为了获得订单的争夺就会越激烈，细分市场的吸引力就越低。

⑤ 供应商的议价能力加强的威胁，即供应商的讨价还价能力是否很强或正在增强。如果供应商所提供的原材料没有替代品或替代品少，供应商集中或有组织，其议价能力就强，企业可能在价格、质量和服务等方面要受制于供应商，而这样直接威胁企业的盈利能力，细分市场的吸引力就会受到影响。因此，企业与供应商要建立良好关系，并要积极开拓多种供应渠道。

(3) 企业的目标与资源

细分市场可能具有适度规模和成长潜力，而且细分市场也具有长期的吸引力，然而，企业必须结合其市场营销战略目标和资源来综合评估。某些细分市场虽然有较大的吸引力，但不符合企业长远的市场营销战略目标，不能推动企业实现市场营销战略目标，甚至会分散企业的精力，阻止企业实现市场营销战略目标，因此企业不得不放弃。细分市场可能也符合企业长远的市场营销战略目标，企业也必须对企业资源条件进行评估，必须考虑企业是否具备在细分市场所必需的资源条件。

细分市场具有合适的规模、增长率和较强的吸引力，企业仍需考虑本身的目标和资源。分析企业的目标与资源包括两个基本目的：一是考察企业是否具备选择某一细分市场的技能与资源；二是备选细分市场是否与企业的发展目标与长远利益相吻合。任何细分市场都有一定的成功条件，如果企业缺乏这些必要的条件，而且无法创造这些条件，那么放弃这一细分市场选择是明智之举。同时，即便是企业具备了必要的条件，但若备选细分市场所需的产品及营销组合与企业的发展目标不符，那么企业也不应该进入这一细分市场。例如，"耐克"是高档体育用品的代名词，如果发展低档产品，也可能会受市场欢迎，但这却会破坏"耐克"原有的品牌价值，所以企业也不应该进入低档产品市场。

2. 确定目标市场的原则

企业在确定目标市场时，应遵循以下 4 个原则。

(1) 产品、市场和技术三者密切关联

企业所选择的目标市场，应能充分发挥企业的技术特长，生产符合目标市场需求的产品。

(2) 遵循企业既定的发展方向

目标市场的选择应根据企业市场营销战略目标的发展方向来确定。

(3) 发挥企业的竞争优势

企业应选择能够突出和发挥自身特长的细分市场作为目标市场。这样才能利用企业相对竞争优势，在竞争中处于有利的地位。

（4）取得相乘效果

新确定的目标市场不能对企业原有的产品带来消极的影响。新、老产品要能互相促进，实现同时扩大销售量和提高市场占有率的目的，从而使企业所拥有的人才、技术、资金等资源都能有效地加以利用，使企业获得更好的经济效益。

企业通过对不同细分市场的评估，就可确定一个或几个细分市场为其目标市场，即确定企业目标市场策略。

5.2.3 目标市场的选择模式

企业在评估不同的细分市场以后，可以根据自己的具体情况，决定为多少个子市场服务，通常可以采用 5 种目标市场选择模式，如图 5-6 所示。

1. 市场集中化

最简单的方式是公司选择一个细分市场集中营销，如图 5-6(a)所示。例如，大众汽车公司集中经营小汽车市场；理查德·D.伊尔文公司集中经营经济商业教科书市场；某化工厂专门生产药物牙膏，投入市场满足牙病消费者的需要。这意味着企业只生产某一种产品或提供某一种服务，优点在于企业通过密集营销，更加了解本细分市场的需要，并树立了特别的声誉，因此便可在该细分市场建立巩固的市场地位。另外，公司通过生产、销售和促销的专业化分工，也获得了许多经济效益。如果细分市场补缺得当，公司的投资便可获得高报酬。同时，密集市场营销比一般情况风险更大。个别细分市场可能出现不景气的情况，或者某个竞争者决定进入同一个细分市场。例如，年轻女士突然不再买运动服装，这使鲍比·布鲁克斯公司的收入锐减。由于这些原因，许多公司宁愿在若干个细分市场分散营销。

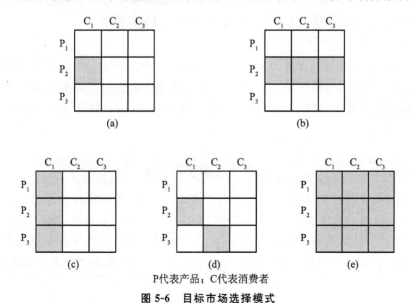

图 5-6 目标市场选择模式

2. 产品专门化

产品专门化是指企业同时向几个细分市场提供同一产品的策略，如图 5-6(b)所示。面对不同的子市场,产品的式样、档次有所不同,优点在于能分散企业经营风险,投资也不大。即使其中某个细分市场失去了吸引力,企业还能在其他细分市场盈利。

例如,显微镜生产商向大学实验室、政府实验室和工商企业实验室销售显微镜。公司准备向不同的顾客群体销售不同种类的显微镜,而不去生产实验室可能需要的其他仪器。公司通过这种战略,在某个产品方面树立起很高的声誉。如果产品——这里是指显微镜,被一种全新的显微技术代替,就会发生危机。又如,某企业只生产或销售吊扇,既满足居民家庭生活消费,又满足单位办公室工作的需要,还满足招待所的需要。

3. 市场专门化

市场专门化是指企业以所有产品,供应给某一类顾客群,产品的性能有所区别,如图 5-6(c)所示。例如,公司可为大学实验室提供一系列产品,包括显微镜、示波器、本生灯、化学烧瓶等。公司专门为这个顾客群体服务,而获得良好的声誉,并成为这个顾客群体所需各种新产品的销售代理商。如果大学实验室突然经费预算削减,它们就会减少从这家专门化公司购买仪器的数量,这就会产生危机。又如,某企业生产或销售台扇、吊扇和空调器等产品,可同时满足某些宾馆对台扇、吊扇和空调器的需要。

4. 选择专门化

选择专门化是指企业有选择地进入几个不同细分市场,如图 5-6(d)所示。采用此法选择若干个细分市场,其中每个细分市场在客观上都有吸引力,并且符合公司的目标和资源。这一模式的优点在于能够分散企业经营风险,即使其中一个细分市场丧失了吸引力,企业在其他细分市场上还可以盈利。其缺点是由于所选择的细分市场分散性比较强,相互关联性不够,企业难以共享自身的某些资源优势,甚至有可能造成资源过于分散,不但不能分散风险,反而加剧了风险的后果。例如,企业生产或销售吊扇满足居民家庭的需要,生产或销售台扇满足单位办公室的需要,生产或销售空调器满足宾馆的需要。

5. 市场全面化

市场全面化是指企业决定进入某个细分市场,用各种产品满足各种顾客群体的需求,如图 5-6(e)所示。这是实力极强的企业为了占据市场领先者地位采用的战略,一般企业很少使用,如国际商用机器公司(IBM,计算机市场)、通用汽车公司(汽车市场)和可口可乐公司(饮料市场)。

小资料 5-3　　　　　　　　大规模订制营销策略

大规模订制是指按照每个用户的要求大量生产产品,产品之间的差别可以具体到每个基本元件的策略。久负盛名的"戴尔直销"模式的实质就是大规模订制。这一模式实现了"规模经济性"与"满足顾客个性化需求"的良好结合,是很多市场内企业竞争的发展趋势之一。其缺点是对企业内部的管理能力要求很高,并且可适用的产品也不是很普遍。

5.2.4　目标市场策略

1. 目标市场策略概述

市场细分的目的就是为了有效地进入目标市场。企业在细分市场进行分析、评价之后,要决定选择哪些细分市场以及选择多少个欲进入的细分市场,这是目标市场选择问题。**目标市场策略是指企业对客观存在的不同消费者群体,根据不同商品和劳务的特点,采取不同的市场营销组合的总称。**企业选择的目标市场不同,提供的商品和劳务就不同,市场营销策略也不一样。一般来说,目标市场的营销策略有 3 种:无差异性市场策略、差异性市场策略和集中性市场策略。

(1) 无差异性市场策略

① 无差异性市场策略的概念

无差异性市场策略(undifferentiated marketing),就是企业把整个市场作为自己的目标市场,只考虑市场需求的共性,而不考虑其差异,只提供一种产品,运用一种市场营销组合,吸引可能多的消费者,去占领总体市场的策略,如图 5-7 所示。

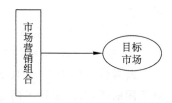

图 5-7 无差异性市场营销策略

无差异市场营销策略适用于少数消费者需求同质的产品;消费者需求广泛、能够大量生产、大量销售的产品;以探求消费者购买情况的新产品;某些具有特殊专利的产品。采用无差异市场营销策略的企业一般具有大规模的优势,单一的连续的生产线,拥有广泛或大众化的分销渠道,并能开展强有力的促销活动,投放大量的广告和进行统一的宣传。

例如,美国可口可乐公司从 1886 年问世以来,一直采用无差别市场策略,生产一种口味、一种配方、一种包装的产品满足世界 156 个国家和地区的需要,称作"世界性的清凉饮料",资产达 74 亿美元。由于百事可乐等饮料的竞争,1985 年 4 月,可口可乐公司宣布要改变配方的决定,不料在美国市场掀起轩然大波,许多电话打到公司,对公司改变可口可乐的配方表示不满和反对,不得不继续大批量生产传统配方的可口可乐。可见,采用无差别市场策略,产品在内在质量和外在形体上必须有独特风格,才能得到多数消费者的认可,从而保持相对的稳定性。

② 无差异性市场策略的优缺点

无差异性市场策略最大的优点在于规模效益,其他优点还有:不用细分整个市场,可以节省市场调查、市场分析等方面的成本;单一产品的生产,可以取得大规模生产带来的成本方面优势,也可节省产品设计及研发费用;统一的营销组合,可大大节省渠道、促销方面的费用。如果同类企业也采用这种策略时,必然要形成激烈竞争。其缺点是:只注意需求的共性,忽视了需求的差异性,较小市场部分需求得不到满足。

例如,肯德基在全世界有 800 多家分公司,都是同样的烹饪方法、同样的制作程序、同样的质量指标、同样的服务水平,采取无差别策略,生产很红火。1992 年,肯德基在上海开业不久,上海荣华鸡快餐店开业且把分店开到肯德基对面,形成"斗鸡"场面。荣华鸡快餐把原来外国人用面包作为主食改成蛋炒饭为主食,西式沙拉土豆改成酸辣菜、西葫芦条,更取悦于中国消费者。所以,面对竞争强手时,无差别策略也有其局限性。

虽然无差异性市场营销策略具有显著的优点,但是真正成功实现的企业并不多见,仅仅是那些需求广泛、市场同质性高,并且能大量生产、大量销售的产品领域。随着市场竞争的激烈和消费者需求的日益多样化,大多数产品的无差异性营销策略无法取得成功。其主要原因有:第一,消费者需求的差异性与变化性,一种产品长期为所有消费者和用户所接受非常罕见;第二,不适应竞争的要求,风险性较大。当众多企业如法炮制,都采用这一策略时,会造成市场竞争异常激烈,同时在一些小的细分市场上消费者需求却得不到满足,这对企业和消费者都是不利的;第三,易于受到竞争企业的攻击。当其他企业针对不同细分市场提供更有特色的产品与服务时,采用无差异性营销策略的企业可能会发现自己的市场正在遭到蚕食,但又无法有效地予以反击。正是由于这些于原因,世界上一些曾经长期实行无差异性营销策略的大企业最后也被迫改弦更张,转而实行差异性营销策略。被视为实行无差异性营销策略典范的可口可乐公司,面对百事可乐、七喜等企业的强劲攻势,也不得不改变原来营销策略,一方面向非可乐饮料市场进军;另一方面针对顾客不同的需要,推出多种类型的可乐。

(2) 差异性市场策略

① 差异性市场策略的概念

差异性市场策略(differentiated marketing)就是企业把整个市场细分为若干子市场,针对不同的子市场,设计不同的产品,制定不同的营销策略,满足不同消费需求的市场策略,如图5-8所示。

差异市场营销策略适用于大多数异质的产品。采用差异市场营销策略的企业一般是大企业,有一部分企业尤其是小企业无力采用,因为采用差异市场营销策略必然受到企业资源和条件的限制。较为雄厚的财力、较强的技术力量和素质较高的管理人员,是实行差异市场营销策略的必要条件,而且随着产品品种的增加,分销渠道的多样化,以及市场调研和广告宣传活动的扩大与复杂化,生产成本和各种费用必然大幅度增加,需大量资源作为依托。

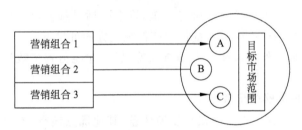

图 5-8　差异性市场营销策略

差异市场营销策略优点是能扩大销售,减少经营风险,提高市场占有率。因为多品种的生产能分别满足不同消费者群的需要,扩大产品销售。

例如,我国有的服装企业,按生活方式把妇女分成三种类型:时髦型、男子气型、朴素型。时髦型妇女喜欢把自己打扮得华贵艳丽,引人注目;男子气型妇女喜欢打扮得超凡脱俗,卓尔不群;朴素型妇女购买服装讲求经济实惠,价格适中。公司根据不同类妇女的不同偏好,有针对性地设计出不同风格的服装,使产品对各类消费者更具有吸引力。又如,某自行车企业,根据地理位置、年龄、性别细分为几个子市场:农村市场,常运输货物,要求牢固耐用,载重量大;城市男青年,要求快速、样式好;城市女青年,要求轻便、漂亮、时尚。针对每个子市场的特点,制订不同的市场营销组合策略。

② 差异性市场策略的优缺点

越来越多的企业开始采用差异性市场策略,其指导思想是:消费者对商品的需求是多种多样的,企业经营差异性商品以满足消费者的各种需求,就能提高企业的竞争力,占领较多市场,因而选择较多的细分市场作为企业的目标市场。很显然,差异性市场策略最大的优点在于：全面满足消费者的不同需求，提高市场占有率，扩大销量；由于企业在多个细分市场上展开营销，一定程度上可以降低投资风险和经营风险。

差异性市场策略也存在着不足：由于企业经营多种产品，制订差异性的营销组合，不可避免地会增加生产与营销方面的成本；企业的资源分散在多个领域，这样一来，很可能导致企业不能集中使用资源，甚至企业内部出现彼此争夺资源的现象。除此之外，由于多品种、小批量生产，对企业的经营管理水平也提出了更高的要求。

小资料 5-4　　　　　　　　日本泡泡糖目标市场策略

日本泡泡糖市场年销售约为 740 亿日元，其中大部分为"劳特"品牌所垄断。可谓江山唯"劳特"独坐，其他企业再想挤进泡泡糖市场谈何容易。但江崎糖业公司对此却并不畏惧。公司成立了市场开发班子，专门研究霸主"劳特"产品的不足和短处，寻找市场的缝隙。经过周密调查分析，终于发现"劳特"的 4 点不足：第一，以成年人为对象的泡泡糖市场在扩大，而"劳特"却仍旧把重点放在儿童泡泡糖市场上；第二，"劳特"的产品主要是果味型泡泡糖，而现在的消费者的需求正在多样化；第三，"劳特"多年来一直生产单调的条板状的泡泡糖，缺乏新型式样；第四，"劳特"产品价格是 110 日元，顾客购买时需多掏 10 日元的硬币，往往感到不便。通过分析，江崎糖业公司决定以成人泡泡糖市场为目标市场，并制订了相应的市场营销策略。不久，它便推出功能性泡泡糖四大产品：司机用泡泡糖，使用了高浓度薄荷和天然牛黄，以强烈的刺激消除司机的困倦；交际用泡泡糖，可清洁口腔，祛除口臭；体育用泡泡糖，内含多种维生素，有益于消除疲劳；轻松性泡泡糖，通过添加叶绿素，可以改变人的不良情绪。它还精心设计了产品的包装，像飓风一样席卷全日本。江崎公司不仅挤进了由"劳特"独霸的泡泡糖市场，而且占领了一定的市场份额，从零猛升至 25%，当年销售额达到 175 亿日元。

资料来源：编者改编自中国营销传播网有关资料

（3）集中性市场策略

① 集中性市场策略的概念

集中性市场策略（concentrated marketing）又称密集性市场策略，是指企业选择一个或少数几个细分市场作为企业的目标市场，通过专业化生产和销售，给这部分目标顾客提供更好的满足，力争在选定的狭小目标市场中占有较大的市场份额，如图 5-9 所示。

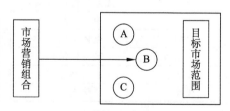

图 5-9　集中性市场营销策略

集中市场营销策略主要适用于资源有限的中小企业或是初次进入新市场的大企业。中小企业由于资源有限，无力在整体市场或多个细分市场上与大企业展开竞争，而在大企业未予注意或不愿顾及而自己又力所能及的某个细分市场上全力以赴，则往往容易取得成功。实行集中市场营销策略是中小企业变劣势为优势的最佳选择。

例如，日本尼西奇公司起初是一家生产雨衣、尿布、游泳帽、卫生带等多种橡胶制品的小厂，由于订货不足，面临破产。总经理多川博在一个偶然的机会，从一份人口普查表中发现，日本每年约出生 250 万名婴儿，如果每个婴儿用两条尿布，一年需要 500 万条。于是，他们决定放弃尿布以外的产品,实行尿布专业化生产。一炮打响后,又不断研制新材料、开发新品种,不仅垄断了日本尿布市场,还远销世界 70 多个国家和地区,成为闻名于世的"尿布大王"。

采用集中性市场策略,意味着企业将放弃一个或几个细分市场中的小份额,而去争取一个或几个细分市场中的大份额。其主要基于这样的思想:与其将有限的资源分散使用于每一个细分市场,在整个市场中占很小的份额,不如集中所有资源,为某一个或少数几个细分市场服务,在一个或少数几个细分市场中占有较大的市场份额。例如,某服装公司不是面向不同的消费者群,生产各种规格和款式的服装,而只是以儿童服装为目标市场,生产各种式样、花色、型号的儿童服装,以不同的价格、多种销售渠道投放于儿童服装市场。

② 集中性市场策略的优缺点

集中性市场策略的优点是:企业集中力量于一个细分市场,对消费者需求的了解比较深入,便于制订正确的营销组合策略,提供最佳的产品与服务,增强企业竞争力;采用集中性策略也有助于实行专业化生产与销售,节省费用,降低成本,增加盈利。

集中性营销策略也存在一些弊端:市场容量相对较小,企业的长远发展可能会受到限制;一旦强大的竞争对手介入、目标消费者群购买力下降、消费者兴趣转移、替代品出现等都会给企业带来极大的威胁。

综上所述,三种目标市场策略各有利弊。选择目标市场时,必须考虑企业面临的各种因素和条件,如企业规模和原料的供应、产品类似性、市场类似性、产品寿命周期、竞争的目标市场等。选择适合本企业的目标市场策略是一个复杂多变的工作。企业内部条件和外部环境在不断发展变化,经营者要不断通过市场调查和预测,掌握和分析市场变化趋势与竞争对手的条件,扬长避短,发挥优势,把握时机,采取灵活的适应市场态势的策略,去争取较大的利益。同时,三种目标市场营销策略在产品、市场、营销组合、经济性、经营风险等方面都存在着差异,下面,我们分别从产品、市场、营销组合、经济性与风险性几方面做一下区分,对比三者的不同点,如表 5-14 所示。

表 5-14 目标市场营销策略比较

项 目	无差异性市场策略	差异性市场策略	集中性市场策略
产品	单一产品	少数性质类同的产品	多样化产品
市场	整体市场	少数细分市场	所有或多个细分市场
营销组合	统一营销组合	专业营销组合	差异、针对性营销组合
经济性	经济性好	经济性较好	经济性差
风险	风险大	风险较大	风险小

小资料 5-5　　　　80%的利润可能只来自 20%的客户

在数据库营销中,借助两种最基本的分析工具证实并非所有顾客的价值都相等。一是"货币十分位分析",把顾客为分 10 等份,分析某一时间内每 10%的顾客对总利润和总销售额的贡献率,这种分析验证了帕累托定律,即 20%的顾客带来 80%的销售利润。二是"购买十分位分析",把总销售额和总利润额分为 10 等份,显示有多少顾客实现了 10%的公司利润。这种分析显示实现公司 10%的销售额仅仅需要 1%的顾客就够了。

这些规律的客观存在表明:在一个竞争性市场中,对于所有的顾客采取完全一样的营销策略已不再有效。因此,通过目标市场选择寻找最有价值顾客,并集中优势资源满足它已成为营销者努力的方向。

资料来源:编者改编自中国营销传播网有关资料

2. 影响目标市场选择的因素

上述三种目标市场营销策略中,前面两种策略着眼于整体市场;而第三种策略则着眼于个别的细分市场,这些策略各有各的长处,也各有各的短处。在市场营销实践中,企业到底应采取哪一种策略,应综合考虑以下5个因素,如表5-15所示。

表 5-15 目标市场选择因素与相应的营销策略

考虑因素		可选择的目标市场策略
企业实力	大	无差异性营销策略
	小	集中性营销策略
产品差异性程度	高	差异性营销策略
	低	无差异性营销策略
市场同质性程度	高	无差异性营销策略
	低	差异性营销策略或集中性营销策略
产品生命周期	导入期	无差异性营销策略
	成熟期	差异性营销策略或集中性营销策略
竞争者的目标市场策略	无差异性市场策略	差异性营销策略或集中性营销策略
	差异性市场策略	集中性营销策略
	集中性市场策略	无差异性营销策略或差异性营销策略

(1) 企业资源

企业资源主要包括企业的人力、物力、财力与技术等方面,企业的资源条件决定了企业的市场规模和营销力量。当企业生产、技术、营销与财务等方面实力很强时,可以考虑采用差异性或无差异市场策略;资源有限,实力不强时,采用集中性市场策略,效果可能更好。

(2) 市场同质性

市场同质性是指各细分市场顾客需求、购买行为等方面的相似程度。如果各个细分市场的消费者对某种商品的需求和偏好基本一致,则这一商品的市场可以视为同质市场,针对这一商品的营销最好采用无差异性市场策略。例如,我国的电力市场,无论是北方市场或南方市场、城市市场或农村市场、沿海地区市场或内陆地区市场,其需求是一致的,都需要220V、50Hz 的照明电,应采用无差异性市场策略。如果各个细分市场的消费者对同种商品的需求差异性很大,则这种商品的市场被视为异质市场,应选择差异性市场策略。例如,对服装的需求,儿童市场、青年人市场、中老年市场不同;男性市场和女性市场不同;工人市场、农民市场、体育工作者市场需求差别很大;汉族地区市场和各少数民族地区的市场需求也有明显区别,这种商品的营销应采用差异性市场策略。

(3) 产品同质性

产品同质性是指在消费者眼里,不同企业生产的产品的相似程度。相似程度高,则同质性高;反之,则同质性低。有些产品,消费者认为其性能、质量、花色、品种、造型等方面没有多大差别,可随意购买,如食盐、煤油、大米、食糖等产品。这类产品称为同质产品。尽管每种产品因产地和生产企业的不同会有些品质差别,但消费者可能并不十分看重,此时竞争将主要集中在价格上,这样的产品适合采用无差异性市场策略。相反,另外一些产品,如衣服、电器、化妆品、汽车等,消费者认为其性能、质量、花色、品种与造型等方面存在较大差别,产品选择性强,同质性较低,这类产品称为异质产品,则应采用差异性或集中性市场策略,去满足各种消费者的需求。

(4) 产品生命周期

产品生命周期包括4个阶段:投入期、成长期、成熟期与衰退期。产品所处的不同生命周期阶段,市场营销的重点不同,则选择的目标市场营销策略也不同。在投入期和成长期前期,由于没有或有很少的几个竞争对手,对消费者的偏好也处于启发与巩固阶段,一般应采用无差异性市场策略或集中性市场策略,实行大批量生产和全面销售策略。在成长期后期、成熟期,由于竞争对手多,市场竞争激烈,消费者需求多样化,则应选择差异性市场策略,开拓新的市场,满足新的需求,延长产品生命周期,求得生存与发展。

(5) 市场竞争状况

企业在选择目标市场时,企业的目标市场策略应当与竞争对手的目标市场策略不同。其主要考虑以下两个因素:①竞争者的数量。若竞争者少,可采用无差异性市场策略,去占领整体市场;若竞争者较多,则可采取差异性市场策略,以对付竞争者。②竞争者采取的策略,以采取相应的措施。若竞争者采取无差异性市场策略,本企业应采取差异的市场策略等,战胜竞争者;若竞争者已经采取差异性市场策略,本企业应采取集中性市场策略或更深度细分的差异性市场策略。

当然除了上述5个因素之外,还有其他一些因素,如注意商业道德和企业应负的社会责任。随着社会的发展和消费者权益意识的日益增强,越来越多的企业意识到伦理道德对企业发展的重要性。目标市场的道德选择要求企业在选择目标市场和为目标市场提供信息、产品和服务的过程中,不能利用目标消费者群体的弱点和劣势地位为企业赚取不义之财。

例如,在美国有些企业故意选取缺乏辨别能力、易受蛊惑性宣传影响的儿童、内地居民、少数民族、低收入者,以及其他因缺乏购买力、商品知识、市场经验而处于劣势地位的顾客作为目标市场,向他们推销有潜在危害性的商品,以获取不公正的利益,这种不道德的行为已遭到越来越多社会公众的谴责。当然,并非所有的针对孩子、少数民族等特定目标市场的营销行为都受到批评。例如,高露洁公司的儿童牙膏和牙刷的设计,就因其能使孩子们更喜欢刷牙而受到广泛的好评。所以,问题的关键并不在于你选择哪个或哪些细分市场,而在于你为这些目标市场提供了什么产品和服务以及通过什么方式提供。

企业选择目标市场营销策略时,应综合考虑以上影响目标市场策略选择的因素,权衡利弊,综合决策。目标市场策略应保持相对稳定,但当市场营销环境发生重大改变时,企业应当及时改变目标市场策略。竞争对手之间没有完全相同的目标市场策略,企业也没有一成不变的目标市场策略。

5.3 市场定位

随着市场竞争的日益激烈,产品的不断涌现,消费者也陷入到了信息的"汪洋大海"之中,在越来越多的产品和品牌面前,越来越显得无所适从。那么,企业怎样才能在竞争中脱颖而出?最好的办法就是追求与众不同,以使消费者易于将它与其他品牌区分开来,并进而在消费者心目中占有一定的位置。

5.3.1 市场定位概述

企业在选择目标市场之后,接下来的营销环节就是市场定位。市场定位是目标市场营销最重要的一环,也是随后制订营销策略的根本出发点。

1. 定位的由来

"定位"(positioning)一词,是由两位广告公司经理阿尔·里斯(Al Ries)和杰克·特劳特(Jack Trout)在 1972 年提出的。他们认为,定位并不是要对产品本身做什么事,而是对潜在顾客的心理采取行动,即把产品在潜在顾客的心目中确定一个适当的位置。随着市场的日益成熟和消费者消费观念的不断变化,有关定位的理论在实践中不断丰富和发展。1996 年,特劳特和瑞维金出版了《新定位》一书,再次强调:"定位是对大脑的定位,而不是对产品的定位。市场营销的最终战场是大脑。"定位概念一经推出,就得到了广泛的认可,营销大师菲利普·科特勒也认为定位概念跳出了营销界一贯的思维模式,称为营销学中最有"革命性"的变化之一,实属当之无愧。

定位这个概念在相当长的时期内被当成一种信息沟通策略,即:强调不改变产品本身,改变的只是名称和沟通等要素。现在人们对定位的理解已经扩展到营销活动的各个层面,营销的诸多环节和职能都可能会影响特定产品或服务在顾客心目中的地位。根据这种认识上的变化,很多学者都从不同角度对定位予以阐释,内容大同小异,只是表达方式稍有不同而已。实际上,定位就是在消费者心目中,为某种产品或品牌建立有别于竞争者的形象。

2. 市场定位的概念

市场定位就是在目标顾客心目中为企业或产品创造一定特色,赋予一定形象,以适应顾客一定需要和偏好。这里所说的"特色"和"形象"可以是物质的,也可以是心理的,还可以兼而有之。实际上定位就是要求企业要设法体现产品的差异优势,确定产品或企业在顾客心目中的适当位置,并留下值得购买的印象,以便吸引更多的顾客。

现代市场营销理论认为,市场定位是指针对消费者对企业或产品属性的重视程度,确定企业相对于竞争者在目标市场上所处的市场位置,通过一定的信息传播途径,在消费者心目中树立企业与众不同市场形象的过程。所以,市场定位的依据:一是消费者的需求特征;二是该产品的主要竞争者产品的主要特征。

市场定位的实质就是寻找"顾客的买点",使企业与其他企业严格区分开来,突出企业及其产品的特色,使消费者明显感觉和认识到这种差别,在消费者心目中占有特殊的位置,给消费者留下良好的印象,从而取得目标市场的竞争优势。

有效的市场定位能够把企业或产品的特征转化为目标顾客的价值利益,如低成本能给顾客带来低价格。它不仅向顾客传递一个清晰的形象,而且提高了购买产品的理由。同时,由于不同顾客在购买相同的产品或服务时,通常寻求的利益不同,一个特殊产品在不同顾客心目中的定位不一样。因此,了解企业或产品在顾客心目中的定位非常重要。市场定位,关键的不是对产品本身做些什么,而是在消费者心目中做些什么,单凭产品质量上乘或价格的低廉,已难以获得竞争优势。

例如,汽车市场上,德国的大众汽车以彰显"货币价值"为特色;沃尔沃则以"最安全"为特色;奔驰则以"显示身份"为特色;宝马以享受"驾驶的乐趣"为特色等。上述汽车企业根据顾客的某一需要,树立了自身鲜明而突出的特色,成功地为自己的产品进行市场定位,得到了目标消费者的认可。

理解市场定位这一概念,应注意以下几点。

(1) 产品的差异性

扩大与竞争者之间的差距,是企业定位策略成败的关键。在信息社会中,由于信息纷繁复杂,顾客不可能都记住;而只能记住那些令他们感兴趣的有特色的信息。同时,在购买决策中,面对众多质量趋同的不同品牌,顾客最终的选择一般是那些品牌第一印象最为深刻的产品。因此,定位时一定要针对目标顾客的心灵需求,塑造鲜明个性,在其心目中形成强烈的第一印象。这样,顾客就会对产品产生偏爱。

但是,市场定位不同于产品差异化。产品差异化是实现市场定位的手段,但不是市场定位的全部内容。市场定位不仅强调产品差异,而且要通过为自己的产品创立鲜明的个性,从而塑造出独特的市场形象,赢得顾客的认可。产品是多种因素的综合反映,包括产品的性能、构造、成分、包装、形状、质量等,而市场定位就是要强化某些因素,从而形成与众不同的形象。

(2) 顾客的导向性

定位就是要占领消费者心理位置,是"攻心之战",而不是占据市场的空间位置。它是消费者对企业、产品与服务的认识。因此,市场定位应该从顾客方面,而不是从企业方面来定义。换句话来说,市场定位就是企业要为自己及其产品在潜在顾客心目中确定一个合适的位置,如品质超群、新颖别致、高档品牌、方便实用等,其目的在于引导潜在顾客认同企业或产品的独特性与价值性。它要求企业必须首先进行调查研究,了解顾客的心理,弄清楚他们的想法;再设计与创造能满足顾客需求的产品或服务。

例如,海尔"小小神童"洗衣机之所以成功,就在于海尔公司通过研究人们洗衣的季节变迁而创造了"即时洗"的概念。内衣、袜子、夏季衣物既轻又少,使用传统大洗衣机显得颇为浪费,而"小小神童"满足了人们夏季及时洗涤小件衣物的需求,以省时、省力、省水、省电的特点,使一批中国家庭拥有了一大一小两台洗衣机,又辐射了未成家前不会买大洗衣机的单身青年们,从而取得巨大成功。

(3) 信息的可传达性

可传达性就是通过各种媒介把定位信息准确无误,又印象深刻地传达给顾客。传达市场定位可以通过这几种手段:视觉传达、听觉传达、触觉传达和嗅觉传达。如果能把以上几种手段综合起来运用,则效果更佳。

（4）定位的变化性

企业赖以生存的市场环境是不断变化的，要求企业必须用动态的观点研究市场定位，对周围环境时刻保持高度的敏感，及时调整市场定位策略。

例如，飞利浦公司"让我们做得更好"，是1995年飞利浦引入的第一个全球主题，在过去的几年中，这一主题使用得非常成功。然而，随着市场环境的变化，品牌口号也需要与时俱进。飞利浦在全球范围内对2000名顾客进行市场调研，了解他们的需求，发现顾客更注重"感性"与"便利"。因此，飞利浦致力于为消费者生产并提供为您设计、轻松体验、先进科技的产品与服务，这就是飞利浦的新品牌承诺。新品牌定位强调了两点：一是强调根据消费者的需求设计与生产产品；二是强调产品或服务要给消费者带来轻松与简便的体验。

（5）定位的相对性

企业的产品或品牌只有相对于竞争者的产品或品牌，才有质量与服务水平的高下之分。在一个缺乏竞争的市场环境里，很难判断企业的产品或品牌的好与坏。

3. **市场定位的类型**

对定位内涵的扩展，有多种不同的解释，普遍认为三个层次划分更为恰当，即产品定位、品牌定位与企业定位。

（1）产品定位

产品定位是使某产品在消费者心目中留下深刻印象，每当消费者产生类似需求时，就会联想到该产品。产品定位是所有定位的基础。因为顾客想要得到的某种利益，最终都是通过产品体现的，即通过技术、质量、安装、维护、包装、销售对象、分销渠道和售后服务来体现的。一般来说，同类产品差异越多越好，但实际上并非一定表现多个方面差别，有时只需一个方面有差别就行了，如"高技术"、"高质量"等。只是这种差别确实能深深印在消费者心中，成为他们的特定感觉与印象。

（2）品牌定位

品牌定位是以产品定位为基础，通过产品定位来实现的。但是，品牌已逐渐成为企业的一种无形资产，可以与产品脱离而单独显示其价值，甚至品牌的价值比实物产品的价值要高得多。所以，作为一种无形资产，品牌可以转卖或授权许可使用。不同企业生产的产品，只要冠以同一品牌，就会在消费者心中拥有同样的地位。例如，宝洁洗发水，就有多种品牌：海飞丝"去头屑"，潘婷"营养滋润"，沙宣"保湿效果较好"等。

（3）企业定位

企业定位处于定位阶梯的最高层。企业必须先做好产品和品牌的定位，然后才能在公众中树立美好形象。企业定位的内容和范围比前两者要广泛。一个良好的企业形象和较高社会地位不仅应得到消费者认可，而且还应得到与企业有关的所有人员与机构的认可，包括供应商、批发商、零售商、政府、新闻媒体等。产品设计、生产过程、资金实力、推销策略、广告宣传、价格策略、分销渠道与公共关系等，都会对企业定位产生影响。

4. **市场定位的基础**

市场定位的实质就是确定产品在顾客心目中的位置，即与众不同。按照菲利普·科特勒的分析，市场定位的基础主要体现在以下5个方面。

(1) 产品差异化

产品差异化是指在产品实体方面能让顾客感觉到的差别,即:产品形式、特色、性能、一致性、耐用性、可靠性、可维修性、风格与设计等方面赋予新的特征,使其与竞争对手相区分。例如,人们买洗发水的初衷是干净卫生、保护头发,而宝洁公司的海飞丝在基本功能基础上,又增加去头屑的功能,其产品竞争力得到了提升。

(2) 服务差异化

服务差异化是指企业向目标市场提供与竞争者不同的优异服务,即交货、安装、客户培训、客户咨询和维修保养、担保、会员俱乐部等无形服务方面与竞争对手相区别。尤其是在难以突出有形产品的差别时,竞争成功的关键常常取决于服务的数量与质量。例如,汽车购买者对日后的汽车保养与维修服务就十分关注。海尔"通过努力尽量使用户的烦恼趋于零"、"用户永远是对的"、"星级服务思想"等服务理念,真正体现了顾客导向,让用户使用海尔产品时得到了全方位的满足。

(3) 渠道差异化

渠道差异化可以通过设计分销渠道的模式、渠道成员的能力与渠道管理政策等方面具体体现。戴尔计算机公司与雅芳化妆品公司,就是通过开发和管理高质量的直销营销渠道而获得差异化。

(4) 员工差异化

员工差异化是指公司可以通过培养、训练优秀的员工来获得竞争优势。经过严格培训的员工一般具有以下6个方面的特性:①称职(competenec),员工具有必需的技能与知识;②谦恭(courtesy),员工热情友好,尊重别人,体贴周到;③诚实(credibility),员工诚实可信;④可靠(reliability),员工能始终如一、正确无误地提供服务;⑤负责(responsiveness),员工能对顾客的请求和问题迅速做出反应;⑥沟通(communication),员工力求理解顾客,并清楚地为顾客传达有关信息。

(5) 形象差异化

形象差异化是通过塑造与众不同的产品、企业或者品牌形象,以获得竞争优势。形象差异化可以通过一些标志、文字、视听媒体、气氛、事件与员工行为来表达。例如,能解释万宝路香烟异乎寻常的世界市场份额(30%)的理由就是"万宝路牛仔"的形象激起了大多数吸烟公众的强烈响应。

公司要树立一个有效形象需要做三件事:一是必须通过一种与众不同的途径传递一种特点,从而使其与竞争者相区分;二是必须产生某种感染力,从而触动顾客的内心感觉;三是必须利用公司可以利用的每一种传播手段和品牌接触。例如,海尔的"真诚到永远"这个特定信息,必须通过一些标志、文字和视听媒介、气氛、事件与员工行为来表达。

5. 市场定位的有效条件

市场定位的目的是为了树立企业的差异化优势,并非所有的商品差异化都是有意义的或者是有价值的,也并非每一种差异都是一个差异化手段。每一种差异都可能增加公司成本,当然也可能增加顾客利益。所以,公司必须谨慎选择能使其与竞争者相区别的途径。市场定位必须符合以下的有效条件。

(1) 清楚了解目标市场

目标市场是市场定位的"靶子",只有对"靶子"有清晰的了解,才可能使市场定位"有的放矢"。

(2) 准确寻找"买点"

市场定位的本质就是为顾客寻找"买点",只有"买点"选择准确,才有可能与顾客产生共鸣,这也正是市场定位的初衷。

(3) 制订正确营销组合

市场定位不仅仅是寻找顾客"利益"追求点,而且必须比竞争者能更好地满足顾客"利益"。这就需要有营销组合的支持,要求产品策略、定价策略、分销策略与促销策略必须更好地结合,才能定位更好进行。

(4) 加强与目标顾客的沟通

市场定位代表公司"期望的位置",但是真正的位置,则取决于消费者的印象。因此,必须加强与顾客的沟通,才能实现市场定位真正的初衷。

6. 市场定位的步骤

企业市场定位的全过程一般需经过 5 个步骤。

(1) 确认本企业的竞争优势

企业需要认真分析竞争者的产品、成本、促销、服务等方面的优势与劣势,了解自己产品的长处与短处,进一步认定自己的竞争优势;通过了解竞争者产品的特色,确认本企业产品的差异与消费者关注的产品属性,以便进行恰当的市场定位。产品的特色与个性是从产品的实体表现出来的,如产品的形状、构造、性能与成分等;也可以从产品的质量与价格体现出来,如优质优价、优质低价等;还能从消费者心理上反映出来,如高贵、典雅、豪华、朴素、时髦等。因此,企业在进行初步市场定位时,要注意选择自己的竞争优势。了解消费者关注的产品属性与竞争者产品的特色,由此才能选定本企业产品的独特形象。

例如,某厂生产家用小汽车,通过市场调查,了解到顾客最关注的是耗油量与价格。此时,市场上已出现 4 个厂家提供的产品,它们的市场位置各不相同,厂家 A 生产高价、高耗油量的车;厂家 B 生产中价、中耗油量的车;厂家 C 生产低价、低耗油量的车;厂家 D 生产高价、低耗油量的车。现在市场的空位是低价、高耗油量区,如图 5-10 所示,横轴代表价格,纵轴代表耗油量。

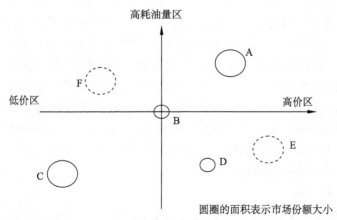

图 5-10 目标市场定位

(2) 确定初步定位方案

根据市场定位示意图,参考市场竞争状况,初步确定定位方案。假如企业考虑自身的状况后有两种选择:一是定位 E 在竞争者 D 的位置;二是定位 F 在空位上。

若选择第一种方案,应具备以下条件:①企业能生产出比对方更好、更省油的汽车;②市场足以容纳两个竞争者;③比对方拥有更多的资源;④与企业的实力相当。

若选择第二种方案,应具备以下条件:①价格虽低,但能盈利;②耗油量虽大,但价格低质量好;③有足够的资源保证。

(3) 修正定位方案

在定位市场上试销,修正定位方案。初步定位方案完成后,为了确保利润,应进行再次市场调查和适销活动,若发现偏差立即纠正。

(4) 再定位

若初步定位正确,但随着市场环境的变化,随时准备对产品进行重新定位。促使企业重新定位需要考虑的因素主要有 3 个:一是消费需求的萎缩或消费者偏好的转移;二是竞争者定位策略和实力的改变,已经威胁到企业在目标市场的发展;三是企业自身资源发生变化。企业重新定位是企业适应环境变化做出的重大决策,应充分考虑成本与新定位的收益,定位的前提就是盈利。

(5) 准确传播定位观念

企业在做出定位决策后,必须加大广告宣传力度,把企业的定位观念准确地传播给消费者。一般而言,企业应该避免以下 4 种错误。

① 定位不足。消费者感受不到产品的差异,其原因在于企业没有准确把握消费者的兴趣点,或者没有用很好的方式突显产品的不同之处,没有在消费者心目中树立明确的形象。

② 定位过度。有些企业为了使消费者建立起对自己品牌的偏好,过分地宣传产品或做出过度的承诺,使消费者难以相信企业的宣传。例如,某滋补口服液,宣传可以补血、强身、医治感冒、美容护肤、治疗神经衰弱等,这样反而使消费者难以相信。

③ 定位过窄。有些企业过分强调本企业在某一领域内的产品特性,限制了消费者对该产品其他属性的了解;同时,产品本来可以是应更多的消费者,但由于产品定位过于狭窄,使得大多数消费者的需求得不到真正的满足。例如,某服装公司,定位生产一流的贵妇人服装,限制企业只能生产昂贵的女性服装,市场范围过于狭窄,失去了众多消费者。

④ 定位混乱。由于定位主题太多,而且定位变换过于频繁,导致消费者对产品或企业的形象模糊不清。例如,"娃哈哈"定位于儿童市场,广告定位"喝了娃哈哈,吃饭就是香"。如果将其广告定位改变为"大人、老人、小孩都能喝",消费者会感到无所适从。

综上所述,定位并不是管理者主观意愿所能决定的,而是要通过研究市场环境、竞争形势、自身特色等因素;同时,根据消费者对产品定位的认识,结合自己的优势,体现出自己产品的差异,把自己的优势与市场的需求有效地结合起来,最终完成定位。另外,随着市场环境的不断变化,必要时还要重新定位。

7. 市场定位的作用

市场定位在现代市场营销实践中具有极其重要的作用。市场定位通过向消费者传播信息,使产品差异性清楚凸现于消费者面前,从而有利于赋予产品个性,树立产品独特形象。市场定位是制订市场营销组合策略的基础,企业市场营销组合策略要受到企业市场定位的制约。其具体作用体现在以下几个方面。

(1) 有利于改变消费者的偏好

虽然市场定位依赖于消费者的心理认识,但是通过市场调查,分析企业的市场定位、消费者的偏好以及可能发生哪些改变,可以利用广告宣传及促销手段,促使消费者改变旧有的习惯,形成新的偏好。例如,珠江啤酒有限公司在投放市场的初期,市民不习惯口味,销售非常困难。后来,通过广告宣传与其他促销手段,很快改变了广州市民的口味习惯,并迅速占领广州市场。

(2) 有利于把握市场机会

通过企业市场定位工作,能分析目标市场竞争者的情况,结合自己的实力找出适合自己的位置。同时,企业赖以生存的市场环境又是不断变化的,当市场环境发生变化时,通过市场定位分析工作,能发现自己的市场位置已不能适应变化的市场环境,需要重新定位,尽量拉近目标市场与企业的距离。因此,它能帮助企业及时把握市场机会。

(3) 有利于取得竞争优势

市场定位由于针对消费者对企业或产品不同属性的重视程度,这样就能适应细分市场的特定要求,又因为与消费者实现了有效的信息沟通,强有力地塑造了企业或产品的独特市场形象,使企业与市场竞争对手与众不同,从而有效增强了企业的市场竞争力。

企业可以通过市场定位,分析目标市场竞争者的情况。例如,哪个位置竞争者多,哪个位置少,哪个位置是空缺。同时,可以了解竞争者的优势与劣势,从而选择适合自己的位置。在确定企业的市场位置时,要充分考虑企业的目标。若企业要与竞争者展开竞争,则企业的市场定位要靠近竞争者;若企业要避开竞争者的锋芒,则企业的市场位置要远离竞争者。市场定位可以避免企业恶性竞争,有利于促进企业良性发展。

5.3.2 市场定位策略

市场定位的方式有很多种,我们主要从市场竞争、产品、目标消费者的角度入手,分析市场定位的策略,如表 5-16 所示。

表 5-16 市场定位策略

从竞争者角度定位	从产品角度定位	从目标消费者角度定位
市场领导者定位策略	特质定位	第一定位
市场挑战者定位策略	应用定位	强化定位
市场追随者定位策略	利益定位	集团定位
市场补缺者定位策略	竞争者定位	
	使用者定位	
	类别定位	
	品质或价格定位	

1. 企业竞争定位策略

企业竞争定位策略是根据企业竞争状况的定位,它反映产品和企业与同类产品和企业的竞争关系。根据企业竞争地位与营销策略,市场上的企业大致有 4 种竞争状态:市场领导者、市场挑战者、市场追随者与市场补缺者。若用市场占有率表示,其情况大致是市场领导者,市场占有率约为 40%;市场挑战者,市场占有率约为 30%;市场追随者,市场占有率约为

20%；市场补缺者，市场占有率约为10%。由于企业所处地位不同，定位策略必须是经过对本企业、主要竞争对手做出客观评价，对市场需求有了充分了解后的抉择。下面从企业市场竞争角度，分析采取的4种市场定位策略。

(1) 市场领导者策略

市场领导者策略是指企业选择的目标市场尚未被竞争者发现，企业率先进入市场、抢先占领市场的策略。 在国内外各类市场中，我们常常会领略到这些市场领导者的风采。例如，在全球市场上的通用汽车公司(汽车)、施乐公司(复印机)、宝洁公司(消费包装商品)、可口可乐公司(软饮料)、麦当劳公司(快餐食品)以及中国市场上的联想集团公司(PC 计算机)、中国移动通信公司(通信服务)、海尔集团(电冰箱)、格兰仕公司(微波炉)、小天鹅集团(洗衣机)等。

采用这一定位策略的企业市场占有率最高，具有定价权、新产品开发占主导地位，产品促销和营销渠道占支配地位，对其他同类企业起领导作用。企业采用这种策略，必须符合以下条件：①该市场符合消费发展趋势，具有强大发展潜力与增长空间；②本企业具有领先进入的资源；③该目标市场有利于塑造企业营销特色；④有利于提高企业市场占有率，使本企业的销售额在未来的市场份额中占有40%左右。

(2) 市场挑战者策略

市场挑战者策略是指企业把市场位置定在竞争者附近，与市场上占据支配地位的竞争对手"对着干"，并最终取代竞争对手的市场定位策略。

采用市场挑战者策略的企业是指在市场上紧追市场领先者的企业一般也是具有强大竞争实力的公司，往往是名列第二位、第三位的企业。

企业采用该策略必须具备以下条件：①有足够的市场潜量；②比竞争对手拥有更丰富的资源与营销能力；③本企业能够向目标市场提供更好的产品与服务。例如，百事可乐与可口可乐的对抗。

其挑战对象：①市场领先者；②与自己相当的其他企业。

其挑战策略：①价格折扣；②推出名牌产品；③产品革新；④销售渠道革新；⑤提高服务水平。

小资料 5-6　　"百事"与"可乐"大战

美国可口可乐与百事可乐公司是两家以生产销售碳酸型饮料为主的大型企业。可口可乐自1886年创建以来，以其味道独特扬名全球，使晚于其出生的百事可乐在"二战"以前一直处于望其项背的境地。"二战"后，百事可乐采用了挑战者定位策略，专门与可口可乐抗衡，把自己置身于"竞争"地位。通过这场旷日持久的饮料大战，可乐饮料引起了越来越多消费者的关注，当大家对百事可乐与可口可乐之战兴趣盎然时，双方都是赢家，因为喝可乐的人越来越多，两家公司获益匪浅。

资料来源：编者改编自中国营销传播网有关资料

---

(3) 市场追随者策略

市场追随者策略是指企业发现目标市场竞争者充斥，已座无虚席，而该市场需求潜力又很大，企业追随竞争者挤入市场，与竞争者处于一个位置上的策略。 此类企业只希望维持自己的市场份额与利润，不与市场领导者正面竞争，在价格、促销策略等方面模仿市场领先者。

企业采用该策略必须具备以下条件：①目标市场还有很大的市场潜力；②目标市场为竞争者完全垄断；③企业具备与竞争者平分秋色的能力。

市场追随者策略有三种形式：①紧随策略；②保持一定距离追随策略；③有选择追随策略。

(4) 市场补缺者策略

<u>市场补缺者策略是指企业把自己的市场位置定在竞争者没有注意和占领的市场位置上的策略</u>。

采取这种市场定位策略，必须具备以下条件：①本企业又满足市场需要的货源；②该市场有足够的潜在购买者；③必须具备进入该市场的特殊条件；④必须盈利。

采用市场补缺者策略的企业规模较小、资源有限，专门服务于大企业忽略或者没有涉足的市场空位部分，避免与大企业冲突、竞争。其特点是专门化。专门化包括以下几种：①用户专门化；②专门提供产品或服务于某一个大客户；③专门生产客户订制产品；④专门为某一种销售渠道提供产品和服务；⑤产品专业化，只生产一种产品或某一个产品线的产品。

当然，市场定位策略并不是一劳永逸的，而是随着市场环境的变化而变化。当市场环境发生变化时，需要对目标市场定位的方向进行调整，使企业的市场定位策略更能发挥企业优势，取得良好的营销利润。

2. 企业产品市场定位

(1) 特质定位

企业以某种特质特色来自我定位。例如，啤酒公司宣称它是"最老牌"的啤酒制造商；旅馆宣称自己是"最高级"的旅馆等。特色定位实际上是欠佳的选择，因为宣称的产品利益无法让消费者一望便知。

(2) 应用定位

以产品在某些应用上是最佳产品来定位。例如，耐克公司将某一类型的运动鞋描述为最佳跑鞋，而将另一种款式的鞋定义为最适合打篮球的运动鞋。

(3) 利益定位

利益定位是指根据产品所能满足的需求或提供的利益、解决问题的程度来定位。例如，中华牙膏定位"超洁爽口"；洁银牙膏定位"疗效牙膏"；××牙膏定位"快白牙齿"。这些定位都能满足消费者特定的需求。

(4) 竞争者定位

竞争者定位是指暗示自己的产品和竞争者的差异。例如，七喜汽水把自己定位为"非可乐"。

(5) 使用者定位

使用者定位是指用目标使用者来为产品定位。例如，苹果电脑把它的计算机与软件描述为图像设计师的最佳选择；劳斯莱斯公司则专门为富贵、社会地位显赫的人提供高档的轿车。

(6) 类别定位

企业可将自己形容为该产业类别的领导者。例如，柯达即意味着摄影底片；施乐则代表复印机。

(7) 品质或价格定位

品质或价格定位是指把产品定位于某一品质与价格的阶层。例如，香奈尔五号被定位为一种品质极佳、价格极高的香水。

小资料 5-7　　　　　　　　进口瓶装啤酒的市场定位

20 世纪 90 年代早期,在英国有 4 大品牌占据瓶装啤酒市场:美国的百威、荷兰的 Gmlsch、德国的 Holsten 和贝克。这 4 大品牌占据了进口瓶装啤酒 80% 的市场,成功的关键在于广告与包装造成的清晰市场定位。百威强调它的历史悠久,用诙谐的语言为自己进行市场定位,如"青蛙与蜥蜴"活动;Gmlsch 的独特之处在于顶部可摇摆且有浮雕花纹的瓶子,它的广告强调自己酿酒的悠久历史,花别人 3 倍的时间酿出的酒独具特色口味;Holsten 重点讲述自己酿酒的原料不加任何添加剂,"纯正、清新、无污染";贝克的促销特色在于一系列自然形象,如一片啤酒花田地、奔跑中的马群、雨中女人的脸。它还在 1994 年赞助了第 4 频道的连续剧,该频道吸引的是青年观众,这正是贝克的目标市场。

资料来源:[英]大卫·乔布尔.市场营销学原理与实践(第 3 版).胡爱稳译.北京:机械工业出版社,2003

---

3. 目标消费者定位

(1) 第一定位

争当第一,这是进入人们大脑的捷径。例如,人们都能记得世界第一高峰是喜马拉雅山的珠穆朗玛峰,而世界第二高峰却很少有人知晓;乐百氏在饮用水行业第一个提出 27 层净化过滤的概念而被消费者认同;七喜汽水是第一个提出"非可乐"的概念,成功地与可乐饮料相区分,并给消费者留下深刻印象。

(2) 强化定位

强化定位是指在消费者心目中强化自己的地位,有利于突出个性。例如,北京大学宣传自己是百年老校,是新思想的发源地。

(3) 集团定位

集团定位就是定位于某一集团,以提高自己的位置。例如,美国克莱斯勒汽车公司号称是美国三大汽车公司之一,但其实力与通用公司和福特汽车公司的差距是较大的。

4. 目标消费者定位与企业产品定位、企业竞争定位的关系

(1) 目标消费者定位往往与产品和竞争相提并论,因此市场定位与产品定位、竞争定位实质上是从不同角度分析同一问题。

① 目标消费者定位的角度:满足目标消费者的需要。

② 企业产品定位的角度:产品属性。

③ 企业竞争定位的角度:与竞争者相比的特色产品。

(2) 目标消费者定位是通过为自己的产品创立鲜明的特色或个性,从而塑造出独特的目标市场形象来实现的。

 本章小结

1. 市场细分是一种把整体市场划分成不同购买者群体的方法,细分的前提条件是值得企业为这些群体提供独立的产品和营销组合。

2. 市场细分的有效性在于按一定标准细分的子市场具有差异性、可衡量性、可进入性、可盈利性。

3. 消费者市场细分的依据主要有地理、人口、心理和行为因素等,工业市场可按最终用户、用户规模与用户地点进行市场细分。

4. 企业的目标市场策略主要有三种:无差异性营销策略、差异性营销策略与集中性营销策略。

5. 在市场上,不同的企业由于拥有资源不同,所处竞争地位也不同,即市场领导者、市场挑战者、市场追随者与市场补缺者。企业应明确竞争对手的状况,找到自己的准确位置。

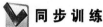 同 步 训 练

一、名词解释

市场细分　目标市场营销　市场定位

二、单选题

1. 市场细分的依据是(　　)。
   A. 产品类别的差异　　　　　　B. 消费者需求与购买行为的差异性
   C. 市场规模的差异性　　　　　D. 竞争者营销能力的差异性
2. 对于经营资源有限的中小企业而言,要打入新市场适宜用(　　)。
   A. 集中市场营销　　　　　　　B. 差异性市场营销
   C. 整合市场营销　　　　　　　D. 无差异市场营销
3. 集中性目标市场策略的缺点是(　　)。
   A. 成本较高　　　　　　　　　B. 风险较大
   C. 资源分散　　　　　　　　　D. 难以提高市场占有率
4. (　　)是按民族细分市场的结果。
   A. 老年用品商店　B. 妇女用品商店　C. 清真饭店　　D. 手表店
5. 根据消费者为了保持牙齿洁白而生产相应的牙膏,这种细分依据是(　　)。
   A. 使用者情况　　　　　　　　B. 品牌的忠诚程度
   C. 利益　　　　　　　　　　　D. 消费者对产品的态度
6. 牛仔裤与青春形象、人头马与"好事"等广告定位策略属于(　　)。
   A. 功效定位　　B. 品质定位　　C. 市场定位　　D. 心理印象定位
7. 无差异性目标市场策略面对的是(　　)。
   A. 整体市场　　B. 一个子市场　C. 多个子市场　D. 相关市场
8. 无差异性目标市场策略主要适用于(　　)的情况。
   A. 企业实力较弱　B. 产品性质相似　C. 市场竞争者多　D. 消费需求复杂
9. 企业只推出单一产品,运用单一的市场营销组合,力求在一定程度上适合尽可能多的顾客的需求,这种战略是(　　)。
   A. 无差异市场营销战略　　　　B. 密集市场营销战略
   C. 差异市场营销战略　　　　　D. 集中市场营销战略
10. 国内家电生产企业主要产品已进入产品生命周期的成熟期,它们选择的目标市场涵盖战略应当是(　　)。

A. 大量市场营销　　　　　　　B. 差异市场营销
C. 集中市场营销　　　　　　　D. 无差异市场营销

三、多选题

1. （　　）等商品不适合采用无差异营销策略。
   A. 化肥　　　B. 服装　　　C. 化妆品
   D. 粮食　　　E. 药品
2. 目标市场营销的全过程包括（　　）。
   A. 市场调查　　B. 市场细分　　C. 目标市场选择
   D. 市场定位　　E. 市场预测
3. 目标市场策略主要有（　　）。
   A. 无差异营销策略　　　　　　B. 市场挑战者策略
   C. 市场领导者策略　　　　　　D. 差异性营销策略
   E. 集中性营销策略
4. 市场细分对企业营销具有以下哪些利益？（　　）
   A. 有利于发现市场机会　　　　B. 有利于掌握目标市场的特点
   C. 有利于制订市场营销组合策略　　D. 有利于节省成本，提高企业的竞争能力
5. 细分消费者市场的标准有（　　）。
   A. 地理环境因素　B. 人口因素　　C. 心理因素　　D. 行为因素

四、判断题

1. 目标市场是企业要进入的地域空间。（　　）
2. 食盐、面粉等商品宜采用集中型目标市场策略。（　　）
3. 集中性目标市场策略是中小企业首选目标市场策略。（　　）
4. 市场定位是确定目标市场的地理位置。（　　）
5. 为准确选定目标市场，市场细分越细越好。（　　）

五、简答题

1. 市场细分有哪些主要标准？
2. 市场细分的一般方法是什么？
3. 目标市场的主要策略有哪些？
4. 选择目标市场策略应考虑哪些因素？
5. 市场定位策略有哪些方面？

四、案例分析题

从"苗条淑女"看饮料产品的市场定位

在2006年成都"春交会"上，国内著名制药企业"哈药集团制药六厂"（简称"哈六"）虽然只是低调亮相，但所推出的"苗条淑女"动心饮料还是吸引了不少经销商，令许多业界人士为之震惊的是，"哈六"此举不仅意在表示将正式进军全国饮料市场，且从其市场表现来看，可以说已经成功打响了2006年功能饮料市场"第一枪"。因为糖酒会还没有正式召开，"苗条淑女"就已经在蓉城呈火爆销售之势，其"铺市率"亦达70％以上。先是推出了"纯中纯"水饮料作为"试水石"在东北局部市场作战，结果"纯中纯"系列饮品的推出在当地市场很受欢迎，还销售到了河北、北京等地。其中，"南波万"纯净水还畅销到了别人来仿冒的地步！当时对

"娃哈哈"等外来品牌的拓展也产生了有力的阻击,这样一来在一定程度上也为"哈六"进军全国饮料市场摸索到了一定的经验。通过了一定时期的精心准备后,2006年"哈六"见时机已经成熟,于是果断出击外埠市场,"苗条淑女"便是进军全国市场的第一主打产品。

从一定程度讲,以"减肥"功效定位的"苗条淑女"饮料能满足相当部分消费群体的需求,我们都知道随着当今物质生活水平的日益提高,社会肥胖族人群是越来越庞大,有减肥产品需求者也就会越来越多!这是因为肥胖已成为世界面临的一个严重的公共健康问题,据最近公布的中国健康状况的调查结果显示:在7~18岁这个年龄段中,10%的男孩和5%的女孩属于肥胖人群,是1995年的两倍;同时,2005年的一项调查显示20岁以上的中国成年人中有3000万肥胖人口。目前,我国肥胖者已远远超过9000万名,超重者高达2亿名。有专家预测说,未来十年中国肥胖人群将会超过2亿。

从消费群体来看,"国内第一女性化饮料"横空出世。在现代社会中,胖人越来越多,有男人有女人,有老人少儿,面对消费结构复杂的消费群体,一瓶大众化饮料该由谁来买?少儿不是领导型,老人不是主动型……在男人与女人组成的大千世界里,"哈六"首先选择了女人作为减肥产品的消费主体,而针对女性消费群体,又进行了深入细分,因为在女性肥胖人群中18~25岁之间的年轻女性又是最怕胖的,她们正处于女人最美丽的年龄阶段,不仅希望自己年轻漂亮,更希望自己能长期保持一个苗条淑女般的身材,而这部分消费者可以说又是时尚型、冲动型消费者。这样,"哈六"以"苗条淑女"四个来作为产品命名,便真正找到了最喜欢喝减肥饮料的对象——最怕胖的青春女孩。

从产品包装,推出"淑女"造型。市面上各类饮料包装大同小异,无论是塑瓶装、PET、易拉罐,还是复合纸包装等都十分近似,包装颜色也千篇一律,缺乏个性,怎样做到让自己的包装新奇夺目,同时又能突显产品的特征,这方面,"哈六"就比较有特色,结合产品的"减肥"功能与目标消费群体定位,其推出的"淑女"造型瓶可谓十分迷人。

从产品价位层面,准确定位中高档饮料产品。在饮料产品中,2元左右的产品是主流,3.5元以上的产品基本上就属于中高档了,但相对而言,5元以上价格的产品相对较少。也就是说,在这个价位层面,竞争者也较少。如果只是一瓶普通饮料,肯定价格太高;而如果是功能饮料,且是面对有一定经济收入或冲动型、时尚型消费者的话,那么这个价位层面还是很有市场。所以,虽然"苗条淑女"在超市、商场是高达5.2元/瓶,而有的零售店还卖到了6元一瓶,但购买者还是依然很多。其成功就在于,"哈六"针对产品独特的功效,通过合理的价格定位,准确锁定了功能饮料市场的中高档消费人群。

资料来源:编者改编自中国品牌网有关资料

问题:

1. "苗条淑女"饮料的定位特点有哪些?
2. 此案例成功的主要原因是什么?

第6章

市场竞争战略

学习目标

1. 了解市场竞争的类型和竞争形式。
2. 熟悉分析竞争者的步骤和方法。
3. 理解4种竞争战略的主要内容。
4. 掌握市场竞争战略的运用技巧。

导入案例

追求挑战的"百事可乐"

在美国饮料市场上,作为防御者的可口可乐长期处于领先地位,而作为进攻者的百事可乐则处于第二,始终没有超过可口可乐。曾有人断言,如果没有可口可乐,百事可乐也绝没有今天。原因很简单,可口可乐的存在为百事可乐提供了竞争目标和市场压力,而压力又成为企业前进的动力。事实上也正是如此,百事可乐一直不停地挑战可口可乐,并取得了几个回合的胜利,百事可乐也随着发展壮大了。

百事可乐公司自20世纪50年代开始,在恩瑞可的主持下,改革了该公司原来的经营方式,实行了5个方面的改革。一是改良本牌子饮料的口味,使其不逊色于可口可乐;二是重新设计玻璃瓶型及公司的各种标志,发挥整体广告宣传的作用;三是重新策划广告,提高本公司品牌形象,这当然要增加广告投入;四是集中力量攻占可口可乐所忽视的广大市场;五是集中兵力攻占市场据点,选定美国的25个州和国外的25个地区为重点攻占目标,与可口可乐开展争夺战。到1955年,百事可乐公司已克服了自己各方面的弱点,营业额有了较大增长,市场占有率有所提高。

在取得初步成功后,百事可乐希望运用各种强有力的竞争手段,与可口可乐争个高低,直接攻占可口可乐的市场,只是苦于抓不住可口可乐的弱点。但偶然发生的一件事为百事可乐提供了机会。1985年可口可乐在迎接其诞生100周年的时候,该公司突然宣布改变沿用了99年之久的配方,采用新的配方。可口可乐为研制这个新配方,花了几百万美元,满以为可以获得新的成功。岂料该新配方的产品上市后,引起了市场的轩然大波,消费者纷纷抗议这一改变,可口可乐的形象一时为之大挫。

可口可乐虽然因改变配方的错误决策带来上千万美元的损失,并失去了一些市场,但它不愧是老牌大企业,并未因此一蹶不振,他们迅速纠正了失误,大做广告向广大消费者承认错误,表示尊重消费者的意见。百事可乐公司也并不因此放松进攻,乘势开展种种促销活动和针对可口可乐的各种广告活动。最突出的一个例子是,1987年,可口可乐公司为夺回失去的部分,投资250万美元和雇聘了1000多人,拍摄了一个60秒的电视广告,由英国一位著名导演做策划。百事可乐获悉可口可乐公司这一举动后,于1991年年初利用当今最走红的歌星——美国好莱坞的迈克尔·杰克逊制作广告,只是支付演唱酬金就是500万美元,可谓世界最大手笔的广告。

百事可乐公司这样做,绝非为了争口气,而是为了通过广告行为树立企业的形象,以压倒竞争强手而获得消费者的认可,最终达到抢占市场的目的。

资料来源:网络案例

引导问题:
1. 你怎么看百事可乐和可口可乐的竞争关系?
2. 百事可乐的做法对你有什么启示?

6.1 市场竞争者分析

市场经济的基本特征就是竞争,任何企业都无法回避这一事实。优胜劣汰是自然法则,也是市场法则。企业如果想在激烈的市场竞争中立于不败之地,就必须牢固树立竞争观念,制订正确的市场竞争战略,只有这样,才能在激烈的市场竞争中获胜。

企业通常把经营相同产品或类似产品的企业,或是有相同目标市场的企业看做竞争对手。在市场营销学中,竞争者的范围绝不仅限于此,应以更开阔的视野,在更广泛的层面上认识企业面临的现实和潜在的竞争者。市场竞争者分析包括识别竞争者和分析竞争者的优势与劣势。

6.1.1 识别企业的竞争者

在市场经济条件下,随着竞争的加剧,企业除了常见的价格竞争以外,竞争形势不断向非价格竞争方向转变。

1. 企业的竞争形式

(1) 价格竞争

价格竞争是指企业运用价格手段,通过价格的提高、维持或降低,以及对竞争者定价或变价的灵活反应等,与竞争者争夺市场份额的一种竞争方式。商品价格的组成中,成本占有一定比重。一般而言,企业进行价格竞争的条件是成本的可降低。如果不能降低成本,降价竞争就会造成企业利润率的下降,从而损害企业的利益。要想在价格竞争中居于有利地位,企业必须努力降低生产和经营成本。实际上,企业的价格竞争优势就是企业的成本竞争优势。

企业为了追求低成本,不断提高劳动生产率,改进产品设计,加强经营管理,从而使消费者有所收益。但是,轮番降价的后果,往往使得个别企业不计后果地降低成本,出现缺斤少两、以次充好的现象,最终受害的也是消费者。因此,越来越多企业寻求通过非价格竞争手段进行市场竞争。

（2）非价格竞争

非价格竞争是指在不完全竞争市场上，资源企业通过改变产品品质、营销策略、广告等非价格方式来实现自己最大化利润的竞争行为。在不改变产品价格的情况下，通过改变产品的某些属性，形成本企业产品与竞争对手的产品之间的某些差异，以吸引更多的消费者，获得更大的市场份额。与价格竞争相比较，非价格竞争有以下特点。

① 非价格竞争相对于价格竞争，具有相对广泛的市场针对性和适应性。随着社会经济的发展和人们生活水平的提高，消费者的消费水平开始由温饱型向小康型转变，消费结构和消费心理也发生着变化。需求的个性化、差异化、多样化、层次化、动态化已逐步成为当今市场消费的基本特征。单一的价格竞争当然无法适应和满足这一市场需求，而非价格竞争则可以通过了解消费者需求的变化，不断按照消费者潜在的和现实的需求改进产品，改进营销策略，以丰富多彩的竞争手段和形式，满足消费者的消费需求，应付竞争者的挑战。

② 非价格竞争相对于价格竞争，具有相对无限的竞争空间。价格竞争仅通过价格的升降来刺激消费，达到竞争的目的；而非价格竞争则可以通过产品升级、技术革新、质量改良、品牌建树、超值服务等多种手段来吸引消费，达到扩大产销量的目的。

③ 非价格竞争相对于价格竞争，更具有市场开拓创新能力。价格竞争对市场的开拓主要表现为对消费者求廉心理的满足，通过低价刺激对产品的购买需求，最终实现产销量的增加；非价格竞争以其竞争手段的多样性，针对多样化的需求和消费质量的提高来开展市场竞争。因此，它对市场的开拓可以说是多点开拓。非价格竞争的市场开拓能力是强劲的，具有创造性。

④ 非价格竞争相对于价格竞争，更突出了竞争的公平性和兼容性。价格永远是产品对消费者具有较强诱惑力和影响力的方面。但目前价格竞争却因诸多原因而变成了一种恶性竞争。一味地盲目降价，对消费者、企业，乃至整个经济都是得不偿失。而非价格竞争通过增加科技投入、开发新产品、提高产品质量、提供优质服务等来满足消费者的不同需要。这样的竞争公平、公正、公开，有利于推进企业进步。同时，非价格竞争更容易使企业联合起来，互相兼容，形成良好的市场竞争环境。非价格竞争是价格竞争的发展、升华，是社会经济发展和市场竞争发展的必然。

小资料 6-1　　　　　　　　稳定价格开拓市场

1988 年，国内味精原料价格涨幅高达 20%，不少企业纷纷提高产品价格。河南周口味精厂却通过新闻媒体宣布：不管市场环境发生什么变化，两年内他们生产的莲花牌味精绝不涨价。

该厂作出此项决定是经过周密分析的：涨价，可以解决燃眉之急；不涨价，一方面可趁机扩大市场占有率，另一方面可以提高企业知名度，为今后长期占有市场打下基础。1988 年，该厂因涨价因素导致费用支出增加 900 万元，但他们通过挖潜消化了其中的 730 万元。尽管在利润上企业吃了点亏，却把别的厂丢掉的市场抢了过来。当年大规模进军沈阳、天津、西安、武汉等一批大城市，实现了新品销售"由社会渠道向国营商业主渠道、由农村向中心城市发展"的战略转移。而那些涨价的企业由于市场萎缩、资金周转困难，数月后不得不把价格又降下来。

1989 年，在市场疲软的阴影下，许多企业纷纷压缩产品、降价甩卖。周口味精厂不但没有降价,反而把生产能力从 7000 吨扩大到 4 万吨。对此,他们的解释是:价格稳定是企业信誉的一个重要方面。我们的产品是名牌,质量一流,销路畅通,为什么要降价?至于扩大产量,是因为我们对国内、国外味精市场仔细分析后认为,在未来两三年内,国内现有的 180 多家味精厂,将有大量小厂在竞争中被淘汰,控制市场的将只是少数几个大厂。扩建增产时正逢其时也。

思考:
周口味精厂运用了什么营销方法使其经营取得了成功?

2. 企业识别竞争对手

(1) 从产业竞争的角度识别竞争对手

从产业方面来看,提供同一类产品或可相互替代产品的企业,构成一个产业,如汽车产业、医药产业、食品产业、服装产业等。如果一种产品的价格上涨,就会引起另一种替代产品的需求增加。产业经济学认为,一个产业的竞争强度主要是由产业结构决定的。决定产业结构的主要因素有销售商的数量、产品差异化程度、进入和退出、流动性和退出障碍、成本结构、垂直一体化的程度、全球化程度等。企业要想在整个产业中处于有利地位,就必须全面了解本产业的竞争模式,以确定自己竞争者的范围。

(2) 从市场竞争的角度识别竞争对手

从市场方面来看,竞争者是那些满足相同市场需求或服务于同一目标市场或消费者全体的企业。例如,从产业观点来看,家用轿车的制造商以其他同行业的公司作为竞争对手;但从市场观点来看,客户需要的是"代步工具",这种需要也可用摩托车、自行车等来满足。因此,生产这些产品的公司均可成为家用轿车制造商的竞争对手。以市场观点识别竞争者,可拓宽企业的视野,扩大实际竞争者和潜在竞争者的范围,使企业能制订出更具竞争性的营销战略。我们就可以把企业的竞争者分为 4 种类型:产品形式竞争者、品牌竞争者、普通竞争者和愿望竞争者。

① 产品形式的竞争者是指生产同类但规格、型号、款式不同的产品竞争者。例如,自行车中的山地车与城市车、男式车与女式车,就构成产品形式竞争者。

② 品牌竞争者是指生产相同规格、型号、款式的产品,但品牌不同的竞争者。例如,电视机品牌——索尼、长虹、海信、康佳等,众多电视机品牌之间就互为品牌竞争者。

③ 普通竞争者是指提供不同的产品以满足相同需求的竞争者。例如,面包车、轿车、摩托车、自行车都是交通工具,在满足需求方面是相同的,它们就是企业的普通竞争者。

④ 愿望竞争者则是指提供不同功能效用的产品以满足消费者不同需求的竞争者。例如,消费者要选择一种万元的消费品,他所面临的选择就可能是豪华电视机、笔记本电脑、摄像机、出国旅游等。这时,电视机、计算机、摄像机以及出国旅游之间就存在竞争关系,成为愿望竞争者。

小资料 6-2　　　　　　一个百年老厂在家门口遭遇的困境

上海蜜饯厂是一家创建于清朝道光年间的百年老厂,如今陷入困境,它生产的各类蜜饯的年生产量已从高峰时的 3000 多吨,下降到 400 多吨,有一年年亏损额达到 68 万元。

改革开放前,上海蜜饯厂的经营无忧无虑。当时,该厂所产蜜饯集京、广、闽、潮、苏五地特色。传统产品奶油话梅、琥珀杏梅、香葡萄等都是部优、市优产品。无花果脯、玫瑰杨梅更是行销国外。市场上无竞争对手,上海街头巷尾大大小小的糖果店、蜜饯柜台摆放的几乎清一色都是上海货。

但前几年,广东蜜饯一马当先迅速进入上海百姓家;随后,浙江、江苏、福建等地的一些蜜饯名品在上海商店也开始纷纷露脸。遗憾的是,上海蜜饯厂处于市场竞争之中,却没有竞争意识。百年老厂看不起外地乡镇小厂的"原始"工艺,对他们善待商家的种种"攻心"、"公关"技巧,更是嗤之以鼻。外地小厂很善于翻出蜜饯新"花样",百年老厂的评价却是"花头花脑";外地小厂生产的蜜饯外包装很漂亮,百年老厂却认为"有啥稀奇"。但就在"不以为然"中,王中王话梅、佳宝九制陈皮等外省市蜜饯品牌,在上海市场上占据了越来越多的份额,有些甚至还挂起了泰国、菲律宾等国的"洋牌子",唯独上海的"土产"蜜饯踪影难觅。上海蜜饯厂产品的市场覆盖率连连下降,企业效益频频滑坡,尽管后来该厂也生产起了小包装蜜饯,但"后发效应"总要大打折扣,难于从根本上摆脱竞争失利的窘境。

资料来源:根据网络资料整理

思考:
1. 上海蜜饯厂属于哪种类型的竞争反应模式?这一反应模式有何弊端?
2. 通过本案例的分析可得到什么启发?

6.1.2 了解竞争者的优势与劣势

在市场竞争中,企业需要分析竞争者的优势与劣势,做到知己知彼,才能有针对性地制订正确的市场竞争战略,以避其锋芒、攻其弱点、出其不意,利用竞争者的劣势来争取市场竞争的优势,从而来实现企业营销目标。

1. 竞争者优势与劣势分析的内容

竞争者的优势与劣势,通常体现在以下几个方面。

(1) 产品。竞争企业产品在市场上的地位、产品的试销性、产品组合的宽度与深度等。

(2) 销售渠道。竞争企业销售渠道的广度与深度、销售渠道的效率与实力、销售渠道的服务能力等。

(3) 市场营销。竞争企业市场营销组合的水平、市场调研与新产品的开发能力、销售队伍的培训与技术、技能等。

(4) 生产与经营。竞争企业的生产规模与成本水平、设施与设备的技术先进性与灵活性、专利与专有技术、生产能力的扩展、质量控制与成本控制、区位优势、员工状况、原材料的来源与成本、纵向整合程度等。

(5) 研发能力。竞争企业内部在产品、工艺、基础研究、仿制等方面所具有的研究与开发能力、研究与开发人员的创造性、可靠性、简化能力等方面的素质与技能等。

(6) 资金实力。竞争企业的资金结构、筹资能力、现金流量、资信度、财务比率、财务管理能力等。

(7) 组织。竞争企业组织成员价值观的一致性与目标的明确性、组织结构与企业战略的一致性、组织结构和信息传递的有效性、组织对环境因素变化的适应性与反应程度、组织成员的综合素质等。

(8) 管理能力。竞争企业管理者的领导素质与激励能力、协调能力、管理者的专业知识、管理决策的灵活性、适应性、前瞻性等。

2. 分析竞争者优劣势的步骤

第一步,收集每个竞争者的情报信息。要收集有关竞争者最关键的数据,如销售量、市场份额、利润率、投资收益、现金流量、新的投资、生产能力的利用情况、成本情况、综合管理能力等。

第二步,分析评价。根据已收集的信息,综合分析竞争者的优势与劣势,如表 6-1 所示。

表 6-1 竞争者优势与劣势分析

竞争者	顾客知晓度	产品质量	产品利用率	技术服务	推销人员
A	优	优	差	差	良
B	良	良	优	良	优
C	中	差	良	中	中

说明:表中,优劣分为四个等级,即优、良、中、差。根据四个等级来综合评估 A、B、C 三个竞争者的优势与劣势。

第三步,寻找标杆。找出竞争者在管理和营销方面较好的做法作为标准,然后加以模仿、组合和改进,并力争超过标杆。

6.2 市场竞争战略

市场竞争战略包括市场领先者战略、市场挑战者战略、市场跟随者战略、市场补缺者战略。

6.2.1 市场领先者战略

市场领先者是指在相关产品的市场上占有率最高的企业。一般来说,大多数行业都有一家企业被认为是市场领先者,这个企业在价格变动、新产品开发、分销渠道和促销力量等方面处于主宰地位,为同业者所公认。它是市场竞争先导者,也是其他企业挑战、效仿或回避的对象。

市场领先者几乎各行各业都有,它们的地位是在竞争中自然形成的,但不是固定不变的。市场领先者所具备的优势包括:消费者对品牌的忠诚度高;营销渠道的建立及其高效运行,以及营销经验的迅速积累等。市场领先者战略一般有 3 种:扩大市场总需求、保护市场占有率和提高市场占有率。

1. 扩大市场总需求

市场领先者为了维护自己的优势,保住自己的领先地位,可以采取以下 4 种策略扩大市场份额。

(1) 拓展市场新需求。一般来说,当整个市场被开发时,局域领导地位的企业受益最大。因此,市场领先者应该为其产品寻找新用户、开辟新用途和增加使用量。

(2) 寻找新用户。每一个产品都有吸引顾客的潜力,顾客不想购买它是因为这些人不知道这种产品,或者不知道该产品的好处,或者因为企业的推广策略没有顾及他们。因此,企业可以调整推广策略,向这些消费者介绍产品的好处,可以从这些消费者中寻找新的使用者。例如,香水生产厂商可以努力说服那些不用香水的女士(市场渗透策略);或者说服男士使用香水(新市场策略);或者向国外出口香水(地理扩展策略)。

(3) 开辟新用途。企业可以通过发现并推广产品的新用途来扩大市场。企业的任务就是要注意顾客对本企业产品使用的情况。这不仅适用于手工业产品,也适用于日常消费品。研究表明,多数新工业产品最初是由顾客构想提出,而不是由公司的开发研制出来的,所以系统地搜集顾客的需要和建议,对于指导新产品的开发贡献极大。

(4) 增加使用量。说服人们增加使用产品的频率,或增加每次的使用量,从而增加该产品的总使用量。

2. 保护市场占有率

处于市场领先地位的企业,必须时刻防备竞争者的挑战,保卫自己的市场阵地。为了保持市场占有率,市场领先者可采取以下防御策略。

(1) 阵地防御。在现有阵地周围建立防线、保持现有市场的策略,集中保持现有销量、产品和占有率。

(2) 侧翼防御。市场领先者除保卫自己的阵地外,还应建立某些辅助性的基地作为防御阵地。市场领先者需在自己的主力产品以外,也生产其他产品,并以主力产品为旗舰,保障企业的整体市场。例如,奔驰汽车一向以生产高档汽车为主,但最近也开始生产价格较低的中档汽车,从而保障了整体市场的侧翼。

(3) 进攻防御。这种防御策略是在敌方对自己发动攻击之前,先发制人。具体做法是,当竞争者的市场占有率达到某一危险的高度时,就对它发动攻击;或者是对市场上的所有竞争者全面攻击,使对手人人自危。有时,这种以防为守可以着重心理恐吓,并不一定要付诸行动。例如,一家美国大型制药厂是某种药品的市场领先者,每当它听说一个竞争对手要建立新厂生产这种药时,就放风说自己正在考虑将这种药降价,并且要考虑扩建新厂,以此吓退竞争者。

(4) 反攻防御。当市场领先者受到攻击时,可以反攻入侵者的主要市场阵地。当竞争者利用价格、促销等手段侵占其市场占有率时,市场领先者可以利用其资源直接攻击竞争者的主要领域,令其知难而退或无力兼顾。

(5) 机动防御。这种策略不仅防御目前的阵地,而且还要扩展到新的市场阵地。市场扩展可通过两种方式实现:市场扩大化和市场多元化。市场扩大化就是企业将注意力从目前的产品上转移到有关该产品的基本需要上,并研究与开发能满足该项需要的全部科学技术;市场多元化,就是向无关的其他市场扩展,实行多元化经营。

(6) 撤退防御。在所有市场阵地上全面防御有时是得不偿失的,这种情况下可实行战略撤退,放弃某些疲软的产品市场,把力量集中到主要的产品和市场上。例如,美国西屋电气公司曾一度将其电冰箱的品种由40个减少到30个,撤销了10个品种,结果竞争力反而增强。

3. 提高市场占有率

提高市场占有率也是增加企业收益、保持领先地位的一个途径。市场占有率越高,投资收益也越大,市场领先者的地位越牢固。企业在确定自己是否以提高市场占有率为主要努力方向时,应考虑以下3个因素。

(1) 是否引发反垄断行为。很多国家有反垄断法,当企业的市场占有率超过一定限度时,就有可能受到指控和制裁。

(2) 经营成本是否提高。当企业的市场占有率达到一定水平时,再要求提高就要付出更大的代价,结果可能得不偿失。

(3) 采取的营销策略是否准确。市场领先者必须全面掌握各种不同的竞争战略,要从扩大市场需求总量入手,保卫自己的市场阵地,防御挑战者的进攻;同时,还要善于在保证收益增加的前提下,通过提高市场占有率使企业获得长期的市场领先地位。

6.2.2 市场挑战者战略

市场挑战者是指那些在市场上处于次要地位(第二位、第三位甚至更低地位)的企业。 市场挑战者如果要向市场领导者和其他竞争者挑战,首先必须确定自己的战略目标和挑战对象,然后还要选择适当的进攻战略。

(1) 确定战略目标和挑战对象

大多数市场挑战者的战略目标是扩大市场份额,提高利润率。在确立目标时,无论是要击败对手,还是削弱市场份额,都必须明确究竟谁是竞争对手。挑战者可选择3种类型企业作为进攻对象。

① 攻击市场领先者。这一策略风险较大,但潜在收益很大,尤其是在市场领先者出现失误、且其服务市场的效果欠佳时,效果更为显著。例如,在可口可乐对其产品进行味道改良时,百事可乐看准这个时机,向可口可乐进攻,并取得很好的成效。

② 在整个细分市场内进行产品创新,超越领先者。例如,施乐公司开发出更好的复印技术(用干式复印代替湿式复印),从3M公司手中夺去了复印机市场;后来,佳能公司如法炮制,通过开发台式机夺去了施乐公司的一大部分市场。

③ 攻击当地那些规模不大、经营不善、资金缺乏的企业。这类情况相当普遍,如实力雄厚的外国大企业进入市场后便击败了那些当地的弱小企业。

总之,战略目标取决于进攻对象。如果以市场领先者为进攻对象,其目标可能夺取某些市场份额;如果以小企业为对象,其目标可能是将它们逐出市场。但是,无论在哪种情况下,如果发动攻势,进行挑战,就必须遵守一条原则:每一项行动都必须指向一个明确的、肯定的和可能达到的目标。

(2) 选择进攻战略

确定了战略目标和竞争对手后,还要根据企业自身和竞争对手的状况,选择攻击战略。一般有以下几种战略可供选择。

① 正面进攻。进攻者集中全力与对手正面交战,称为正面进攻(迎头猛击)。这时,它往往会攻击对手的强势部位而不是其弱点,结果胜负要取决于谁的实力和耐力更强一些。在完全的正面进攻中,攻击者力图在产品、广告、价格等方面与对手竞争。如果攻击者与领先者相比没有什么优势,那么想取得胜利几乎是不可能的。为了使正面进攻奏效,进攻者必须在上述某些力量方面超过对手。

② 侧翼进攻。对手期望你去攻击的地方往往是其最强大的防御地带,而在其侧翼和后

方的力量就薄弱多了,因此其弱点(盲区)很自然就成为众矢之的。进攻的主要原则是集中力量打击对方的薄弱环节。进攻者可先向对方防守严密的正面战线佯攻,牵制其主要防守兵力;然后再向其侧翼和背面发动主要攻击。这种侧翼进攻是一种极佳的营销策略,尤其适用于现有资源总量比对手少的进攻者,因为进攻者不能正面挑战对手,就采用这种"避强就弱"的战术。

侧翼发动攻击可从以下两个方面实现:一个是地理方面;另一个是细分市场方面。地理型侧翼进攻是指挑战者向竞争对手在全国乃至全球经营薄弱的地域发起进攻;细分型侧翼进攻是指将市场定位于尚未被领导者占据的细分市场。例如,日本汽车公司选择了消费者对节能型汽车的需求作为其服务市场,从而占领了被美国汽车制造商所忽略的空白细分市场。

小资料 6-3　　　　　　　　宝丽来的侧翼进攻

一次成像的宝丽来相机刚进入中国市场时,曾与某营销策划公司探讨宝丽来的市场机会何在。相对普通相机而言,宝丽来有着很多的产品独特性:快捷、简便、私密性以及不可伪造性。但是,宝丽来真正能够战胜普通相机的特性到底是什么?就快捷或简便而言,现在普通相机已发展出高度智能的全傻瓜型,冲洗胶卷的时间最快已达到20分钟。就私密性而言,普通相机的胶卷往往要送到专业店冲洗,对于一些不便公开的照片确实是个障碍。而宝丽来一次成像的特征正好避免了此类尴尬,可以忠实地为主人保守秘密。然而,摄像机也具备这种功能。所以,宝丽来最终还是选择了不可伪造的特性,瞄准了证件照市场。事实证明,宝丽来的定位是正确的,因为只有不可伪造性,才是其他照相器材所无法比拟的。

---

③ 包围进攻。单纯的侧翼进攻是将力量集中于对手所忽视的市场需求;包围进攻则是指进攻者在几条战线上发动全面攻击,迫使对手进行全面防御。进攻者可以向市场提供对手所能提供的一切产品与服务,甚至还要多,使消费者无法拒绝。这要求进攻者调动丰富的资源,确保迅速击垮对手,使其无还手之力。

另外,市场细分对进攻起到了重要的作用。如果没有细分市场,进攻者的包围进攻便成了正面进攻。这样,进攻者必须在某些方面的力量超过对手。

④ 迂回进攻。这是一种间接的进攻形式。这种战略避开与对手的直接交锋,转而进攻较为容易的市场来扩大自己的资源基础,有三种方法可供采用:一是公司多元化经营与本行业无关的产品,这是市场领先者鞭长莫及的。二是将现有产品打入新的地区市场来开展多元化经营,使之远离市场领先者。例如,百事可乐为了在中国取得相对于可口可乐的优势,将其新建的制瓶厂设在中国内陆省区,以远离外国饮料公司已开展经营的沿海城市。三是公司采取蛙跳式策略,发展新技术替代现有的技术,特别是在高技术领域,这种技术上的"蛙跳"极为普遍。例如,任天堂公司通过引入高新技术并且重新划定"战场",从而在电视游戏市场上夺取了大量市场份额。

小资料 6-4　　　　　　　　安怡公司的迂回进攻

安怡公司打着"防止骨骼疏松症"的旗号闯入中国奶粉市场(以上海为主),以产品(高钙脱脂奶)独一无二的绝对优势,满足了消费者的独特需求,从而成为高钙脱脂奶粉市场的第一品牌。面对已成气候的安怡,后入市的克宁高钙脱脂奶则打出了另一张牌:补充钙质不在于喝多少牛奶,而在于留住多少钙质。克宁特有的金维生素D,能够帮助身体更充分地吸收牛奶中的钙质。"克宁高钙脱脂奶粉,为你锁住钙质,留住钙质。"克宁另辟蹊径,后发制人,显得技胜一筹。

6.2.3 市场跟随者战略

市场跟随者是指安于次要地位,不热衷于挑战的企业。在大多数情况下,企业更愿意采用市场跟随者战略。市场跟随者渴望在"和平共处"的状态下求得尽可能多的收益。

1. 市场跟随者的特点

在资本密集的同质性产品的行业中,如钢铁、原油和化工行业中,市场跟随者策略是大多数企业的选择。其主要是由于行业和产品的特点所决定的。这些行业的主要特点是:①产品的同质程度高,产品差异化和形象差异化的机会较低;②服务质量和服务标准的趋同;③消费者对价格的敏感程度高;④行业中任何价格挑衅都可能引发价格大战;⑤大多数企业准备在此行业中长期经营下去。企业之间保持相对平衡的状态,不采用从对方的目标市场中拉走顾客的做法。在行业中形成这样一种格局,大多数企业跟随市场领先者走,各自的势力范围互不干扰,自觉地维持共处局面。

市场跟随者不是盲目、被动地单纯追随领先者,其任务是确定一个不致引起竞争性报复的跟随战略,在不同的情形下有自己的策略组合和实施方案。其战略要求是:必须懂得如何稳定自己的目标市场,保持现有顾客,并努力争取新的消费者或用户;必须设法创造独有的优势,给自己的目标市场带来诸如地点、服务、融资等某些特有的利益;还必须尽力降低成本,并提供较高质量的产品和保证较高的服务质量,提防挑战者的攻击,因为市场跟随者的位置是挑战者的首选攻击目标。

2. 市场跟随者的战略类型

(1) 紧密跟随

战略突出"仿效"和"低调"。跟随企业在各个细分市场和市场营销组合,尽可能仿效市场领先者,以至于有时会使人感到这种跟随者好像是挑战者。但是,它从不激进地冒犯市场领先者的领地,在刺激市场方面保持"低调",避免与市场领先者发生直接冲突,有些甚至被看成是靠拾取主导者的残余谋生的寄生者。

(2) 距离跟随

战略突出在"合适地保持距离"。跟随企业在市场的主要方面,如目标市场、产品创新与开发、价格水平和分销渠道等方面都追随市场领先者,但仍与市场领先者保持若干差异,以形成明显的距离。对市场领先者既不构成威胁,又因跟随者各自占有很小的市场份额而使领先者免受独占之指责。采取距离跟随策略的企业,可以通过兼并同行业中的一些小企业而发展自己的实力。

(3) 选择跟随

战略突出在选择"追随和创新并举"。市场跟随者在某些方面紧跟市场领先者,而在另一些方面又别出心裁。这类企业不是盲目跟随,而是择优跟随,在对自己有明显利益时追随市场领先者,在跟随的同时还不断地发挥自己的创造性,但一般不与领先者进行直接竞争。采取这类战略的跟随者之中,有的可能发展成为挑战者。

6.2.4 市场补缺者战略

市场补缺者是指专门为规模较小的或大企业不感兴趣的细分市场提供产品和服务的企业。市场补缺者选择的细分市场一般具有以下特征:①具有一定的规模和购买力,能够盈利;②具备发展潜力;③强大的企业对这一市场不感兴趣;④本企业具备向这一市场提供优质产品和服务的资源与能力;⑤本企业在顾客中建立了良好的声誉,能够抵御竞争者入侵。市场补缺者是弱小者,面临的主要风险是当竞争者入侵或目标市场的消费习惯变化时有可能陷入绝境。

1. 市场补缺者的战略

市场补缺者的主要战略是专业化市场营销。具体来说,就是在市场、顾客、产品或渠道等方面专业化。

(1) 专门致力于为某类用户服务的最终用户专业化。例如,食品行业中的某些小企业专门针对糖尿病人这一类特殊的消费群体进行市场营销。

(2) 专门致力于分销渠道中的某些层面的垂直层面专业化。例如,某些建筑企业专门生产空心砖、墙体颜料、水暖配件或其他预制构件等。

(3) 专门为那些被大企业忽略的小客户服务的顾客规模专业化。例如,在家饰装修行业,有一些小企业专门为平民化的家庭服务,赚取相对低的报酬。

(4) 只对一个或几个主要客户服务的特定顾客专业化。例如,某些办公自动化公司专门为高校供应各种办公耗材等。

(5) 专为国内外某一地区或地点服务的地理区域专业化。例如,专门为医院的传染病专区提供食品、药品等。

(6) 只生产一大类产品的某一种产品或产品线专业化。例如,美国绿箭公司专门生产口香糖一种产品,现已发展成为世界一家著名的跨国公司。

(7) 专门按客户订单生产预订产品的客户订单专业化。例如,某些农业产业化公司专门按客户订单生产预订的产品。

(8) 专门生产经营某种质量和价格的产品的质量和价格专业化。例如,中国香港的康富来公司一直专门生产高质量、高价格的洋参含片。

(9) 专门提供某一种或几种其他企业没有的服务项目专业化。例如,某些小企业专门承办丧礼服务。

(10) 专门服务于某一类分销渠道的分销渠道专业化。例如,某些食品生产企业专门为特定的超市供应食品。

2. 市场补缺者的任务

(1) 创造补缺市场

市场补缺者要积极适应特定的市场环境和市场需要,努力开发专业化程度高的新产品,从而创造更多需要这种专业化产品的补缺市场。例如,著名的运动鞋制造商耐克公司,不断开发适合不同运动项目的特殊运动鞋,如登山鞋、旅游鞋、篮球鞋、自行车鞋、冲浪鞋等,开辟了无数的补缺市场。

(2) 保护补缺市场

市场补缺者还要时刻注意竞争者的动向,如果有新的竞争者闻声而至,仿造企业产品,争夺市场阵地,市场补缺者必须及时采取应对措施,未雨绸缪,全力保护自己开辟的补缺市场,保住其在该市场上的领先地位。例如,北京治安堂生物科技有限公司的"奥健"多功能磁化杯是专为患有心血管疾病的中老年消费者设计制作的,产品一上市,就很受消费者欢迎,销售非常火爆,但仿制者纷至沓来。企业为了保护这一补缺市场,提高了制作工艺,在制作上采用了独特的磁场软化水技术,这一生产技术模仿者很难达到,从而有效保护了自己开辟的补缺市场。

(3) 扩大补缺市场

市场补缺者在赢得特定市场上的竞争优势之后,还要进一步提高产品组合的深度,努力增加产品项目,以迎合更多具有特殊需求的市场购买者的偏好,提高市场占有率,进而达到扩大补缺市场的目的。例如,耐克公司在创造出擅长不同运动项目的消费者的特殊需求之后,又继续为这种鞋开发不同的模式,如耐克充气乔丹鞋、耐克哈罗鞋等,以扩大补缺市场。

只要善于经营,随时关注市场上被大企业忽略的细小市场,通过专业化经营,精心服务于顾客,市场补缺者总有机会获利。

本章小结

1. 企业通常把经营相同产品或类似产品的企业、或是有相同目标市场的企业视为竞争对手。在市场营销学中,竞争者的范围绝不仅限于此,应以更开阔的视野,在更广泛的层面上认识企业面临的现实和潜在的竞争者。

2. 市场领先者是指在相关产品的市场上占有率最高的企业。它是市场竞争先导者,也是其他企业挑战、效仿或回避的对象。市场领先者战略一般有3种:扩大市场总需求、保护市场占有率和提高市场占有率。

3. 市场挑战者指那些在市场上处于次要地位(第二位、第三位甚至更低地位)的企业。市场挑战者如果要向市场领导者和其他竞争者挑战,首先必须确定自己的战略目标和挑战对象;然后还要选择适当的进攻战略。

4. 市场跟随者是指安于次要地位,不热衷于挑战的企业。在大多数情况下,企业更愿意采用市场跟随者战略。市场跟随者渴望在"和平共处"的状态下求得尽可能多的收益。

5. 市场补缺者是指专门为规模较小的或大企业不感兴趣的细分市场提供产品和服务的企业。市场补缺者是弱小者,面临的主要风险是当竞争者入侵或目标市场的消费习惯变化时有可能陷入绝境。

同步训练

一、名词解释

市场竞争者　市场领先者　市场挑战者　市场补缺者

二、单选题

1. 企业要制订正确的竞争战略和策略,就应深入地了解(   )。
   A. 技术创新　　　B. 消费需求　　　C. 竞争者　　　D. 自己的特长

2. 产品导向的适用条件是(   )。
   A. 产品供不应求　　　　　　　B. 产品供过于求
   C. 产品更新换代快　　　　　　D. 企业形象良好

3. 根据(   )导向确定业务范围时,应充分考虑市场需求和企业实力。
   A. 技术　　　B. 需要　　　C. 顾客　　　D. 产品

4. 一般来说,"好"的竞争者的存在会给公司(   )。
   A. 增加市场开发成本　　　　　B. 带来一些战略利益
   C. 降低产品差别　　　　　　　D. 必然造成战略利益损失

5. 企业致力于发展高新技术,实现技术领先,以赢得市场竞争的胜利是属于(   )。
   A. 优质制胜　　　B. 创新制胜　　　C. 技术制胜　　　D. 服务制胜

6. 企业根据市场需求不断开发出适销对路的新产品,以赢得市场竞争的胜利,这是属于(   )。
   A. 速度制胜　　　B. 技术制胜　　　C. 创新制胜　　　D. 优质制胜

7. 企业要通过攻击竞争者而大幅度地扩大市场占有率,应攻击(   )。
   A. 近竞争者　　　B. "坏"竞争者　　　C. 弱竞争者　　　D. 强竞争者

8. 下面不是决定行业结构的因素的有(   )。
   A. 成本结构　　　　　　　　　B. 销售量及产品差异程度
   C. 进入与流动障碍　　　　　　D. 社会变化

9. 占有最大的市场份额,在价格变化、新产品开发、分销渠道建设和促销战略等方面对本行业其他公司起着领导作用的竞争者,称为(   )。
   A. 市场领先者　　B. 市场补缺者　　C. 市场挑战者　　D. 市场追随者

10. 市场总需求扩大时受益也最多的是(   )。
    A. 市场补缺者　　B. 市场追随者　　C. 市场领先者　　D. 市场挑战者

三、多选题

1. 企业每项业务的内容包括(   )。
   A. 要进入的行业类别　　　　　B. 要服务的顾客群
   C. 要迎合的顾客需要　　　　　D. 满足这些需要的技术
   E. 运用这些技术生产的产品

2. 市场领先者的主要竞争战略包括(   )。
   A. 阻止市场总需求增加　　　　B. 保护现有市场份额
   C. 扩大市场份额　　　　　　　D. 谋求垄断
   E. 扩大总需求

3. 市场挑战者的主要进攻战略目标包括(   )。
   A. 攻击市场领先者
   B. 攻击市场补缺者
   C. 攻击规模相同但资金不足、经营不佳的企业

D. 攻击市场跟随者

E. 攻击规模较小且资金缺乏、经营不善的企业

4. 市场补缺者的作用是（　　）。

A. 拾遗补缺　　　　　　　　B. 有选择地跟随市场领导者

C. 见缝插针　　　　　　　　D. 攻击市场追随者

E. 打破垄断

5. 市场补缺者的主要风险是（　　）。

A. 找不到补缺市场　　　　　B. 竞争者入侵

C. 自身利益弱小　　　　　　D. 目标市场消费习惯变化

E. 专业化

四、判断题

1. "竞争者近视症"就是指只看到近的竞争者而看不到远的竞争者。（　　）
2. 如果某个行业具有高的利润吸引力，其他企业会设法进入。（　　）
3. 行业竞争结构不会随时间的推移而变化。（　　）
4. 公司最直接的竞争者是那些同一行业同一战略群体的公司。（　　）
5. 所有竞争者的目标都是追求利润最大化。（　　）

五、简答题

1. 我国市场上出现的"价格战"是否对企业发展有利？其使用需要什么样的条件？
2. 竞争者的优势劣势都包含哪些内容？
3. 市场领先者应该怎样维护自己的市场领导地位？
4. 市场挑战者战略在进行市场进攻时有哪些策略？
5. 市场跟随者有哪些战略类型？
6. 市场补缺者面临哪些任务？

六、案例分析题

九阳豆浆机：隐藏的冠军

山东九阳小家电有限公司是一家新兴的小家电专业企业。九阳公司成立于1994年10月，为山东省高新技术企业、国家大豆行动计划示范企业。其中，拳头产品九阳豆浆机被列为省级星火计划项目，九阳商标被认定为山东省著名商标。九阳公司的拳头产品九阳牌系列家用豆浆机拥有23项国家专利，为豆浆机行业第一品牌。九阳公司目前已成为全球最大的豆浆机制造商。

九阳豆浆机从一面市即受到广大消费者的喜爱和欢迎，产品畅销全国，并远销日本、美国、新加坡、印尼、泰国等海外20多个国家和地区，年销量突破百万台，年产值几个亿。目前，九阳已在全国地市级以上城市建立了200多个服务网点，做到了凡是有九阳产品销售的地区均有九阳的服务机构，并在行业内率先在全国大部分城市实行了上门服务。现在，九阳公司主要致力于新型家用小电器的研制、开发、生产与销售，主导产品有九阳全自动家用豆浆机、电磁炉、开水煲、果汁机、电火锅等系列小家电。2000年4月，"国家大豆行动计划"领导小组将九阳公司列为行业内唯一的"国家大豆行动计划示范企业"。2001—2003年，九阳豆浆机连续被国家统计局中国行业企业信息发布中心认定为"全国市场同类产品销量第一名"。2004年5月，九阳公司荣获中国最具发展潜力的中小企业"未来之星"称号。

1994年，工程师王旭宁发明了集磨浆、滤浆、煮浆等诸功能于一身的九阳全自动豆浆机。这一年王旭宁下海创业创建九阳公司，追随他的是和他一样年轻的北方交通大学的师兄弟们。该年被九阳人自豪地称为"九阳元年"。不起眼的九阳公司最初选择的同样是一个不起眼的产品——豆浆机。齐鲁大地这块沃土是豆浆机的诞生地，它的出现却是豆浆制作方法的一次革命，结束了中国人过去一直用石磨做豆浆的时代。

新生产品的生产者必须耗费大量力气去培养消费者消费习惯。1994年第一批2000台豆浆机生产出来，当时很多商场别说认同你的产品，就是见也没见过，想进去卖要费很多周折，讲解、演示，还要托人。这样这批豆浆机堆在库里无人问津，九阳人心急如焚。由此发生了一件事，被九阳的创业者们称作九阳公司的第一个标志性事件。1994年11月，在《齐鲁晚报》紧贴在通档广告上方出现一则1厘米高的宣传九阳豆浆机的反白长条补缝广告，花钱不多，效果却出奇的好。补了几次缝下来，到1995年春节前，2000台豆浆机便销售一空。1995年，九阳豆浆机的销售突破了一万台。自此，年轻的九阳人深深感知到宣传的重要性。要想让消费者真正认同豆浆机，必须从宣传大豆及豆浆对人体的益处做起。自那以后，九阳宣传大豆与豆浆营养知识的软文广告开始席卷全国媒体，前后与其合作的媒体有500家之多。从与报刊共同推出专栏，宣传豆浆的健康功效，到参与央视《夕阳红》栏目活动，再到"国家大豆行动计划"的推广，继而在央视《东方时空》和《开心辞典》投入品牌广告，九阳豆浆机的市场宣传策略已从"引导消费豆浆"转移到"引导消费九阳豆浆机"，九阳不但市场中活了下来，并且带动发展起了一个新兴的豆浆机行业。

每年占销售收入20%~30%的研发投入，强大的营销网络的支持，支撑起了豆浆机行业内第一品牌的地位。刚问世时豆浆机的缺点不比优点少：一煮就煳，粘机且清洗困难，电机工作不稳，返修率高等。不突破技术障碍，豆浆机必被淘汰出局。要生存下去，九阳就必须不断完善技术，进行技术革新。九阳的发展壮大过程也是技术创新过程。1994年，九阳创新地将电机上置式安装；1996年九阳发明了"外加豆"技术；1998年针对消费者对豆浆机清洗困难的反馈，新创了"智能不粘"技术；2001年"浓香技术"产品在九阳研发成功并投入规模化生产。2001年8月，九阳豆浆机荣获中国首届外观设计专利大赛二等奖。2001年10月，荣获首届中国企业"产品创新设计奖"优秀奖。2003年12月，九阳豆浆机JYDZ-17、电磁炉JYC-24E、JYC-21D三款产品荣获中国工业设计"奥斯卡奖"。2001年4月，荣获"中国专利山东明星企业称号"。2001年8月，荣获山东省第六届专利奖金奖。到今天，九阳牌系列家用豆浆机拥有23项国家专利。

到1997年年底，九阳公司省内外的办事处已达10家，有200多家经销商。由于销售采取总经销制，加之总部的宣传支持，公司年销售收入逾千万元，完成了最初的原始积累。1998—1999年，九阳优化了自己的销售网络，对经销商加以筛选，同时加大了管理力度。销售网络优化效果很好，利润增长明显。目前，九阳已在全国地市级以上城市建立了200多个服务网点，做到了"凡是有九阳产品销售的地区，均有九阳的服务机构"，并在行业内率先在全国大部分城市实行了上门服务。在小家电行业内九阳公司形成罕见的客户和售后深度服务能力。

进入1998年，九阳度过了最艰难的创业开拓期，实力渐强。九阳豆浆机一机风行，诱发了投资者效仿的热潮。一时间全国各地如雨后春笋般新生了100余家豆浆机生产企业，有规模成气候的如福建的迪康，广东的科顺、雄风，河南的田山等。2001年6月18日，荣事达在沈阳宣布全面进入小家电市场，并声称要在两年内成为豆浆机的主导品牌。10天之后，美的公司也宣布斥资3000万元进入豆浆机领域，豆浆机公司随即成立，并计划年内生产能力达到150万台，进入行业前两名。其他曾进入豆浆机行业的大家电企业，还有海尔、澳柯玛等。

作为豆浆机行业的主导品牌，九阳面对纷至沓来的激烈竞争，并未显得手忙脚乱。他们在2001年度投入大量科研经费，研发了全新的专利"浓香技术"；推出九阳小海豚浓香豆浆机，迅速畅销全国。在品质管理方面，除进行常规的各项生产检验外，还单独成立了多个实验室，如电机实验室、成品实验室等，对关键配件和整机进行全面实验检测。2001年九阳豆浆机销量达到160万台。九阳通过在技术方面不断推陈出新，远远甩开了竞争对手，这是九阳在豆浆机行业市场上市场占有率始终维持在80%以上，销量年年第一的"法宝"。在保持快速技术创新的同时，九阳公司根据形势作出战略调整，为了在新技术、新材料、新工艺等方面赶上潮流，同时降低制造成本，在北方驻守了近10年后的九阳决定将公司的研发和制造重心南移，利用当地丰富的OEM资源，将研发、制造和销售三个重点减为两个重点，其中的制造环节将慢慢淡出。2003年九阳营业额近3亿元，其中2亿元来自豆浆机。

豆浆机毕竟是小家电的边缘产品，即使占有80%的市场，也觉得自己的那一块蛋糕太小，全国大约只有3个亿的市场。固守着豆浆机这一单一产品，很难让企业实现持续的快速增长。九阳人想做的是"小家电第一品牌"，于是继豆浆机之后，九阳2001年进入电磁炉行业，九阳人想通过电磁炉再现成功的一跃。九阳电磁炉自上市以来，也取得了不凡业绩。2003年3月，九阳电磁炉荣列"全国市场同类产品六大畅销品牌"。2003年度九阳位居全国电磁炉行业前两名，成为电磁炉行业主导品牌。

资料来源：根据网络资料整理

问题：

1. 九阳豆浆机长时间占据市场领导地位的原因是什么？
2. 九阳公司针对大量的市场挑战者和市场追随者，采取了何种竞争策略？
3. 九阳豆浆机应如何利用消费者对牛奶消费信心不足的契机，进一步提高竞争力？

第 7 章

产品策略

学习目标

1. 了解产品生命周期的概念。
2. 掌握各阶段产品周期策略。
3. 熟悉产品品牌与包装策略。
4. 了解新产品设计与开发策略。

导入案例

麦当劳提供的整体产品

世界快餐的"航空母舰"——麦当劳成功的秘诀在于它的产品具有整合概念,概括起来可用以下 7 个"F"说明。

新鲜(Fresh):美国人很重视食品的新鲜——豆子要碧绿、生菜要新鲜、鱼肉要洁白又扎实等。因此,优良的冷冻和通风设备必不可少,清洁的就餐环境至关重要。

饱(Filling):快餐要给人以物美价廉之感。为此,麦当劳在炸鸡上多撒些面包屑,把面包卷做得更厚,每份炸马铃薯条和生菜沙拉都更容易让人吃饱。同时,还注意各色食品中的营养搭配。

快(Fast):由于人们吃快餐的目的就是为了节省时间,因此食品必须是快速食品。为了节省时间,柜台上设有多台付款机,以减少人们排队付款时间。麦当劳公司还在高速公路两旁建立了快餐店,司机们足不出车就可以拿到几分钟前所预订的食品。

油炸(Fried):美国人喜欢吃酥脆的油炸食品,但不愿在家中做,因为会有讨厌的油炸气味和大量的渣滓。麦当劳提供的油炸食品恰好又快又易携带。

家庭式(Family):忙碌的人们不常在家做饭,却想在外面找个家庭式的地方就餐,即餐厅符合家庭要求:食品对孩子不能太腻且价格相对便宜,餐厅清洁卫生、通风明亮,一般不供应酒类。

浪漫感(Fantasy):在家庭氛围之余,还应让人感到就餐是一种享受。因此,麦当劳公司对有的店铺进行了怀古装饰,特别是运用了古老西部的装饰,以及西班牙殖民地时期的装饰。

福利主义(Fordism):通过采用自动化设备代替手工操作,精密分工,统一食品标准,节省时间、降低成本。同时,可以保证人们在不同地方吃到的麦当劳食品都是一个口味。

在现代市场经济活动中,企业之间的激烈竞争是以产品为中心的,产品是一切生产经营活动的核心的物质载体,是"企业的生命"。在市场营销组合中,产品策略是核心,它对营销组合的其他策略,如价格策略、促销策略、渠道策略等起着统御作用,在很大程度上决定或影响着这些策略的制订与实施。因此,产品策略的成功与否,在一定程度上决定了企业的兴衰成败。产品策略涉及正确地认识产品的内涵、巧妙地进行产品组合、准确地判断产品的生命周期、有效地开发出新的产品、增强产品包装的吸引力、树立品牌形象、培育企业持续发展的动力等内容。

资料来源:网络案例

引导问题:

麦当劳的整体产品体现在哪几个方面?

7.1 产品生命周期策略

7.1.1 产品及其生命周期

1. 整体产品

什么是产品?我们可能会想到诸如书、杯子、彩电、手机、衣服等这样的实体产品。事实上,电影、旅行、理发、看病都是产品;彩电的安装与调试、维修也是产品。有形物品已不能涵盖现代观念的产品,产品的内涵已从有形物品扩大到服务、人员、地点、组织与观念等。按照传统的观念,产品仅指通过劳动而创造的有形物品,这是狭义的产品概念。按照市场营销观念,**产品是指能够提供给市场以满足顾客需要及欲望的任何东西**,即提供给市场以满足消费者某一需求和欲望的任何有形物品与无形物品。这有两层概念:一是产品不仅是指其物质实体,而且包括能满足人们某种需要的服务;二是对企业来说,其产品不仅是实体本身,而且包括实物出售时所提供的系列服务。

广义的产品概念引申出整体产品概念。营销学界曾用 3 个层次来表述产品整体概念,即核心产品、形式产品和延伸产品。近来,菲利普·科特勒等学者认为用 5 个层次来表述产品的整体概念,则更加准确,如图 7-1 所示。

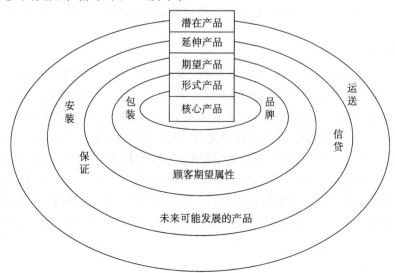

图 7-1 产品整体概念层次示意图

(1) 核心产品

核心产品(core product)是指向购买者提供的能够满足其需要的基本效用或利益。例如,电视机产品的核心是通过图像和音响使消费者获得各种信息与娱乐的效用,而不是为了使消费者获得一个装有某些机械、电器零件的箱子。

消费者购买产品,并不是为了获得产品本身,而是为了获得满足自身某种需要的效用和利益。例如,买自行车是为了代步;买汉堡是为了充饥;买化妆品是希望美丽、体现气质、增加魅力等。因此,企业在开发产品、宣传产品时应明确地确定产品能提供的利益,产品才具有吸引力。

(2) 形式产品

形式产品(basic product)是指核心产品借以实现的形式,是企业向消费者提供的产品实体和服务的外观。其由五个特征所构成,即品质、特点、款式、品牌及包装。例如,冰箱的有形产品不仅指电冰箱的制冷功能,还包括质量、造型、颜色、容量等。

① 产品品质,即产品的理化性能、技术指标、使用寿命等,是表明产品质量水平的重要标志。

② 产品特点,即本产品与同类产品相比的独特之处,在很大程度上决定产品的市场份额和竞争力。

③ 产品款式,即产品的原理结构、造型、外观设计上的新颖性、艺术性、奇异性。这是影响消费选择的重要指标。

④ 产品品牌,即企业产品名称,用以区别不同企业的产品。企业实力的综合反映,是企业的无形资产。

⑤ 产品包装,即企业产品的外部包扎。好的包装既能保护产品、美化产品,提高产品价值,又能方便顾客,促进销售。

产品的基本效用必须通过特定形式才能实现,企业应努力寻求更加完善的外在形式,以满足顾客的需要。形式产品是消费者选择商品的主要参考因素之一,有的形式产品能在一定程度上反映实质产品的特性和品质。企业在产品设计时,应着眼于消费者所追求的基本利益,同时市场营销人员也要重视如何以独特的形式将这种利益呈现给消费者。

(3) 期望产品

期望产品(expected product)是指购买者购买产品时期望得到的东西,即购买产品时期望得到与产品密切相关的一整套属性和条件。例如,旅客对旅店服务产品的期望包括干净整洁的房间、毛巾、电话、衣柜、电视等;消费者对冰箱产品的期望包括送货上门、质量、安装与维修保证等。公众的期望产品得不到满足时,会影响消费者对产品的满意程度、购后评价及重复购买率。又如,当你买到一本错别字到处都是、体系混乱、语句不通顺的书时,你会非常失望。失望的原因在于它没有满足你的期望。根据赫兹伯格双因素理论,由于一般情况下产品都能满足消费者的最低期望,因此期望产品的提供并不能使顾客感到满意。但是,如果企业不能提供期望产品,则会使顾客感到不满。因此,期望产品的提供是使顾客满意的前提。

(4) 延伸产品

延伸产品(augmented product)是指产品附带的各种利益的总和,包括保证、维修、送货、技术培训等所有服务项目,给消费者以更多的利益,从而推动企业发展和提高竞争力。在现代市场经济中,特别在同类或同质产品中,延伸产品有利于引导、启发、刺激消费者购买、重复购买和增加购买量。

由于产品的消费是一个连续的过程,既需要售前宣传产品,又需要售后持久、稳定地发挥效用,服务是不能少的。可以预见,随着市场竞争的激烈展开和用户要求不断提高,延伸产品越来越成为竞争获胜的重要手段。例如,越来越多的出版商在提供图书的同时,还以光盘或网络的形式提供配套课件、习题等。

(5) 潜在产品

潜在产品(potential product)是指现有产品可能发展成为未来最终产品的潜在状态的产品。它反映了现有产品可能的演变趋势和前景。例如,彩色电视机可能发展为录放映机、计算机终端机,等等。诺基亚手机曾通过宣传,向人们展示其未来有可能取代身份证和信用卡。

由此可见,产品的概念十分广泛,它是指向消费者提供一个整体性的满足。核心产品、形式产品、期望产品、延伸产品与潜在产品作为产品的 5 个层次,构成产品整体概念,是不可分割的一个整体。其中,核心产品是实质,是根本,它必须转化为形式产品才能得以实现。只有从整体产品的角度提供产品,才能提高企业的整体竞争力。

产品整体概念的 5 个层次是建立在"需求＝产品"这样一个等式基础之上的,十分清晰地体现了以顾客为中心的现代营销观念。总之,衡量一个产品的价值,是由顾客决定的,而不是由生产者决定的。

2. 整体产品概念的意义

整体产品概念是市场经济思想的重大发展,对企业经营管理具有非常重要的意义。

(1) 产品是有形特征与无形特征的综合体

从整体产品概念可知,产品既包括人们能看得见、又能摸得着的有形特征;又包括服务、思想、观念、医疗、理发、旅游等无形特征,是有形特征与无形特征的综合体,如表 7-1 所示。

表 7-1 产品的有形特征与无形特征

有 形 特 征		无 形 特 征	
物质因素	化学成分、物理性能	信誉因素	知名度、偏爱度
经济因素	效率、维修保养、使用效果	保证因素	"三包"和交货期
时间因素	耐用性、使用寿命	服务因素	运送、安装、维修、培训
操作因素	灵活性、安全可靠		
外观因素	体积、重量、色泽、包装、		

企业在设计产品、开发产品过程中,一方面要有针对性提供功能,以满足消费者不同的需要,还要保证产品的可靠性与经济性;另一方面对于产品的无形特征应充分重视,因为它也是提升产品竞争力的重要因素。产品的有形特征与无形特征是相辅相成、相互影响的,一方面无形特征包含在有形特征之中,并以有形特征为依托;另一方面有形特征又需要通过无形特征来强化。

(2) 以市场需求为中心理解整体产品概念

产品整体概念的 5 个层次都充分体现了一切以市场需求为中心的现代市场营销观念;

而且衡量产品的价值大小,最终的裁判员是顾客,而不是生产者。

(3) 整体产品概念具有动态性

市场经济是不断发展变化的,产品所处的市场环境也是不断变化的,消费者的需求水平与层次越来越高,市场竞争不断加剧,对企业产品提出更高的要求,为适应这样的市场态势,产品整体概念的外延也处于不断变化之中。

(4) 突出产品的差异性与特色

整体产品是由5个层次构成,每个层次中任何一部分都可能与众不同。无论是包装、效用、款式,还是安装、维修、品牌与形象等方面,应按照目标市场需求进行设计,形成特色。

7.1.2 产品生命周期

1. 产品生命周期的概念

产品生命周期是指产品从进入市场开始,直至被淘汰退出市场为止所经历的全部时间。 产品生命周期指的是产品的市场寿命、销售生命周期,而不是使用寿命、自然寿命。在同一市场,不同产品的生命周期不一样;在不同市场,同一产品的生命周期也不一样。

市场营销学主要研究工业制成品的生命周期。其一般分为4个阶段:产品导入阶段,市场成长阶段,市场成熟阶段和市场衰退阶段。产品生命周期是一个经验概念,它具有多种形式,产品生命周期与产品定义范围有直接关系。如图7-2所示,典型的产品市场生命周期包括4个阶段:投入期、成长期、成熟期和衰退期,表现为一条"S"形的曲线,各阶段具有不同的特点。

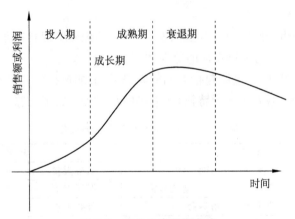

图 7-2 产品生命周期曲线

2. 产品生命周期的其他形态

(1) 再循环形态,是指产品销售进入衰退期后,由于市场需求的变化或厂商投入更多的促销费用而使产品进入第二个成长阶段。

(2) 多循环形态,也称"扇形"或波浪形循环形态。产品进入成熟期后,厂商通过制订和实施正确的营销策略,使产品销售量不断达到新的高潮。

(3) 非连续循环形态。大多数时髦商品呈非连续循环,一上市即热销,而后很快在市场上销声匿迹。厂商既无必要也不愿意做延长成熟期的任何努力,而是等待下一周期的来临。

一般而言,产品种类、产品形式、产品品牌的寿命期各不相同,产品种类具有最长的生命周期。

3. 产品市场生命周期与产品使用生命周期

(1) 产品使用生命周期。产品使用生命周期是指产品自然使用寿命。产品的耐用程度,由自然属性决定,是交换价值的消失过程,也就是产品从投入使用到损坏报废为止的时间。

有些产品使用周期很短,但市场生命周期很长,如最典型的肥皂、鞭炮等;有些产品使用周期很长,但市场生命周期很短,如计算机、流行服饰等。

(2) 产品市场生命周期。产品市场生命周期是产品的经济寿命。产品在市场上存在的时间,由社会属性决定,是使用价值的消失过程。

汽车作为代步工具从未被淘汰,具有强盛的市场生命周期,但有的款式或型号已被淘汰。

(3) 通过市场买卖的产品才有市场生命周期;不通过市场买卖的产品就没有市场生命周期。

7.1.3 产品生命周期阶段的市场特点与营销对策

1. 导入期

(1) 导入期的市场特点

导入期是新产品进入市场的最初阶段,其主要特点如下。

① 生产批量小,制造成本高。由于新产品刚开始生产,技术不够稳定,不能批量生产,生产成本较高。

② 营销费用高。新产品刚刚上市,消费者对其性能、质量、款式、价格等都不太了解,需要企业大力宣传,必然增大营销费用。

③ 销售量小。因为新产品刚投入市场,消费者不太了解,只有少数早期接受者购买产品,销量少,利润少,甚至发生亏损。

④ 利润较低,甚至为负值。这是由于生产量小、成本高、广告促销费较高所致。

(2) 导入期的营销策略

根据导入期产品的特点,要求企业积极搜集市场对新产品的反应,大力开展广告宣传活动,疏通销售渠道,打开销路。

其营销目标包括:努力创造产品知名度、试用、发展中间商。

其营销策略包括:开展市场调查和预测,选择合适的目标市场,大量广告与展销,建立选择性分销,努力推销产品,如表 7-2 所示。

表 7-2 产品导入期营销策略

价格水平	促销水平	
	高	低
高	快速撇脂策略	缓慢撇脂策略
低	快速渗透策略	缓慢渗透策略

① 快速撇脂策略,即双高策略,企业以高价格、高促销费用将新产品推向市场,以求尽快打开市场,提高市场占有率,迅速获得较高利润。

"高价格"是为了在每一单位销售额中获取最大利润。

"高促销费用"是为了加快市场渗透,取得较高市场占有率。

其优势有:可在短期内获得较高利润,快速占领市场。

其实施条件包括:市场上有较大需求潜力;新产品优于原有同类产品;消费者求新心理强,有强烈的购买欲望且不太在乎价格;企业面临潜在竞争者的威胁,需要尽快形成产品偏好群并建立品牌声誉。

② 缓慢撇脂策略,即高低策略,企业以较高的价格、较低的促销费用将新产品推向市场,以期获得较多的利润。

其优点是可为企业带来更多利润。

其实施条件有:产品市场面较小,消费对象相对集中;消费者需求迫切,没有现实竞争者与潜在竞争者的威胁;新产品能有效填补市场空白;适当的高价能为购买者接受。

③ 快速渗透策略,即低高策略,企业以低价格、高促销费用将新产品推上市场,以求迅速占领市场,取得尽可能高的市场占有率。

其目的是以最快的速度占领市场,以便在后期获得较多利润。

其实施条件有:市场容量大;具有明显的规模效应;新产品的市场潜力很大;消费者对它不了解但对价格敏感;面临潜在竞争对手的较大威胁;随着生产规模扩大可有效降低生产成本。

④ 缓慢渗透策略,即双低策略,企业以较低的价格、较低的促销费用将新产品推向市场。

"低价格"是为使市场迅速接受新产品。

"低促销费用"是为了实现更多净利。

其优点是扩大产品销售,实现更多盈利。

其实施条件有:新产品的市场容量大;市场潜在竞争激烈;消费者已经非常了解这种产品并对价格很敏感。

导入期营销策略具有重要意义,只要导入期的营销策略得当,市场便会出现购买热潮,中间商也乐于经营,形成人人愿买、家家愿卖的局面。一旦销售额上升,市场增长率和占有率很快提高,利润就会迅速增长,这就标志着该产品销售进入了成长阶段,是该产品的黄金时代。

2. 成长期

(1) 成长期的市场特点

成长期是产品市场生命周期的第二阶段,具有明显的市场特点。

① 目标市场上的消费者对产品较熟悉,比较保守的消费者也开始消费,销售增长很快。

② 企业已具备大批量生产的条件,生产成本相对降低,利润稳步增长,产品表现了较大的市场吸引力。

③ 竞争者纷纷进入市场参与竞争,使同类产品供给量增加,价格随之下降,竞争加剧导致企业可能改进配方、增加功能。

④ 建立了比较理想的市场营销组合。

(2) 成长期的营销策略

其营销目标是最大限度地占领市场份额。

其营销策略核心是尽可能延长产品的成长阶段,使获取最大利润的时间得以延长。

① 着眼于产品改进。在改善产品质量的同时,根据消费者的需要努力开发新款式、新用途;提供良好的销售服务;吸引更多的购买者。

② 着眼于市场开发。通过市场细分寻找新的尚未满足的市场部分;根据其需要安排好营销组合因素;迅速开辟与进入新的市场。

③ 着眼于促销改进。将广告宣传中心从介绍产品转向树立产品形象;扩大产品的知名度;提高产品的美誉度;树立产品在消费者心目中的良好形象,以便形成稳定的品牌偏好群。

④ 着眼于价格调整。选择适当时机采取降价策略,以防止竞争者进入,同时激发对价格敏感消费者的购买欲望,争取更多顾客。

⑤ 着眼于分销改进。在巩固原有分销渠道的同时增加新的分销渠道;与分销渠道成员建立更为协调的关系;促进产品的销售。

3. 成熟期

成熟期是产品市场生命周期的一个"鼎盛"时期,其前半期的销售额达到最高峰;在稳定一个相对短暂的时期后,其销售额开始缓慢回落,这时便进入了一个转折时期,即成熟期的后半期。由于成熟期既是产品市场生命周期中的"极盛"和"巅峰"时期,又是一个由"盛"到"弱"的转折时期。

(1) 成熟期的市场特点

成熟期的市场特点主要体现在以下几个方面。

① 产品已为市场广泛接受,潜在的购买者也被开发,销售额虽然仍在增长,但速度趋于缓慢。

② 市场需求趋向饱和,销售量和利润达到最高点,后期两者增长缓慢,甚至趋于零或负增长。

③ 竞争处于最激烈状态,竞争手段复杂化。为了在市场竞争中不被击败,需要增加营销费用,利润因此持平或开始下降。

④ 企业的战略重点应是保持已取得的市场份额,并尽可能扩大市场份额。

(2) 成熟期的营销策略

其营销目标是保持已有市场份额以获取最大利润。

其营销策略主要有市场改良策略、产品改良策略、营销组合改良策略。

① 市场改良策略又称市场多元化策略,就是开发新市场、寻求新用户。刺激现有顾客,增加使用频率;重新定位,寻求新的买主;从广度与深度上进一步拓展市场。"广度"是指从城市转向农村,从国内转向国外;"深度"是指开发产品的新用途,从适应顾客一般要求到特殊要求。

② 产品改良策略。其主要有:品质改进策略,增加产品功能,如提高耐用性、可靠性;特性改进策略,增加产品新特性,如扩大产品适应性、方便性、高效性、安全性;式样改进策略,基于美学观点进行改变,使产品外形更加美观、更有特色;服务改进策略,提供更好的服务。

美国一家咨询公司在调查中发现,顾客从一家企业转向另一家企业,70%的原因是服务。他们认为,企业员工怠慢了一个顾客,就会影响40名潜在顾客。"在竞争焦点上,服务因素已逐步取代产品质量和价格,世界经济已进入服务经济时代。"正是基于这样的认识,美国 IBM 公司公开表示自己不是计算机制造商,而是服务性公司。该公司总裁说:"IBM 并不卖计算机,而是卖服务。"

③ 营销组合改良策略,通过对产品、定价、渠道、促销 4 个市场营销组合因素加以综合改革,刺激销售量回升。

例如,成立于 1903 年的哈雷机车公司,是美国知名的机车制造商,专门生产重型摩托车。这个品牌所代表的意义相当广泛,它是一种情绪、一种感觉,甚至是一个梦想,更成为美国年轻人梦寐以求的对象。然而,进入 20 世纪 70 年代,由于公司管理不善,又遭到日本摩托车的猛烈攻击,哈雷濒临破产的边缘,经营权两次易主。自 20 世纪 80 年代以来,哈雷开展了一场反击战。直到今天,哈雷不仅成功击退日本的竞争者,更建立了忠诚的顾客群,成为全球知名品牌。哈雷机车如何浴火重生,自层层重围中杀出一条生路?其做法是市场营销组合改良策略,包括:建立"接单后生产"制造系统;坚持品质第一的信念;建立全球经销商咨询网络;成立哈雷俱乐部,全球有 36 万多名会员;延伸品牌资产,从皮衣、夹克、牛仔裤、手刀、打火机、餐厅等应有尽有,每年创造近一亿美元的销售收入;全力争取"露脸"机会。哈雷公司大方出借旗下 20 款不同的摩托车,让广告公司利用"哈雷"拍广告,让电影公司拍电影,为公司赢得了良好的品牌形象。

4. 衰退期

(1) 衰退期的市场特点

产品进入衰退期,呈现出以下市场特点。

① 产品销售量从缓慢下降变为迅速下降。

② 价格已降到最低水平,利润很低或无利。

③ 顾客不断减少,很多竞争者相继退出市场。

④ 还在市场的企业也减少服务,削减促销预算等,以维持最低水平的经营。

产品生命周期各阶段具有不同的特点,下面以表格形式进行对比,如表 7-3 所示。

表 7-3 产品生命周期各阶段特点

阶段 特点	导入期	成长期	成熟期	衰退期
销售额	低	迅速增长	缓慢或降低	下降
利润	低	迅速增长	减低	低或无
成本	高	低	下降	回升
顾客	试用者	多数	多数	保守者
竞争者	很少	增多	最多	减少
价格	高或低	适当	降低	降低

(2) 衰退期的营销策略

其营销目标是削减产品品牌支出,同时挤取利润。

其营销策略主要有维持策略、集中策略、收缩策略、放弃策略。

① 维持策略。维持策略是指保持原有的细分市场,沿用过去的营销组合策略,尽量稳定老产品的销售额,延缓老产品推出市场的速度为研制新产品创造时间,同时又从忠实于老产品的老客户得到利润。把销售维持在一个低水平上,待适当时机便停止该产品的经营,退

出市场。

② 集中策略。集中策略是指把企业能力和资源集中使用在最有利的细分市场、最有效的销售渠道和最易销售的品种、款式上。概括来说，就是缩短战线，以最有利的市场赢得尽可能多的利润。

③ 收缩策略。收缩策略是指大幅度降低销售费用，以增加眼前利润，通常作为停产前的过渡策略。缩小生产规模，削减分销渠道、降低促销水平，尽量减少营销费用，以增加目前利润，直到产品退出市场。

④ 放弃策略。放弃策略是指对于衰落比较迅速的产品，应当机立断，放弃经营，转向其他产品。

产品生命周期处在不同的阶段，实行不同的营销策略，下面通过表格对比进行区分，如表 7-4 所示。

表 7-4 产品生命周期各阶段的营销策略

阶段 特点	导入期	成长期	成熟期	衰退期
产品策略	确保产品的核心产品层次	提高质量、改进款式、特色	改进工艺、降低成本、改进产品	有计划地淘汰滞销品种
促销策略	介绍商品	品牌宣传	突出企业形象	维护声誉
分销策略	开始建立与中间商的联系	选择有利的分销渠道	充分利用并扩大分销网络	处理淘汰产品的存货
价格策略	撇脂价或渗透价	适当调价	价格竞争	削价或大幅度削价

7.2 多产品组合策略

7.2.1 产品组合的概念

1. 产品项目与产品线

（1）产品项目

产品项目（product item）是指产品大类中各种类型的产品，它是产品目录中列出的每一个明确的产品单位，具有不同功能、型号、品种、尺寸、价格、外观等特点的产品。

（2）产品线

产品线（product line）又称产品系列或产品大类，是指在技术上与结构上密切相关，具有相同使用功能，虽型号规格不同，但能满足同类需要的一组产品。我们可以从多方面来理解产品线：满足同类需求的产品项目，如不同型号的电视机；互补产品项目，如计算机的硬件、软件等；卖给相同顾客群体的产品项目，如学生的文具等。可视经营管理、市场竞争、服务顾客等具体要求，来划分产品线。

2. 产品组合

产品组合（product mix）又称产品搭配，是指一个企业生产或经营的全部产品线和产品项目的有机组合方式，即企业的业务经营范围。它包括 4 个变数：即产品组合的宽度、长度、深度和关联度。产品组合不恰当可能造成产品的滞销积压,甚至引起企业亏损。

(1) 产品组合的宽度

产品组合的宽度是指企业产品组合中所拥有产品线的数目,即产品大类的多少。

(2) 产品组合的长度

产品组合的长度是指产品组合中产品项目的总数。

(3) 产品组合的深度

产品组合的深度是指产品项目中每一品牌所含不同花色、规格产品数目的多少。通常来说,产品组合的深度是指一个企业的各个产品线的平均深度,即产品组合的长度除以宽度,可得出企业产品组合的平均深度。

(4) 产品组合的关联度

产品组合的关联度是指各产品线在最终用途、生产条件、销售渠道等方面的相关程度。

企业的产品组合包括它所销售的所有产品。假设宝洁公司的所有消费品——洗涤剂、牙膏、香皂、方便尿布、纸巾等,便构成了它的产品组合,如表7-5所示。

表 7-5　宝洁公司消费品的产品线与产品组合

	产品组合的宽度				
	洗涤剂	牙膏	香皂	方便尿布	纸巾
产品线的深度	象牙雪(1930) 洁拂(1933) 汰渍(1946) 快乐 奥克多(1952) 达士(1954) 大胆(1965) 吉恩(1966) 黎明(1972) 独立(1979)	格里(1952) 佳洁士(1955) 登魁(1980)	象牙(1879) 柯柯(1885) 拉瓦(1893) 佳美(1926) 爵士(1952) 舒肤佳(1963) 海岸(1974)	帮宝适(1961) 露肤(1976)	查敏(1928) 白云(1958) 普夫(1960) 旗帜(1982)

由表7-5可以看出,宝洁公司产品组合的宽度(产品线总数目)——5条产品线(实际上该公司还有许多另外的产品线,如护发产品、保健产品、饮料、食品等);产品组合的长度(产品项目总数)——26个产品项目。产品组合的深度为 $26/5=5.2$。

产品组合的关联度是指各条产品线在最终用途、生产条件、分销渠道或其他方面相互关联的程度。由于宝洁公司的产品都通过同样的分销渠道出售,可以说,具有较强的关联性;就这些产品对消费者的用途不同而言,该公司的产品缺乏关联性。

产品组合的关联度强弱要根据具体情况而定,并不是越强越好,也不是越弱越好。产品组合的4种尺度为公司确定产品战略进行产品创新提供了依据。公司可以采用4种方法:增加新的产品线,以扩大产品组合的宽度;延长现有的产品线;增加每一产品项目的品种,以增加组合的深度;还可以利用产品的最终用途、生产条件和分销渠道等相互关联性进行产品开发与创新。

3. 产品组合对市场营销活动的意义

产品组合策略,一般是从产品组合的长度、宽度、深度和关联度等方面作出的决定,对营销策略有十分重大的意义。

(1) 企业适度增加产品组合宽度,扩大经营范围,增加产品线,可充分发挥各种资源的潜力,提高效益。另外,随着市场的发展与变化,每一种产品的销售风险随时可能增大,扩大产品组合的宽度,可以减少风险,提高的企业的适应力与竞争力。

(2) 增加产品线的长度,增加产品项目,实现产品花色品种多样化,可使产品线丰满;同时,给每种产品增加更多的变化因素,可满足不同顾客的需要,提高顾客的满意度。

(3) 增加产品组合的深度,可适应不同顾客的需要,吸引更多的顾客。

(4) 产品组合关联度高低,可决定企业在多大领域内加强竞争地位和获得声誉。增加产品线之间的关联度,可增强企业的生产能力和市场地位,便于分销、促销与售后服务,从而提高企业在行业中的地位。

7.2.2 产品组合策略

1. 产品组合策略概述

产品组合策略是指企业根据市场状况、经营目标与自身资源实力,对产品组合的宽度、长度、深度与关联度进行不同组合的过程。可选择的产品组合策略主要有以下 5 种。

(1) 全线全面型策略

全线全面型策略是指企业着眼于向任何顾客提供他所需的一切物品策略。采用这一策略的条件是企业有能力照顾整个市场的需要,适用范围是大型企业集团或大公司。

广义的全线全面型策略是指尽可能地增加产品线的宽度和深度,不受产品线之间关联性约束。例如,日本索尼公司经营范围从电视机、收录机、摄像机到旅行社、连锁餐馆、药房等,十分广泛。

狭义的全线全面型策略是指提供一个行业所必需的全部产品。例如,美国奇异电器公司的产品线很多,但都是与电气有关。

这种产品组合策略能分散经营风险;扩展企业实力;取得最大市场覆盖面;最大限度满足顾客需要。

(2) 市场专业型策略

市场专业型策略是指企业向某个专业市场(某类顾客)提供所需的各种产品的策略。例如,某机械公司专门生产建筑业产品,产品组合有推土机、翻斗机、挖沟机、起重机、水泥搅拌机、压路机、载重卡车等产品线组成。市场专业型策略非常重视产品组合的关联度和宽度,组合深度较小,能为某一类顾客提供全方位服务,方便顾客。这种产品组合策略能使某一类顾客在某种产品的消费上,能从一个企业获得充分满足,既方便了顾客,又扩大了销售。

(3) 几条产品线专业型策略

几条产品线专业型策略是指企业集中某一类产品的生产,并将产品推销给各类顾客的策略,即广度和深度较小,但密度大的产品组合。例如,某汽车公司的产品是汽车,根据不同需要,设立小轿车、大客车、运货卡车三条产品线。这种产品组合策略的产品线数目少,各项目密切相关,产品品种丰富,可满足不同顾客的需求。

(4) 一条产品线专业型策略

一条产品线专业型策略是指企业根据自己专长,集中经营单一的产品线,即广度小,深度一般的产品组合。例如,某汽车厂只生产小汽车。这种产品组合策略宽度很小,深度有限,关联度较强。

(5) 特殊产品专业型策略

特殊产品专业型策略是指企业根据自己专长,生产某些特殊产品项目或提供某种特殊服务,如小工艺品、提供特殊工程设计、咨询服务、律师服务、保镖服务等。这种策略产品组合宽度小,深度大,关联性强。

2. 产品组合的优化

企业要经常对产品组合进行分析、评估和调整,力求保持最佳的产品组合。优化产品组合包括两个重要步骤。

第一步,产品项目销售额和利润分析,即分析、评价现行产品线上不同产品项目所提供的销售额和利润水平。

第二步,产品项目市场地位分析,即将产品线中各产品项目与竞争者的同类产品做对比分析,全面衡量各产品项目的市场地位。

产品组合的优化方法通常有以下三种。

(1) 三维分析法

三维分析法是利用三维空间坐标上的三个坐标轴,分别表示市场占有率、销售增长率、利润等,将产品按不同情况,放置于不同的位置,分析优劣势,选择有利组合,如图 7-3 所示。

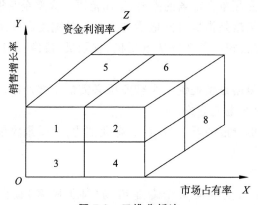

图 7-3 三维分析法

在图 7-3 中,共划分为 8 种位置,分析企业生产经营所有产品在图中的位置,可以决定最佳的产品组合策略。任何一种产品的市场占有率、销售增长率与资金利用率都有一个由低到高或由高到低的变化过程,不能要求所有的产品同时达到最佳状态。因此,企业所期望达到的最佳产品组合,应是市场占有率、销售增长率与资金利用率都高的"三高"产品组合,如图 7-3 中第 6 号区域位置,无疑应该是企业重点发展的产品。由于市场需求的多层次性,在竞争中处于某一区域的产品,只能适应某一方面的市场需求,可以根据不同情况,分别采取维持、稳定或提高的策略。但是,对于图 7-3 中的第 3 号区域位置,就应考虑转产或放弃策略。

(2) 四象限评价法

四象限评价法又称波士顿矩阵分析法,是 20 世纪 70 年代初由美国波士顿公司(BCG)首先创立的,简称 BCG 方法。波士顿矩阵分析法认为,在企业的产品结构中各种产品是相互联系的一个总体。一般决定产品结构的基本因素有两个:市场引力与企业实力。市场引力包括企业销售量(额)增长率、目标市场容量、竞争对手强弱及利润高低等。其中,最主要的是反映市场引力的综合指标——销售增长率,这是决定企业产品结构是否合理的外在因素。企业实力包括市场占有率、技术、设备、资金利用能力等。其中,市场占有率是决定企业产品结构的内在要素,直接显示出企业竞争实力。

通过以上两个因素相互作用,会出现 4 种不同性质的产品类型,形成不同的产品发展前景:①销售增长率和市场占有率"双高"的产品群(明星产品);②销售增长率低、市场占有率高的产品群(金牛产品);③销售增长率高、市场占有率低的产品群(问题产品);④销售增长率和市场占有率"双低"的产品群(瘦狗产品)。波士顿矩阵对于企业产品所处的4个象限具有不同的定义和相应的战略对策。

波士顿矩阵分析法如图 7-4 所示。

图 7-4 波士顿矩阵分析法

① 明星产品。它是指处于高增长率、高市场占有率象限内的产品群,这类产品可能成为企业的金牛产品,需要加大投资以支持其迅速发展。采用的发展战略是:积极扩大经济规模和市场机会,以长远利益为目标,提高市场占有率,加强竞争地位。其发展战略是对明星产品的管理与组织最好采用事业部形式,由对生产技术和销售两方面都很内行的经营者负责。

② 金牛产品又称厚利产品。它是指处于低增长率、高市场占有率象限内的产品群,已进入成熟期。其财务特点是销售量大,产品利润率高、负债比率低,可以为企业提供资金,而且由于增长率低,也无须增大投资。因此,成为企业回收资金,支持其他产品,尤其明星产品投资的后盾。对这一象限内的大多数产品,市场占有率的下跌已成不可阻挡之势,可采用收获战略:所投入资源以达到短期收益最大化为限,把设备投资和其他投资尽量压缩;采用榨油式方法,争取在短时间内获取更多利润,为其他产品提供资金。对于这一象限内的销售增长率仍有所增长的产品,应进一步进行市场细分,维持现存市场增长率或延缓其下降速度。对于金牛产品,适合于用事业部制进行管理,其经营者最好是市场营销型人物。

③ 问题产品。它是处于高增长率、低市场占有率象限内的产品群。前者说明市场机会大,前景好;而后者则说明在市场营销上存在问题。其财务特点是利润率较低,所需资金不足,负债比率高。例如,在产品生命周期中处于导入期、因种种原因未能开拓市场局面的新产品即属此类。对问题产品应采取选择性投资战略,即首先确定对该象限中那些经过改进可能会成为明星的产品进行重点投资,提高市场占有率,使之转变成"明星产品";对其他将来有希望成为"明星产品"的,则在一段时期内采取扶持的对策。因此,对问题产品的改进与扶持方案一般均列入企业长期计划中。对问题产品的管理组织,最好是采取智囊团或项目组织等形式,选拔有规划能力,敢于冒风险、有才干的人负责。

④ 瘦狗产品也称衰退类产品。它是处在低增长率、低市场占有率象限内的产品群。其

财务特点是利润率低、处于保本或亏损状态,负债比率高,无法为企业带来收益。对这类产品应采用撤退战略:首先应减少批量,逐渐撤退,对那些销售增长率和市场占有率均极低的产品应立即淘汰;其次是将剩余资源向其他产品转移;最后是整顿产品系列,最好将瘦狗产品与其他事业部合并,统一管理。

(3) 市场分析法

市场分析法主要考虑各种产品现在和未来在市场上可能的占有率与销售增长率,综合分析,选择有利产品组合。

(4) 产品系列平衡法

根据企业的经营能力和市场引力的好、中、差,将企业需要经营的产品分为几种情况,采取不同策略,实现不同组合,接近企业总目标。

3. 产品组合的调整

一个企业的产品组合决策并不是一成不变的,随着市场环境的改变,应根据企业资源条件与市场状况,对产品组合进行适当的调整,而且要遵循有利于销售和增加企业总利润的原则。企业在调整和优化产品组合时,根据情况的不同,可选择以下策略。

(1) 扩大产品组合策略

扩大产品组合策略是指增加产品组合的宽度和深度。也就是说,要增加产品线或产品项目,扩展经营范围,生产经营更多的产品,以满足市场需要的产品组合策略。增加产品组合的宽度是在原产品组合中增加一条或几条产品线,扩大企业的经营范围。增加产品组合的深度是在原有产品线内增加新的产品项目,发展系列产品。

例如,鄂尔多斯羊绒集团为增强产品竞争力,提高经济效益,引进日本、意大利等国先进设备,增加了羊绒大衣、围巾、衬衫、披巾等产品线(宽度);在增加了产品宽度的同时,也增加了产品项目总数(长度),有不同规格、色泽、款式等;又开发出绒加棉、绒加麻、绒加丝、绒加纤维等系列。

一般当企业预测现有产品线的销售额和盈利率在未来几年要下降时,往往就会考虑这一策略。这一策略可以充分利用企业的人力等各项资源,深挖潜力,分散风险,增强竞争能力。当然,扩展策略也往往会分散经营者的精力,增加管理困难,有时会使边际成本加大,甚至由于新产品的质量、功能等问题,而影响企业原有产品的信誉。

(2) 缩减产品组合策略

缩减产品组合策略是指取消一些产品线或产品项目,集中力量生产经营一个系列的产品或少数产品项目,实行高度专业化的产品组合策略。缩减产品组合策略主要包括两种策略:一是缩减产品线,只生产经营某一个或少数几个产品系列;二是缩减产品项目,取消一些低利产品,尽量生产利润较高的少数品种规格的产品。

缩减策略可使企业集中精力对少数产品改进品质,降低成本,删除得不偿失的产品,提高经济效益。当然,企业失去了部分市场,也会增加企业的经营风险。

(3) 产品线延伸策略

产品线延伸策略是指突破原有经营档次的范围,使产品线加长的产品组合策略。每一家企业的产品都有其特定的市场定位。例如,我国轿车市场中,"别克"、"奥迪"、"帕萨特"等定位于中偏高档汽车市场,"桑塔纳"定位于中档汽车市场,"夏利"、"奥拓"等则定位于低档汽车市场。产品延伸策略是指全部或部分地改变公司原有产品的市场定位。具体做法有向下延伸、向上延伸、双向延伸。

① 向下延伸是指企业原来生产高档产品,后来决定增加低档产品。例如,五粮液公司的产品就从五粮液→五粮醇→五粮春→金六福→京酒等。

企业采取这种决策的主要原因是:企业发现其高档产品的销售增长缓慢,不得不将其产品大类向下延伸;企业的高档产品受到激烈的竞争,必须用侵入低档产品市场的方式来反击竞争者;企业当初进入高档产品市场是为了建立其质量形象,然后再向下延伸;企业增加低档产品是为了填补空隙,不使竞争者有隙可乘。

企业在采取向下延伸决策时,会遇到一些风险:企业原来生产高档产品,后来增加低档产品,有可能使名牌产品的形象受到损害(可以用不同的商标),也有可能会激怒生产低档产品的企业,导致其向高档产品市场发起反攻;企业的经销商可能不愿意经营低档产品。

② 向上延伸是指企业原来生产低档产品,后来决定生产高档产品。

在下列情况下可以生产高档产品:高档产品畅销,销售增长较快,利润率较高;企业估计高档产品市场上的竞争者较弱,易于被击败;企业想使自己成为生产种类全面的企业。

采取向上延伸决策也要承担一定风险:可能引起生产高档产品的竞争者进入低档产品市场;未来的顾客可能不相信企业能生产高档产品;企业的销售代理商和经销商可能没有能力经营高档产品。

③ 双向延伸是指生产中档产品的企业在取得市场优势后,同时向产品线的上下两个方向延伸。一方面增加高档产品;另一方面增加低档产品,扩大市场阵地。这种策略在一定条件下有利于扩大市场占有率,增强自己的竞争能力。

例如,美国袖珍计算机市场在德州仪器公司进入之前,整个市场由波玛公司所提供的初级品与惠普公司所提供的高档产品所支配。德州仪器公司提供的是中等价格与质量的产品,填补了市场空白,并迅速占领了中档产品市场;然后在中档产品的两端逐步增加更多的机型:一方面推出各种高档电子计算器,但价格比惠普公司低;另一方面又推出各种低档产品,质量优于波玛公司,而价格相等或更低。由于德州仪器公司双向延伸的胜利,在袖珍电子计算器市场上取得了领导地位。

(4) 产品线现代化策略

有时产品线的长度虽然适当,但是产品还是停留在多年前的水平上,这就需要更新产品,实现产品线的现代化,跟上市场前进的步伐。产品线的现代化可采取两种方式实现:一是逐项更新;二是全面更新。

(5) 产品线特色策略

产品线特色策略就是在每条产品线中推出一个或几个有特色的产品项目,以吸引顾客,适应不同细分市场的需要。一般是推出低档或最高档的产品来形成自己的特色。

7.3 产品品牌与包装策略

7.3.1 品牌

1. 品牌的概念

品牌与包装都是产品整体观念的重要组成部分。**品牌(brand)又称产品的牌子**,它是制造商或经销商加在产品上的标志,是指用来识别卖者的产品或劳动的名称、符号、象征、设计或它们的组合所构成,用来区别本企业与同行业其他企业同类产品的商业名称。品牌是一个集合概念,包含品牌名称、品牌标志等概念。品牌用来识别产品的制造商和销售商,并使之与竞争对手的产品相区别。

品牌名称(brand name)是指品牌中可以用语言来称呼和表达的部分,也叫"品名"。例如,可口可乐、百事可乐等都是美国著名的品牌名称;松下、索尼是日本著名的品牌名称;罗蒙、雅戈尔则是我国西服的著名品牌名称。

品牌标志(brand mark)是指品牌中可被识别而不能用语言表达的特定标志。包括专门设计的符号、图案、色彩、文字等。例如,海尔电器的两个卡通人物形象、麦当劳的"M"形金色拱门图案等。

品牌代表着卖方对交付给买方的产品特征、利益和服务一贯性的承诺。享有盛名的品牌是优质的保证。从消费者方面来讲,品牌是一种心理上、情绪上的认同。一个品牌能表达出以下6层概念。

(1) 属性

品牌首先体现出它能给人带来某种特定属性。例如,宝马汽车意味着工艺精良、昂贵、信誉好、声誉高、耐用、制造优良、行驶速度快捷等,这就是品牌最基本的概念。

(2) 利益

一个品牌不仅仅限于一组属性。顾客不是购买属性,而是购买利益。属性必须转换成功能与情感利益。例如,属性"耐用"可以转换成功能利益:"我可以几年不买车了";属性"昂贵"可以转换成情感利益:"这车使我令人羡慕,帮助我提升身份与地位";属性"制造优良"可以同时转化为功能与情感利益:"一旦出了交通事故,我是最安全的。"

(3) 价值

品牌还体现了该制造商的某些价值观。例如,奔驰汽车体现了高性能、安全、威信等。品牌的价值观要求企业营销者必须能分辨出对这些价值感兴趣的消费者群。

(4) 文化

品牌还象征一种文化。从奔驰汽车给消费者带来的诸多利益来看,奔驰蕴含着"有组织、高绩效与高品质"的德国文化。

(5) 个性

品牌代表了一定的个性,不同的品牌使人们产生了不同的品牌个性联想。例如,"金利来"倡导的"男人的世界"传达了一种阳刚、气俗不凡的个性;"娃哈哈"则象征着一种健康、幸福。

(6) 使用者

品牌还体现了购买与使用这种产品的是哪一类型的消费者。事实上产品所表示的价值、文化与个性,均可以反映在使用者身上。

小资料 7-1　　　　　　　　　美特斯·邦威:"不走寻常路"

美特斯·邦威的目标受众是 20~25 岁的年轻人,他们已经开始具有自己的思想,有自己的主张、生活态度,不愿意随波逐流,渴望真实自我,希望能证明自己。美特斯·邦威的"不走寻常路"、"每个人都有自己的舞台"独特品牌形象、品牌个性把目标消费者的这种心理特征描绘得淋漓尽致。同时,其形象代言人郭富城与周杰伦巨大的个人影响力,使该品牌的特性更为突出。美特斯·邦威目前的广告语是"每个人都有自己的舞台",延续了上一次"不走寻常路"的个性化特点,再次体现了当代年轻人充满自信、追求自然、渴望个性独立的时代气息。

资料来源:编者改编自中国营销传播网有关资料

2. 商标的概念

商标(trade mark)是一个专门的法律术语,俗称产品的"牌子",品牌或其一部分在政府有关部门依法注册后,称为"商标"。 商标受到法律保护,注册者有专用权,是一项无形资产。经注册登记的商标有"R"标记,或"注册商标"的字样。商标是产品的标记,是用来区别企业生产或经营的同种产品的专用标记。

商标有以下基本特征:①商标是商品或服务的标志。非商品上的图案、符号、标记都不是商标。②具有独占性。商标是受到法律保护的产权标志,是经商标局核准注册而取得的特殊权利。③商标是生产者或经营者的标志,区别于其他商品,它是企业声誉和评价的象征。

商标与品牌的区别是:商标一定是品牌或品牌的一部分,但并非所有的品牌都是商标,品牌与商标可以相同也可以不同;商标必须办理注册登记,品牌则无须办理;商标是受法律保护的品牌,具有专门的使用权。两者的联系是:商标的实质是品牌,两者都是产品的标记。商标是一个法律名词,品牌是一种商业称谓,两者从不同的角度指称同一事物。

3. 品牌的作用

(1) 方便顾客识别、选购商品

品牌可以减少消费者在选购商品时所花费的时间和精力。随着市场经济的发展,科学技术的进步,商品的科技含量不断提高,对消费者来说,同类型商品间的差异越来越小,越来越难以辨认,因此消费者可以借助品牌辨别和选择所需的产品与服务。

(2) 有利于维护企业和消费者的利益

由于品牌具有排他性的特征,品牌中的商标通过注册后受到法律保护,禁止他人使用。同时,若产品发生质量问题,消费者可以根据品牌溯本求源,追究品牌经营者的责任,依法向其索赔,以保护消费者的正当权益不受侵犯。

(3) 有利于商品促销

品牌的促销作用主要表现在两个方面:一是由于品牌是产品品质的标志,消费者常常按照品牌选择产品,因此品牌有利于引起消费者的注意,满足他们的欲求,实现扩大产品销售的目的;二是由于消费者往往依照品牌选择产品,这就促使生产经营者更加关心品牌的声誉,不断开发新产品,加强质量管理,树立良好的企业形象,使品牌经营走上良性循环的轨道。

(4) 能使产品不断增值

品牌是一种无形资产,可以作为商品买卖。世界十大著名品牌的品牌价值都是近乎天文数字。品牌资产是一种超越商品有形实体以外的价值部分。它是与品牌名称、品牌标志物、品牌知名度、品牌忠诚度相联系的,能够给企业带来收益的资产。

只有在品牌所创造的价值被目标消费者认知、认同的时候,品牌才能成为有意义、有吸引力的品牌。若脱离了"价值创造"的核心工作,品牌将变成一场逐梦的游戏。品牌价值的高低取决于消费者对品牌的忠诚度、品牌知名度、品牌所代表的质量、品牌的辐射力的强弱和其他无形资产。

7.3.2 品牌的定义与设计

1. 品牌的设计

品牌是由文字、图案及符号构成。品牌设计的题材极为广泛,如花鸟虫鱼、名胜古迹、天文地理等。品牌的设计是艺术和技巧在企业营销活动中的展现。

2. 品牌的设计要求

(1) 新奇独特。品牌是产品的标志,必须有显著特征。

(2) 美观大方。品牌的造型要美观大方、构思新颖、特色鲜明,这样的品牌能给顾客以美的享受,对顾客产生强烈的艺术感染力。

(3) 简洁明了。品牌设计要简明醒目,易懂易记,具有强烈的吸引力,使人见后留下深刻印象。

(4) 展现风貌。品牌要能展现企业及产品的风貌,表达出企业或产品的特点。

(5) 遵循法律规定。品牌设计一定要遵循商标法的有关规定。

(6) 适应风俗习惯。不同的顾客,由于文化、民族特点不同,具有不同的风俗、习惯及信仰。在品牌设计中要充分权衡,全面考虑。

7.3.3 品牌策略

企业合理使用品牌及品牌组合以便更有效地传递信息、提高市场占有率的技巧称为品牌策略。品牌策略一般有以下几种,如图7-5所示。

1. 品牌化决策——是否使用品牌

并不是所有产品都必须采用品牌。由于采用品牌要发生一定的费用,就使用品牌和不使用品牌对经营效果影响不大的产品来说,不一定要用品牌。实践中不使用品牌的产品属于少数。使用品牌无疑对企业有许多好处,对大多数企业来说,为了发展产品的信誉,应使用品牌。同时,使用品牌也意味着企业要承担相应的责任,如要保持产品质量的稳定、要对品牌进行宣传、要履行法律规定的义务等。若企业无力承担这些责任,大可不必使用品牌。

图 7-5 品牌化决策过程

2. 品牌使用者决策——使用谁的品牌

一旦决定使用品牌,就要考虑使用谁的品牌。可以使用制造商的品牌、中间商的品牌,也可混合使用前两者的品牌。更多的消费者希望购买具有良好信誉的商家出售的产品,这就要求制造商在采用谁的品牌上做出选择。一般来说,如果企业在一个新的市场上销售产品,或者市场上本企业的信誉不及其经销者的信誉,则适宜采用经销者的品牌,也可以同时使用经销者品牌和制造者品牌。

3. 品牌名称决策——使用多少品牌

(1) 个别品牌策略,即企业为其各种不同的产品分别使用不同的品牌。其优点是:使企业能针对不同细分市场的需要,有针对性地开展营销活动;采用该策略使生产优质、高档产品的企业也能生产低档产品,为企业综合利用资源创造了条件;采用此策略,各品牌之间联系松散,不会因个别产品出现问题、声誉不佳而影响企业的其他产品。其缺点在于,品牌较多会影响广告效果,易被遗忘。这种策略,需要较强的财力做后盾,一般适用于实力雄厚的大中型企业。

(2) 统一品牌策略,即企业所有产品都统一使用同一品牌。其好处是,可减少品牌设计费,降低促销成本;同时,如果品牌声誉很高,还有助于新产品推出。其不足之处是,某一产品的问题会影响整个品牌形象,危及企业的信誉。

(3) 分类品牌策略,即企业依据一定的标准将其产品分类,并分别使用不同的品牌。这样,同一类别的产品实行同一品牌策略,不同类别的产品之间实行个别品牌策略,以兼收统一品牌和个别品牌策略的益处。

(4) 企业名称+个别品牌策略。各种不同的产品分别使用不同的品牌,但每个品牌之前冠以企业名称。这样,可以使新产品系统化,借助企业信誉扩大品牌影响。

4. 品牌战略决策

(1) 品牌延伸。品牌延伸是指企业利用其成功品牌的声誉来推出改进产品或新产品。品牌延伸通常有两种做法:一是纵向延伸。企业先推出某一品牌,成功后,又推出新的经过改进的该品牌产品;接着,再推出更新的该品牌产品。二是横向延伸。企业可以把成功的品牌用于新开发的不同产品。

(2) 多品牌策略。多品牌策略是指企业对同一产品使用两个或两个以上的品牌。多品牌策略虽然会使原有品牌的销售量减少,但几个品牌加起来的总销售量却可能比原来一个品牌时要多。

(3) 产品线扩展。产品线扩展是指企业现有的产品线使用同一品牌,当增加该产品线的产品时,仍沿用原有的品牌。这种新产品往往都是对现有产品局部的改进,如新口味、形式、颜色、增加成分、包装规格等。

(4) 新品牌策略。新品牌策略是指为了新产品设计新品牌的策略。当企业在新产品类别中推出一种产品时,它可能发现原有品牌不适合,或者是对新产品来说有更好的可供选择的名称,企业需要重新设计品牌。

5. 品牌重新定位策略

品牌的重新定位是指由于某些市场情况发生变化,而对产品品牌进行重新定位。企业在进行品牌重新定位策略时,要全面考虑两方面的因素:一是产品品牌从一个细分市场转移到另一个细分市场的费用,重新定位的距离越远,重新定位的费用越高;二是企业定位于新位置的品牌能获收益多少。收益多少取决于此细分市场的顾客数量、平均购买率、竞争者的实力及数量等。企业应对各种品牌重新定位方案进行分析,权衡利弊,从中选优。

当今市场竞争,最集中地体现在品牌上。谁的品牌有名气、有信誉,谁就有效益。企业面临的竞争问题将是如何建立和管理企业的品牌资产,以品牌为核心已经成为企业重组和资源重新配置的重要机制。在发达国家,品牌的地位不亚于设备、厂房和流动资金。在我国,在品牌问题上还存在着一些误区。例如,有的产品产品无品牌、品牌不注册、不注意国际注册、不宣传名牌、不重视品牌续注等。由此造成的损失难以弥补,教训十分深刻。

7.3.4 包装与包装策略

1. 包装的概念

包装是产品战略的一个重要组成部分。所谓包装,是指产品的容器或外部包扎物。产品包装一般包括三个部分:首要包装,即产品的直接包装;次要包装,即保护首要包装的包装;装运包装,即为了便于储运、识别某些产品的外包装。

2. 包装的作用

(1) 保护产品

保护产品是包装最原始和最基本的功能。

(2) 便于运输、携带和储存

包装后的产品可以为运输、携带和储存提供方便,并可节约运输工具和储存空间。

(3) 美化产品,促进销售

精美的包装,给人以美的享受,可以增加产品特色,改进产品的外观,提高顾客的视觉兴趣,激发顾客的购买欲望。

(4) 增加产品价值,提高企业收入

产品的内在质量,是产品在市场竞争的基础。优质的产品,没有优质的外衣——包装,就会降低身价。随着收入和生活水平的提高,顾客愿意支付较高的价钱购买包装精美、高贵的产品,从而增加了企业的收入。

3. 包装的设计

包装的设计是一项技术性和艺术性很强的工作,总的原则是美观、实用、经济。企业在设计产品的包装时,应考虑以下几点。

(1) 包装的造型要美观大方

包装设计美观大方,图案生动形象,不落俗套,不搞模仿,采用新的包装材料,使人耳目一新。

(2) 包装的质量与产品的价值相一致

包装设计和包装材料的选用,一定要同产品的质量与价值相一致,根据产品质量的档次,配上与之相适应的包装。

(3) 包装要能显示产品的特点和独特风格

对于以外形或色彩表现其特点或风格的产品,如服装、装饰品及食品等的包装,应设法能向顾客直接显示产品自身,以便于购买。要考虑在包装上附产品的彩色照片或用文字、图案对产品特性进行具体的说明和展示。

(4) 包装设计应适应顾客心理

包装设计既要美观、新颖、形象生动,又要适应顾客的心理、审美观。要对不同的顾客群体,设计和选用不同的包装。

(5) 包装设计应尊重顾客的宗教信仰和风俗习惯

包装设计中要尊重不同国家、不同民族、不同的宗教信仰和风俗习惯,包装装潢上的文字、图案、色彩等不能和目标市场的宗教信仰和风俗习惯发生抵触。

(6) 符合法律规定

要按法律规定在包装上标明厂名、厂址;对于食品、化妆品等与人们身体健康密切相关的产品,应标明生产日期、保质期;包装材料应符合环保要求;标签上的文字说明要实事求是,不得弄虚作假、夸大其词等。

4. 包装策略

良好的包装必须与正确的包装策略结合起来,才会发挥应有的作用。常用的包装策略有以下几种。

(1) 类似包装策略

企业生产的各种产品,在包装上采用相似的图案、颜色、体现共同的特征。其优点在于能节约设计和印刷成本,树立企业形象,有利于新产品的推销。但此策略仅适于同样质量水平的产品,若产品质量相差悬殊,会因个别产品质量下降影响其他产品的销路。

(2) 差异包装策略

企业的各种产品均有自己独特的包装,在设计上采用不同的风格、色调和材料。这种策略能避免因个别产品销售失败而对其他产品的影响,但会相应地增加包装设计和新产品促销的费用。

(3) 配套包装策略

将多种相互关联的产品配套放在一个包装物内销售。例如,把乒乓球、球拍、球网配套包装。又如,急救箱(胶布、纱布、红药水、碘酒、酒精等)、成套化妆品(护肤霜、花露水、唇膏、发油等)、成套餐具等。采用这种策略也可以将新产品与其他旧产品放在一起,使消费者在不知不觉中接受新观念,习惯新产品的使用。

(4) 复用包装策略

包装内产品使用完后,包装物本身可以回收再用或顾客用做其他用途。例如,啤酒瓶可回收重复使用;装糖果的盒子也可用来装其他物品等。此策略的目的在于通过给顾客额外的利益,扩大销售。

(5) 等级包装策略

对同一种产品采用不同等级的包装,以适应不同的购买力水平,或者按产品的质量等级不同,采用不同的包装,如优质产品采用高档包装、一般产品采用普通包装。例如,以前我国出口的东北优质人参,采用木箱和纸箱,每箱 20~25kg,不仅卖不了好价钱,而且还使不少外商怀疑是否是真正的人参,因为他们认为像人参这么贵重的药材不可能用那样的包装。后来,我们改变了以前的大包装,改用小包装,内用木盒,外套印花铁盒,每盒 1~5 只,既精致又美观,身价倍增。

(6) 附赠品包装策略

在包装或包装内附赠奖券或实物，以吸引顾客购买。例如，糖果和其他小食品包装内附有连环画、小塑料动物等。

(7) 改变包装策略

当某种产品销路不畅或长期使用一种包装时，企业可以改变包装设计、包装材料，通过使用新的包装，使顾客产生新鲜感，达到扩大销售的目的。

7.4 新产品开发策略

7.4.1 新产品

1. 新产品的概念

一般来说，在结构、材质、工艺等某一个方面或几个方面对老产品有明显改变，或采用新技术原理、新设计构思，从而显著提高产品的性能、或扩大了使用功能的产品称为新产品。市场营销学上的新产品要广泛得多。**所谓新产品，是指企业向市场提供的较原有产品具有较大差别的产品**。我们可以从以下几方面理解新产品的概念。

首先，要从产品整体的概念上来理解。可以说，新产品并不一定是新发明的产品，虽然市场上出现的前所未有的崭新的产品都是新产品。例如，100多年以前出现的汽车，50多年以前出现的黑白电视机等。但是，这种新产品并不是经常出现的。有些产品在形态或功能方面略有改变，人们也习惯把它们看作新产品。例如，西方每年出现的新型号汽车，就是汽车市场经常出现的新产品。由此可见，新产品的"新"，具有相对的意义。

其次，还可以从市场与顾客的角度来确认新产品。例如，有些产品尽管在世界上早已出现，但从来没有在某个地区出售过，那么对这个地区市场来说，它就是新产品。这样一种关于新产品的理解，对于出口销售是具有重要意义的。

最后，从生产和销售企业的角度看，凡是本企业从来没有生产和销售过的产品，由于标出本企业的招牌，也可以说是新产品。

2. 新产品的类型

(1) 全新产品

全新产品是应用新技术、新原理、新结构和新材料研制成功的、前所未有的新产品，它是科学技术上的新发明，在生产上的新应用。经国家科学技术管理部门鉴定批准，可申请专利，受法律保护。

蒸汽机、电灯、电话、收音机、飞机、电视机、计算机、化纤、抗菌素等的研制成功并投入使用，都是全新产品。这类新产品的问世，往往伴随着科学技术的重大突破而诞生。

(2) 换代产品

换代产品是在原有产品的基础上，采用或部分采用新材料、新技术、新结构制造出来的新产品，标志着产品的性能有了重大突破。

例如，电子计算机问世以来，经过几十年的时间，经历了以电子管为主要原件的第一代计算机→晶体管为主要原件的第二代计算机→集成电路为主要原件的第三代计算机→大规模集成电路和超大规模集成电路为主要原件的第四代计算机→具有人工智能的第五代计算机,标志着产品的性能有了重大突破。

(3) 改进产品

改进产品是指在原有产品的基础上进行改进,使产品在结构、品质、功能、款式、花色及包装上具有新的特点和新的突破的产品。改进产品有利于提高原有产品的质量或产品多样化,满足消费者对产品的更高要求,或者满足不同消费者的不同需求。这里有两种情况:一是对原有产品进行适当的改进;二是原有产品派生出来的变形产品。

(4) 仿制产品

仿制产品是指对国际或国内市场上已经出现的产品进行引进或模仿、研制生产出的产品。

3. 新产品的特点

(1) 新产品应具有新的原理、新的结构,或是改进了原有产品的原理与结构。例如,在普通伞基础上推出的自动、半自动伞就可列入新产品。

(2) 新产品采用了新的元件和材料,并优于原产品,使新产品的性能超过了原有产品。例如,某些产品中用塑料代替木材,玻璃代替某些钢材;半导体收音机代替电子管收音机;电子表代替机械表等。这些都是新产品,具有先进性。

(3) 新产品有新的实用功能。例如,日历手表比一般计时手表增加了功能;家用换气扇与电风扇原理相同,由于结构的改变增加了新的功能,也可视为新产品。

4. 新产品的发展趋势

(1) 新产品的科技含量不断提高。企业必须在新产品开发中投入更多的科研力量,使之转化成更多的知识经济技术成果,确保新产品具有核心竞争力。

(2) 新产品多样化。由于消费者的需求层次不同,新产品开发应做到多样化,适应市场的发展趋势。

(3) 产品更美观、更舒适、更适用。消费者的物质文化生活水平不断提高,对产品的要求朝着舒适性、艺术性、功能更齐全的方面发展,产品生产必须迎合这种需要。

(4) "绿色健康产品"的发展趋势。随着社会公众优化环境意识的提高,绿色健康消费观念逐步改变。开发新产品时,除严格做到无污染外,还要注意保护环境,维护生态平衡,有利健康。

5. 开发新产品的意义

简单来说,开发新产品的意义在于,产品创新是企业生命之所在。

(1) 企业生存的需要

由于科学技术的进步,导致市场激烈竞争,产品的市场生命周期日益缩短,这就给企业造成一种压力;如果不积极发展新产品,就会面临衰退或倒闭。只有积极开发新产品,做好企业产品的更新换代,企业才能跟上科学技术前进的步伐,避免风险,进而兴旺发达。在市场经济环境下,一个正在设计、试制中的新产品,会由于市场上已有此类产品出现而被扼死在车间。

开发新产品的好处有:①有利于避免产品线老化,以适应市场不断变化和日益增长的需要;②有利于企业及时采用新技术、新材料,不断推陈出新,使市场上商品日益丰富多彩;③有利于充分利用企业资源和生产能力,提高经济效益;④有利于加强企业生产经营的稳定性,减少因老产品滞销带来的经济收益的下降;⑤有利于企业提高声誉,增强竞争能力。

(2) 满足消费者的需要

由于社会经济的发展,人们的收入水平和生活水平迅速提高,创造了巨大的市场潜在需求,这就需要生产企业为市场提供大量的新产品以满足整个社会不断增长的物质和文化需要。消费者对产品的精度、性能和使用,都提出了新的需求。例如,对食品的需求,除要求色香味美外,还要有营养,有的消费者还要求无糖或含钙等。又如,对家用电器的需求,除获得精神享受与物质享受外,还要求对人体无害,并有相应的防辐射、防噪声、除尘除潮等。

有这样一个案例。1996年3月,舒蕾洗发水上市,短短数年便飞速成长起来。1997年在全国重点商场洗发水市场占有率排名第七位,1998年与1999年排名第三位,2000年8月排名第二位,以市场占有率超过15%的骄人业绩,打破了被宝洁公司和联合利华公司所垄断的中国洗发水市场的格局。正是舒蕾的创新观念,提出"头发、头皮双重护理"的独特概念,并根据中国消费者特有的需求开发出"焗油博士"洗发水,从容应对未来市场的挑战。

7.4.2 新产品的设计与开发

1. 新产品开发的原则

(1) 根据市场需要开发适销对路的产品:是新产品开发成功与否的关键。

(2) 根据本企业资源、技术等能力确定开发方向:既符合市场需要,又能发挥本企业优势。

(3) 必须采用国际标准:为本国产品打入国际市场创造有利条件。

(4) 必须有良好的经济效益:是衡量新产品开发成功的标志。

(5) 量力而行,选择切实可行的开发方案:可以引进技术——购买专利、合资经营;可以引进与改进相结合——引进国外先进技术再加以改进创新;可以自行研制——开展独创性研究,风险大但能给企业提供高速发展的机会。

2. 新产品开发过程

新产品的开发一般遵循以下的基本过程,如图 7-6 所示。

(1) 寻求创意

所谓创意,是指开发新产品的设想。其主要来源于以下方面。

① 聚会激励创新法——激发企业内部人员的热情,寻求创意;组织专门研究和技术攻关。

② 征集意见法——向外界征集创意,如顾客、专家、市场研究公司、大学研究人员、广告代理商等。

图 7-6 新产品开发的基本过程

③ 产品属性排列法——列出现有产品属性,然后寻求改进每一种属性的方法改良产品。

④ 强行关系法——先列举若干不同的产品,然后把某一产品与另一产品或几种产品强行结合起来,产生一种新的构想。

⑤ 多角分析法——分析其他企业的先进产品。

(2) 甄别创意

取得足够创意之后,要对这些创意加以评估,研究其可行性,并挑选出可行性较高的创意,使公司有限的资源集中在成功机会较大的创意上。这里要考虑两个因素:一是该创意是否与企业的战略目标相适应(利润目标、销售目标、销售增长目标、形象目标);二是企业有无足够的能力开发这种创意(资金能力、技术能力、人力资源、销售能力等)。

(3) 形成产品概念

经过甄别后保留下来的创意,还要进一步发展成为产品概念。这里应明确产品创意、产品概念和产品形象之间的区别。

① 产品创意——企业从自己角度考虑的,能够向市场提供的可能产品的构想。

② 产品概念——企业从消费者角度对这种创意所做的详尽描述。

③ 产品形象——消费者对某种现实产品或潜在产品所形成的特定形象。

产品概念试验是指用文字、图画描述或用实物将产品概念展示于目标顾客面前,观察反应。例如,电视机的生产,从企业角度考虑,主要是显像管、制造过程、管理方法及成本因素等;从消费者角度考虑,则是电视机的清晰度、价格、外形、售后服务等因素。作为企业,必须根据消费者的要求把产品创意发展为产品概念,并确定最佳产品概念,进行产品和品牌的市场定位后,再对产品概念进行试验。

(4) 初拟营销计划

形成产品概念之后,需要拟订一个将新产品投放市场的初步的市场营销计划,由三个部分组成:①描述目标市场的规模、结构、行为,新产品在目标市场上的定位,头几年的销售额、市场占有率、利润目标等;②简述新产品的计划价格、分销战略及第一年的市场营销预算;③阐述计划期销售额和目标利润及不同时间的市场营销组合。

(5) 商业分析

企业市场营销管理者要复查新产品将来的销售额、成本和利润估计,看是否符合企业目标。如果符合,就可以进行新产品开发。

(6) 新产品研制

通过营业分析,研究与开发部门及工程技术部门就可以把产品概念转变为产品,进入试制阶段。只有在这一阶段,文字、图表及模型等描述的产品设计才能变为确实的物质产品。

(7) 市场试销

新产品开发结果满意,就着手用品牌、包装和初步市场营销方案把这种新产品装扮起来,推上真正的消费者舞台。市场试销的规模决定于两个方面:一方面投资费用和风险大小——投资费用和风险越高的新产品,试销的规模应越大一些;另一方面市场试销费用和时间——市场试验费用越多、时间越长的新产品,试销的规模应越小些。

西方企业常用的试销方法有以下 3 种。

① 标准试销法。将新产品在实际的条件下推出,企业选定几个试销城市,推销人员说服当地中间商协助开展试销,并将新产品摆到货架的最好位置上。

② 控制试销法。通过专门的市场调研机构开展试销工作,企业只讲明所要进行试销的商店数目及地理位置,所有的事项由该机构负责安排。

③ 模拟试销法。选择一家现有的商店,首先让参加试销的顾客看到广告,然后发给他们少许钱,让他们随意购买,并询问买或不买的理由。

(8) 商业性投放

新产品试销成功后,就可以正式批量生产全面推向市场,但必须预先做好下列决策:投放时机;投放区域;目标市场;营销组合。

7.4.3 新产品开发策略

新产品开发的策略很多,要根据企业的实际情况和市场,以及竞争对手的情况而定。同时,新产品开发策略的选择与企业经营者的个人素质也有很大关系,开拓型经营者与稳健型经营者往往会采取不同的策略。

1. 抢占市场策略

在高速发展的信息化社会,高新技术发展的速度与商业利润的增值已成正比。加快新产品的开发速度能够在市场上捷足先登,取得丰厚的利润。抢先于竞争对手开发新产品,可以获得更多的市场份额;连续不断的更新换代,开发新产品、新市场,竞争对手会疲于奔命而遭受挫折,企业就会建立起自己的优势。

2. 超越自我策略

超越自我策略的着眼点在长远利益,而不在眼前利益,为了培育潜在市场可以放弃一部分眼前利益。采取这种策略的企业领导者具有超越自我的气魄和勇气,有强大的技术力量做后盾。这样,可以使自己在新产品开发和生产能力的提高上都走在竞争者的前面,最终达到"笑到最后"的经营境界。

3. "迟人半步"策略

在新产品研发上,先发制人往往能占先机,但"迟人半步"跟随超越的威力也不可小觑。所谓"迟人半步",就是等别的企业推出新产品后,立即加以仿制或改进,然后推出自己的产品。这种策略是不投资在研发产品上,而是绕过新产品开发这个环节,专门模仿市场刚刚推出并得以畅销的新产品,进行追随性竞争,以此分享市场收益。

4. 借脑生财策略

新产品开发要以高科技为依托,加大新产品的技术含量。要做到这一点,仅凭企业自身的技术力量是不够的,每一家企业都要全力以赴也寻找合作伙伴,努力做到在自己企业的背后有几所大专院校、科研单位做后盾;在一种产品背后,有几个专家做靠山。企业可以通过技术引进和技术合作,借脑开发新产品,培育新优势,树立企业新形象。

5. 差异化策略

新产品开发贵在创新。"人无我有"则新,"人新我精"则妙。企业以此为原则,不断开发新产品,一定会立于不败之地。企业在研制新产品时,应考虑到与其他产品的差异性,向消费者提供具有明显特色的产品,给消费者标新立异的印象,以此增强产品的吸引力和竞争力。

6. 市场扩散策略

无论何种新产品,研制出来后总要推向市场,接受消费者的品评。然而,将新产品推向市场并不是一件轻而易举的事。新产品失败的概率是比较大的。在美国新产品的失败例子中,消费品为46%,工业品为20%,服务业为18%。导致新产品失败的因素很多,其中有些是由于决策者不善于把握有利时机,结果使本来十分出色的新产品由于生不逢时而功亏一篑。在新产品的市场扩散中,在准确把握市场机遇,正确确定上市时机的同时,有两种策略可以选择。一是渐进策略,即企业在扩散新产品时有选择地进入主要的市场或特定地区,而不是一次进入所有市场。其优点是比较稳妥,能使新产品的产量增加与市场的扩大协调起来;有利于企业计划的不断完善;及时出现问题也能得到及时的解决,不会造成重大损失。二是急进策略,即企业在新产品试销充满希望的前提下,将新产品全速推进到企业预期要占领的各个市场。该策略优点是见效快,收益增长率高,能有效地防止竞争者的威胁;但推广新产品所花的促销费用较高,而且有一定的风险。因此,企业必须在正确预测新产品推广前景的情况下才能使用该策略。

本章小结

1. 产品是企业市场营销组合的重要因素。企业要采取一系列的产品策略、产品组合策略、品牌策略、包装策略,以满足消费者的多种需要,提高产品的竞争力。

2. 要正确认识产品的概念,在营销学中产品有核心产品、形式产品、附加产品、期望产品和潜在产品5层意思。

3. 对于企业而言,产品组合策略的应用特别重要,企业经营的过程就是企业不断调整产品组合的过程,也是企业战略目标不断调整的过程。企业调整产品组合的重要依据之一就是各个产品的市场生命周期,在不同的阶段可以采取不同的产品改进策略,也是产品不断重组的过程。在产品重组的过程中,有的产品要被淘汰,要不断开发新产品进行补充。无论是新产品还是老产品,都需要进行标志和包装,提供各种服务,以此满足消费者的各种需要,提高产品的市场占有率。

同步训练

一、名词解释

整体产品　产品生命周期　产品组合　产品组合策略

二、单选题

1. 形式产品是指(　　)借以实现的形式或目标市场对某一需求的特定满足形式。
   A. 期望产品　　　　　　　B. 附加产品
   C. 核心产品　　　　　　　D. 潜在产品

2. 每种产品实质是为了满足市场需要而提出的(　　)。
   A. 服务　　　B. 质量　　　C. 效用或利益　　　D. 功能

3. 产品组合的宽度是指产品组合中所拥有(　　)的数目。
   A. 产品项目　B. 产品线　　C. 产品种类　　　　D. 产品品牌

4. 产品组合的长度是指（　　）的总数。
   A. 产品项目　　B. 产品品种　　C. 产品规格　　D. 产品品牌
5. 产品组合的（　　）是指产品项目中每一品牌所含不同花色、规格和质量的产品数目的多少。
   A. 宽度　　B. 长度　　C. 关联度　　D. 深度
6. 导入期选择快速掠取策略是针对目标顾客的（　　）。
   A. 求名心理　　B. 求实心理　　C. 求新心理　　D. 求美心理
7. 成长期营销人员的促销策略主要是在消费者心目中建立（　　）。
   A. 产品外观　　B. 产品质量　　C. 产品信誉　　D. 品牌偏好
8. 所谓产品线双向延伸，就是原定位于中档产品市场的企业掌握了市场优势后，向产品线的（　　）两个方向延伸。
   A. 前后　　B. 左右　　C. 东西　　D. 上下
9. 企业扩大产品组合的广度，即（　　）。
   A. 增加生产线，形成规模经营　　B. 增加生产线，形成多元化经营
   C. 减少生产线，形成多种经营　　D. 减少生产线，形成规模经营

三、多选题

1. 对于产品生命周期衰退阶段的产品，可供选择的营销策略是（　　）。
   A. 集中策略　　B. 扩张策略　　C. 维持策略
   D. 竞争策略　　E. 榨取策略
2. 品牌是一个集合概念，包括（　　）。
   A. 商标　　B. 包装　　C. 品牌名称
   D. 标签　　E. 品牌标志
3. 包装的营销作用主要表现在（　　）。
   A. 增加美感　　B. 保护商品　　C. 便于运输
   D. 促进销售　　E. 增加赢利
4. 产品整体概念包括（　　）。
   A. 核心利益　　B. 形式产品　　C. 延伸产品　　D. 附加产品
5. 企业的产品组合包括（　　）等因素。
   A. 广度　　B. 深度　　C. 产品线
   D. 产品项目　　E. 关联性

四、判断题

1. 整体产品包含三个层次，其中最基本的层次是形式产品。（　　）
2. 消费者在购买商品时只能从实体产品中得到利益。（　　）
3. 运用产品包装来保护产品，便于储运是现代营销的重要手段。（　　）
4. 只讲产品组合深度，不讲产品组合宽度的商店是烟杂店。（　　）
5. 产品生命周期就是产品使用寿命周期。（　　）

五、简答题

1. 产品组合有哪几种主要策略？
2. 简述成熟期的市场特点及营销策略。

3. 试述产品生命周期理论对企业开展营销活动的启示。

六、计算题

请计算索华空调产品项目、产品线、产品组合宽度和产品组合深度(平均),见表 7-6。

表 7-6　广东卓越空调器厂索华空调产品组合

产品系列	产品项目
分体挂壁式空调系列	KF®.25GW(1匹) KF®.33GW(1.5匹) KF®.45GW(2匹)
窗式空调器系列	KC®.20(小1匹) KC®.18(小1匹) KC®.28(大1匹) KC®.33(1.5匹) KC®.45(2匹)
天花嵌入式空调器系列	KF®.70QW(3匹) KF®.60QX2W(5匹—拖二)
立柜式空调器系列	KF®.46LW(2匹) LF7.3WD(3匹) RF7.3WD(3匹) LF12WD(5匹) RF12WD(5匹)

七、案例分析题

J牌小麦啤酒生命周期延长策略

国内某知名啤酒集团针对啤酒消费者对啤酒口味需求日益趋于柔和、淡爽的特点,积极利用公司的人才、市场、技术、品牌优势,进行小麦啤酒研究。2010年利用其专利科技成果开发出具有国内领先水平的J牌小麦啤酒。这种产品泡沫更加洁白细腻、口味更加淡爽柔和,更加迎合啤酒消费者的口味需求,一经上市在低迷的啤酒市场上掀起一场规模宏大的J牌小麦啤酒消费的概念消费热潮。

(1) J牌小麦啤酒的基本状况

J牌啤酒公司当初认为,J牌小麦啤酒作为一个概念产品和高新产品,要想很快获得大份额的市场,迅速取得市场优势,就必须对产品进行一个准确的定位。J牌集团把小麦啤酒定位于零售价2元/瓶的中档产品,包装为销往城市市场的500mL专利异型瓶装和销往农村、乡镇市场的630mL普通瓶装两种。合理的价位、精美的包装、全新的口味、高密度的宣传使J牌小麦啤酒2010年5月上市后,迅速风靡本省及周边市场,并且远销到江苏、吉林、河北等外省市场,当年销量超过10万吨,成为J牌集团一个新的经济增长点。由于上市初期准确的市场定位使J牌小麦啤酒迅速从诞生期过渡到高速成长期。

高涨的市场需求和可观的利润回报使竞争者也随之发现了这座金矿,本省的一些中小啤酒企业不顾自身的生产能力,纷纷上马生产小麦啤酒。一时间市场上出现了五六个品牌的小麦啤酒,而且基本上都是外包装抄袭J牌小麦啤酒,酒体仍然是普通啤酒,口感较差,但凭借1元左右的超低价格,在农村及乡镇市场迅速铺开,这很快造成小麦啤酒市场竞争秩序严重混乱,J牌小麦啤酒的形象遭到严重损害,市场份额也严重下滑,形势非常严峻。J牌小麦啤酒因而从高速成长期,一部分市场迅速进入了成熟期,销量止步不前;而一部分市场由于杂牌小麦啤酒低劣质量的严重影响,消费者对小麦啤酒不再信任,J牌小麦啤酒销量也急剧下滑,产品提前进入了衰退期。

(2) J牌小麦啤酒的战略抉择

面对严峻的市场形势,是依据波士顿矩阵分析理论选择维持策略,尽量延长产品的成熟期和衰退期,最后被市场自然淘汰;还是选择放弃小麦啤酒市场策略,开发新产品投放其他目标市场?决策者经过冷静的思考和深入的市场调查后认为:小麦啤酒是一个技术壁垒非常强的高新产品,竞争对手在短期内很难掌握此项技术,也就无法缩短与J牌小麦啤酒之间的质量差异;小麦啤酒的口味迎合了当今啤酒消费者的流行口味,整个市场有较强的成长性,市场前景是非常广阔的。所以,选择维持与放弃策略都是一种退缩和逃避,失去的将是投入巨大的心血打下的市场,实在可惜,而且研发新产品开发其他的目标市场,研发和市场投入成本很高,市场风险性很大。如果积极采取有效措施,调整营销策略,提升J牌小麦啤酒的品牌形象和活力,使其获得新生,重新退回到成长期或直接过渡到新一轮的生命周期,J牌将重新成为小麦啤酒的市场引领者。事实上,通过该公司准确的市场判断和快速有效的资源整合,使J牌小麦啤酒化险为夷,重新夺回了失去的市场。J牌小麦啤酒重新焕发出强大的生命活力,重新进入高速成长期,开始了新一轮的生命周期循环。

资料来源:编者根据网络资料加工整理而成

问题:

1. 分析J牌小麦啤酒的优势与劣势。
2. 如果你是公司的决策人,你会采取哪些具体措施来延长J牌小麦啤酒的生命周期?

第 8 章

定价策略

学习目标

1. 了解企业的定价目标。
2. 熟悉影响定价的因素。
3. 掌握企业的定价方法。
4. 掌握企业的定价策略。

导入案例

iPod 的成功定价

苹果 iPod 是近几年来最成功的消费类数码产品之一。第一款 iPod 零售价高达 399 美元,即使对于美国人来说,也是属于高价位产品,但是有很多"苹果迷"既有钱又愿意花钱,所以纷纷购买。苹果公司认为还可以"撇到更多的脂",于是不到半年又推出了一款容量更大的 iPod,定价 499 美元,仍然销路很好,苹果的撇脂定价大获成功。

苹果 iPod 在最初采取撇脂定价法取得成功后,根据外部环境的变化,而主动改变了定价方法。后来,苹果又推出了 iPod Shuffle,这是一款大众化产品,价格降低到 99 美元一台。此时,一方面市场容量已经很大,占据低端市场也能获得大量利润;另一方面,竞争对手也推出了类似产品,苹果急需推出低价格产品来抗衡。苹果的 iPod 产品在几年中的价格变化是撇脂定价和渗透式定价交互运用的典范。

资料来源:网络案例

引导问题:

iPod 的成功定价体现在哪些方面?

定价策略是 4P 策略中最活跃、最关键的因素,是市场竞争的重要手段,也是唯一产生收入的因素。产品定价是企业市场营销活动的重要组成部分,价格高低在很大程度上影响着市场需求和购买者的行为。企业制定的价格适当,有利于开拓、巩固和扩大市场,增强产品的竞争力。在现代市场经济环境下,由于影响产品价格的因素是多种多样的,因此商品价格表现得非常活跃、多变。价格的重要性和定价因素的复杂性,使定价成为市场营销组合中最难确定的一个部分。总的来说,企业定价要从实现企业战略目标出发,选择恰当的定价目标,根据一定的定价流程,综合分析产品成本、市场需求、市场竞争等影响因素,运用科学的方法、灵活的策略,去制定企业和顾客都能够接受的价格。

8.1 定价流程

8.1.1 选择定价目标

企业的定价目标取决于企业的总体目标。不同行业的企业、同一行业的不同企业,以及同一企业在不同的时期、不同的市场条件下,都可能有不同的定价目标。总体来说,企业的定价目标有以下几种。

1. 以利润为目标

获取利润是企业生存和发展的必要条件,是企业经营的直接动力和最终目的。因此,利润目标为大多数企业所采用,是企业定价目标的重要形式。由于企业的经营哲学及营销总目标的不同,这一目标在实践中有两种形式。

(1) 以获取最大利润为目标

最大利润定价目标是指企业追求在一定时期内获得最高利润额的一种定价目标。最大利润有长期和短期之分,还有单一产品最大利润和企业全部产品综合最大利润之别。一般而言,企业追求的应该是长期的、全部产品的综合最大利润,这样企业就可以取得较大的市场竞争优势,占领和扩大更多的市场份额,拥有更好的发展前景。当然,对于一些中小型企业、产品生命周期较短的企业、产品在市场上供不应求的企业等,也可以谋求短期最大利润。

由于利润额取决于价格和销售规模,最大利润目标并不一定必须制订高价格。价格太高,会导致销售量下降,利润总额可能因此而减少。有时高额利润是通过采用低价策略,先大规模占领市场,大量销售产品,然后再逐步提价来获得的;有时企业可以对部分产品定低价,甚至低于成本销售,以吸引顾客,带动其他产品的大量销售,进而获得企业整体上的最大利润。

(2) 以获取合理利润为目标

以最大利润为目标获取超额利润,对企业来说,固然是最理想的。但超额利润往往会招致激烈的市场竞争,对一般规模和实力的企业来说,显然不利于长期稳定发展。合理利润定价目标是指企业以适中、稳定的价格获得长期利润的一种定价目标。其一般做法是在成本的基础上加上一定量的利润作为商品价格。以适度利润为目标使产品价格不会显得太高,而引起竞争者的关注;也不会显得过低,而遭到竞争者的反对,从而可以阻止激烈的市场竞争。同时,由于价格适中,消费者愿意接受,还符合政府的价格指导方针,可以协调投资者和消费者的关系,树立良好的企业形象。因此,这是一种兼顾企业利益和社会利益的定价目标。

需要指出的是,适度利润的实现,必须充分考虑产销量、投资成本、竞争状况和市场接受程度等因素。否则,适度利润只能是一句空话。企业必须拥有充分的后备资源,并打算长期经营,临时性的企业一般不宜采用这种定价目标。

2. 以市场占有率为目标

市场占有率是一家企业经营状况和企业产品在市场上竞争地位的直接反映,关系到企业的兴衰存亡。较高的市场占有率,可以保证企业产品的销路,巩固企业的市场地位,使企业的利润稳步增长。在美国许多市场上,市场占有率提高一个百分点就意味着数千万美元的收益。例如,咖啡市场占有率的一个百分点就值4800万美元,而软饮料市场的一个百分点就是12亿美元。美国一项称为"企业经营战略对利润的影响"(PIMS)的研究表明,市场占有率是影响投资收益率最重要的变数之一。市场占有率越高,投资收益率也越大。当市场占有率在10%以下时,投资收益率大约为8%;市场占有率在10%~20%之间时,投资收益率在14%以上;市场占有率在20%~30%之间时,投资收益率约为22%;市场占有率在30%~40%之间时,投资收益率约为24%;市场占有率在40%以上时,投资收益率约为29%。

因此,对企业来说,保持和扩大市场占有率具有十分重要的意义。保持市场占有率的定价目标要求企业根据竞争对手的价格水平不断调整价格,以保证足够的竞争优势,防止竞争对手抢占自己的市场份额。通过定价扩大市场占有率,企业一般的做法是定价由低到高,就是在保证产品质量和降低成本的前提下,企业入市产品的定价低于市场上主要竞争者的价格,以低价争取消费者,打开产品销路,挤占市场,从而提高企业产品的市场占有率。待占领市场后,企业再通过增加产品的某些功能,或提高产品的质量等措施来逐步提高产品的价格,旨在维持一定市场占有率的同时获取更多的利润。

企业以低价扩大市场占有率时,应注意以下问题。

(1) 企业能够以足够低的成本进行生产和经营,或者企业具有足够强大的经济实力,能够承担短期的竞争亏损。

(2) 低价不能违反相关限价法规的规定。例如,《反不正当竞争法》第十一条规定:"经营者不得以排挤竞争对手为目的,以低于成本的价格销售商品。"我国《反倾销条例》中也规定了与价格有关的倾销与反倾销的内容,不允许国外企业在正常贸易过程中进口产品以低于其正常价值的出口价格进入中华人民共和国市场。目前,我国已经成为世界上受贸易保护主义伤害最大的国家之一。

(3) 企业采取低价竞争应对竞争对手要有足够的判断,必须能够通过低价成功挤占对手市场;否则,企业不仅不能达到目的,反而很有可能受到损失。

3. 以应对竞争为目标

企业对竞争者的行为都十分敏感,尤其是价格的变动状况。在市场竞争日趋激烈的形势下,企业在实际定价前,都要广泛收集资料,仔细研究竞争对手产品价格情况,通过自己的定价目标去对付竞争对手。根据企业的不同条件,一般有以下决策目标可供选择。

(1) 稳定价格

以保持价格相对稳定,避免正面价格竞争为目标进行定价。当企业准备在一个行业中长期经营时,或某行业经常发生市场供求变化与价格波动需要有一个稳定的价格来稳定市场时,该行业中的大企业或占主导地位的企业率先制订一个较长期的稳定价格,其他企业的价格与之保持一定的比例。这样,对大企业来说,是稳妥的;中小企业也避免遭受由于大企业的随时、随意提价而带来的损失。

(2) 追随定价

企业有意识地通过给产品定价主动应付和避免市场竞争。企业价格的制定,主要以对市场价格有影响的竞争者的价格为依据,根据具体产品的情况稍高或稍低于竞争者。竞争者的价格不变,实行此目标的企业也维持原价;竞争者的价格或涨或落,此类企业也相应地参照调整价格。一般情况下,中小企业的产品价格定得略低于行业中占主导地位的企业的价格。

(3) 挑战定价目标

如果企业具备强大的实力和特殊优越的条件,可以主动出击,挑战竞争对手,获取更大的市场份额。实力雄厚并拥有特殊技术或产品品质优良,或能为消费者提供更多服务的企业,可以制定高于竞争者的价格。为了防止其他竞争者加入同类产品的竞争行列,往往制定较低的价格,迫使弱小企业无利可图而退出市场或阻止竞争对手进入市场。

另外,企业还可以利用低价来达到其他目标,如以低价阻止竞争者进入市场、用临时性降价激发顾客需求等。

小资料 8-1　　　　柯达如何走进日本市场

柯达公司生产的彩色胶片在20世纪70年代初突然宣布降价,立刻吸引了众多的消费者,挤垮了其他国家的同行企业,柯达公司甚至垄断了彩色胶片市场的90%。到了20世纪80年代中期,日本胶片市场被富士所垄断,富士胶片压倒了柯达胶片。对此,柯达公司进行了细心的研究,发现日本人对商品普遍存在重质而不重价的倾向,于是制订高价政策打响牌子,保护名誉,进而实施与富士竞争的策略。他们在日本建立了贸易合资企业,专门以高出富士1/2的价格推销柯达胶片。经过5年的努力和竞争,柯达终于被日本人接受,走进了日本市场,并成为与富士平起平坐的企业,销售额也直线上升。

8.1.2 影响企业产品定价的因素

影响产品定价的因素很多,如图8-1所示。有企业内部的,也有外部的;有客观规律的作用,也有主观调整的因素。内部因素主要包括企业的营销目标、营销组合策略、成本与定价组织等;外部因素包括市场供求规律、价格需求弹性、竞争者状况与政府的政策、法律和法规等。

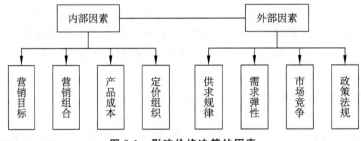

图 8-1　影响价格决策的因素

1. 影响定价的内部因素

影响企业价格决策的内部因素主要有企业营销目标、营销组合策略、产品的成本与定价组织等。每个企业都有自己的定价目标。一般来说,企业的定价目标决定于营销目标,定价目标是营销目标更为具体的表现。

(1) 营销目标

企业的营销目标是影响企业定价的一个首要因素。企业定价必须遵循市场规律,确定定价目标,讲究定价策略与方法,而这些都是由企业在一定时期的营销目标决定的。

(2) 营销组合

价格是 4P 营销组合因素之一,各个营销组合因素之间是相互联系、相互制约的,当其中一个因素发生变化时,常常会影响其他因素。因此,在制定价格策略时,还必须仔细考虑其他营销组合因素的影响。

① 产品。制定价格时,必须考虑产品的属性,即产品的有形属性与无形属性有何独特之处。一般来说,具有独特性的产品,有的虽然是无形的,但其价值远远超过所花费的成本。

② 渠道。产品定价中的渠道,主要涉及由一个或几个中间商组成的营销渠道结构问题。对这些中间商的经营活动必须给予适当的补偿。因此,企业在定价时,不仅要考虑最终消费者能接受的价格,而且还要考虑中间商经营这些商品的利润问题。

③ 促销。促销费用是构成产品价格的一个重要因素。现代市场经济中,由于市场竞争日益加剧,产品市场的不断扩大,促销费用在价格构成中的比重不断提高。

(3) 产品成本

产品成本是由产品的生产过程和流通过程所花费的物质消耗和支付的劳动报酬所形成的。在实际营销活动中,产品定价的基础因素就是产品的成本,因为产品价值凝结了产品内在的社会必要劳动量。但这种劳动量是一种理论上的推断,企业在实际工作中无法计算。作为产品价值的主要组成部分——产品成本,企业则可以相当精确地计算出来。

任何企业都不能随心所欲制定价格,企业定价必须首先使总成本得到补偿,要求价格不能低于平均成本费用。所谓产品平均成本费用,包含平均固定成本费用和平均变动成本费用两个部分。固定成本费用并不随产量的变化而按比例发生,企业取得盈利的初始点只能在价格补偿平均变动成本费用之后的累积余额,等于全部固定成本费用之时。显然,产品成本是企业核算盈亏的临界点。产品售价大于产品成本时,企业就有可能形成盈利;反之,则亏本。一般而言,企业定价中使用比较多的成本类别有以下几种。

① 总成本(TC),是指企业生产一定数量的某种产品所发生的成本总额,是总固定成本(TFC)和总可变成本(TVC)之和。

② 总固定成本(TFC),也称间接成本总额,是指一定时期内产品固定投入的总和,如厂房费用、机器折旧费、一般管理费用、生产者工资等。在一定的生产规模内,产品固定投入的总量是不变的,只要建立了生产单位,不管企业是否生产、生产多少,总固定成本都是必须支付的。

③ 总变动成本(TVC),也称直接成本总额,是指一定时期内产品可变投入成本的总和,如原材料、辅助材料、燃料和动力、计件工资支出等。总变动成本一般随产量增减而按比例增减,产量越大,总变动成本也越大。

④ 单位成本(AC),是指单个产品的生产费用总和,是总成本(TC)除以产量(Q)所得之商。同样,单位成本也可分为单位变动成本(AVC)和单位固定成本(AFC)。单位变动成本是发生在一个产品上的直接成本,与产量变化的关系不大;而单位固定成本作为间接分摊的成本,在一定时期内,其与产量是成反比。产量越大,单位产品中所包括的固定成本就越小;反之,则越大。

⑤ 边际成本(MC),是指增加一个单位产量所支付的追加成本,是增加单位产品的总成本增量。边际成本常和边际收入(MR)配合使用。边际收入是指企业多售出单位产品得到的追加收入,是销售总收入的增量。边际收入减去边际成本后的余额称为边际贡献(MD),边际贡献为正值时,表示增收大于增支,增产对于企业增加利润或减少亏损是有贡献的;反之,则不是。

(4) 定价组织

每个企业管理部门必须决定组织内部由谁来决定产品价格。一般来说,小公司产品定价是由企业领导来做的,不是由市场部来做。大公司产品定价一般是由生产经理或生产线经理来做。在工业领域,定价是一个非常关键的因素,如航空、铁路与石油等常常有一个定价部门专门从事这项工作。

2. 影响定价的外部因素

(1) 供求规律

供求规律是商品经济的内在规律,市场供求的变动与产品价格的变动是相互影响、相互确定的。

① 价格与需求。需求是指有购买欲望和购买能力的需要。影响需求的因素很多,价格对需求的影响一般表现为:当产品价格下降时,会吸引新的需求者加入购买行列,也会刺激原有需求者增加需求;相反,当产品价格上升时,就会影响需求者减少需求量,或改变需求方向,去选购其他代用品。也就是说,在其他条件不变的情况下,某商品的需求量与价格之间呈反方向变动,即需求量随着商品本身价格的上升而减少,随商品本身价格的下降而增加。这就是需求定理,反映这种关系的曲线称为需求曲线,如图 8-2 所示。

② 价格与供给。价格与需求量关系的法则也适用于供给,只是价格与供给量的变化方向相同。当某种产品价格上升时,会刺激原来的产品生产者扩大生产和供应,还会刺激其他生产者参与该产品的生产和经营,从而使该产品的供应数量增加;当某种产品价格下降,从事该产品的生产者或经营者的利润就减少,甚至亏本,于是就缩小或停止其生产或经营,从而使该产品的供应数量减少。也就是说,在其他条件不变的情况下,某商品的供给量与价格之间呈同方向变动,即供给量随着商品本身价格的上升而增加,随商品本身价格的下降而减少,这就是供给定理。能够反映这种关系的曲线称为供给曲线,如图 8-3 所示。

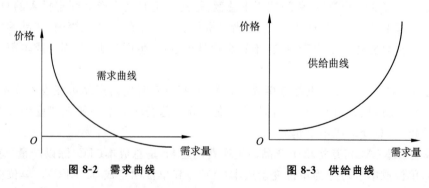

图 8-2　需求曲线　　　　图 8-3　供给曲线

③ 供求关系与均衡价格。由于价格影响需求与供应的变化方向是相反的,在市场竞争的条件下,供给与需求都要求对方与之相适应,即供需平衡,这一个平衡点只能稳定在供求两条曲线的交点上。当市场价格偏高时,购买者就会减少购买量,使需求量下降。而生产者

则会因高价的吸引而增加供应量,使市场出现供大于求的状况,产品发生积压,出售者之间竞争加剧,其结果必然迫使价格下降。当市场价格偏低时,低价会导致购买量的增加,但生产者会因价低利薄而减少供给量,使市场出现供小于求的状况,购买者之间竞争加剧,又会使价格上涨。

供给与需求变化的结果,迫使价格趋向供求曲线的交点。这个由供给曲线和需求曲线形成的交点 E,表示市场供需处于平衡状态,称为市场平衡点。平衡点所表示的价格,即价格轴上的 P' 点,是市场供求平衡时的价格,称为供求双方都能接受的"均衡价格"。平衡点所表示的数量,即数量轴上的 Q' 点,是市场供需平衡时的数量,称为供求双方都能够实现成交的"供求平衡量",如图 8-4 所示。

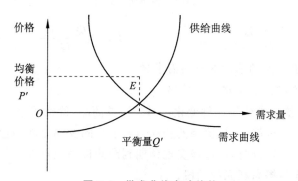

图 8-4　供求曲线变动趋势

均衡价格是相对稳定的价格。由于市场情况的复杂性和多样性,供求之间的平衡只是相对的、有条件的,不平衡则是绝对的、经常性的。在商品经济条件下,供求影响价格,价格调节供求运行的方式,是商品价值规律和供求规律的必然要求。

(2) 需求弹性

需求弹性是指因价格和收入等因素而引起需求的相应变动率,一般分为需求的收入弹性、价格弹性和交叉弹性,对于理解市场价格的形成和制定价格具有重要意义。

① 需求收入弹性,是指因收入变动而引起需求相应的变动率。

需求收入弹性大的产品,一般包括耐用消费品、高档食品、娱乐支出等,这类产品在消费者货币收入增加时会导致对它们需求量的大幅度增加。

需求收入弹性小的产品,一般包括生活的必需品,这类产品在消费者货币收入增加时导致对它们需求量的增加幅度比较小,如食盐、味精等。

需求收入弹性为负值的产品,意味着消费者货币收入的增加将导致该产品需求量的下降,如一些低档食品、低档服装等。

② 需求价格弹性,是指因价格变动而引起需求相应的变动率,用弹性系数 E 表示。如图 8-5 所示,若 A 产品需求曲线为 D_1,B 产品需求曲线为 D_2,设当价格为 P_0 时,它们对应的市场需求量都为 Q_0,当价格从 P_0 降为 P_1 时,A 产品需求量增加到 Q_1,B 产品需求量增加到 Q_2,后者变动程度远大于前者。这种变动的不同状况,可以用需求价格弹性来反映。需求价格弹性可定义为:在其他因素不变时,产品价格每变动 1%,而引起产品需求量变动的百分数。用公式为

$$需求价格弹性(E) = \frac{需求量变动的百分比}{价格变动的百分比}$$

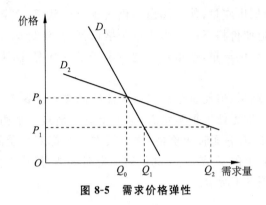

图 8-5　需求价格弹性

$$E_A = \frac{Q_1 - Q_0}{Q_0} \div \frac{P_1 - P_0}{P_0} \qquad E_B = \frac{Q_2 - Q_0}{Q_0} \div \frac{P_2 - P_0}{P_0}$$

式中：Q_0、Q_1 分别为价格变动前后的产品需求量；

P_0、P_1 分别为产品的原价格与新价格。

$E=1$，反映需求量与价格等比例变化。对于这类商品，价格的上升（下降）会引起需求量等比例的减少（增加）。也就是说，价格的变动与需求量的变动是相适应的。因此，价格变动对销售收入影响不大。定价时，可选择实现预期利润的价格或选择通行的市场价格，同时把其他市场营销策略作为提高利润的手段。

$E>1$，反映需求量的相应变化大于价格自身变动。对于这类商品，价格上升（下降）会引起需求量的较大幅度的减少（增加），称为需求价格弹性大或富于弹性的需求。定价时，应通过降低价格，薄利多销达到增加盈利的目的；反之，提价时务求谨慎，以防需求量发生锐减，影响企业收入。

$E<1$，反映需求量的相应变化小于价格自身变动。对于这类商品，价格的上升（下降）仅会引起需求量较小程度的减少（增加），称为需求价格弹性小或缺乏弹性的需求。定价时，较高水平价格的往往会增加盈利；低价会对需求量刺激效果不大。薄利不能多销，反而会降低收入水平。

③ 需求交叉弹性，是指具有互补或替代关系的某种产品价格的变动，引起与其相关的产品需求相应地发生变动的程度。

商品之间存在着相关性，一种产品价格的变动往往会影响其他产品销售量的变化。这种相关性主要有两种：一种是商品之间互为补充，组合在一起共同满足消费者某种需要的互补关系；另一种是产品之间由于使用价值相同或相似，而可以相互替代或部分替代的替代关系。

一般而言，在消费者实际收入不变的情况下，具有替代关系的产品之间，某个商品价格的变化将使其关联产品的需求量出现相应的变动（一般是同方向的变动）；具有互补关系的产品之间，当某产品价格发生变动，其关联产品的需求量会同该产品的需求量发生相一致的变化。

（3）市场竞争

对于竞争激烈的产品，价格是一种重要的竞争手段，企业必须了解竞争者所提供的产品质量和价格，考虑比竞争对手更为有利的定价策略，这样才能获胜。为便于研究市场经济条件下的企业定价,有必要将市场结构进行划分。根据市场的竞争程度,市场结构可分为4种不同的市场类型:完全竞争市场、完全垄断市场、垄断竞争市场和寡头垄断市场。

(4) 政策法规

由于价格涉及供应商、销售商和广大消费者的利益,同时也会对宏观经济发展产生重要影响,为此政府会根据需要,运用经济、法律、行政的手段对市场进行宏观调控,有时甚至需要直接对市场价格进行宽严程度不同的管制。政府为发展市场经济制定的一系列政策、法规,既有监督性的,也有保护性的,还有限制性的。它们在经济活动中制约着市场价格的形成,是各类企业定价的重要依据。因此,企业在经营过程中应密切注意货币政策、贸易政策、法律和行政调控体系等对市场流通和价格的影响,尽可能地规避政策风险。

我国《价格法》第三十条规定:"当重要商品和服务价格显著上涨或者有可能显著上涨,国务院和省、自治区、直辖市人民政府可以对部分价格采取限定差价率或者利润率、规定限价、实行提价申报制度和调价备案制度等干预措施。"很多国家的法律、法规中,都有在紧急情况下对价格进行适当干预的相关规定。

例如,在一些重要农产品(如粮食)供大于求的情况下,为了防止价格急剧下跌,"谷贱伤农",政府就会制订最低限价,以保护农产品生产者的利益。因为对于生产周期较长,而产品对国计民生又至关重要的农产品来说,若因价格过低而使再生产无法进行的话,带来的后果将会是十分严重的。而对于一些消费者必需的日常生活用品,若因一时供不应求,或处于垄断状态,价格不断攀升的情况下,政府就可能会推出最高限价,以保护消费者的利益,使消费者的基本生活需要得到满足。有时政府部门也会对一些产品提出参考性指导价格,以设法引导生产与需求,对市场起到一定的调节作用。

在现实的市场营销活动中,除了定价目标、营销组合、产品成本、市场供求、竞争状况、政策法规以外,企业本身的生产能力、财务能力等都会对企业的定价策略产生不同程度的影响。因此,必须在产品价值的基础上,认真研究影响定价的各方面因素,才能制订出保证营销目标得以实现的合理价格。

小资料 8-2　　　　　　　　　　**多种因素导致物价上涨**

2007年5月以来,我国价格总水平出现较大幅度上涨;从8月份开始,居民消费价格同比涨幅连续5个月超过6%。2007年12月,居民消费价格同比上升6.5%,环比上升1%。其中,食品价格同比上升16.7%,影响当月价格总水平上升5.5个百分点。全年平均,居民消费价格水平上升4.8%。

价格上涨的原因是多方面的:一是食品价格特别是猪肉价格上涨较多。二是社会需求拉动。三是国际市场价格的传导。近年来,国际市场原油价格上涨近两倍。小麦、大豆、玉米这些基础性产品价格上涨,增加了国内企业生产成本,推动相关产品价格上涨。四是企业成本推动。一些资源性产品成本除受国际市场价格大幅度上涨影响,企业环保成本提高,资金成本增加,工资水平上升,都推动了成本增加,进而推动商品和服务价格上涨。此外,市场秩序不够规范,有的经营者以次充好、以假充真、缺斤短两;有的趁机涨价,或超过成本增幅不合理涨价;有的合谋涨价、串通涨价;有的囤积居奇、哄抬价格;有的提前宣布涨价信息,制造紧张气氛;还有的散布虚假涨价言论,造谣惑众,扰乱市场价格秩序。这些都对价格上涨起到了推波助澜的作用。

资料来源：根据国家发改委网站有关资料整理而成

8.2 定价方法

8.2.1 定价步骤

企业制定价格是一项非常复杂的工作，必须考虑多方面的影响因素，选择正确的定价方法。实际工作中，企业的定价方法很多。一般来说，定价方法的具体运用不受定价目标的直接制约。不同企业、不同市场竞争能力的企业，以及不同营销环境中的企业所采用的定价方法是不同的。就是在同一类定价方法中，不同企业选择的价格计算方法也会有所不同。因此，从价格制定的不同依据出发，可以把定价方法分为三大类：成本导向定价法、需求导向定价法和竞争导向定价法。另外，合理的定价除了选择正确的方法外，还必须遵循一个科学的程序，即定价步骤。

由于影响企业定价的因素众多，一般情况下企业通过 7 个步骤进行定价，如图 8-6 所示。

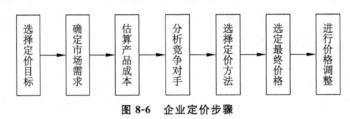

图 8-6　企业定价步骤

1．选择定价目标

因为定价目标不同，商品价位高低和采用定价方法就会有所不同。

2．确定市场需求

决定价格下限的是成本，决定价格上限的是产品的市场需求，需求是影响企业定价最主要的因素。

3．估算产品成本

不仅要考虑生产总成本，还要考虑流通总成本。大多数情况下，随着产量的上升，产品平均成本会相应下降，尤其是在固定成本比重较大时更是如此。如果新产品的目标是替代市场上现有的某种产品，则企业还需制订产品的"目标成本"，以使新产品能符合目标价格的要求。

4．分析竞争对手

这里主要分析竞争对手的产品、成本和定价策略。如果说产品成本为企业定价确定了下限，市场需求为产品定价确定了上限，竞争对手的定价策略则是为企业树立了一个参考的标准，尤其是在为新产品制定价格时更应如此。

5. 选择定价方法

成本导向、需求导向和竞争导向是制定商品基本价格的方法,它们各有其合理性和便利性,也各有其最适合的条件。现实中,三个方面因素都要考虑,但具体操作起来可能只用一种方法。

6. 选定最终价格

企业选择定价方法后,原则上就确定了产品的价格,再根据营销的需要,采用不同的定价策略来灵活地确定最终价格。例如,新产品由于研发和生产的成本较高,价格应该高一些。但为了尽快占领市场,扩大市场占有率,可能会有意降低定价,这就是合理地运用定价技巧和策略的结果。

7. 进行价格调整

随着外部环境因素和企业内部条件、战略和目标的变化以及产品生命周期的演变,企业还应适时调整产品价格。

8.2.2 成本导向定价法

成本导向定价法是指企业以提供产品过程中发生的成本为定价基础的定价方法。 成本导向定价有以下几种具体形式。

1. 成本加成定价法

所谓成本加成定价法是在单位产品成本的基础上,加上预期的利润额作为产品的销售价格。这是一种最简单的定价方法。售价与成本之间的差额就是利润。由于利润的多少是有一定比例的,这种比例人们习惯上叫"几成",所以这种方法称为成本加成定价法。其计算公式为

$$单位产品价格 = 单位产品成本 \times (1 + 加成率)$$
$$单位产品成本 = 总成本 \div 总产量$$
$$总成本 = 总固定成本 + 总变动成本$$
$$加成率 = 预期利润 \div 产品总成本$$

【例 8-1】 某企业生产小型录放机,计划生产 5000 部,平均变动成本为 75 元,固定成本为 325 000 元,利润加成率为 40%。根据成本加成定价法,计算小型录放机的售价。

【解】
$$\begin{aligned}
单位产品成本 &= 总成本 \div 总产量 \\
&= (总固定成本 + 总变动成本) \div 总产量 \\
&= 总固定成本 \div 总产量 + 单位变动成本 \\
&= 325000 \div 5000 + 75 \\
&= 140(元)
\end{aligned}$$

$$\begin{aligned}
销售价格 &= 单位成本 \times (1 + 加成率) \\
&= 140 \times (1 + 40\%) \\
&= 196(元)
\end{aligned}$$

这种方法的优点是:①简单易行,大大简化企业定价程序;②若多家企业成本和加成接近,则会避免按需求定价所引起的激烈竞争;③企业以本求利,消费者会认为公平合理。

其缺点是:按照习惯比例加成定价,忽视了竞争状况与需求的弹性,难以确保企业实现

利润最大化。

这种定价方法应用面广,不仅生产企业、中间商长期使用,其他行业、科研部门等也常采用。采用这种定价方式,必须做好两项工作:一是准确核算成本,一般以平均成本为准;二是根据产品的市场需求弹性及不同产品,确定恰当的利润百分比(成数)。因此,如果企业的营销产品组合比较复杂,具体产品平均成本不易准确核算,或者企业缺乏一定的市场控制能力,该方法就不宜采用。

2. 盈亏平衡定价法

盈亏平衡定价法是指在分析企业未来的生产数量、成本、价格及收益之间关系的基础上,合理确定产品销售价格的定价方法。盈亏平衡点又称保本点,是盈利为零时的经营时点。如图 8-7 所示,E 点为盈亏平衡点,对应的产量(或销量)Q 为平衡点产量(或销量)。如果企业的销售量大于 Q,那么会产生盈利;否则,企业亏损。

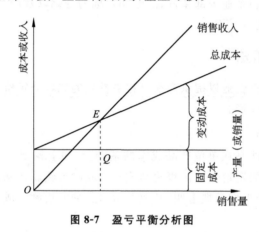

图 8-7 盈亏平衡分析图

盈亏平衡点所对应的价格为盈亏平衡价格。盈亏平衡价格就是企业的保本价格。盈亏平衡时,企业收支关系为

$$销售收入 = 成本支出$$

即

$$销售量 \times 价格 = 固定成本 + 变动成本$$

由此推导出盈亏平衡价格的计算公式为

$$盈亏平衡价格 = 固定成本 \div 盈亏平衡销售量 + 单位变动成本$$

盈亏平衡价格虽无盈利可言,但在市场不景气时,却可给经营者一个最低价位的提示。企业经营的目的不仅仅是保本而是为了获得一定的利润,若把利润目标考虑进去,单位产品售价就等于盈亏平衡价格加上预期利润。即:

$$产品售价 = (固定成本 + 预期利润) \div 销售数量 + 单位变动成本$$

【例 8-2】 某企业生产童装,单位变动成本为 60 元,全部固定成本为 80000 元,预计市场销量为 2000 件。试确定企业盈亏平衡时的价格。

【解】 盈亏平衡价格 = 固定成本 ÷ 盈亏平衡销售量 + 单位变动成本
$$= 80000 \div 2000 + 60$$
$$= 100(元)$$

企业定价至少为 100 元,销量达到 2000 件时,企业才不至于亏损。

仍以例 8-2 为例，若企业目标利润为 20000 元，在产销量不变的情况下，则产品的售价应为多少？

$$产品售价 = (固定成本 + 预期利润) \div 销售数量 + 单位变动成本$$
$$= (80000 + 20000) \div 2000 + 60$$
$$= 110(元)$$

企业要想获利 20000 元，在产销规模不变的情况下，产品定价不得低于 110 元，才能达到预期目标。

这种定价方法的优点是：企业可以在较大的范围内灵活掌握价格水平，并且运用较简便。但运用这种定价法时，企业生产的产品应以能全部销售出去为前提条件。因此，企业应力求在保本点以上定价或扩大销售来取得盈利。盈亏平衡定价法侧重于企业总成本费用的补偿，这一点对于有多条产品线和多种产品项目的企业尤为重要。

3. 边际贡献定价法

边际贡献定价法是指在变动成本的基础上，加上预期边际贡献来计算价格的定价方法，所以也称变动成本定价法。边际贡献是指销售收入减去变动成本的余额，其计算公式为

$$单位产品边际贡献 = 单位产品价格 - 单位变动成本$$

这种方法只计算变动成本，暂不计算固定成本，而以预期的边际贡献适当补偿固定成本并获得利润。如果边际贡献小于固定成本，则出现亏损。但在某些特别的市场情况下，企业停产、减产，仍得如数支出固定成本，如果维持生产，虽然亏损，但只要产品销售价格大于单位变动成本，就有边际贡献，就能部分补偿固定成本。若边际贡献超过固定成本，企业就能取得盈利。

【例 8-3】 生产某产品固定成本为 20000 元，单位变动成本为 1.2 元，预计销售量为 20000 件，根据市场条件，企业只能把产品售价定为 2 元/件。那么，在这一价格水平下，企业是否应该继续生产？

【解】 边际贡献 = 销售收入 - 变动成本

企业销售收入 = 2 × 20000 = 40000(元)

变动成本 = 1.2 × 20000 = 24000(元)

边际贡献 = 40000 - 24000 = 16000(元)

边际贡献不能全部补偿固定成本，在这一价格水平下，企业亏损为 4000 元。但企业仍然应该生产，因为固定成本不随总产量变化，若不按 2 元/件价格生产和出售，价格高于市场价格，则消费者难以接受，企业产品就会积压停产，此时固定资产还得照旧支出，则亏损更大。目前，至少还有 16000 元可以弥补固定成本，只要能有边际贡献就会少赔一些。

利用边际贡献法有利于维护买卖双方良好的关系，扩大产品销售，提高竞争能力。它通常适用于以下两种情况：一种是企业产品滞销积压时，以变动成本为基础定价，有利于提高企业竞争力；另一种是当企业生产两种以上的产品时，可根据各种产品贡献的大小安排企业的产品线，易于实现产品的最佳组合。

8.2.3 需求导向定价法

需求导向定价法就是以需求为中心的定价方法，是在预计市场能够容纳目标产销量的

需求价格限度内,确定消费者价格、经营者价格和生产者价格的一种方法。这种定价方法体现了以消费者为中心的现代市场营销观念,在市场经济条件下具有重要的定价指导意义。其具体可分为以下几种。

1. 理解价值定价法

理解价值定价法就是根据消费者理解的某种商品的价值,即根据买主的价值观念,而不是卖方的成本来定价的方法。简单来说,就是根据消费者为获得某种商品愿意支付多少来确定价格。这里的"理解价值"是指顾客在观念上所形成的价值,而并非产品的实际价值。

这种定价方法的关键是企业对消费者愿意承担的价格要有正确的估计和判断,这就要充分考虑顾客的消费心理和需求弹性。需求弹性大的商品,价格可定得低一些;需求弹性小的商品,必要时价格可定得低些。著名企业生产的或著名商标的优质名牌商品,顾客会另眼看待,价格可以高些;反之,定价就要低些,才能为顾客所接受。

企业采用这种定价方法时,就要研究这种商品在不同顾客心目中的价格水平,需要搞好市场调研。同时,企业也有计划地为自己的产品搞好市场定位,在质量、服务、广告、包装、档次上为其树立一定的形象,以求用预期的价格实现目标利润。

2. 市场售价逆向推导法

市场售价逆向推导法是通过价格预测,先确定市场可销零售价,再据此向后推算批发价、出厂价的一种方法。其计算方法为

出厂价＝市场可销零售价－批零差价－进销差价

＝市场可销零售价÷[1＋批零差价率×(1－进销差价率)]

【例8-4】 某产品单位生产成本17元,出厂税率15%,该类商品进销差价率为10%,批零差价率为15%,据预测,市场可销零售价为27.6元。试以此类推该产品的批发价、出厂价、生产税金、生产利润。

【解】 批发价＝27.6÷(1＋15%)＝24(元)

出厂价＝24×(1－10%)＝21.6(元)

生产税金＝21.6×15%＝3.24(元)

生产利润＝21.6－17－3.24＝1.36(元)

采用市场售价逆向推导法的关键在于正确测定市场的可销价格;否则,定价会偏高或偏低,影响企业的市场营销能力。所谓市场可销价格一般应满足以下两个条件:与消费对象的支付能力大体相适应;与同类产品的现行市场价格水平大体相适应。

测定市场可销价格的基本方法有以下几种。

(1) 主观评估法。由企业内部管理人员用市场上畅销的同类产品的价格作为依据,通过比质比价,结合考虑市场供求趋势,对产品的市场可销价格进行评估确定。

(2) 客观评估法。由企业外部有关人士对产品的性能、效用、寿命等方面进行评议、鉴定和估价。

(3) 试销评估法。以一种或几种不同价格在不同区域或消费对象进行实地销售,并采用上门征询、问卷调查、举行座谈会等形式,全面征求消费者的意见,最后综合分析,确定市场可销价格。市场售价逆向推导法有强化企业的市场导向意识和提高企业竞争能力等优点。

3. 需求差别定价法

需求差别定价法是指同一质量、功能、规格的商品,可以根据消费者需求的不同而采用不同的价格的定价方法。也就是说,价格差别并非取决于成本的多少,而是取决于消费者需求的差异。这种定价法主要有以下几种形式。

(1) 以不同消费者为基础的差别定价。例如,工业用水、民用水按两种价格收费。

(2) 以不同产品式样为基础的差别定价。例如,同等质量的产品,式样新的可定高价,式样旧的可定低价。

(3) 以不同地理位置为基础的判别定价。例如,可口可乐易拉罐饮料在星级饭店的售价就比街边杂货店的售价高。

(4) 以不同时间为基础的差别定价。例如,长途话费在不同时间可以制定不同的价格。

采用需求差别定价法应具备一定的条件:①市场要能细分,且细分市场的需求差异较为明显;②高价市场中不能有低价竞争者;③价格差异适度,不会引起消费者的反感。

例如,表 8-1 是某羽毛球俱乐部场地租用价格表。该俱乐部针对不同时间、不同场地进行了差别定价,满足了不同消费者的不同需求,同时也能够使俱乐部赚取最大的利润。

表 8-1 某羽毛球俱乐部价格表

场地时间	场地类型	周一~周五	周六、周日
8:00~12:00	地板场地	15 元/小时	30 元/小时
	塑胶场地	25 元/小时	40 元/小时
12:00~17:00	地板场地	25 元/小时	30 元/小时
	塑胶场地	35 元/小时	40 元/小时
17:00~22:00	地板场地	30 元/小时	30 元/小时
	塑胶场地	40 元/小时	40 元/小时

8.2.4 竞争导向定价法

竞争导向定价法是指以市场上竞争对手的价格为依据,随市场竞争状况的变化来确定和调整价格的定价法。这种方法具有在价格上排斥对手,扩大市场占有率的优点。其一般可分为以下几种形式。

1. 随行就市定价法

随行就市定价法是指与本行业同类产品的价格水平保持一致的定价方法。适用随行就市定价法的产品,一般需求弹性小、供求基本平衡、市场竞争较充分,且市场上已经形成了一种行业价格,企业轻易不会偏离这个通行价格,除非它有很强的竞争力和营销策略。采用这种方法的优点是:可以避免挑起价格战,与同行业和平共处,减少市场风险。同时,可以补偿平均成本,获得适度利润,易为消费者所接受。因此,这是一种较为流行的保守定价法,尤其为中小企业所普遍采用。

2. 主动竞争定价法

主动竞争定价法是指根据本企业产品的实际情况及与对手的产品差异状况来确定价格的方法。这是一种主动竞争的定价法,一般为实力雄厚、产品独具特色的企业所采用。

它通常将企业估算价格与市场上竞争者的价格进行比较,分为高于竞争者定价、等于竞争者定价、低于竞争者定价三个价格层次。

高于竞争者定价:在本企业产品存在明显优势,产品需求弹性较小时采用。

等于竞争者定价:在市场竞争激烈,产品不存在差异情况下采用。

低于竞争者定价:在具备较强的资金实力,能应付竞相降价的后果且需求弹性较大时采用。

3. 投标定价法

投标定价法是指在投标交易中,投标方根据招标方的规定和要求进行报价的方法,一般有密封投标和公开投标两种形式。公开投标有公证人参加监视,广泛邀请各方有条件的投标者报价,当众公开成交。密封的方式则由招标人自行选定中标者。投标定价法主要适用于建筑施工、工程设计、设备制造、政府采购等需要投标以取得承包合同的项目。其包括以下几个主要步骤。

(1) 招标。由买方发布招标公告,提出征求什么样的商品和劳务及其具体条件,引导卖方参加竞争。

(2) 投标。卖方根据招标公告的内容和要求,结合自己的条件,考虑成本、盈利以及其他竞争者可能的报价,向买方密封地提出自己的书面报价。

(3) 开标。买方在招标期限内,积极进行选标,审查卖方的投标报价、技术力量、工程质量、信誉高低、资本大小、生产经验等,从而选择承包商,并到期开标。

一般来说,报价高,利润大,但中标机会小,如果因价高而招致败标,则利润为零;反之,报价低,虽中标机会大,但利润低,其机会成本可能大于其他投资方向。因此,报价时既要考虑实现企业的目标利润,也要结合竞争状况考虑中标概率(中标概率的测算取决于企业对竞争对手的了解程度,以及对本企业能力的掌握程度)。最佳报价应该是预期收益达到尽可能高的价格。其计算公式为

预期收益=(报价-直接成本)×中标概率-失标损失×(1-中标概率)

【例 8-5】 表 8-2 是某企业参加某工程的竞标分析,试确定企业应选择哪个标函?

表 8-2 投标报价分析表

标函	报价/万元	直接成本/万元	毛利/万元	报价占直接成本/%	中标概率/%	失标损失/万元	预期收益/万元
1	25	25	0	100	100	3	0
2	28	25	3	112	80	3	1.8
3	30	25	5	120	65	3	2.2
4	32	25	7	128	40	3	1

【解】 标函(3)的报价较高,预期收益最大,为最佳报价。但企业还必须结合自己的经营能力全面考虑。如果企业目前的经营能力尚未充分发挥,那为了强调标函的竞争力,可以选择标函(2),甚至更低价投标,这样的中标率就大。如果中标,标函(2)有3万元毛利。因一旦中标,预期收益会失去意义,毛利的大小直接决定企业收益。

8.3 定价策略

制定价格不仅是一门科学,而且需要有一套策略和技巧。定价方法着重于确定产品的基础价格;定价技巧则着重于根据市场的具体情况,从定价目标出发,运用价格手段,使其适应市场的不同情况,实现企业的营销目标。

小资料 8-3　　　　　　　　　　TPA 的定价失误

TPA 是美国一家医药公司利用生物工程技术研制开发的一种治疗血栓病的新药,主要作用就是消除血栓。当初该公司初步预测市场上对 TPA 的需求竟达到 5 亿美元之巨。该公司认为,由于药品尤其是高效药品是价格需求曲线缺乏弹性的产品。因此,他们把 TPA 的价格定在每剂 2200 美元的"天价"上,试图以高质高价来推行他们的产品。当 TPA 以这一价格刚开始在市场销售时,由于强势宣传取得了销售优势。但是,当消费者逐步熟悉这一产品时,便渐渐放弃了使用,而选择价格远远低于该产品,但疗效稍逊的溶栓酶,每剂仅 200 美元。

产品定价是企业营销过程中的一个重要环节,企业必须审时度势,切忌仅凭经验定价。TPA 的失误就在于它根据低弹性系数而制订的高价格策略。药品行业由于高额利润的吸引,大量竞争者加入,过去习惯认为药品的价格需求弹性小的时代一去不复返了。

资料来源:荣晓华. 消费者行为学. 大连:东北财经大学出版社,2006

8.3.1 新产品定价策略

企业新产品能否在市场上站住脚,并给企业带来预期效益,定价因素起着十分重要的作用,因此必须研究新产品的价格策略。

1. 撇脂定价策略

撇脂定价策略是一种高价格策略,是指在新产品上市初始,价格定得高,以便在较短时间内获得最大利润。这种价格策略因与从牛奶中撇取奶油相似而得名,由此制定的价格称为撇脂价格。

撇脂定价策略不仅能在短期内取得较大利润,而且可以在竞争加剧时采取降价手段,这样一方面可以限制竞争者的加入;另一方面也符合消费者对待价格由高到低的心理。但是,使用此法由于价格大大高于产品价值,当新产品尚未在消费者心目中建立声誉时,不利于打开市场,有时甚至无人问津。同时,如果高价投放形成旺销,很易引起众多竞争者涌入,从而造成价格急降,使经营者好景不长而被迫停产。

这是一种短期内追求最大利润的高价策略。运用时,必须具备以下条件:一是产品的质量、形象必须与高价相符,且有足够的消费者能接受这种高价并愿意购买。二是产品必须具有独特的技术,不易仿制,有专利保护,生产能力不太可能迅速扩大等特点,竞争者在短期内不易打入市场。

2. 渗透定价策略

渗透定价策略是一种低价格策略，是指在新产品投入市场时，以较低的价格吸引消费者，从而很快打开市场。这种价格策略就像倒入沙土的水一样，从缝隙里很快渗透到底，由此而制定的价格叫渗透价格。

渗透定价策略由于价格较低，一方面能迅速打开产品销路，扩大销售量，从多销中增加利润；另一方面能阻止竞争对手介入，有利于控制市场。其不足之处是投资回收期较长，如果产品不能迅速打开市场，或遇到强有力的竞争对手时，会给企业造成重大损失。

作为一种长期价格策略，渗透价格策略适用的条件有：一是新产品的潜在市场较大，需求弹性较大，低价可增加销售；二是企业新产品的生产和销售成本会随销量的增加而减少。

3. 满意定价策略

由于撇脂定价策略定价较高，易引起消费者的不满及市场竞争，有一定风险；渗透定价策略又定价过低，虽对消费者有利，但企业在新产品上市之初，收入甚微，投资回收期长。因此，企业可以采取比撇脂价格低、比渗透价格高的适中价格。这种价格既能保证企业获得一定的初期利润，又能为消费者所接受，买卖双方都满意，故称满意价格。这种策略称为满意定价策略。但这种做法也有缺点：比较保守，不适于需求复杂多变或竞争激烈的市场环境。

8.3.2　产品组合定价策略

产品组合定价策略是指处理本企业各种产品之间价格关系的策略。其主要形式有以下方面。

1. 产品线定价策略

产品线内的不同产品，根据不同的质量和档次，结合消费者的不同需求和竞争者的产品情况，来确定不同的价格，即对同一产品线中不同产品之间的价格步幅作出决策。

采用这种方法定价，需要注意的是：产品线中不同产品的价格差要适应消费者的心理需求，价差过大，会诱导消费者趋向于某一种低价产品；价差过小，会使消费者无法确定选购目标。例如，某服装店将男衬衫分别定为 260 元、95 元、30 元三种价格，消费者自然会把这三种价格的衬衫分为高、中、低三个档次进行选购。即使这三种价格都有变化，消费者仍会按自己的习惯去购买某一档次的衬衫。

2. 任选品定价策略

任选品定价策略是指在提供主要产品的同时，还附带提供选购产品或附件与之搭配。选购品的定价应与主要产品的定价相匹配。选购品有时成为招徕消费者的廉价品，有时也会成为企业高价的获利项目。例如，美国的汽车制造商往往提供不带任何选购品的车型，以低价吸引消费者，然后在展厅内展示带有很多选购品的汽车，让消费者选购。

3. 连带产品定价策略

连带产品定价策略是指有连带互补关系，必须配套使用的产品。两种相关产品同时生产的企业，一般将主体产品定的低价以吸引消费者购买，而将附属产品定高价，以获取长期利益。例如，吉列公司的剃须刀架定价很低，但在高价吉列刀片上赚回利润。

4. 副产品定价策略

企业在生产过程中，经常产生副产品，如酿造厂的酒糟、榨油厂的油渣。这些副产品的处理,需要花费一定的费用。如果能将其直接变卖,将会对主产品的价格产生非常有利的影响,也有助于企业在迫于竞争压力时制定较低价格。

5. 产品群定价策略

为了促销,企业常将几种产品组合在一起,进行捆绑降价销售。例如,图书经销商将整套书籍一起销售,价格要比单独购买低得多。采用这种策略,价格的优惠程度必须有足够的吸引力,并且要注意防止易引起消费者反感的硬性搭配。

8.3.3 心理定价策略

心理定价策略是指企业根据消费者的心理特点,迎合消费者的某些心理需求而采取的一种定价策略。具体来说,有以下几种形式。

1. 尾数定价策略

尾数定价策略也称非整数定价策略,即给产品定一个以零头数结尾的非整数价格。消费者一般认为整数定价是概括性定价、定价不准确,而尾数定价可使消费者产生减少一位数的看法,产生这是经过精确计算的最低价格的心理。同时,消费者会觉得企业定价认真,一丝不苟,甚至连一些高价商品看起来也不太贵了。

一般说,产品在5元以下的,末位数是9的定价最受欢迎;在5元以上的,末位数是95的定价最受欢迎;在100元以上的,末位数是98、99的定价最畅销。当然,尾数定价策略对那些名牌商店、名牌优质产品就不一定适宜。

2. 整数定价策略

整数定价策略即企业在定价时采用合零凑数的方法制定整数价格,这也是针对消费者心理状态而采取的定价策略。例如,把一套西装的价格定在500元,而非499元。因为现代商品太复杂,许多交易中,消费者只能利用价格辨别商品的质量,特别是对一些名店、名牌商品或消费者不太了解的产品,整数价格反而会提高商品的"身价",使消费者有一种"一分钱、一分货"的想法,利于商品的销售。

3. 声望定价策略

声望定价策略是指针对消费者"价高质必优"的心理,对在消费者心目中有信誉的产品制定较高价格。价格档次常被当作商品质量最直观的反映,特别是消费者识别名优产品时,这种心理意识尤为强烈。因此,高价与性能优良、独具特色的名牌产品比较协调,更易显示产品特色,增强产品吸引力,产生扩大销售的积极效果。当然,运用这种策略必须慎重,绝不是一般商品可采用的。像一些质量不易鉴别的商品,如首饰、化妆品等宜于采用此法。

小资料 8-4　　　　　　　　声望定价策略

金利来领带一上市就以优质、高价定位,对有质量问题的金利来领带绝不上市销售,更不会降价处理。它给消费者这样的信息,即金利来领带绝不会有质量问题,低价销售的金利来绝非真正的金利来产品,从而极好地维护了金利来的形象和地位。

---

4. 招徕定价策略

招徕定价策略是指商品定价低于一般市价,消费者总是感兴趣的,这是一种"求廉"心理。有的企业就利用消费者这种心理,有意把几种商品的价格定得很低,以此吸引顾客上门,借机扩大连带销售,打开销路。

采用这种策略,从几种"特价品"的销售来看,企业不赚钱,甚至亏本;但从企业总的经济效益来看,还是有利的。

5. 习惯定价策略

习惯定价策略是指按照消费者的需求习惯和价格习惯定价的技巧。一些消费者经常购买、使用的日用品,已在消费者心中形成一种习惯性的价格标准。这类商品价格不易轻易变动,以免引起消费者不满。在必须变价时,宁可调整商品的内容、包装、容量,也尽可能不要采用直接调高价格的办法。日常消费品一般都适用这种定价策略。

8.3.4 折扣与折让定价策略

折扣与折让定价策略是指企业根据产品的销售对象、成交数量、交货时间、付款条件等因素的不同,给予不同价格折扣的一种定价决策。其实质是减价策略。这是一种舍少得多,鼓励消费者购买,提高市场占有率的有效手段。其主要策略有以下几种。

1. 现金折扣

现金折扣是指对按约定日期付款的消费者给予一定比例的折扣。典型的例子是"2/15,$n/30$",即 15 天内付款的消费者可享受 2％的优惠,30 天内付款的消费者全价照付。其折扣率的高低,一般由买方付款期间利率的多少、付款期限的长短和经营风险的大小来决定。这一折扣率必须提供给所有符合规定条件的消费者。此法在许多行业已成习惯,其目的是鼓励消费者提前偿还欠款,加速资金周转,减少坏账损失。

2. 数量折扣

数量折扣是指根据购买数量的多少,分别给予不同的折扣。购买数量越多,折扣越大。典型的例子是"购货 100 个单位以下的单价是 10 元,100 个单位以上 9 元"。这种折扣必须提供给所有消费者,但不能超过销售商大批量销售所节省的成本。数量折扣的实质是将大量购买时所节约费用的一部分返还给购买者,其关键在于合理确定给予折扣的起点、档次及每个档次的折扣率。它一般分为累计折扣和非累计折扣。数量折扣的目的是鼓励消费者大量购买或集中购买企业产品,以期与本企业建立长期商业关系。

3. 交易折扣

交易折扣是指企业根据交易对象在产品流通中的不同地位、功能和承担的职责,给予不同的价格折扣。交易折扣的多少,随行业与产品的不同而有所区别;同一行业和同种商品,则要依据中间商在工作中承担风险的大小而定。通常的做法是,先定好零售价;然后再按一定的倒扣率,依次制订各种批发价及出厂价。在实际工作中,也可逆向操作。

4. 季节折扣

季节折扣是指经营季节性商品的企业,对销售淡季来采购的买主,给予折扣优惠。实行季节折扣,有利于鼓励消费者提前购买,减轻企业仓储压力,调整淡旺季间的销售不均衡。它主要适用于具有明显淡旺季的行业和商品。

5. 复合折扣

企业在市场销售中,因竞争加剧而采用多种折扣并行的方法。例如,在销售淡季可同时使用现金折扣、交易折扣,以较低价格鼓励消费者购买。

6. 价格折让

价格折让是指从目录表价格降价的一种策略。它主要有两种形式:第一种是促销折让,是指生产企业为了鼓励中间商开展各种促销活动,而给予某种程度的价格减让。如刊登地方性广告、布置专门的橱窗等。第二种是以旧换新折让,是指消费者购买新货时将旧货交回企业,企业给予一定价格优惠的方法,如"双喜"牌压力锅的以旧换新策略。

小资料 8-5　　　　　　　　蒙玛公司的定价策略

蒙玛公司在意大利以无积压商品而闻名,其秘诀之一就是对时装分多段定价。它规定新时装上市,以3天为一轮。凡一套时装以定价卖出,每隔一轮按原价削10%,以此类推,到10轮(一个月)之后,蒙玛公司的时装价就削到只剩35%左右的成本价了。这时,蒙玛公司就以成本价售出。因为时装上市仅一个月,价格已跌到原来的1/3,谁还不来买?所以,一卖即空。公司最后结算,赚钱比其他公司多,还没有积压。

8.3.5　地区定价策略

地区定价策略是指与地理位置有关的制定价格的策略。这种策略在外贸业务中运用较普遍。其具体形式如下。

1. 产地交货价

产地交货价是指在产地某种运输工具上交货定价,卖方承担货品装上运输工具之前的所有费用,交货后一切费用及风险则由买方承担,类似于国际贸易中的离岸价格(FOB)。产地交货价一般适用于生产企业、批发和零售业。其优点是简化卖主的定价工作,缺点是削弱了卖方在较远市场的竞争力。

2. 目的地交货价

目的地交货价是指在买主所在地交货的价格。它相当于国际贸易中的到岸价(CIF)。目的地交货价实际上就是生产者的全部生产成本,相当于批发商业通用的"送货制价格"。使用这种策略时,是卖主出于竞争需要或为了使消费者更满意而由自己负担货物到达目的地之前的运输、保险和搬运等费用。

3. 运费补贴价

运费补贴价是指对距离遥远的买主,卖方适当给予其价格补贴的一种定价策略,其实质是运费折让。由于企业产品向跨地区市场渗透,导致市场范围扩大、费用增加、产品价格提升,这迫使买方只能弃远求近购买产品。为了争夺远距离的潜在消费者,企业必须通过采取运费补贴价格来扩大市场销售区域。运费补贴策略一般适用于较大的商品,如钢铁制品。

4. 统一运货价

统一运货价是指不分买方路途的远近,一律实行统一价格,统一送货,一切运输、保险费用也都由卖方承担的定价策略。这种策略如同邮政部门的邮票价格,平信无论寄到全国各处,均付同等邮资,所以又称"邮票定价法"。它一般适用于运费在全部成本中所占比重较小的产品。其优点是:扩大了卖主的竞争区域;统一价格的使用,易于赢得消费者的好感;大大简化了计价工作。

5. 分区运送价

分区运送价是指在既定地区内向所有买主收取包括运费在内的同一价格,卖主支付实际运费,价格中的运费是该区平均运费。依据距离远近,不同的地区,价格不同。各地区间价格虽然不同,但同一地区内所有的客户都支付同一价格。它适用于交货费用在价格中所占比重大的大体积产品。

 本章小结

1. 在营销策略组合中,价格具有重要的地位和作用。它不仅决定着市场销售情况,而且对企业的生存和发展具有重要意义。但企业定价是一项既困难又有一定风险的工作,必须采用科学的流程,选择合适的定价方法和定价策略。

2. 企业在定价之前必须首先确定定价目标。定价目标为企业营销目标服务,是企业选择定价方法和制定价格策略的依据。企业常用的定价目标有:以利润为目标、以市场占有率为目标、以应对竞争为目标等。

3. 影响产品定价的因素很多,有企业内部的,也有外部的;有客观规律的作用,也有主观调整的因素。综合起来,主要有成本因素、供求规律因素、需求弹性因素、竞争因素和政府政策、法规因素等。

4. 实际工作中,企业的定价方法很多,从价格制定的不同依据出发,可以把定价方法分为三大类:成本导向定价法、需求导向定价法和竞争导向定价法。

5. 制定价格不仅是一门科学,而且需有一套策略和技巧。定价方法着重于确定产品的基础价格;定价策略则着重于根据市场的具体情况,主要有新产品定价策略、心理定价策略、产品组合定价策略、折扣和折让定价策略、地区定价策略等。

 同步训练

一、名词解释

成本导向定价法　需求导向定价法　竞争导向定价法　撇脂定价策略　渗透定价策略　招徕定价策略

二、单选题

1. 在企业产量过剩、面临激烈竞争或试图改变消费者需求的情况下,企业的主要定价目标是(　　)。
   A. 维持企业生存　　　　　　　　B. 当期利润最大化
   C. 市场占有率最大化　　　　　　D. 产品成本最小化

2. 低档食品、低档服装的需求收入弹性(　　)。
   A. 较大　　　　B. 较小　　　　C. 负值　　　　D. 为零

3. 买主和卖主只能接受价格而不能决定价格的市场条件是(　　)。
   A. 完全竞争　　B. 垄断竞争　　C. 寡头竞争　　D. 纯粹垄断

4. 在( )条件下,产品差异是制造商控制其产品价格的一种主要战略。
   A. 完全竞争　　　　B. 不完全竞争　　　　C. 纯粹垄断　　　　D. 政府垄断
5. 一般需求曲线倾斜的方向是( )。
   A. 向上　　　　B. 向下　　　　C. 水平　　　　D. 垂直
6. 购买者对价格变动较敏感的商品是( )。
   A. 价值高,经常购买的商品　　　　B. 价值低,经常购买的商品
   C. 价值高,不经常购买的商品　　　　D. 价值低,不经常购买的商品
7. 质量不易鉴别的商品的定价最易采用( )。
   A. 声望定价　　　　B. 尾数定价　　　　C. 招徕定价　　　　D. 基点定价
8. 准确地计算产品所提供的全部市场认知价值是( )的关键。
   A. 认知价值定价法　　　　B. 反向定价法
   C. 需求差异定价法　　　　D. 成本导向定价法
9. 为鼓励顾客购买更多物品,企业给那些大量购买产品的顾客的一种减价称为( )。
   A. 功能折扣　　　　B. 数量折扣　　　　C. 季节折扣　　　　D. 现金折扣
10. 非整数定价一般适用于( )的产品。
    A. 价值较高　　　　B. 高档　　　　C. 价值较低　　　　D. 奢侈

三、多选题

1. 需求可能缺乏弹性的情况有( )。
   A. 市场上没有替代品
   B. 市场上没有竞争者
   C. 购买者对较高价格不在意
   D. 购买者改变购买习惯较慢,也不积极寻找较便宜的东西
   E. 购买者认为产品质量有所提高或者存在通货膨胀等,所以价格较高是应该的
2. 市场结构的类型有( )。
   A. 完全竞争　　　　B. 垄断竞争　　　　C. 政府垄断
   D. 寡头竞争　　　　E. 纯粹垄断
3. 提高认知价值的主要措施有( )。
   A. 增加服务项目　　B. 提高服务质量　　C. 提高产品质量
   D. 降低单位成本　　E. 进行更有效的沟通传播
4. 折扣与折让的方式有( )。
   A. 现金折扣　　　　B. 数量折扣　　　　C. 贸易折扣
   D. 季节折扣　　　　E. 让价策略
5. 产品心理定价策略主要有( )等。
   A. 声望定价　　　　B. 招徕定价　　　　C. 尾数定价
   D. 渗透定价　　　　E. 折扣定价

四、判断题

1. 根据成本加成定价法可知,如果某品牌的价格弹性高,最适加成也应相对较高;反之亦然。( )

2. 当采取认知定价法时,如果企业过高地估计认知价值,便会定出偏低的价格。( )

3. 在制定价格过程中,现行价格弹性的大小对确保企业实现利润最大化的定价没有影响。( )

4. 随行就市定价法适用于同质产品。( )

5. 在完全寡头竞争条件下,当需求有弹性时,一个寡头企业不能通过提价而获利;当需求缺乏弹性时,一个寡头企业也不能通过降价获利。( )

五、简答题

1. 影响企业定价的因素有哪些?简要说明它们是如何影响企业定价的。
2. 简述企业定价方法。
3. 简述企业定价策略。

六、计算题

1. 某钢管椅生产企业每年固定成本为10万元,当年由于市场变化,按原价格出售找不到新客户,而且一时也无法生产其他产品。这时,有一批客户订购10000把椅子,最高报价为50元一把。如果每把椅子的变动成本为42元,请决策该企业应不应该生产这批椅子。

2. 消费者对某牌号电视机可接受价格2500元,电视机零售商的经营毛利20%,电视机批发商的批发毛利5%。请计算电视机的出厂价格。

七、案例分析题

格兰仕空调的价格策略

2002年新春未过,前不久还宣布将部分不锈钢空调涨价50%的格兰仕突然又祭出价格大刀,将其最畅销的主力空调系列近20款机型大幅度降价,平均降幅达35%,其中一款1.5匹分体畅销机竟降了1055元。这种先升后降的手法被业内视为"翻手为云、覆手为雨",引来业内外一片哗然。

据格兰仕集团副总经理及新闻发言人俞尧昌讲,尽管整个家电业近期一直喊杀声不断,但是在空调业还没有哪一个品牌对高端机、新品机大动过干戈。本次该公司率先打响2002年空调降价"第一炮",首当其冲从"高端机"上"开刀","排头兵"就是最热销的1匹、1.5匹分体机,而且价格"一步到位"。另外,2001年冬天宣布涨价的是不锈钢系列,此次降价的型号则要多很多。俞尧昌向记者表示,随着规模化水平的提高,格兰仕空调将沿袭微波炉的发展道路,倡导货真价实、薄利多销的价格策略,而且"要先让国人享受到实惠"。另外,俞尧昌还亮出了2002年的"底牌",格兰仕2002年度空调总产销规模目标是180万台,其中外销占2/3,内销占1/3。据他透露:格兰仕空调2002年1月以定牌(OEM)的方式出口已突破10万台,其中一个法国客户的一张订单就是近4万台。同时,格兰仕定位于"全球制造中心制造者",许多跨国公司争相将生产订单交由格兰仕定牌生产,预计2002年空调的出口量将超出100万台。

格兰仕为什么这么急于降价?据分析,每年的春天,既是农民插秧播种的季节,也是靠天吃饭的空调业预热炒作的"尖峰时刻",从近几年空调的炒作来看,似乎形成了一个定律:谁先打响降价第一枪,谁就能率先掘得当年的第一桶金。2000年春天,海信率先打响变频空调降价第一枪,市场份额迅速上升;2001年春天,奥克斯借"平价",一举跃入行业前六强。蛇年刚过,空调业更已是一片秣马厉兵的景象:威力空调要放"三把火",乐华空调提出"破冰行动",成为格兰仕空调此次降价的背景之一。

格兰仕素有"价格屠夫"之称,对于格兰仕降价,人们已是习以为常。正如该公司的新闻发言人俞尧昌所说:"降价是我们的'战斗机',哪里需要我们就投放到哪里。"

从格兰仕的起家产品微波炉来看,格兰仕舞动的就是"规模—降价"、"降价—规模"的双刃剑,一表一里,一阴一阳,阴阳交错,互为表里,最终格兰仕赢了,一跃成为微波炉"巨无霸"。同样是打价格战,为什么格兰仕就能打得赢,而有的企业却打不赢呢？俞尧昌解释为"把戏人人会耍,巧妙各不相同"。所谓的"巧妙"就是企业的谋略,俞尧昌讲了一个"石头汤"的故事:一个穷人以烘衣服为由,到富人家,提出要借锅煮一锅石头汤,热心的厨娘给了穷人盐、豌豆、香菜甚至还有收拾好的碎肉末,结果穷人扔掉了石头,美美地喝到了一锅肉汤。

尽管格兰仕做此解释,业内很多人士还是认为格兰仕降价另有原因:2002年空调市场仍供大于求。据分析,被称为"家电业最后一块沃土"的空调市场,2001年经历了不寻常的一年,不仅经历了"凉夏"的考验,而且备受价格战的困惑,行业内的白热化竞争使空调业从暴利转向微利。有关专家称,2002年将是空调行业发展危险的一年,空调价格战不可避免。中国家电协会发布的数据显示,2001年空调生产量为1500万～2000万台,实际销量只有1000万～1500万台,致使许多空调厂家库存大量积压。尽管2002年空调市场仍将保持着稳定的增长势头,但整个空调市场供大于求的格局并不会改变。而这对非主力品牌压力更大。

那么,市场上对格兰仕此次降价做何反应？据《信息时报》报道,尽管各品牌反应不一,但目前没有一家明确表示将跟进格兰仕的降价策略。与格兰仕同城的家电巨头、老对手美的空调公司的新闻发言人张丙刚表示不愿作出评论,他私下给记者预测,格兰仕毕竟属三线品牌,估计此次降幅再大对国内空调一线品牌也不会有太大的波及。格力空调有关人士认为,2001年因为是"凉夏",造成小品牌压力大,希望降价。针对这种情况,格力空调2002年不会在价格上做文章。2002年的空调竞争不仅仅是价格的竞争,更应该是品牌、技术、质量、服务大比拼。海尔空调强调首次采用无尘安装新工艺,操作现场不会出现尘土,保持安装现场的洁净和卫生。华凌则在售后服务网络建设上加大了力度。科龙集团空调营销总监张铸认为,格兰仕这种"先上调后下降"的做法炒作成分太过明显,因为目前市场上比该品牌空调降价后的价格更低的空调大有人在,价格过低对消费者都未必是件好事。对于这种价格竞争,科龙不会作出市场回应。

资料来源:根据网络有关资料整理而成

问题:
1. 分析格兰仕空调降价的原因。
2. 对格兰仕的价格策略进行点评。

第 9 章 分销渠道策略

学习目标

1. 掌握分销渠道的功能、类型。
2. 熟悉影响分销渠道选择的因素。
3. 熟悉中间商的作用和类型。
4. 了解实体分销的定义和决策。

导入案例

丸万公司的打火机

在日本,打火机原先一般都在百货商店或是在附带卖香烟的杂货店里出售。可是日本丸万公司在十几年前推出瓦斯打火机时,就把它交由钟表店销售。如今,日本钟表店到处都是卖打火机的,这在以前是根本没有的现象。钟表店一向被认为是卖贵重物品的高级场所,在这里卖打火机,人们一定会视它为高级品;而在暗淡的杂货店、香烟店里,上面蒙着一层灰尘的打火机和摆在闪闪发光的钟表店中的打火机,两者给人的印象当然是天壤之别了。丸万公司采取在钟表店销售打火机的方式,收到了惊人的效果,其打火机十分畅销。由于采取的是反传统的销售渠道,使其打火机出尽风头,令人们产生了丸万公司的打火机非常高级的印象。丸万公司的打火机目前风行到世界的各个角落。

资料来源:百度文库,http://wenku.baidu.com/view/4e69fb75f46527d3240ce083.html

引导问题:
丸万公司的打火机在日本成功的主要原因是什么?

9.1 分销渠道概述

一个企业要实现盈利目标,不仅要生产出符合目标市场消费需要的产品,制订出目标消费者乐意接受的价格,而且还要使其产品让目标消费者在最方便购买的地点能够买到。如何使企业生产的产品顺利地由生产领域向消费领域转移,实现其价值和使用价值,取得一定的经济效益,必须通过一定的分销渠道,在适当的时间、地点,以适当的价格和方式将产品提供给适当的消费者。因此,合理选择分销渠道是企业营销的又一重要决策。

9.1.1 分销渠道的定义与功能

1. 分销渠道的定义

关于分销渠道的定义有很多种,美国市场营销协会所属的定义委员会,在 1960 年将分销渠道定义为:公司内部单位以及公司外部代理商和经销商的组织机构,通过这些组织,商品才得以上市营销。

美国市场学者爱德华·肯迪夫和理查德·斯蒂尔认为,分销渠道是指当产品从生产者向最后消费者和产业用户移动时,直接或间接转移所有权经过的途径。

菲利普·科特勒则认为:**分销渠道是指某种货物或劳务从生产者向消费者移动时,取得这种货物或劳务的所有权或帮助转移其所有权的所有企业和个人**。也就是说,分销渠道是指货物或劳务由生产者向消费者转移过程中所涉及的各个环节。分销渠道的起点是生产者,终点是消费者或用户,中间环节根据它们在分销渠道中所起作用不同分为商人中间商和代理中间商。

科特勒还认为,市场营销渠道(marketing channel)和分销渠道(distribution channel)是两个不同的概念。他说:"一条市场营销渠道是指那些配合起来生产、分销和消费某一生产者的某些货物或劳务的一整套所有企业和个人。"这就是说,一条市场营销渠道包括某种产品的供产销过程中所有的企业和个人,如资源供应商(suppliers)、生产者(producer)、商人中间商(merchant middleman)、代理中间商(agent middleman)、辅助商(facilitators)(又译作"便利交换和实体分销者"),如运输企业、公共货栈、广告代理商、市场研究机构等)以及最后消费者和顾客等。而分销渠道包括中间商、代理中间商、生产者和最终消费者或用户,但不包括供应商和辅助商。

2. 分销渠道的功能

分销渠道的基本功能是实现产品从生产者向消费者用户的转移。其主要功能有:搜集与传播有关现实与潜在顾客的信息;促进销售;洽谈生意,实现商品所有权的转移;商品的储存运输、编配、分类与包装;资金融通;风险承担等。

分销渠道执行的工作是把商品从生产者那里转移到消费者手里。它弥合了产品或服务与其使用者之间的缺口,这个缺口主要包括时间、地点和持有段等。渠道成员执行以下一系列重要功能。

(1) 传递信息。收集与传播营销环境中有关潜在与现实顾客、竞争对手和其他参与者及力量的营销调研信息。

(2) 促销。发展和传播有关供应物的、富有说服力的、吸引顾客的沟通资料,吸引更多的顾客购买。

(3) 谈判。尽量达成有关产品的价格和其他条件的最终协议,以实现所有权或持有权的转移。

(4) 订货。分销渠道成员向制造商进行有购买意图的反向沟通行为。

(5) 融资。收集和分散资金,以负担渠道工作所需费用。

(6) 承担风险。在执行渠道任务的过程中承担有关风险。

(7) 占有实体。产品实体从供应者到最终顾客的连续的储运工作。

(8) 付款。买方通过银行和其他金融机构向销售者提供账款。
(9) 所有权。物权从一个组织或个人转移到其他人。

9.1.2 分销渠道模式与类型

1. 分销渠道模式

产品分销渠道可根据渠道层次的数目来划分类型,确定模式。在产品从生产者向消费者转移的过程中,任何一个对产品拥有所有权或负有推销责任的机构,都成为一个渠道层次。渠道层次的多少决定了渠道的具体模式。

由于我国个人消费者与生产性团体用户消费的主要商品不同,消费目的与购买特点等具有差异性,客观上使我国企业的销售渠道构成两种基本模式:消费品分销渠道模式和工业品分销渠道模式。

(1) 消费品分销渠道模式,如图9-1所示。

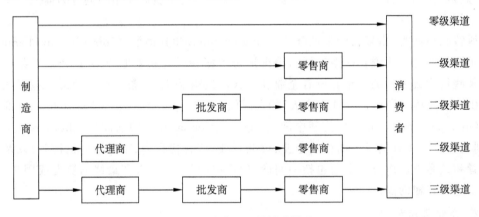

图9-1 消费品分销渠道模式

① 零级渠道模式。这种模式产品转移方式不通过任何中间商,企业直接面向消费者,如推销员上门直销、邮售、企业展销及生产者自设商店等。

② 一级渠道模式。这种方式中间环节少,产品转移不经过批发环节,由零售企业直接从生产企业进货,只通过一级中间商。这类零售企业一般规模较大,有能力大批量进货。由于消费品市场竞争很激烈,零售企业降低营运成本的压力很大,逐步趋向大型化、连锁化,这种产品转移方式有逐渐增多的趋势。

③ 二级渠道模式。这是消费品转移中最常用的方式,产品转移通过两级中间商。它能适应消费品市场广阔而分散的特点,对中、小企业尤为适用。

④ 三级渠道模式。这种方式的中间环节较多,一般通过三级中间商。在国内市场营销时较少用,多用于国际市场的营销活动中。生产企业的产品转移之所以需要在批发商之前先通过代理商,主要原因是对目标市场比较陌生,无法直接寻找、选择合适的客户,需要借助对当地市场情况熟悉的代理商。

(2) 工业品分销渠道模式,如图9-2所示。

① 零级渠道模式。这种方式在生产资料产品销售时极为常见,如生产企业派员工上门联系业务、召开业务订货会等。特别适用于经销关系固定、产品技术服务要求高、用户相对

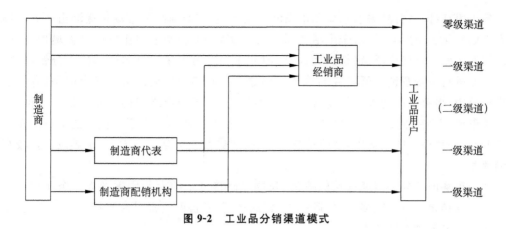

图 9-2　工业品分销渠道模式

集中等情况。

② 一级渠道模式。以批发商为中间商的方式主要适用于产品通用性强、用户相对分散时的销售;以代理商为中间商的方式主要适用于生产企业为了更有效地控制产品的目标市场,但对该市场又不熟悉时的销售。

③ 二级渠道模式。当生产企业对目标市场陌生,用户也比较分散,企业直接开拓有较大风险时,可用这种方式。一般常用于国际市场的销售。

更多层次的分销渠道虽然存在,但不多见。从生产者的角度来看,渠道层次越多,越难控制,出现的矛盾和问题也会越多。

零层渠道称为直接销售渠道;其他使用中间商的渠道称为间接渠道。

2. 分销渠道的类型

分销渠道可以按照不同的标准,划分为不同的类型。

(1) 直接渠道和间接渠道

直接渠道与间接渠道的划分是根据有无中间商参与交换活动来进行的。

① 直接渠道是指生产者将产品直接供应给消费者或用户,没有中间商介入,也称零级渠道。

直接渠道是工业品分销的主要类型。例如,大型设备、专用工具及技术复杂等需要提供专门服务的产品,都采用直接分销。消费品中有部分也采用直接分销类型,如鲜活商品等。直接分销渠道的优点是:有利于产需双方沟通信息,降低产品在流通过程中的损耗,使购销双方在营销上相对稳定;同时,还可以在销售过程中直接进行促销。但直接分销渠道也有不少不足之处:生产者若凭自己的力量去广设销售网点,往往力不从心,很难使产品在短期内广泛分销,增加了新的困难;目标顾客的需求难以得到及时满足,同行生产者就可能趁势而进入目标市场,夺走目标顾客和商品协作伙伴。

企业直接分销的方式主要有:订购分销,是指生产企业与用户先签订购销合同或协议,在规定时间内按合同条款供应商品,交付款项;自开门市部销售,是指生产企业通常将门市部设立在生产区外、用户较集中的地方或商业区,也有一些邻近于用户或商业区的生产企业将门市部设立在厂前;联营分销,如工商企业之间、生产企业之间联合起来进行销售。

② 间接渠道是指生产者利用中间商将商品供应给消费者或用户,中间商介入交换活动。

现阶段，我国消费品需求总量和市场潜力很大，且多数商品的市场正逐渐由卖方市场向买方市场转化。与此同时，对于生活资料商品的销售，市场调节的比重已显著增加，工商企业之间的协作已日趋广泛、密切。因此，如何利用间接渠道使自己的产品广泛分销，已成为现代企业进行市场营销时所研究的重要课题之一。间接分销渠道最大优点就是：有助于产品广泛分销，缓解生产者人、财、物等力量的不足，有利于企业之间的专业化协作。但是，间接分销渠道也存在很多缺点。例如，可能形成"需求滞后差"，不便于直接沟通信息。在当今风云变幻、信息爆炸的市场中，企业信息不灵，生产经营必然会迷失方向，也难以保持较高的营销效益。

随着市场的开放和流通领域的搞活，我国以间接分销的商品比重增大。企业在市场中通过中间商销售的方式很多，如厂店挂钩、特约经销、零售商或批发商直接从工厂进货、中间商为工厂举办各种展销会等。

(2) 长渠道和短渠道

长渠道与短渠道的划分是根据流通环节的多少来进行的。

① 长渠道是指经过两个或两个以上的中间环节的分销渠道，即二级以上的销售渠道。其优点是：生产者能抽出精力组织生产，缩短生产周期；生产者减少资金占用，节约费用开支；容易打开产品销路，开拓新市场。但是，由于长渠道的流通环节较多，流通费用就会增大，产品最终售价可能会较高，也会增加产品的损耗，生产企业对市场的控制力很小。

② 短渠道是指没有或只经过一个中间环节的分销渠道。其优点是：环节少，产品可迅速到达消费者手中，及时了解消费者需求，调整决策；环节少，节省费用开支，产品价格低，便于开展售后服务，提高产品竞争力。这种方法也存在不足：流通环节少，销售范围受到限制，不利于产品的大量销售。

(3) 宽渠道与窄渠道

宽渠道与窄渠道的划分是根据同一级中间商的数目来进行的。渠道宽窄取决于渠道的每个环节中使用同类型中间商数目的多少。

① 宽渠道是指制造商在同一流通环节中使用较多同类中间商的分销渠道。例如，一般的日用消费品（如毛巾、牙刷、开水瓶等），由多家批发商经销，又转卖给更多的零售商，能大量接触消费者，大批量地销售产品。其优点是：中间商多，分销广泛，可迅速把产品推入流通，使消费者随时买到需求的产品；促使中间商展开竞争，提高产品的销售效率。但是，它不利于密切厂商之间的关系，并且生产企业几乎要承担全部推广费用。

② 窄渠道是指制造商在某一地区或某一产品分类中只选择一个中间环节为自己销售产品，实行独家经销的渠道。它一般适用于专业性强的产品，或贵重耐用的消费品，由一家中间商统包，几家经销。它使生产企业容易控制分销，但市场分销面受到限制。其优点是：中间商少，生产者可指导和支持中间商开展销售业务，有利于相互协作；销售、运货、结算手续简化，便于新产品的上市、试销，迅速取得信息反馈。但其市场分销面较窄，会影响商品的销量。

(4) 单渠道和多渠道

单渠道与多渠道的划分是根据制造商所采用的渠道类型的多少来进行的。

① 单渠道是指制造商采用同一类型渠道分销企业的产品，渠道比较单一。当企业全部产品都由自己直接所设的门市部销售，或全部交给批发商经销，称为单渠道。

② 多渠道是指制造商根据不同层次或地区消费者的情况，选用不同类型的分销渠道。

例如,可能是在本地区采用直接渠道,在外地则采用间接渠道;在有些地区独家经销,在另一些地区多家分销;对消费品市场用长渠道,对生产资料市场则采用短渠道等。

3. 分销渠道系统的发展

分销渠道及渠道中各成员之间的关系不是一成不变的,伴随着新的商业业态的出现和渠道成员关系及营销策略的变化,分销渠道也在新变化中呈现新的发展趋势。

传统的分销渠道系统往往是由独立的制造商、批发商和零售商所组成的松散网络。渠道上各个成员在保持距离的情况下相互讨价还价、自主行事,各自追求利润最大化,不顾整体利益,造成整个销售渠道系统效率低下。20世纪80年代以来,分销渠道系统突破了由生产者、批发商、零售商和消费者组成的传统模式和类型,有了新的发展,分销渠道出现了联合化的趋势,出现了现代分销渠道系统。现代分销渠道系统主要有4种形式:垂直式渠道系统、水平式渠道系统、多渠道营销系统、网络渠道系统。

(1) 垂直式渠道系统

垂直式渠道是由生产企业、批发商和零售商组成的统一系统。垂直式渠道系统的特点是专业化管理、集中计划,销售系统中的各成员为共同的利益目标,都采用不同程度的一体化经营或联合经营。它主要有3种形式。

① 公司式垂直系统是指一家公司拥有和统一管理若干工厂、批发机构和零售机构,控制分销渠道的若干层次,甚至整个分销渠道,综合经营生产、批发、零售业务。这种渠道系统又分为两类:工商一体化经营和商工一体化经营。

② 管理式垂直系统制造商和零售商共同协商销售管理业务,其业务涉及销售促进、库存管理、定价、商品陈列、购销活动等。

③ 契约式垂直系统是指不同层次的独立制造商和经销商为了获得单独经营达不到的经济利益,而以契约为基础实行的联合体。它主要分为三种形式:特许经营组织、批发商倡办的连锁店、零售商合作社。

小资料 9-1

终端市场历来是商家们拼抢得最激烈的地方。为了抢滩终端,各企业军团无不是想破脑袋,费尽思量。那么,决胜终端的关键点何在?丝宝运作舒蕾终端的套路或许能有所启示。

丝宝集团在各地设立分公司、联络处,对主要的零售点实现直接供货与管理,从而建立起强有力的由厂商控制的垂直营销系统。同时,由厂家直接做市场推广,实行适当的人海战术,以赠品促销、人员促销、活动促销、联合促销的营销手段来与消费者沟通。丝宝的营销触角已延伸到三线城市,甚至是大型乡镇,依靠企业自身的营销队伍对市场进行精耕细作,提高"市场单产量",实行盈利拓展。中国的人力成本低以及市场特性决定了企业利用终端人员的"口"这一媒体的可行性。这是效果最显著、见效最快、最容易核算成本、操作最简单的媒体之一。

(2) 水平式渠道系统

水平式渠道系统是由两个或两个以上独立公司通过某种形式的合作,共同开发新的市场机会而形成的渠道系统。产生这种联合的原因可能是由于单个公司缺乏开发的资金、技术或能力,或者独家企业无力独自承担商业风险,或者是发现与其他企业的联合可以产生巨大的协同作用。

水平式渠道系统内各个企业之间的联合可以是暂时的,也可以是永久性;也可以是创办一个专门公司来开展联合行动。这种渠道系统可以发挥协同效应,实现优势互补;能够节省成本,避免重复建设;可以共享市场,实现互惠互利。例如,可口可乐与雀巢咖啡合作,组建新公司,雀巢以其专门的技术开发新的咖啡茶饮料,然后由熟悉饮料市场分销的可口可乐去销售。

(3) 多渠道营销系统

多渠道营销系统是指对同一或不同的分市场采用多条渠道营销系统。这种系统一般分为两种形式:一种是制造商通过多种渠道销售同一商标的产品,这种形式易引起不同渠道间激烈的竞争;另一种是制造商通过多渠道销售不同商标的产品。使用多渠道系统,会给公司带来三个方面利益:市场覆盖面广;降低了渠道成本,公司一般选择运营成本低的新渠道;可以增加更适合顾客需求的渠道,实行定制化销售。例如,通用电气公司不但经由独立零售商,而且还直接向建筑承包商销售大型家电产品。

(4) 网络渠道系统

网络渠道系统是一种新兴的渠道系统,也是对传统渠道系统的一次革命。它是指制造商通过互联网,发布商品与服务信息,接受消费者的网上订单,然后由自己的配送中心或直接由制造商通过邮寄或送货上门。其主要有两种方式:一种是企业之间的交易,通常情况下把它称为"B to B"方式。它是将买方、卖方与中介机构(如银行)之间的信息交换行为集合而成的电子运作方式。一般来说,交易额较大,而且有严格的电子票据与凭证。另一种是企业与消费者之间的交易,称为"B to C"方式。消费者利用电子钱包可以在瞬间完成购物活动,足不出户就能买到世界任何地方的产品,如网购。这种分析方式缩短了产、供、销与消费者在时间与空间上的距离,加速了资金与商品的快速流动。

小思考

海尔公司基本上在全国每个省都建立了自己的销售分公司——海尔工贸公司。海尔工贸公司直接向零售商供货并提供相应支持,还将许多零售商改成海尔专卖店。海尔也使用一些批发商,但是其分销网络的重点不是批发商,而是尽量直接与零售商交易,构建一个属于自己的零售分销体系。

问题:
海尔集团的分销渠道有什么特点?

9.2 中间商的作用与类型

9.2.1 中间商

1. 中间商的定义

中间商是指在制造商与消费者之间参与交易业务,促使买卖行为发生和实现的经济组

织或个人,包括商人中间商与代理中间商。

两者的区别在于:①商人中间商拥有所经营产品的所有权;而代理中间商只是受生产者委托代理的销售业务,并不拥有产品的所有权。②商人中间商为了取得经营产品的所有权,在购进产品前必须要预付产品资金;而代理中间商则不需要垫付资金。③商人中间商购进产品与销售产品之间存在着价格差,正是这种价差形成了企业的利润;代理中间商的收入来自于委托销售企业按规定支付的佣金。

中间商是分销渠道的主体,制造商的绝大部分产品都是通过中间商转卖给消费者或最终用户的,在生产与消费之间起桥梁与中介的作用。

2. 中间商的作用

在现代市场经济条件下,一般厂家特别是面向民用市场和面向工业客户的小型产品一般都假借中间商之手,或实行代理制度,或实行经销制度,或实行其他的厂商关系进行市场拓展。因此,可以说,包括经销商与零售商在内的中间商,在生产者和消费者之间架起了一座"金桥"。一方面,他们通过广泛的销售网络,根据消费者的需求,而把合适的生产者(制造商)的产品配送销售到消费者那里;另一方面,又与厂家建立了密切的商业情报互换关系,把市场上的供求情况及时传递给生产厂家。中间商在消费者、消费客户之间负责起产品的集中、平衡、扩散与市场信息传递的作用。换句话说,中间商是生产厂家的"晴雨表"。中间商的作用主要体现在以下几点。

(1) 减少交易次数

商品流通过程中有中间商的参与,可以减少市场交易次数,简化流通程序,如图 9-3 所示。

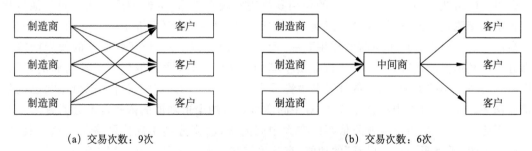

图 9-3 有无中间商的经济效益比较

图 9-3 表明了使用中间商的经济效益。图 9-3(a)表示,制造商直接将产品卖给 3 个客户,需要进行 9 次交易;图 9-3(b)表示,同样条件下,通过一个中间商只需完成 6 次交易即可。

(2) 降低社会商品流通费用

前面所分析的销售渠道的 3 个基本功能实际上主要是由中间商来实现的。按传统的观点,人们认为,中间商在销售渠道流通过程中会增加商品的流通费用,因此中间商应越少越好。确实,在商品的流通过程中,除了分拣、包装、整理等活动外,中间商的活动不会增加商品的价值,反而会增加商品的费用与成本的支出。但是,在商品的流通过程中,中间商又有不可替代的作用。这种作用就是能减少整个社会的商品流通费用支出。因为从整个社会的角度看,如果没有中间商的活动,每个生产者与每个消费者都必须直接地发生交换关系才能使整个社会的供需双方都得到满足。有了中间商,可从真正地像纽带一样,为各个不同的消费者提供来自于各个不同的生产者的商品,消除了生产者与消费者之间的时间差异、空间差异、数量差异和品种差异。这样能极大地减少整个社会商品流通的费用支出。

(3) 更好地满足消费者的需求

中间商在减少商品流通的费用支出,消除各种差异的同时,使消费者的需求得到最大限度的满足。如果没有中间商,消费者只能买自己力所能及的、有限范围的产品;有了中间商,从理论上说,消费者可以买到自己所需的任何商品。这也是中间商的一个重要作用。

(4) 促进生产的发展

从企业的角度看,中间商作用的发挥也使企业极大地扩大了市场的范围和容量。因为中间商可以在整个世界范围内组织货源,并向整个世界范围的所有消费者销售,结果是在使消费者的需要得到充分满足的同时,也扩大了企业的市场,促进了企业生产的发展。

此外,中间商作为专业的商业机构,能提高商品流通的效率,能减轻制造商的负担,能为制造商反馈有关市场的信息,能为消费者提供各种良好的售前与售后的服务。

中间商与企业自有网络的作用相比,由于中间商负责产品的储存功能,把产品从供过于求季节储藏到求过于供的季节,所以中间商创造时间效用;把产品成本从"有"的地方运到"无"的地方,中间商又创造地域效用;中间商会把产品送给最需要的人,又创造了占有效用。如果用经济学的观点来看,中间商同样具有生产性,商品在流动过程中同样也产生其相应的价值,在整个经济中具有特殊的贡献。

如今,由于经济的进一步融合与发展,企业与企业之间是你中有我、我中有你。同时,网络技术的发展,企业越来越认识到借助网络进行商务开拓的作用。那么,在此情况下,是不是会由于网络技术的发展使中间商的作用萎缩呢?现在来看,恰恰相反。就如同其他传播与长距离交流技术的发展,并没有影响全部中间商的存在,反而促进了中间商的发展一样,网络的发展不但没有使中间商的作用萎缩,而且还有扩大趋势。虽然物流业的发展能抢占部分行业经销商的饭碗,但是物流行业由于其相对优势,看来永远取代不了经销商的作用。像海尔公司这样的大型企业,本身还有物流系统,但是它们还是在完善并不断健全自己的经销商网络。那么,对于中小企业来说,对中间商所具有的渠道功能的依赖也不会消失。

因此,对于中小生产企业所依存的广大中间商来说,充分利用现代网络与信息工具,练就市场上的"千里眼"与"顺风耳"的功能,充分搞好与上游厂家的关系,并增强对下游消费者的服务意识,并力所能及地多经营一些产品,形成相近同类,甚至各个层阶的商品的集散优势,就会永远是生产厂家青睐的对象。

9.2.2 中间商的类型

1. 商人中间商

商人中间商也叫经销商,是指从事商品交易业务,在商品买卖过程中拥有商品所有权的中间商。商人中间商根据在商品流通过程中的作用不同,可分为批发商和零售商。

(1) 批发商

批发商是指向制造商或经销单位购进商品,供给其他单位(如零售商)进行转卖,或提供给制造商加工制造产品的中间商。从不同的角度,可以将批发商划分为以下几种类型,如图 9-4 所示。

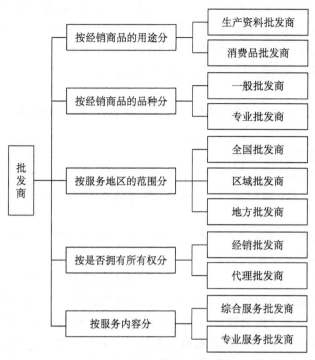

图 9-4　批发商的分类

在市场经济中,批发商对促进商品流通的作用,主要有以下几个方面。

① 销售与促销作用。批发商通过其销售人员的业务活动,可以使制造商有效地接触众多的小客户,从而可以发挥促进销售的作用。

② 仓储与运输作用。批发商将货物储存到出售为止,从而可以降低供应商和零售商的存货成本与风险。同时,批发商一般距离零售商较近,能够很快地将货物送到零售商手中,可以有效地满足最终消费者的需要。

③ 提供信息、降低风险作用。批发商通过向制造商和零售商提供有关的市场信息,可以减少制造商、零售商因盲目生产、盲目进货而造成的损失。

④ 调节产销关系的作用。批发商通过商品运输和存储,还可以起到调节产销关系的"蓄水池"的作用,有利于实现均衡生产和均衡消费,缓解社会经济运行中供求之间的矛盾。

从国内外经济发展趋势看,产量迅速增加的大制造商一般都位于远离消费者的地区,大多数制造商的生产始于订货之前而不是根据订货进行生产;产品的中间制造与使用的层次愈益增多,消费者对产品的数量、包装、品种、类型的要求不断提高并日趋复杂。这些发展趋势对批发业提出了更高的要求,随着批发业自身的不断完善,仍有广阔的发展前景。

(2) 零售商

零售商是指把商品卖给最终消费者的经营小额商品交易的商业机构和商人。零售商的主要功能是:广泛的销售网点和灵活的营业时间,方便消费者购买;齐全的花色品种,便于消费者选购;能为消费者提供售前和售后服务。

零售商按不同的标准,可分为不同的类型。

① 按经营的产品线不同,分为专业商店、百货商店、超级市场、方便商店。
② 按零售商提供商品的价格水平不同,分为折扣商店、仓储商店、商品目录陈列室。
③ 按零售商营业场所的性质不同,分为邮购商店、自动售货机、上门推销零售等。
④ 按零售商对商店的控制程度不同,分为连锁商店、合作商店、消费者合作社、商业联合企业等。
⑤ 按零售商的商店组合类型不同,分为中心商业区、区域购物中心、街区购物中心、邻里购物中心等。

(3) 批发商和零售商的区别

批发商和零售商相互依存、相互促进,又有所区别。其主要区别在于是否直接服务于消费者或用户。批发商不直接服务于消费者;零售商则直接把产品卖给最终消费者。其具体表现在以下方面。

① 从交易用途看,批发商出售的商品是供零售商转卖或供给企业作为生产加工用;零售商出售的商品,一般是供个人直接消费。
② 从交易对象看,批发商的买卖活动一般是在企业之间进行的;而零售商则是从批发商那里购进货物,再把商品出售给个人消费者。批发交易结束后,商品仍处在流通领域;而零售交易结束后,商品即脱离流通过程,进入消费领域,零售是流通过程的终点。
③ 从交易数量和购买频率看,批发商的交易数量一般比较大,销售频率低;零售商每次销售产品的数量比较少,但销售频率高。因此,批发商设点少,而零售网点则较多。

2. 代理中间商

(1) 代理中间商的定义

代理中间商是指接受生产者委托从事销售业务,但不拥有商品所有权的中间商。代理商与委托人之间是委托代理关系,不是买卖关系。在商品交易过程中,商品所有权的转移不经过代理商,代理商一般也不承担经营风险,不垫支流动资金。

(2) 代理商的种类

根据代理商取得委托权限的大小,代理商可分为以下三类。

① 独家代理。代理商依照代理协议,在一定的期限和约定区域内,享有指定产品的专营权,其职权范围一般仅限于商业性活动。在独家代理情况下,委托人产品在该区域内的销售,无论是否通过该代理商进行,其销售业绩都会记入代理商的名下。
② 一般代理。代理商不享有产品的专营权,委托人可以在同一地区与两个以上的代理商建立业务关系。委托人也可以越过代理商,直接与顾客成交。
③ 总代理。代理商依照代理协议,不仅有权代表委托人从事推销产品、签订合同等商业性活动,而且有权代表委托人处理非商业性的事务。总代理拥有委托授予的广泛权限,其行为若引起不良后果,对委托人会产生较大的损害。所以,企业在确定其总代理时要十分慎重,一般是由企业直接的外派机构或关系很密切的单位担任。

根据与生产者业务联系的特点不同,可分为企业代理商、销售代理商、寄售商、经纪商。

① 企业代理商是指接受生产者委托,按照签订的售货协议,在一定区域代理销售商品的中间商。商品售出后,生产者按照一定比例付给企业代理商佣金,生产者与代理商之间是委托代理关系。使用代理商对尽快推销新产品、开拓新市场都有很重要的作用。
② 销售代理商。它是一种独立的中间商,接受生产者委托负责代理销售生产者的全部

商品,一般不受区域限制,并拥有一定的售价决定权。在销售协议中一般规定一定期间内的推销数量。

③ 寄售商是指接受生产者委托进行现货代销业务的中间商。寄售商在货售出后,双方议定价格,按照一定比例收取佣金与有关费用。寄售商一般自设仓库或铺面,由于客户可及时购到现货,所以易于成交。

④ 经纪商又称"经纪人"。它既无商品,又无店铺,只是为买卖双方提供有关商品和价格及商品市场的一般情况,为交易双方牵线搭桥,协助谈判,促成交易。交易达成后,提取少量佣金。

9.3 分销渠道的设计与选择

分销渠道的设计与选择是一个长期的决策过程。一般来说,渠道模式一旦确定下来,改变与调整会有一定的难度,因为渠道与产品、价格和促销策略有所不同,需要其他企业的配合与支持,所以企业在进行渠道的设计与选择时应慎重考虑。

9.3.1 影响渠道选择的因素

影响分销渠道选择的因素很多。生产企业在选择分销渠道时,必须对以下方面的因素进行系统的分析和判断,才能做出合理的选择。

1. 产品因素

(1) 产品价格

一般来说,产品单价越高,越应注意减少流通环节;否则,会造成销售价格的提高,从而影响销路,这对生产企业和消费者都不利。而单价较低、市场较广的产品,则通常采用多环节的间接分销渠道。

(2) 产品的体积和重量

产品的体积大小和轻重,直接影响运输和储存等销售费用。过重的或体积大的产品,应尽可能选择最短的分销渠道。对于那些按运输部门规定的起限(超高、超宽、超长、集重)的产品,应组织直达供应。小而轻且数量大的产品,则可考虑采取间接分销渠道。

(3) 产品的易毁易腐性

产品有效期短,储存条件要求高或不易多次搬运者,应采取较短的分销途径,尽快送到消费者手中,如鲜活品、危险品。

(4) 产品的技术性与标准性

有些产品具有很高的技术性,或需要经常的技术服务与维修,应以生产企业直接销售给用户为好,可以保证向用户提供及时良好的销售技术服务。一般而言,渠道的长度与宽度同产品的标准化程度成正比。

(5) 产品的生命周期

一般来说,对于生命周期较短的产品,应在投入期与成长期选择短而宽的广泛分销渠道。

2. 市场因素

(1) 市场范围的大小

通常情况下,产品的市场销售范围越广,分销渠道就越长。若企业产品的销售范围很广,在全国乃至要进入国际市场,就要选择宽渠道,广泛利用中间商;若产品就地生产就地销售,销售范围很小,则由制造商直接销售或通过零售商销售。

(2) 竞争者状况

当市场竞争不激烈时,可采用同竞争者类似的分销渠道;反之,则采用与竞争者不同的分销渠道。一般来说,制造商要尽量避免和竞争者使用相同的分销渠道。

3. 顾客因素

(1) 潜在顾客的分布

某些商品消费地区分布比较集中,适合直接销售;反之,适合间接销售。工业品销售中,本地用户产需联系方便,适合直接销售;外地用户较为分散,通过间接销售较为合适。

(2) 消费者的潜在需求

若消费者的潜在需求多,市场范围大,需要中间商提供服务来满足消费者的需求,宜选择间接分销渠道。若潜在需求少,市场范围小,生产企业可直接销售。

(3) 消费者的购买习惯

有的消费者喜欢到企业买商品,有的消费者喜欢到商店买商品。所以,生产企业应既直接销售,也间接销售,满足不同消费者的需求,也增加了产品的销售量。

(4) 消费者的购买数量

如果消费者购买数量小、次数多,可采用长渠道;反之,购买数量大、次数少,则可采用短渠道。

4. 制造商因素

(1) 资金能力

企业本身资金雄厚,则可自由选择分销渠道,可建立自己的销售网点,采用产销合一的经营方式,也可以选择间接分销渠道。企业资金薄弱,则必须依赖中间商进行销售和提供服务,只能选择间接分销渠道。

(2) 销售能力

生产企业在销售力量、储存能力和销售经验等方面具备较好的条件,应选择直接分销渠道;反之,则必须借助中间商,选择间接分销渠道。另外,企业若能和中间商进行良好的合作,或对中间商能进行有效地控制,则可选择间接分销渠道。若中间商不能很好地合作或不可靠,影响产品的市场开拓和经济效益,则不如进行直接销售。

(3) 可能提供的服务水平

中间商通常希望生产企业能尽多地提供广告、展览、修理、培训等服务项目,为销售产品创造条件。若生产企业无意或无力满足这方面的要求,就难以达成协议,迫使生产企业自行销售;反之,提供的服务水平高,中间商则乐于销售该产品,生产企业则选择间接分销渠道。

(4) 发货限额

生产企业为了合理安排生产,会对某些产品规定发货限额。发货限额高,有利于直接销售;发货限额低,则有利于间接销售。

5. 中间商因素

每个中间商的实力、特点不同,如广告、运输、储存、信用、训练人员、送货频率方面具有不同的特点,从而影响生产企业对分销渠道的选择。

6. 政策因素

企业选择分销渠道必须符合国家有关政策和法令的规定。某些按国家政策应严格管理的商品或计划分配的商品,企业无权自销和自行委托销售;某些商品在完成国家指令性计划任务后,企业可按规定比例自销,如专卖制度(如烟)、专控商品(控制社会集团购买力的少数商品)。另外,如税收政策、价格政策、出口法、商品检验规定等,也影响分销途径的选择。

7. 效益因素

不同分销途径经济收益的大小也是影响选择分销渠道的一个重要因素。对于经济收益的分析,主要考虑的是成本、利润和销售量3个方面的因素。具体分析如下。

(1) 销售费用

销售费用是指产品在销售过程中发生的费用。它包括包装费、运输费、广告宣传费、陈列展览费、销售机构经费、代销网点和代销人员手续费、产品销售后的服务支出等。一般情况下,减少流通环节可降低销售费用,但减少流通环节的程度要综合考虑,做到既节约销售费用,又有利于生产发展和体现经济合理的要求。

(2) 价格分析

① 在价格相同条件下,进行经济效益的比较。目前,许多生产企业都以同一价格将产品销售给中间商或最终消费者,若直接销售量等于或小于间接销售量时,由于生产企业直接销售时要多占用资金,增加销售费用,则间接销售的经济收益高,对企业有利;若直接销售量大于间接销售量,而且所增加的销售利润大于所增加的销售费用,则选择直接销售有利。

② 当价格不同时,进行经济收益的比较。这主要考虑销售量的影响,若销售量相等,直接销售多采用零售价格,价格高,但支付的销售费用也多;间接销售采用出厂价,价格低,但支付的销售费用也少。究竟选择什么样的分销渠道,可以通过计算两种分销渠道的盈亏临界点作为选择的依据。当销售量大于盈亏临界点的数量,选择直接分销渠道;反之,则选择间接分销渠道。在销售量不同时,则要分别计算直接分销渠道和间接分销渠道的利润,并进行比较,一般选择获利的分销渠道。

综上所述,影响分销渠道选择的因素是多方面的。企业必须在全面分析这些因素的基础上做出正确决策。总的来说,选择分销渠道应遵循多渠道、少环节、高效率、增效益的原则。

9.3.2 渠道设计决策

分销渠道设计的程序主要包括4个步骤:分析顾客需要,建立渠道目标,选择渠道方案,评估渠道方案,如图9-5所示。

图 9-5 分销渠道设计程序

1. 分析顾客需要

在具体的分销渠道设计中,企业首先要分析顾客的需要,了解企业所选择的目标顾客群需要购买什么样的商品与服务;一般他们习惯在什么地方购买、为什么购买、在什么地点购买、以什么方式购买;他们希望中间商提供什么服务类型与服务水平以及时间与空间的便利条件等,即了解顾客需要的服务产出水平。分销渠道可以提供的服务产出水平包括批量大小、等候时间、空间便利、产品品种与服务支持等。

(1) 批量大小

批量大小是指在一次购买过程中,分销渠道能够提供给消费者的产品单位数量。

(2) 等候时间

等候时间是指顾客等待收到货物的平均时间。一般来说,大多数顾客都喜欢快捷的分销渠道。

(3) 空间便利

空间便利是指分销渠道为顾客购买产品提供的便利程度。

(4) 产品品种

产品品种是指分销渠道提供给顾客的产品花色品种的宽度。

(5) 服务支持

服务支持是指分销渠道提供的附加服务,包括中间商提供的信贷、交货、安装与维修等附加服务。

2. 建立渠道目标

任何一个企业选择渠道模式都有一定的针对性,不同的渠道模式在不同时期,都有不同的目标祈求,即使同一模式在不同时期也有不同的目标。生产企业在设计渠道时,一定要在理想渠道与可能得到的渠道之间做出选择,确定达到目标市场的最佳渠道。如果企业的目标是扩大产品市场覆盖面,应选择尽可能多的中间商;如果企业要控制中间商,就应不断增强自身能力,选择较少中间商,掌握渠道主动权。当然,渠道选择受很多因素的影响。

3. 选择渠道方案

任何企业选择分销渠道方案,总希望能以较低费用、较高效率,把目标用户需要的产品在用户需要的时间和地点送到用户手中。为此,企业需要做出一系列分销渠道决策,以选择合适的分销渠道。一个渠道选择方案由3个方面的要素确定:中间商的类型、所需中间商的数目、每个渠道成员的条件及其相互责任。

(1) 识别中间商类型

中间商类型决策是指选择什么类型的中间商,是独立批发商、代理商或经纪商。

从企业角度,凡是对用户和市场分销渠道结构不太了解或没有能力了解的企业,适宜选择代理商或经纪商。准备开发新市场的企业也可以选择代理商或经纪商;希望加快资金周转的企业不宜选择代理商或经纪商。从产品角度,工业用品较宜选择独立批发商中的经销商,和对方签订经销合同,双方承担一定的义务,并享有一定的权利,常见的是给对方独家经销权和较高的毛利,同时要求对方不再经营竞争者的同类产品;消费品则可视情况而定。

(2) 确定中间商的数目

生产企业必须决定在每个目标市场中,每个渠道层次使用中间商的数目。中间商数目越多,渠道越宽。一般有 3 种类型可供选择:密集性分销、专营性分销与选择性分销。

① 密集性分销。这是一种最宽的渠道,是指选择尽可能多的中间商来销售自己的商品,以便使产品有更多的展露度,又称广泛性分销。其特点是使产品快速进入目标市场与扩大产品的市场覆盖面。一般情况下,日用消费品和工业品中标准化程度较高的产品宜采用这种分销策略,如香烟、饮料等。

选择这种分销策略的企业应注意以下几点:第一,采用这种分销模式,中间商一般不愿承担广告,需要企业独立完成;第二,经常注意用户购买习惯的变化,不要忽略新出现的同类产品的分销渠道;第三,虽然直接面对用户的分销点应尽可能多,最好是全部,但是在有些市场上,高一层次的批发商数目仍应有所控制,避免在他们中间出现不必要的竞争。

② 专营性分销。这是一种最窄的渠道,是指在一定的市场区域中,在一定时间内只选择一家中间商销售其产品。这种策略的优点是:可以提高中间商的销售积极性;产品的价格易于控制;产销双方在广告宣传、产品促销、货物发送与结算等方面能够互相支持与合作。但也存在很多缺点:制造商在某一特点区域过于依赖中间商,容易受其支配;若中间商销售力量不足,还会使制造商失去部分潜在顾客。

选择这种分销策略的企业应注意两点:一是由于这是仅此一家、别无分店的分销模式,选对了中间商就有了市场,选错了中间商则可能失去市场,所以企业在选择具体中间商时应格外慎重,不能抓到篮里就是菜,随便选一家。二是因为这种分销模式使中间商获得了独占销售权,中间商一般比较愿意协助企业进行促销活动和提供售后服务,努力开拓市场。如果仅从企业利益出发,一家企业在一种产品初进入市场时适合采用这种模式,通过中间商的积极工作,迅速打开市场,然后再转向其他更适合的分销模式。但是,从中间商利益角度,中间商最忌讳的就是企业采取这种策略。所以,出于这种策略考虑,选择独家分销模式的企业应慎重。

消费品中的特殊商品、名牌高档产品适宜采用这种分销模式;需要提供较多售后服务的耐用消费品可以采用这种分销模式。工业用品中的机械设备、机床等,如果不采用直接渠道的,也可以采用这种分销模式。

③ 选择性分销。这种分销模式是指在一个特定市场上,既不是选择一家,也不是选择全部,而是选择部分中间商。这种策略的特点是:制造商与精心选择的中间商之间的配合较为密切。对制造商来说,由于中间商的数量不多,便于控制;同时,也利于降低营销成本,提高营销效率。对中间商而言,每个中间商可获得较大的销售量,利润有一定的保障,激发了中间商的销售热情,提高分销渠道的运转效率。大部分产品都可以采用这种分销模式。

(3) 规定渠道成员的权利与责任

渠道成员的权力与责任问题对分销渠道的正常运转有重要影响,企业必须制订相应的职责与服务范围,明确生产企业应为中间商提供哪些方面的服务,承担哪些职责;中间商要为生产企业提供哪些服务,承担哪些职责。一般情况下,生产企业应给中间商提供供货保证、产品质量保证、退货保证、价格折扣、广告促销协助等;经销商需要提供市场信息、各种业务统计资料、保证实行价格政策、达到服务水准等。

4. 评估渠道方案

制造商在初步识别了几种可行的渠道方案之后,就应确定哪种渠道最能满足企业的长期目标。因此,企业必须对各种可能的渠道方案进行评估。评估需要遵循以下 3 个原则:经济性原则、控制性原则与适应性原则。

(1) 经济性原则

经济性原则是指生产企业选择分销渠道应能够最大限度地节省成本、获得更多的经济效益。生产企业评价渠道方案的优劣，首先要从经济的角度分析运行成本对销售的贡献，从而计算出每个渠道方案的经济效益。

(2) 控制性原则

控制性原则是指生产企业选择分销渠道应充分考虑对所选择的分销渠道进行有效控制，建立一套长期的、稳定的分销渠道系统，保证市场份额与销售利润的稳定性。通常情况下，使用代理商需要考虑控制问题。销售代理商是一个独立的公司，它关心的是本公司利润最大化。代理商关心的是那些购买商品最多的顾客，而不关心谁购买了哪家制造商的产品。

例如，西门子冰箱销售采取的是直接面对零售终端的通路模式。其特点是不通过任何中间批发环节，直接将产品分销到零售终端，由厂家直接开拓和培育网络。这种方式虽然有网点拓展慢、交易分散、配送难度大、人力投入大的不足，但在家电产品销售成功与否还看终端的今天，企业对售点的控制能力、维护能力、市场沟通能力、人际亲和力则更加重要，只有这样才能真正提高市场的渗透力。

(3) 适应性原则

适应性原则是指生产企业选择分销渠道应充分考虑分销渠道的适应性。企业在选择渠道时必须综合考虑各种因素的影响，不仅要考虑不同地区的消费者分布、收入、购买特点，还要考虑产品本身的特性与消费的季节性。

小资料 9-2　　　　　　　　　　渠 道 选 择

(1) 某一监测仪器制造商开发了一种能用于公用事业的新产品——音波检测器。现在的问题是如何以有效的方式将该产品送到用户市场。有以下方案可供选择：①借助直接邮寄和商业杂志，运用现有的推销人员销售产品；②扩大企业推销队伍，同时分派各个推销员去与特定的用户接洽；③依靠代理商推销产品，但是代理商必须熟悉不同行业及不同地区的情况；④通过批发商销售产品，要求其进行一定的促销活动并拥有一定水平的存货。

问题：

请帮助选择分销渠道。

(2) 某调频汽车收音机制造商想通过以下 4 条分销渠道销售其产品：①与汽车制造商签订独家合同，要求汽车制造商只安装该企业品牌的收音机；②寻找一些愿意经销其品牌的汽车经销商；③借助通常使用的渠道，要求批发商将产品转卖给零售商；④在大城市设立汽车收音机装配站，直接销售给汽车使用者，并与当地调频播音站协商，请其帮助推销其产品并付给相应佣金。

问题：

4 条分销渠道哪一条最适合？

9.4 分销渠道的管理

公司在确定渠道方案后,必须对每个中间商进行选择、培训、激励与评价。此外,还要根据市场的变化与时间的推移,对渠道进行及时地安排与调整。当渠道与公司、渠道与渠道之间发生冲突时,要做适当的调解。

9.4.1 分销渠道成员管理

1. 渠道成员的选择

制造商要评估与分析中间商,主要包括 4 个因素:中间商的销售能力、财务支付能力、经营管理能力与中间商的信誉。

2. 渠道成员的培训

制造商应该有计划、定期地对中间商进行系统的培训,使其能够掌握与熟悉产品的特性、相关技术、目标市场的信息、市场调查、产品维修以及产品推销能力,使产销双方的利润都得到提升。

3. 渠道成员的激励

制造商应该像对待最终消费者一样重视中间商,需要认真研究中间商的需求与结构,针对不同的中间商采取不同的激励方法。例如,正面激励有较高的毛利、特殊优惠、各种奖金、合作性广告补贴、陈列津贴以及推销竞赛等;有时也采用反面的措施,如降低毛利、放慢交货与终止关系等。制造商可以通过合作、合伙或分销计划等方式,有选择地与中间商结成一种长期的、紧密合作的战略伙伴关系。

小资料 9-3　　　　　"虎牌"啤酒步步高升的零售奖励计划

"虎牌"啤酒针对零售商举办了历时一年的步步高升的零售奖励计划。在此计划中,"虎牌"啤酒并没有单纯地鼓励零售商盲目进货,而是考虑到零售商们的利益,把奖励建立在零售商的销售额上。规定零售商的销售总额每达到一个层次,便可即时获赠奖品。在活动期间销售额达到 80000 元人民币(按进货价计)的零售店,就可以获得高级打火机 15 个;达到 120000 元的零售店可获精美手表 15 个;达到 160000 元的零售店可获优质公文包 15 个;达到 198000 元可获赠电冰箱 1 台。"虎牌"啤酒通过设奖刺激流通,使其加速运转。

资料来源:鹏程. 促销:透过心灵的 37 种商业说服. 北京:中国发展出版社,2006

---

4. 渠道成员的评价

制造商必须定期按一定标准分析与评价中间商的表现。评价的标准主要有:销售额的完成情况、销售增长率、产品的销售范围及其占有率、平均存货水平、交货速度、对损坏和遗失商品的处理、与公司培训计划的合作情况、中间商对顾客提供的服务等。上述标准中,销售标准最为重要,制造商可以在一定时期内列出各中间商的销售额,并排出名次,以鼓励先进、鞭策后进。

5. 渠道的改进安排

每个制造商必须定期地分析、检查与改进渠道安排。对制造商来说,最困难的渠道决策是改进与调整整个市场营销系统。当分销渠道不能按计划工作、目标市场的消费者购买方式发生变化、市场扩大、新的竞争者进入、产品生命周期的更替时,有必要对渠道进行调整改进。

9.4.2 分销渠道冲突管理

制造商都希望与渠道成员之间展开良好的合作,获得更好的协同利润。但是,对渠道的设计与管理做得再好,也会发生某些矛盾与冲突。

1. 渠道冲突的类型

(1) 垂直渠道冲突

垂直渠道冲突是指同一渠道中不同层次渠道成员之间的冲突。例如,通用汽车公司曾为了实行有关服务、价格、广告方面的一系列政策,与其经销商产生过矛盾。

(2) 水平渠道冲突

水平渠道冲突是指存在于渠道同一层次中的渠道成员公司之间的冲突。例如,同一地区的批发商为了控制销售额,随意降价,扰乱市场。

(3) 多渠道冲突

多渠道冲突产生于制造商已经建立了两个或更多的渠道,并且向同一市场推销时产生的竞争。例如,某制造商决定向大型超市出售商品,可能会引起原有独立专业店的不满。

2. 渠道冲突的原因

(1) 目标差异

目标差异是指制造商与中间商的目标不一致。例如,制造商要通过低价格策略,向市场渗透,以取得较高的市场占有率;而中间商偏爱高毛利而追求短期利润。

(2) 认知差异

例如,制造商可能对近期经济前景表示乐观,要求中间商多备存货;而中间商却不看好经济前景,不愿意多存货。

3. 渠道冲突的调解

由于渠道成员之间产生冲突的原因多种多样,制造商与渠道成员的关系也非常复杂,渠道冲突的调解手段与方式应视具体情况不同而有所区别。有的可以通过激励手段;有的可以通过说服协商的办法;有的还可以进行适当的惩罚;有的可以实行分权管理;对比较严重的矛盾冲突可以通过仲裁,诉诸法律。

9.5 产品实体分销

市场营销不仅意味着发掘并刺激消费者或用户的需求和欲望,而且还意味着适时、适地、适量地提供给消费者或用户,从而满足其需求和欲望。因此,要进行商品的仓储和运输,即进行物流管理(也称实体分配)。企业制订正确的物流策略,对降低成本费用、增强竞争实力、提供优质服务、促进和便利顾客购买、提高企业效益具有重要的意义。

9.5.1 产品实体分销的概念与职能

1. 产品实体分销的概念

产品实体分销是指产品实体的转移,包括产品的运输和储存。实体分销有广义和狭义两种解释。从广义的角度看,是指自原料的产地选择到最终消费者市场的需求;从狭义的角度看,是指产品的运输、搬动与仓储。

狭义实体分销的范围包括:①原料进入工厂或商店的移动与控制;②产品在工厂或商店内的移动与储存;③产品在工厂、商店之间的移动;④产品自工厂或商店转移到顾客那里。

2. 实体分销要素

(1) 包装。实体分销中包装形式的确定、包装材料的采用和包装方法的选择,都要与实体分销的其他要素相适应。

(2) 运输。运输是借助于各种运力,实现商品空间位置上的转移。运输决策的内容:首先,根据运输商品对于运输时间与运输条件的具体要求,选择适宜的运输方式;其次,企业还要决定发运的批量、送货的时间以及行走的路线等。

(3) 仓储。仓储是利用一定的仓库设施和设备收储、保管商品的活动。对于决定入库储存的商品,企业需要选择是自建仓库,还是租赁仓库,并选择适当的仓库位置。

(4) 装卸搬运。装卸搬运的基本内容,包括商品的装上卸下、移动、分类、堆码等。

(5) 库存控制。库存控制包括决定和记录商品的存放地点、实际储存数量、进货周期及进货的数量等。

(6) 订单处理。订单处理包括接受、记录、整理、汇集订单和准备发运商品等工作。

3. 实体分销的目标

实体分销的目标是指对产品做适时适地的传递,兼顾最佳顾客与最低分配成本。实体分销的合理目标,应通过最佳顾客服务和最低的分配成本之间的有效选择,适当兼顾两者差异。

9.5.2 产品实体分销决策

1. 仓库地址选择

仓库地址选择的主要标准是看是否有利于增加企业的利润。因此,企业必须考虑向顾客发货的运输费用,还要考虑到顾客所要求的服务。

2. 仓库数量

要在不影响服务水平和降低销售量前提下,减少仓库的数量。

3. 仓库结构

(1) 单层仓库或多层仓库。单层仓库可以降低物资搬运费用,但单层仓库土地投资费用较高。多层仓库重点考虑的是商品的储存,在地价很高的地区更宜采用。

(2) 自建仓库或租赁仓库。自建仓库的平面布置和物资搬运机构可以按本企业产品的要求设计,便于控制仓库的经营业务。租赁仓库不需要进行投资,也可改租其他仓库和变更租赁面积。

4．运输方式

（1）管道。管道是一种特殊的运输方式。其优点是安全性高、运费低、无污染。但是,管道建设投资巨大,适用范围较窄。

（2）水运。内河驳船运输适用于运载笨重的、不易变质的商品,费用较低,但航期较长。

（3）铁路。铁路适于运输距离远、批量大、单位价值较低、比较笨重的货物。其缺点是装卸地点固定,车辆调度慢,缺乏灵活性。

（4）公路。公路运输的主要优点是灵活、迅速。许多制造厂的大部分产品都采用公路运输方式。而且,300公里以内的短途运输,费用比铁路低。

（5）航空运输。航空运输是最快捷的运输方式,也是运费最高的运输方式。其适应面较小,同时受到气候条件的影响,适用于价值高、体积小、时间性强的产品运输。

5．运输路线

在选定运输方式后,发货人还应决定运输路线。选择运输路线的标准如下。

（1）所选定的运输路线应保证把货物运输给客户的时间最短。这样,可以做到准时向客户交货,缩短订货周期,减少库存短缺情况的发生,达到较高的服务质量。

（2）选定的路线应能减少总的运输里程。这意味着可以减少总的运输里程,还可以减少发货人的运输费用。

（3）选定的运输路线应保证大的用户得到较好的服务。

（4）运用线性规划和网络技术等方法,计算出最佳运输路线,避免迂回运输或相向运输,以便减少运输费用。

6．存货水平控制

（1）经济进货批量

企业存货水平很大程度上来自企业的进货批量,因此控制存货的问题首先必须取决于如何确定最佳进货批量。

在任何情况下,进货企业的进货批量都会遇到两个互相矛盾的成本因素:进货费用和存货费用。

① 进货批量和进货费用是反比例的关系。当一定时期内商品的进货总量不变,则每次进货批量大(小),进货次数就少(多),进货费用也就少(多)。

② 进货批量和存货费用是正比例的关系。当一定时期内商品的进货总量不变,则每次进货批量大,平均库存量也大,存货费用就多,包括管理费、包装费、存货占用资金的利息、折旧费、商品损耗以及其他费用等;反之,进货批量小,平均库存量小,存货费用也少。

从经济效益角度看,进货费用与存货费用都要节省。这就要求在进货总量一定的条件下,确定一个最佳的进货批量,从而使进货费用和存货费用最为节省、经济。因此,经济进货批量是指使进货费用和存货费用之和(即总费用)减少到最低限度的进货批量。这里确定经济进货批量,需要以下假定。

① 需求率已知且稳定不变;仓库库存随时间变化而均匀下降。

② 进货间隔期已知且稳定可靠;当库存用完时,进货及时到达。

③ 瞬时补充存货。进货一次到达,库存瞬时达到最高点,而后随着销售,库存下降,每次补充的数量就是经济进货批量。

(2) 订货点

存货水平随着不断的销售而逐渐下降,当降到一定数量时,就需要再进货,这个需要再进货的存量称为进货点。

进货点的确定,要考虑办理进货手续的繁简、运输时间的长短、可能发生的意外情况,以及该货物的销售频率和对服务标准要求的高低等因素。其总的原则是,既要避免断档脱销带来声誉损失,又要防止货物积压而造成经济损失。实际上,前者也是一种经济损失,而且可能给企业带来的损失更大。因此,要权衡利弊,处理好成本与服务的关系。进货点的计算公式为

$$进货点 = 日均销货量 \times 进货所天数 + 保险系数$$

本章小结

1. 分销渠道主要包括商业中间商和代理中间商,还包括处于分销渠道起点和终点的生产者与消费者。

2. 由于工业品市场和消费品市场具有不同的特性,其分销途径也有所不同。消费品分销渠道模式有4种(三级分销渠道),工业品有3种分销形式(二级分销渠道)。

3. 商人中间商可以分为批发商和零售商。

4. 商品的实体分销由6个方面组成:包装、运输、仓储、装卸搬运、库存控制和订单处理。其分销决策包括仓库地址选择、仓库数量、仓库结构、运输方式、存货水平控制等。

同步训练

一、名词解释

分销渠道　中间商　产品实体分销

二、单选题

1. 价格低廉、产品差异很小、购买量小而频率高的日常消费品的出口常采用(　　)。
   A. 集中销售策略　　　　　　　　B. 广泛销售策略
   C. 选择性销售策略　　　　　　　D. 独家销售策略

2. 按照流通或层次的多少,分销渠道可分为(　　)。
   A. 直接渠道和间接渠道　　　　　B. 长渠道和短渠道
   C. 宽渠道和窄渠道　　　　　　　D. 单渠道和多渠道

3. 企业将产品通过自己设置的商店卖给消费者,此营销行为是(　　)。
   A. 批发销售　　B. 间接销售　　C. 直接销售　　D. 寄售

4. 生产者—批发商—零售商—消费者,称为(　　)。
   A. 一级渠道　　B. 二级渠道　　C. 三级渠道　　D. 四级渠道

5. 制造商尽可能地通过许多负责任的、适当的批发商、零售商推销其产品。这种分销策略属于(　　)。
   A. 密集分销　　B. 选择分销　　C. 独家分销　　D. 双边分销

6. 由各自独立的生产商、批发商、零售商和消费者组成的分销渠道,是(　　)。
    A. 传统渠道系统　　　　　　　　B. 现代渠道系统
    C. 垂直渠道系统　　　　　　　　D. 水平渠道系统
7. 产品价格低,其营销渠道就应(　　)。
    A. 长而窄　　　B. 长而宽　　　C. 短而窄　　　D. 短而宽
8. 生产者在某一地区仅通过少数几个精心挑选的中间商来分销产品,这是(　　)分销策略。
    A. 广泛　　　B. 密集　　　C. 强力　　　D. 选择性
9. 确定各层次配置同类型中间商数目属于(　　)渠道决策。
    A. 直接渠道与间接渠道　　　　　B. 长渠道与短渠道
    C. 宽渠道与窄渠道　　　　　　　D. 单渠道与多渠道
10. 渠道长度是指产品从生产领域流转到消费领域过程中所经过的(　　)的数量。
    A. 渠道类型　　　　　　　　　　B. 同类型中间商
    C. 不同类型中间商　　　　　　　D. 储运服务商

三、多选题

1. 分销渠道选择是否得当,直接影响到企业营销的实现,因为分销渠道是(　　)。
    A. 实现产品销售的重要途径
    B. 企业了解和掌握市场需求的重要来源
    C. 加速商品流通和资金周转的重要手段
    D. 节约销售费用的重要手段
    E. 企业产品创新的重要手段
2. 影响分销渠道选择的因素有(　　)。
    A. 产品因素　　　B. 市场因素　　　C. 中间商状况
    D. 制造商本身的条件　　　E. 环境因素
3. 对分销渠道的管理,内容有(　　)。
    A. 明确渠道成员的责权利
    B. 分析渠道成员之间产生冲突和矛盾的原因,并采取相应的对策进行协调
    C. 正确评价分销渠道成员的工作业绩
    D. 激励渠道成员
    E. 分销渠道调整
4. 下列产品中,适合采用密集性分销的是(　　)。
    A. 洗发水　　　B. 空调　　　C. 荔枝
    D. 盐　　　　　E. 首饰
5. 以下称为辅助商的是(　　)。
    A. 广告公司　　　B. 运输公司　　　C. 商业银行
    D. 拍卖行　　　　E. 保险公司

四、判断题

1. 在确定中间商数目3种可供选择的形式中,对所有各类产品都适用的形式是密集分销。(　　)

2. 分销渠道的长度是指产品在流通过程中所经过的中间环节的多少。（　　）
3. 中间商的介入增加了渠道环节，因而增加了社会商品流通中的交易次数。（　　）
4. 间接渠道是消费品销售的主渠道。（　　）
5. 价值高、体积重大的产品，宜采用短渠道策略。（　　）

五、简答题

1. 消费品的分销模式有哪几种？工业品的分销模式又有哪几种？
2. 中间商有哪些主要功能？
3. 影响分销渠道选择的因素有哪些？

六、案例分析题

TCL 的渠道创新与转型

1. 渠道创新

（1）初始阶段：自建网络

TCL 渠道模式在初期时有两个要点：一是建立销售分公司，并在分公司下面建立经营部；二是建立专卖店。TCL 销售分公司的职能更像是总经销商，它为经营部供货并进行管理；而经营部的职能则是开发和管理县级，甚至乡镇级中小经销商。其创新之处在于，当竞争对手拼命维护与省级大经销商业已紧张的关系时，TCL 率先与当时的二级经销商，甚至三级经销商建立商业关系，从而建立了比竞争对手更为扁平、更有效率的销售渠道。这种渠道模式一方面更接近消费者，另一方面对商户的掌控能力也更强。

（2）再创阶段：渠道瘦身

进入微利阶段后，庞大的自建渠道逐渐成为企业的沉重负担。在这种背景下，2000—2001 年，TCL 的渠道网络又进行了一次创新，主要针对 3 个方面：一是通过裁减成员提高效率，降低营销成本；二是调整销售分公司职能，强化其销售职能、弱化管理职能；三是撤销专卖店。

2001 年以来，TCL 手机销售渠道中，TCL 取消了传统手机销售中的全国总代理，以自建渠道和依托区域代理的销售力量进行区域分销，为 TCL 手机的迅速成长立下了赫赫战功。

2. 渠道新变革

（1）与松下合作：以渠道换技术

2002 年 4 月，松下、TCL 宣布双方在家电领域进行多元合作：TCL 将通过其销售网络面向中国农村市场销售松下的产品；松下将向 TCL 提供 DVD 等尖端技术和关键零部件。通过与松下合作，TCL 不仅可以加速掌握核心技术，同时也有利于培育和挖掘营销网络的竞争力。

（2）与飞利浦渠道合作

2002 年 8 月，飞利浦、TCL 宣布在中国 5 个省区的市场进行彩电销售渠道的合作：TCL 将利用其销售渠道及网络优势，在 5 个省区独家销售飞利浦彩电。与飞利浦的渠道合作，是 TCL 渠道转型的一步：将专营 TCL 产品的销售公司变为独立的第三方专业家电分销商，TCL 的销售网络向独立的渠道运营商转化。

资料来源：杨明刚. 市场营销策划. 北京：高等教育出版社，2009

问题：

1. 从消费者便利出发，企业如何设置分销渠道？
2. 企业自建渠道有何利和弊？以上企业渠道创新策略给我们带来哪些启示？

第 10 章

促销策略

学习目标

1. 了解促销组合决策的基本内容。
2. 了解常见促销工具的特点。
3. 熟悉促销工具的选择与促销效果的测量。
4. 运用不同的促销组合，设计促销活动，制订促销计划。

导入案例

屈臣氏的促销策略

招数1：在屈臣氏最常见的促销招数是超值换购。在每一期的促销活动中，屈臣氏都会推出3个以上的超值商品。顾客一次性购物满50元，多加10元即可随意选择其中一件商品，这些超值商品通常会选择屈臣氏的自有品牌，所以能在完成低价位的同时又能够保证利润。

招数2：启动独家优惠。既避开其他商家，又给顾客更多新颖感。

招数3：买就送，买大送小；送商品、送赠品、送礼品、送购物券、送抽奖券，花样百出。

招数4：加量不加价，提升对消费者的吸收力。

招数5：优惠券，给予一定金额的购置优惠。

招数6：套装优惠。屈臣氏经常会向厂家订制专供的套装商品，以较优惠的价钱向顾客销售套装，并常常附带赠品，促销力度很大，可提升销售力度。

资料来源：阿里巴巴网，http://info.china.alibaba.com/news/detail/v0-d1024340595.html

引导问题：

屈臣氏的成功促销策略有哪些？

10.1 促销与促销组合策略

成功的市场营销活动，不仅要努力开发适销对路的产品，制订具有竞争力的价格和选择合理的分销渠道，善于经营的企业应根据实际情况，正确制订并合理运用促销策略，采用适当的方式进行促销，及时有效地将产品或劳务的信息传送给目标顾客，沟通生产者、经营者与消费者之间的联系，激发消费者或客户的欲望和兴趣，进而满足其需要，促使其实现购买行为。

10.1.1 促销

市场交换活动是由买方和卖方共同实现的,这种商品交换活动的顺利进行,要求买卖双方相互沟通信息。

促销(promotion)是指企业将产品或服务的有关信息进行传播,帮助消费者认识商品或服务所能带给购买者的利益,从而达到引起消费者兴趣,激发消费者欲望,促进消费者采取购买行为的一种活动。现代市场营销理论特别强调企业与现实的和潜在的消费者之间的沟通。从一定意义上说,销售促销的本质就是信息沟通。

一般来说,信息沟通方式概括起来可以分为:单向沟通,如广告、公共关系、营业推广;双向沟通交流信息,如人员推销方式。促销工具彼此之间具有一定互换性,促销工具也各具优势。因此,大部分厂商都综合运用各种促销工具,利用各种促销工具的长处,以达到与消费者进行信息交流、沟通的良好目的。

10.1.2 促销的作用

企业的销售人员通过各种促销活动与消费者进行沟通,各种促销活动分别在不同的阶段对消费者产生某一影响。促销在一定意义上就像购买机器设备一样,是一项"生产投资",因为它同产值(销售额)、利润息息相关,是营销者必不可少的营销活动和开支。作为信息传播与沟通手段的促销活动,对企业的生存和发展是至关重要的一环,绝非可有可无之举。促销的具体作用如下所述。

1. 传递商业信息,提升知名度

促销的最基本的作用是向目标顾客传递信息。通过促销宣传,可以使顾客知道企业生产经营什么产品、有什么特点、到什么地方购买、购买的条件是什么等;从而引起顾客注意、激发其购买欲望、为实现销售和扩大销售做好舆论准备;并经由各种不同渠道传递信息,提升企业和产品的知名度。

2. 突出产品特点,提高竞争能力

突出特点是要强调企业的产品与竞争者的产品之间的差别。在激烈的市场竞争中,企业通过促销活动,宣传本企业产品独特属性和特点,努力提高产品和企业的知名度,促使顾客加深对本企业产品的了解和喜爱;增强信任感,从而也就提高了企业和产品的竞争力。促销常被用来抵消竞争者们的各种活动,使自己在竞争中占据主动地位。

3. 提高企业声誉,**巩固老顾客,稳定市场地位**

由于各种因素影响,企业的销售额可能出现上下波动,这不利于稳定企业的市场地位。为此,企业通过促销活动,可以树立良好的企业形象和商品形象,尤其是通过对名、优、特产品的宣传,促使顾客对企业产品及企业本身产生好感,从而培养和提高"品牌忠诚度",巩固老顾客和扩大市场占有率。

4. 影响消费,刺激需求,增加销售量

新产品上市后,起初顾客对其性能、用途、作用和特点并不了解。通过促销沟通,引起顾客兴趣,诱导需求,并创造新的需求,从而为新产品打开市场,建立声誉或连带系列产品的销售。为了达到不同的目标,需要有针对性地组合运用各种促销工具,进行促销活动,以达到协调的效果。

企业的销售人员通过各种促销活动与消费者互动,对其施加影响。但是,促销作为集中销售推广手段,由于其本身的某种局限性,有些目的无法达成,如无法建立品牌忠诚度、无力挽回销售衰退趋势、对不被接受产品无力回天等。因此,促销不是万能的。促销是一种"投入",在运用时要谨慎处理。

10.1.3 促销组合策略

企业促销是告知信息,说服客户,提醒客户采取购买行动等。要达到促销的目的,必须采取各种促销工具,制订促销组合。

促销组合是指企业根据产品的特点和营销目标,综合各种影响因素,对各种促销方式的选择、编配和运用。这是一种组织促销活动的策略思路,它主张企业应把广告、公共关系、营业推广及人员推销等几种基本促销方式,组合成一个策略系统,使企业的全部促销活动相互配合、协调一致,最大限度地发挥整体效果,从而顺利实现促销目标。

按照这种思路,促销策略被视为一个系统化的整体策略,几种基本促销方式则是构成这一整体策略的子系统:每一个子系统都包含了一些可变因素,即具体促销手段或工具。某一因素的改变,意味着组合关系的变化,也就意味着产生了一个新的促销策略。促销组合是一个重要概念,体现了现代市场营销理论的核心思想——整体营销。

市场营销信息沟通组合也称"促销组合",包括以下几种主要方式。

1. 人员推销

人员推销是指企业通过销售人员与消费者或客户直接接触,目的在于销售商品、服务或宣传企业的促销活动。人员推销由于直接沟通信息,反馈意见及时,可当面促成交易。因此,它的作用不仅仅是出售现有货物,而是要配合企业的整体营销活动来发现、满足顾客需求,反馈市场动向和顾客要求,与客户培养和建立人际关系。但它在人、财、物、时方面耗费大,覆盖范围有限。

2. 广告

广告是指由主办者支付费用,旨在宣传构想、商品或者服务的大众传播行为。它是一种高度公开的信息传播方式,具有普及性、传播范围广、形式多样、表现力夸张的特点。随着我国市场化进程,企业作为独立的商品生产者和经营者,科学地运用广告宣传,对传播信息、促进生产、指导消费、扩大销售、加速商品流通和提高经济效益,都有十分重要的作用。

3. 营业推广

营业推广是指为刺激需求而采取的、能够迅速激励购买行为的促销方式。它是配合一定的营业任务而采取的特种推销方式,旨在刺激需求,激发购买。其快速提升销量效果显著,但属于短期活动。

4. 公共关系

公共关系是指企业为建立、传播和维护自身的形象而通过直接或间接的渠道,保持与企业外部的有关公众的沟通活动。公共关系的核心是交流信息,促进相互了解,宣传企业的经营方针等,提高企业的知名度和社会声誉,为企业争取一个良好的外部环境,以推动企业不断向前发展。

各种不同的信息沟通方式,具有各自不同的特点、适用范围和局限性。因此,企业在决定促销组合(或信息沟通系统)时,常常是综合考虑营销目标、考虑促销预算及分配,同时区别主客观情况,选择几种方式的最佳搭配方案。表 10-1 是整合促销组合的主要工具及适用的产品生命周期。企业在决定促销组合时,要考虑多种因素的影响和制约。

表 10-1 整合促销组合的主要工具及适用的产品生命周期

广　告	营业推广	公共关系	人员推销	直复营销
印刷广告 广播广告 电视广告 包装 产品样本 招贴和传单 广告牌 销售点陈列	竞赛、游戏 彩票、兑奖 赠品、赠券 展销、展览会 示范表演 折扣 低息融资 商品组合	新闻、演讲 游说 研讨会 年度报告 慈善捐款 捐赠 公司杂志 事件营销	销售展示 销售会议 奖励节目 样品 交易会 展销会	目录 邮购 电视直销 电子信箱 网上购买
产品处于介绍期、成长期	产品处于介绍期、成熟期、衰退期	产品处于介绍期、成熟期	产品处于成长期	产品处于介绍期、成熟期

(1) 产品类型与特点

工业品(生产资料)与消费品(生活资料)对各类促销工具的效果有明显的差别。对于消费品,一般适合采用非人员促销方式;对生产资料这样单价高、价值大、风险程度高、市场上买主有限或者购买批量大的商品,最有效的推销方法是人员销售。

(2) 推或拉的策略

企业采取"推"或"拉"的方法去促进销售,在很大程度上决定和影响着促销组合。"推"和"拉"两种策略正好相反,"推"的策略要求用特殊推销方法和各种商业促进手段,通过营销渠道把商品由生产者"推"到批发商;批发商再"推"到零售商;零售商培植消费者的需求,推动各级分销商的订货需求。"拉"的策略更注重和利用品牌效应,在"拉"的策略中,广告与营业推广的适当配合尤为重要,不同的企业对这两种策略各有偏好。

(3) 现实和潜在顾客的状况

企业对不同类型的顾客依据其特点,采用不同的促销方式。企业常按照购买商品的时间,把顾客分为最早采用者、早期采用者、中期采用者、晚期采用者和最晚采用者,并对不同类型的顾客采用不同的促销方式。例如,对第一、第二类顾客常以"激励"的方法,通过各种手段宣传商品的"新"以鼓励购买。同时,在分析中还应考虑作为消费者的心理变化过程。例如,处在"认识"阶段的消费者比较多地受广告和人员销售的影响。

(4) 产品的生命周期"阶段"

在产品市场生命周期的不同阶段,企业的促销目标不同,对处于不同阶段的产品所采用的促销方式也有所区别。

(5) 促销费用

促销费用的高低,直接影响到促销方式的选择。一般来说,广告宣传和人员推销的费用较高,营业推广花费较小。企业在选择促销方式时,要根据企业的资金状况,以能否支持某一促销方式的顺利进行为标准;同时,投入的促销费用要符合经济效益原则。

（6）人力资源

促销效果是否能够达成，关键要看促销执行。促销执行，尤其是人员推销和营业推广，是推销人员面对面地与客户交流。那么，推销执行人员的素质、能力、促销目标的贯彻，计划的执行，取决于企业现有推销执行人力资源状况或促销预算下的费用支持。

总之，要充分了解促销组合的含义，并考虑影响促销方式各种因素，有计划地将各种促销方式适当搭配，形成一定的促销组合，就可取得最佳的促销效果。

10.2 人员推销的步骤和技术

人员推销是一项古老的艺术，是人类最古老的促销手段。它具备许多区别于其他促销手段的特点，可完成许多其他促销手段所无法实现的目标，且效果显著。

10.2.1 人员推销

1. 人员推销的定义

人员推销是指企业派出人员直接与消费者或客户接触，目的在于达到销售商品或服务和宣传企业的促销活动。人员推销主要包括上门推销、柜台推销和会议推销等形式。

2. 人员推销的特点

人员推销与非人员促销方式最大的不同点是：推销人员与潜在顾客直接接触，信息沟通过程是双向性的，推销人员可以立即获得信息反馈，并据此对信息的内容及信息的表达方式做出相应的调整。因此，人员推销在购买过程的某些阶段起着最有效的作用，常用于建立购买者的偏好、信任及行动方面，其作用是广告所不能代替的。人员推销的主要特点有以下方面。

（1）面对面的接触。人员推销涉及两人以上，信息沟通过程是双向性的，是一种生动、灵活、能相互影响的沟通方式。销售人员可就近观察对方的特征及需要，适当调整自己的谈话内容和方式。

（2）培养关系。人员推销有利于促使各种关系产生，常用于建立购买者的偏好、信任及行动方面，尤其利于销售人员与顾客之间长期关系的建立和维持。

（3）刺激反应。推销人员与潜在顾客直接接触，能使顾客感到需要倾听销售人员的谈话，较之其他方式更能引起注意并刺激购买。

3. 人员推销的基本形式

人员推销有其独到的优越之处，是最重要的一种促销形式。人员推销中，推销人员的说服和解释能力会直接影响推销效果。人员推销的基本形式包括以下类型。

（1）上门推销。上门推销是最常见的人员推销形式。它是由推销人员携带产品样本、说明书和订单等走访顾客，推销产品。这种推销形式可以针对顾客的需要提供有效服务，方便顾客，并为顾客广泛认可和接受。此种形式是一种积极主动的、名副其实的"正宗"推销形式。

（2）柜台推销，又称门市推销，是指企业在适当地点设置固定的门市，或派出人员进驻经销商的网点,接待进入门市的顾客,介绍和推销产品。柜台推销与上门推销相反,是等客上门的推销方式。柜台推销适合零星小商品、贵重商品和容易损坏的商品推销。

(3) 会议推销。它是利用各种会议向与会人员宣传和介绍产品,开展推销活动。例如,在订货会、交易会、展览会、物资交流会等会议上推销产品。此种推销形式接触面广,推销集中,可以同时向多个推销对象推销产品,成交额较大,推销效果良好。

10.2.2 人员推销的任务和程序

1. 人员推销的任务

人员推销的关键在推销人员。与早期推销人员相比,现代推销人员的作用已不仅限于单纯的商品销售,他们的地位日益重要,作用也日益广泛。在人员推销活动中,推销人员的主要任务有以下几个方面。

(1) 开发新顾客。销售人员要积极寻找和发现新顾客或潜在顾客,从事市场开拓工作。要不仅了解和熟悉现有顾客的需求动向,还要积极寻找和发现更多的可能的顾客或潜在顾客。

(2) 信息传递。销售人员向潜在的顾客了解他们的需求,传递企业产品和服务方面的信息,注意沟通产销信息。

(3) 销售产品。销售人员运用推销技术,与消费者直接接触,介绍产品、分析解答顾客的疑虑,报价并千方百计地达成交易。

(4) 提供服务。除了直接的销售业务外,还要向顾客提供各种服务,包括向顾客提供咨询、建议、技术,帮助融资,安排办理交货等。

(5) 信息反馈。推销人员可以利用直接接触市场和消费者的便利进行市场调查,报告推销访问情况,并反馈市场信息,协调资源,为开拓市场和有效推销提供依据。

(6) 顾客资信评价。通过与顾客直接接触,收集和评价顾客资信情况,为企业帮助顾客融资和支付优惠提供决策参考。

2. 人员推销的程序

人员推销是一门艺术,也是一门科学,有内在规律和技术。向一名真正的潜在顾客的推销,要经过一个基本推销程序,如图 10-1 所示。同时,推销面对的是鲜活、个性鲜明的个体,要灵活运用推销技巧,才能取得良好的推销效果。

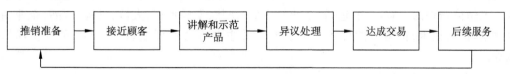

图 10-1　人员推销的程序

(1) 推销准备。推销人员要进行必不可少的推销准备,同时要充分了解潜在顾客的情况。其包括:顾客需要什么、什么人参与购买决策、采购人员及决策人的性格特征和购买风格;确定访问目标、访问时间和访问方式,如选择拜访、电话访问或信函访问;准备推销活动中需要的语言、资料,做到运用自如,能制订对客户的全面销售方案。

(2) 接近顾客。顾客的信任是推销人员得以顺利展开促销活动的基础。因此,接近顾客并取得顾客的信任,是推销人员得以顺利展开促销活动的重要环节。推销人员的推销首先是推销自己,要求推销人员应善于与人交流;要注意推销过程中推销人员的仪表、态度、语言,以增强顾客的信任。

(3) 讲解和示范产品。在整个推销过程中,推销人员应以产品为依据,着重说明产品对顾客带来的利益;通过示范和演示产品,使顾客建立良好的产品印象或体验产品利益,产生明确的需求;了解客户如何做出购买决策及其关键人物。

(4) 异议处理。顾客在产品讲解、示范后提出异议和表现抵触情绪,是正常反应。这些抵触包括对价格、交货期、产品或某个公司的抵制。而对抵触情绪,销售人员要积极,应用谈判技巧,消除疑问。如果顾客对推销人员的合理建议没有疑问,距达成交易的目的就不远了。

(5) 达成交易。推销的有效性是由顾客的行动来衡量的。所有的交易在最后时刻都面临3种结果:拒绝、拖延、成交。成交是一系列促使顾客做出购买决定的行为。这就要求推销人员在推动交易时要选择适当的成交时间,说服顾客现在采取行动。

(6) 后续服务。如果推销人员想保证顾客满意,并获得重复购买,后续工作必不可少。它包括具体落实交货时间、购买条件及提供技术指导、服务和进行持久的追踪调研和持续访问,持之以恒地保持同顾客的关系。使顾客相信推销人员的关心,往往可以长期保持销售关系,甚至扩大销售。

10.2.3 推销人员的管理

推销人员的管理主要包括推销人员的招聘和挑选、培训和指导、激励、监督考核等。

1. 推销人员的招聘和挑选

招聘和挑选到具有良好素质的推销员,是降低人员推销成本、提高人员推销效率的基础。一般而言,企业应根据企业性质、产品特点、推销对象的特点来确定推销人员选拔标准,制订招聘计划,确定选拔途径,核定招聘配额和费用后实施推销人员甄选。推销人员选拔主要有两个途径:一是从企业内部选拔;二是对外公开招聘。推销人员选拔的重点是以适合预算的前提,获得符合促销目标要求的促销人员。

2. 推销人员的培训和指导

有效的推销人员培训和指导是一种总体效率投资,既可以提高企业对推销人员的吸引力、凝聚力,又可以成为队伍的"稳定剂",保证企业总体销售效果。推销人员培训和指导,一般包括:入职培训、管理技能培训、专业知识培训、语言培训、产品培训、专业技术培训等阶段。推销员培训的内容,一般包括:企业的历史、现状、发展目标、人员、机构,产品、企业的销售政策、推销技术、推销员的任务与职责等。其主要方法有课堂教学、模拟实验和现场训练等。

3. 推销人员的激励

推销效率除了培训之外,还来自企业对推销人员的有效管理、监督和激励。企业对推销人员的激励通常是通过推销系列指标和竞赛等手段来实现的。企业通常用于激励推销员的主要形式有:工资或奖金、教育培训、表扬、晋升、休假等。激励的标准可以是销售额、毛利或对销售努力的评价等辅助手段。

4. 推销人员的监督考核

推销人员和监督考核包括基础信息的收集、汇总与分析,工作业绩的评价与比较。监督考核必须以准确的信息和翔实的数据为基础,因此管理部门应建立一套考核指标体系,随时注意收集有关信息和资料、数据,尽可能做到公平合理,符合客观实际。

10.3 广　　告

广告是现代企业重要的促销方式,是一门带有浓郁商业性的综合艺术。随着商品经济的发展,广告的重要作用愈加突出。

10.3.1 广告的含义

"广告"一词源于拉丁语 Adventure,意为"唤起大众对某种事物的注意,并诱导于一定的方向所使用的一种手段";英文为 Advertising,含义为"引起别人注意,通知别人某件事"。汉语的"广告"就是广而告知,即广泛地告知公众某种事物的宣传活动。广告作为一种传递信息活动,是企业促销中普遍重视并且应用最广的促销方式。同人员推销、公共关系和营业推广3种促销方式相比,广告宣传具有公共性强、受众面广、渗透性强的特点。广告是企业营销活动中使用最多、花费最多的促销工具之一。

关于广告,有多种不同的表述。归纳起来,可分为广义和狭义两类。广义的广告泛指能唤起人们注意、告知某项事物、传播某种信息、宣传某种观点或见解的信息传播方式,如政府公告、宗教布告、公共利益宣传、教育通告、各种启事、标语、口号、声明等,都称为广告。它既包括经济广告(商业广告),又包括非经济广告。因此,可概括为"有目的地唤起人们注意或影响观念的特殊信息传播方式"。

狭义的广告是指经济广告,是广告主体有目的地通过各种可控制的有效大众传播媒体,旨在促进商品销售和劳务提供的付费宣传,是商品经济的产物。 市场营销中研究的广告是狭义的广告。

广告既可为产品建立一个长期的印象,也可以刺激购买行动。它是一种能将信息送至地理上分散接收者最多的方式,而平均展露成本又最低。

10.3.2 广告的功能

同人员推销、公共关系和营业推广3种促销方式相比,广告宣传是能见度最高的公共沟通方式,受众面广,许多人共同接受同样的信息,并在一定范围中表现为无差异的提供信息。在市场营销工作中,广告是很好的传递信息、刺激需求的方法;同时,有利于在市场上争取顾客、打击竞争对手。因此,商业广告具有多种功能。

1. 传播信息

传播信息是广告的基本功能,也是广告最为重要的功能。经济越是发达,社会越是进步,这一功能越是清晰地显示出来。

(1) 介绍产品及服务。广告可以向消费者介绍产品知识。产品信息若不能有效地传递给潜在的消费者,就不能让消费者产生购买行为。例如,家用轿车购买后的贴膜与底盘装甲项目为汽车非标准配置,对于该类项目的消费,消费者一般不会在对该产品一无所知的情况下掏钱购买,有赖于广告宣传的告知性。

(2) 通报产品及服务。广告传播信息的功能表现在对产品或服务情况的通报上。一种新产品出现后,需要做的工作就是把这一情况及时通报给消费者。一般来说,在当今社会,一种新产品问世,都必然要伴之一场大规模、高密度的广告宣传,让消费者对新产品形成深刻的印象。

2. 刺激需求

对于消费者的某些处于潜在状态的需求,若不加以刺激,则可能被抑制;若加以有效的刺激,则可能转变为实际的购买行为。广告可以介绍产品的成分、质地、技术、性能、规格、特点、使用范围、养护知识等信息,形形色色的广告手段是激发人们潜在消费需求的最普遍、最直接、最有效的工具。由广告效应所造成的购买氛围,使现代人事实上已经无法摆脱广告对其心理需求的巨大影响,使消费者打破原先的思维定式,从而接受产品。例如,中国人的传统习惯是泡热茶喝。然而,厂商通过广告等沟通的力量,激发了中国人的潜在需求,使人们日渐接受了茶饮品、冰茶产品,使这类饮料销售与日俱增,牢牢占据了市场。

3. 争夺顾客

市场经济处处充满竞争。对于厂商来说,竞争是一种挑战,也是一种动力。哪里有销售,哪里就有竞争。企业可以利用广告这个手段开拓市场、促进销售,以此来提高经济效益。如果一家企业通过广告刺激潜在消费者购买,而另一家企业不进行任何广告宣传,则顾客很可能被夺走,在竞争中的地位就可能发生变化。

4. 抑制竞争对手

知名大企业抢占各种媒体的黄金时间和黄金版面,并不是因为本企业或其产品知名度不够,也不是为了已经出名的产品而做广告,最重要的是不让竞争对手抢走具有良好效果的广告播出时间段和版面,使竞争对手没有更好的机会宣传自己。

10.3.3 广告媒体的选择

广告媒体是指广告主与广告对象之间信息传递的载体。广告媒体是传递广告信息的通道和媒介。合理选择和购买媒体,对于提高广告效果和降低成本至关重要。常用的广告媒体有印刷媒体、电子媒体、户外媒体、实物媒体几大类。表10-2是常用的广告媒体。

表10-2 常用的广告媒体

印刷媒体	电子媒体	户外媒体	实物媒体
报纸、刊物、产品说明书、样本、广告信、电话簿、挂历、台历、门票、车船时刻表、工具书插页、手册等	网络、电影、电视、广播、幻灯、电子显示大屏幕等	公路广告牌、霓虹灯、橱窗、气球、灯箱等	商品、模型、包装装潢、礼品、标志徽章、纪念册等附赠品

选择广告媒体是一种创造性的活动,不应集中在某种个别媒体做广告。进行广告媒体的选择决策时,一般来说应考虑以下几种因素。

1. 广告目标

广告主发布广告都有一定的目标要求,针对不同的目标,选择的广告媒体也不相同。明确企业准备让哪些人或单位知道本企业提供的产品及服务、目标市场的潜在消费者通常习惯接触哪些媒体,企业就应该选择哪些媒体做广告。

2. 媒体传播对象和范围

广告媒体的传播对象就是接触广告媒体的视听观众。影响广告媒体选择的首要因素是广告信息的传播对象。掌握传播对象的自然特性、居住地理位置、消费者人数、接触媒体的习惯方式如何等，可以有针对性地选择恰当的广告媒体，以达到预期的广告目标。

3. 产品特征

各种商品的特点是不同的，对广告媒体的选择有直接或间接的影响。例如，需要展示商品，则可采用电视、橱窗等媒体，给消费者直观的感受；有的商品专业性很强、技术含量较高、单位价格昂贵的仪器仪表、大型设备等商品，则只能利用行业性媒体进行广告信息的传递。

4. 成本费用

成本费用包括设计费用和媒体播放或刊载费用等。同一媒体也因广告时间段和版面位置不同而实行不同的收费标准。根据企业的财力和广告预期达到的效果等多种因素，合理选择投入广告费用。

广告媒体有其自身的明显优势，同时也有不足。广告主为了使广告内容更好地传达到目标市场，必须依据企业自身的目标及资源情况，认真选择广告媒体。

10.3.4 广告的设计

广告所传递的信息通常是有关提供物中包含的顾客需要的利益和获得方式等情报。广告是一种说服活动。广告的设计必须以人的心理活动特征为依据，把激发人的潜在意识作为重要目标。这就要求广告内容首先要引起消费者的注意，引起消费者对传播的信息感兴趣，继而产生购买愿望，并实施购买产品的行为。因此，要求设计的广告具备以下的特点。

1. 符合广告受众的认知规律

广告宣传内容的安排，符合人的认识规律才有效果。首先，广告内容安排应符合人的认识顺序；其次，需增强与背景的反差；最后，应突出广告主题。

2. 内容真实性强，易为受众接收

广告的作用是说服消费者，但说服不等于欺骗，欺骗反而会说而不服。做广告的目的除了让广大消费者了解本企业外，更重要的是让人们对本企业产生好感。宣传的真实性非常重要，欺骗性的广告宣传不但违反了商业道德，违反《中华人民共和国广告法》，而且也会有损企业的声誉。

3. 内容简洁，针对性强

广告所能表达的内容非常有限，人们对广告留意的时间也很短暂。因此，要求内容一定要清晰、简洁，强调广告宣传的针对性。广告是一种实用艺术，需要在一瞬间将人抓住，应该做到简单醒目、生动形象、通俗易懂。例如，电视广告"怕上火，喝王老吉"，简洁明了，突出了产品特点，起到很好的宣传作用。

4. 创意新颖，富有美感

广告要求画面清晰、创意好、语言精练，使人看后回味无穷，满足人们的审美要求。在信息社会里，个人每天接触的广告非常之多，如果广告没有创意，根本无法引起消费者注意。

5. 善于搭车，突出自己的品牌

当某重大事件发生时，人们的注意力非常集中，这时企业要善于搭车，把自己的产品与

重大事件联系起来,在广告宣传中突出自己的品牌和信誉。例如,"车到山前必有路,有路必有丰田车",就突出了自己的品牌,又搭上了人们耳熟能详的俗语,可谓事半功倍。

10.3.5 广告费用预算

广告预算是企业在制订广告方案时预先安排的广告预期支出的金额。预算过低,广告花费不足,无法达到预期目标效果;反之,会造成浪费,降低广告投资效率。因此,为实现企业的销售目标,企业必须花费必要的广告费用。在确定广告预算时,要考虑以下5个因素。

1. 产品的生命周期

新产品通常需要较高的广告预算,以在消费者心目中树立形象;已经在市场站住脚的产品,则只需占销售额的一定百分比,用于维持产品的地位。

2. 市场份额和消费者群体规模

市场份额大的产品,一般情况下广告预算占销售额的百分比相对较小。如果要增加自己的市场份额,要花费较高的广告费用。此外,面向广大消费者的产品,人均广告费用较低;而面向较小的特定消费者的产品,人均广告费用必然要高得多。

3. 行业竞争和市场秩序

在一个充满激烈竞争的市场上,企业的广告费用总是较高;如果市场秩序混乱,企业需开支的广告费用就更高了。

4. 广告频率

广告预算的高低,还受到广告重复次数的影响。广告次数越多,广告费用越高;为产品树立与众不同的形象,也需要做更多的广告。

5. 产品替代性

产品的可替代性较高或可替代产品种类较多,此种情况通过增大行业竞争程度,而要求企业分配较多的广告预算;相反,则可以减少预算。

决策者应认真仔细审查广告活动的费用与效果,提高预算准确性。目前,广告专家已提出了各种不同的预算模型用于确定广告预算,在使用模型中可参考上述因素,加以确定。

目前,广告已经成为企业主要的销售手段和品牌推广途径,广告费也成为企业主要的销售费用。为实现企业的销售目标,企业必须花费必要的广告费用,广告费用如何开支是一个关键问题。据《销售与市场》杂志的统计调查,各行业平均广告费(含各种宣传费用)占销售收入的11%。如果开支过少,广告起不到作用,等于白花钱;反之,如果广告开支过大,不仅浪费资金,也降低了效益。企业广告费投入过多而陷入困境的案例屡见不鲜。其中,广告费开支的预算管理是控制广告费用开支的一个重要方法。通常可供企业选择的、确定广告预算的方法,有以下4种。

(1) 量力而行法。这是很多企业采取的一种方法,即根据企业资金状况,允许做多少钱的广告,就做多少。但是,不把有限的资金投入到最有力的销售方式,实在不是一个好的选择。企业无法制订和实施长期的广告计划,可能无法实现广告促进销售目标的实现。

(2) 销售额比例法。按照一定时期内销售额的一定百分比确定广告预算。此法简便易行,在一定程度上反映了广告费用与销售额的关系。计算公式为

$$广告费预算 = 销售额 \times 广告费对销售额的比例$$

如果是一家稳定成熟的企业,这种方法对于企业确定总体广告费预算,是比较适合的。但是,这种方法会使问题过于简单化,不能有区别地对待不同时间、不同季节和不同特点的产品,也无法进行一系列积极的、开拓性的广告活动。例如,当产品滞销时,无法获得产品销售量的数据;而且,广告费对销售额的比例比较难确定,需要对一定时间的广告费与销售额做深入的统计分析才可能做出。这对一个新企业来说,几乎是不可能测算出来的。

(3) 竞争平衡法,也称竞争对抗法。根据市场上与本企业处于相当竞争地位的其他企业广告费用开支为参考依据,来决定本企业的广告支出费用。有人认为这种方法可以保持市场份额的稳定,避免正面"推销战"的爆发。实际上每一家企业的资源、能力、机会、目标和商誉都不一样,没有必要与其他企业做同样数额的广告。而且,竞争对手的广告费支出不一定合理,这个方法可能导致广告费的互相攀比,因为广告费的攀比增长会造成企业亏损。

(4) 目标任务法。这是一种在明确广告目标、媒体、使用频率等情况下进行测算的方法,可以依据营销目标的要求,决定广告活动的任务。根据对完成广告任务费用的预测,制订广告预算。目标任务法要求全面地衡量市场的环境和地位,综合考虑主、客观因素的作用和影响,科学地预测和计算费用与效果的关系,是一种比较科学、可取的广告预算方法。但是,这种方法经常忽略了企业的财务能力,而使广告支出变成公司财务的重大负担。因此,在应用这种方法时,应参考销售额百分比法,使广告预算切实可行。

目前,广告专家已提出了各种不同的预算模型用于确定广告预算。无论这些模型如何复杂、包含多少内容,决策者都应当清楚地记住:需要认真、仔细地审查广告活动的费用与效果的关系,根据企业自身的营销目标、企业资源状况,科学、合理地进行广告费用预算。

10.3.6　广告效果评估

广告效果是指广告作品通过广告媒体传播之后所产生的影响。对广告效果的评估,是检验广告活动成败、促使广告更适合市场需要的重要手段,也是企业调整市场营销组合策略、确立目标市场的重要依据。

广告效果评价可以从两方面入手,一方面是广告沟通效果评价;另一方面是与沟通效果相关的销售效果测定。在整个营销过程中,影响销售额变化的因素很多,它们之间的关系也非常复杂,以至人们很难将广告所带来的销售增长额统计出来。

1. 广告沟通效果评价

广告沟通效果评价主要包括对认知效果是和态度效果的评价。认知效果是指目标受众通过广告接触对广告产品品牌和产品类别的知晓、认识情况。认知效果评价可以通过认识测定法、回忆测定法来进行调查测试;态度效果评价可以采用态度测定法,主要用来测定广告效果的心理感受。例如,一则广告在电视上播映,收视率很高,而且引起了消费者良好而深刻的印象,从而提高了兴趣,虽然没有立即购买,广告也已收到提高企业知名度的效果。但是,如果直接询问消费者:"您觉得您购买这类产品是因为广告的影响吗?"90%以上的消费者可能都会直接回答:"否。"事实上,广告的确对消费者的购买决策产生了相当的影响,这种影响往往是潜移默化的。也就是说,通常在消费者自己都说不清的情况下,广告已经对其决策产生了影响。鉴于这种情况,我们要研究消费者对广告的接受情况,不可能采用直接的手段去研究,而必须采取其他辅助性方法来推测消费者的感知行为。

(1) 认识测定法。这种方法主要用来测定某广告效果的知名度,即消费者对广告主及其商品、商标、品牌等的认识程度。例如,调查有多少读者能够辨认先前读过的广告;有多少读者除知道商品的生产厂家、商标外,还知道该广告的标题或插图;有多少读者能够记住该广告50%以上的内容。对结果进行统计分析,就可以测定出读者对某广告的认知效果。

(2) 回忆测定法。这种方法主要是用来测定广告效果的记忆度和理解度。也就是说,主要是探求读者读过广告后能记忆多少。不言而喻,若读者读过广告后,记忆清晰、完整,说明该广告的感召力强,能引起人们的兴趣,激发其购买行为;反之,亦然。

(3) 态度测定法。这种方法主要用来测定广告效果的心理感受。它一般是通过语意差异试验来进行的。例如,测定广告作品中的人物给人们的印象如何,可令消费者在一系列相反的评语中进行挑选:美丽、丑恶;健康、衰弱;快乐、忧伤等。根据统计结果,测出消费者对广告所持的态度。

以上3种广告效果的测定方法只能说明广告效果的部分情况,且多有局限性。因此,要将上述3种方法综合运用,得出比较全面的综合性指标,便于人们检验广告的整体效果。

2. 广告销售效果测定

销售效果是指广告费用与销售额之间的比例关系。采用销售效果的测定方法,是以广告活动前后的销售差额作为衡量广告效果的指数。当然,广告与销售量或销售额增加的关系有多大,是很难量化的。

需要指出的是,广告沟通的效果和广告的销售效果是广告效果的两个方面,它们之间应该是正相关关系,但并不能肯定一定是成正比例关系。有些广告在广告本身的创意新颖性、艺术水平、观众喜闻乐见等方面确实很优秀,由广告专家评比还可能会获得大奖;但如果脱离了产品实际,与目标市场的消费者并不吻合,广告宣传并没有对销售产品起到多大积极作用,广告的总体效果就会大打折扣。因此,测定广告效果要把两者结合起来,进行综合分析。

10.4 营业推广

营业推广是指为刺激需求而采取的、能够迅速激励购买行为的促销方式。许多单位价格不高的居民日用消费品,都采用营业推广策略。

10.4.1 营业推广的概念和种类

营业推广又称销售促进(sale promotion),是指企业运用各种短期诱因鼓励消费者和中间商购买、经销或代销企业产品或服务的促销活动。它是企业为刺激需求而采取的、能够迅速激励购买行为的促销方式。与其他促销方式不同,营业推广多用于一定时期、一定任务的能刺激需求、扩大销售的短期特别推销,是企业采取的除广告、公关和人员推销之外的所有企业营销活动的总称。面向消费者的营业推广,是为了鼓励老顾客继续购买,使用本企业产品,激发新顾客试用本企业产品;面向中间商的营业推广,是为了促使中间商积极经销本企业产品;面向销售人员的营业推广,是为了促进销售人员的销售努力。根据营业推广的对象不同,企业应选择不同的营业推广工具,以保证营业推广目标的达成。

营业推广的具体方式多种多样,较为常见的有以下几种。

1. 对消费者的营业推广方式

(1) 赠送样品。赠送样品是提供产品给中间商和消费者免费试用。通过赠送样品，可以鼓励消费者认购，也可以获取消费者对产品的反映。当一家企业推出一种新产品时，就需要向用户或消费者介绍新产品，介绍的方式很多，赠送样品是其中一种最有效的方式，但费用较高。赠送商品给用户或消费者使用，会很快扩大产品的知名度和影响，积极作用于产品的销售。样品赠送可以有选择地赠送，如闹市派发、挨家派送、邮寄发送、店内发送、随其他商品的销售配送、随广告无选择地分发等。

(2) 优惠券。优惠券是一纸证明，持有者在购买某种特定商品时可凭其少付一部分价款。许多商场采取这样的推广手段，赠送的代价券可以限定购买商品的种类或只允许在一定的比例范围内使用。这种代价券有利于刺激消费者使用老产品，也可以鼓励消费者认购新产品。

(3) 折旧换新。商品总要更新换代，使用一定时期后卖给废品收购站往往价格很低。所以，商家如果允许以旧换新，会受到广大消费者的欢迎。例如，2010年国家推出的家电以旧换新活动，一经推出很受消费者欢迎，带动家电产品市场开拓和库存产品销售。

(4) 廉价包装，也称小额折让交易，是指以低于正常水平的价格和特别的包装方式向消费者销售产品。其形式有：减价包装，即减价供应的拆零包装(如买一送一)；组合包装，即把两种相关的产品包装在一起(如牙膏和牙刷)。

(5) 有奖销售。有奖销售是通过给予购买商品的顾客一定的中奖机会来刺激人们更多地购买其商品。有奖销售能刺激消费者大量购买本企业的产品。其具体做法通常是让消费者用所购一定数量产品的包装来兑换现金，或以发票号码开出若干等奖。人们总有碰运气的心理，如果在可买与可不买之间，顾客可能为了中奖而购买，或转而在有奖销售的企业购买。有奖销售，特别是零售企业，在销售商品时若能提供较高金额的奖金(法律允许的范围内)，能刺激消费者大量购买本企业的产品。

(6) 赠送礼品。免费或低价向消费者提供某种物品，以刺激顾客购买特定产品。实践证明，对于某些商品的效果非常显著。小物品可附于主要产品包装之内，也可另外赠送，有时商品包装本身就相当于一种附带礼品。附送赠品运用得当，会极大地促进产品的销售。

(7) 累计购买奖励，又称积分奖励制度，是指在消费者购买某种产品或光顾某一场所达一定次数或消费一定金额后，凭某种证明可获得奖励。实施积分奖励制度，对吸引顾客长期购买该企业的产品具有一定的积极作用。这种营业推广方式对高档商场、高档商品、高档饮食服务企业，效果尤其明显。

(8) 免费试用，通常是指在销售现场请顾客试用产品，或者把样品送给顾客试用一段时间后收回。中国绝大多数消费者有一个非常明显的购买习惯，就是对商品先是观望，充分了解有关商品的信息之后，再根据自己的财力决定是否购买。所以，免费试用对刺激和引导消费者进行尝试购买，做出购买决策具有特别重要的意义。

(9) 展销会。通过参加各种形式的展销会来促进产品的销售。在展销会上可展出本企业产品并进行操作表演，以吸引参观者(包括中间商和消费者)，促使其了解产品，并当场或事后订货。世界各国政府或许多贸易促进组织举办各种不同类型的博览会、展销会，就是因为它对促进企业产品的销售具有非常重要的作用。

(10) 限时降价。这是近年来商场运用较多的一种促销方式。降低商品的价格是商家最常见的促销手段,也是一种屡建奇功的促销手段。但是,时间长了顾客逐渐失去了信任,而且商家的利润大减,这样一来商家便不得不对降价销售采取变通方式,进行限时降价销售。降价时间规定得很短,但降价的幅度非常大,这样就可以通过极小的利润损失,产生极大的促销效果。更重要的是,通过某滞销商品的超常规降价,带动其他商品的销售。

2. 对中间商的营业推广方式

一些营业推广方式是专门用来对中间商使用的,常见的有以下类型。

(1) 购买价格折扣和免费产品。购买价格折扣是指在某个特定时期,生产厂家对中间商所采购的商品给予一定比例的折扣。其目的是鼓励中间商更多地进货或者配销新产品。免费产品是指在中间商购货时额外赠送一定数量的同种产品,其目的与价格折扣相似,是鼓励中间商更多地进货或者开发新产品市场。

(2) 费用资金资助。生产者为中间商提供陈列产品,支付部分广告费用和部分运费等补贴或津贴。为提高中间商陈列本企业产品的兴趣,企业可以免费或低价提供陈列品;中间商为本企业产品做广告,生产者可以资助一定比例广告费用;为激励路途较远的中间商经销本企业产品,可以给予中间商一定比例的运费补贴;可以提供促销资金,即生产者向中间商提供资金以供其进行广告宣传等促销活动。

(3) 经销奖励。对经销本企业产品有突出成绩的中间商给予奖励。此方式能刺激经销业绩,使业绩突出者加倍努力,更加积极主动地经销本企业产品,也使其他经销商为提高本企业产品销量而努力,从而促进产品销售。

(4) 销售竞赛。根据各个中间商销售本企业产品的实绩,分别给优胜者以不同的奖励,如现金奖、实物奖、免费旅游、度假奖等。

(5) 交易会或博览会、业务会议。

(6) 工商联营。企业分担一定的市场营销费用,如广告费用、摊位费用,以建立稳定的购销关系。

3. 针对销售人员的营业推广

针对销售人员的营业推广是指鼓励销售人员热情推销产品或处理某些老产品,或促使他们积极开拓新市场。例如,根据各个销售人员销售产品额度及产品种类的实绩,分别给优胜者以不同的奖励,如有奖销售、比例分成等。

10.4.2 营业推广的特点

营业推广是配合一定的营业任务而采取的特种推销方式,推广工具多种多样,具有以下特点。

1. 直观的表现形式

许多营业推广工具有吸引注意力的性质,并能提供信息使消费者很快注意到产品,可以打破顾客购买某一特殊产品的惰性。它们告诉顾客,这是永不再来的一次机会。尤其是对于那些精打细算的人来说,这是一种很强的吸引力。

2. 灵活多样,适应性强

根据顾客心理和市场营销环境等因素,提供诱因,使用一些明显的让步、优惠、服务、提供方便等,采取针对性很强的营业推广方法,向消费者提供特殊的购买机会,能让消费者感到有利可图。营业推广具有强烈的吸引力和诱惑力,能够唤起顾客的广泛关注,强化刺激,立即促成购买行为,在较大范围内收到立竿见影的功效。

3. 有一定的局限性和副作用

营业推广的影响面较小,刺激强烈,但时效较短。而且,如果选择和运用不当,求售过急,可能会贬低产品档次,顾客容易产生疑虑。过分渲染或长期频繁使用,会引起消费者怀疑产品质量或价格的合理性,有损产品形象,导致不良结果。

企业常利用此方式来创造较强烈、迅速的反应,以加速商品的推销或刺激销售不佳的产品购买。此方式见效快,但也存在不足。因此,运用营业推广方式促销时,一定要审慎选择。

10.4.3 营业推广的实施过程

企业在组织实施营业推广促销活动过程中,必须确定目标,选择工具,制订方案,方案试验,实施和控制方案,以及评价结果。

1. 确定营业推广目标

企业在整体营销方案中经常包含营业推广活动的内容。营业推广目标的确定,包括两方面内容:一是必须确定企业在一定时间内应达到的目标;二是企业准备设计每一项营业推广活动时,都要确定这次营业推广的目标。

就消费者而言,目标包括鼓励消费者更多地使用商品和促进大批量购买;争取未使用者试用,吸引竞争者品牌的使用者。就零售商而言,目标包括吸引零售商们经营新的商品品目和维持较高水平的存货,鼓励他们购买过季和滞销商品,贮存相关品目,抵消各种竞争性的促销影响,建立零售商的品牌忠诚和获得进入新的零售网点的机会。就销售队伍而言,目标包括鼓励他们支持一种新产品或新型号,激励他们寻找更多的潜在顾客和刺激他们推销过季和滞销商品。

为使目标管理真正实现,营业推广的目标应该做到细化、量化,便于检查和控制。例如,常见的营业推广目标有:以消费者为营业推广目标;以中间商为营业推广目标;以推销员为营业推广目标;以抵制竞争者为营业推广目标;以巩固市场占有率为营业推广目标;以提高新产品市场渗透率和吸引早期消费者为营业推广目标;以扩大企业知名度和美化企业形象为营业推广目标等。同时,要明确每一次营业推广目标的时限要求,并注意积累营业推广活动的成果;保证营业推广目标与企业的营销组合方案相匹配。

2. 选择营业推广工具

营销人员在目标既定的情况下应综合考虑各种相关因素,选择适当的营业推广工具,灵活有效地选择、使用。其中,应考虑的主要因素有:市场的类型、企业希望得到的效果、竞争者的策略,特别要对准备采纳的每一种营业推广工具的成本、效益进行深入的分析。要根据目标市场要求以及市场类型、营销环境、消费者需求偏好、购买习惯、政策法规等因素,选择最早、最好地实现营业推广目标的方法和技巧。特别值得注意的是,营业推广工具的选择不是越多越好,而应简单、直观、易于理解,方便实际营业操作为宗旨,避免过于复杂的多重活动的叠加。

3. 制订营业推广方案

一个完整可行的促销方案至少应包括以下内容。

(1) 刺激的力度。确定通过营业推广对消费者进行刺激的力度大小,营销人员必须决定准备拿出多少费用进行刺激。为消费者提供的额外利益太小,难以引发顾客的购买行为,达不到企业的目标;额外利益大,有时能立竿见影,但企业的财力承受压力大,同时其产生的效应是递减的。

(2) 刺激对象的范围。企业需要对促销对象的参加者做出明确的规定,即刺激哪些人。刺激可以提供给任何人,或选择出来的一部分人。例如,规定对持某商品包装标志的顾客赠奖等。

(3) 实施的途径。当确定刺激的对象和力度后,要规定执行的地点、场合或附着的媒体等,并通过适当方式告知一定范围内的公众。营销人员必须确定通过什么途径和方式告知相关人员促销方案。

(4) 持续时间。如果持续的时间太短,一部分顾客因来不及购买或无法重新购买而得不到应得的利益,影响企业的推广效果;如果持续的时间过长,不仅企业为此支付的成本负担重,而且易失去推广活动的吸引力和刺激强度。调查表示:最佳的频率是每季有 3 周的销促活动,最佳持续时间是产品平均购买周期的长度。

(5) 制订预算。营业推广总预算可以通过两种方式拟订:一种是根据所选用的各种促销方法来估算总费用;另一种是比例法,即按经验比例来确定各种商品营业推广预算占总预算的百分比。用此方法时,通常要考虑所处的不同市场、产品处于不同的生命周期阶段以及竞争者的营业推广支出和方式等因素。

4. 方案试验

为了保证大规模营业推广的安全性和有效性,对已经拟订的方案进行测试是必要的。面向消费者市场的营业推广能轻易地进行预试,可邀请消费者对几种不同的、可能的优惠办法做出评价和分等,也可以在有限的地区进行试用性测试。测试的内容主要有:刺激力度对消费者的效力、顾客的反应、所选用工具的适当预算能否满足需要,以及实施的途径等,对不适当的部分可及时做出调整。企业营销活动的实践证明,这种预试是十分重要的,其重要程度依营业推广活动的规模显现。

5. 实施和控制营业推广方案

要对每一项营业推广工作确定实施和控制计划,明确实施和控制标准,设计一套执行和控制系统,从组织、制度和人员上落实营业推广工作,保证责任落实到人。

6. 评价营业推广结果

最普通的一种评价方法是把推广前、推广中、推广后的销售情况进行比较。就推广带来的销售情况变化进行对比,评估目标达成情况,并就实施中计划的可行性及例外情况处理进行归纳,便于总结经验。

10.5 公 共 关 系

公共关系是企业促销组合策略中的一项重要措施,企业必须正确运用公共关系,实现企业营销目标。

10.5.1 公共关系的含义和特征

1. 公共关系的含义

公共关系(public relations)简称"公关"或PR,是指企业利用各种传播手段,沟通内、外部关系,塑造自身良好形象,建立和维护企业与公众间良好关系的活动。营销中的公共关系是企业主动与其顾客、供应商、经销商以及其他相关公众,建立和维护良好关系的活动。

2. 公共关系的特征

企业营销中的公共关系主要是通过新闻报道等方式,正面宣传企业和产品;通过内部与外部信息传播,促进公众对企业的了解,建立企业形象;通过与立法和政府机构沟通,维护企业权益,并在一定程度上影响法规制度;进行企业危机管理,防范和处理企业危机事件。

公共关系主要可以通过宣传报道、赞助公益和社会活动,举办宣传展览和开展主题活动方式,与企业内部和外界进行交流、沟通信息。公共关系作为四大促销手段之一,与其他促销手段,如商品推销、商业广告等有所不同。公共关系活动主要是通过不花钱或少花钱的活动,侧重利用新闻媒体的力量开展工作。企业公共关系活动基本特征表现在以下几个方面。

(1) 企业公共关系活动中,主体一定是企业。公共关系活动的对象既包括企业外部的顾客、竞争者、新闻界、金融界、政府各有关部门及其他社会公众,又包括企业内部职工、股东,构成企业公关活动的客体。

(2) 企业公关关系活动的媒介是各种信息沟通工具和大众传播渠道。公共关系采用的传播形式多样,既可以通过新闻、宣传等传播媒介间接传播,又可以通过人际交往形式直接传播。由记者撰写的公共关系性质的新闻,使人感到比广告更真实可信,能接近许多有意避开销售人员或广告的顾客。

(3) 公共关系的目标是为企业广结良缘,在社会公众中创造良好的企业形象和社会声誉。公共关系作用对象包括顾客、厂商、经销商、新闻媒介、政府机构、内部员工以及各方面的社会公众。

(4) 公共关系活动以真诚合作、平等互利、共同发展为基本原则。公共关系以一定利益关系为基础,主、客双方在诚意、平等、互利原则上,互相协调、兼顾企业利益与公众利益的双赢,以此保障既满足双方要求又可以建立和发展良好的关系。公共关系是创造和建立"人和"的艺术,追求的是企业内部和外部人际关系的和谐。

(5) 公共关系具有长期性的特点。企业要建立良好的社会信誉和形象,需要企业有计划、有步骤地踏实努力,并着眼未来。公共关系活动树立形象多于推销产品,传递信息全面。它是有关企业形象的长远发展战略,急功近利是企业公共关系活动的大忌。

10.5.2 公共关系的职能

公共关系是企业促销策略组合中的一项重要措施。企业利用各种传播手段,一方面沟通内部关系,如求团结、求奋进;另一方面对外塑造良好企业形象,为企业求生存、谋发展,创造良好环境。从企业经营管理的各个环节来看,公共关系的职能是多方面的,主要有以下方面。

1. 收集信息,检测营销环境

企业是环境的一部分,企业经营也是与环境进行资源交换的过程。因此,企业可以运用各种公关手段收集信息,把握企业环境状况和变化。通过公关收集的企业环境信息包括:外部信息,如消费者对本企业产品的各种反映和评价,公众对企业的认识和对企业管理理念、管理水平、服务水平、人员素质的评价等;内部信息,如企业员工对企业的评价、对企业文化的认同感,员工对企业管理理念的认知、意见和建议等。

2. 咨询建议,支持决策

企业可以利用公共关系收集各种信息,进行综合分析,考察企业的决策和行为在公众中产生的效应和影响程度,帮助决策者评价各方案的社会效果,预测企业决策和行为与公众可能意向之间的吻合程度,并及时、准确地向企业的决策者进行咨询,提出合理而可行的建议,提高决策的社会适应能力和应变能力;可以利用公共关系对正在实施的决策方案进行追踪检测,并及时反馈评价信息。

3. 舆论宣传,沟通交流

企业可以把公共关系作为企业的"喉舌",及时、正确向公众对象传递企业信息,建立企业的公众形象,创造良好的舆论氛围;可以与企业内、外部进行联系、互动,交流和沟通,协调企业与内、外部公众的关系。

4. 教育引导,树立形象

企业可以通过公共关系活动,进行广泛、细致、耐心的劝服性教育和优惠性、赞助性服务,建立企业良好社会形象,争取公众对企业的好感,提高员工对企业的认同感,提升企业凝聚力,为企业争取良好的发展环境。

公共关系的全部活动和职能,最终都是为了塑造企业的良好形象。因此,公共关系工作的范围和职能虽然广泛,但目标只有一个——树立形象。因此,树立企业形象是公共关系的基本职能。

10.5.3 公共关系的原则与实施步骤

1. 公共关系的原则

围绕树立良好的企业形象,开展公共关系活动,必须遵循两条基本原则。

(1) 以诚取信的真实性

每一家企业都企盼获得良好的形象,然而良好的形象需要企业本着诚实的态度向社会公众介绍自身的客观情况,借以获得社会公众的信任才能建立,实事求是地传播是根本。公共关系活动的一项主要工作就是传播信息,一方面将组织的信息向其公众传播;另一方面将公众的信息反馈给组织,从而使双方相互适应、相互了解。以诚实对公众,最终也将得到公众信任的回报。

需要指出的是,公共关系要做到诚实信用,既要考虑到企业的利益,又要考虑到公众的利益。有句话是说"公共关系90%靠自己做得好,10%才是宣传"。我们强调在信息传播时应遵循实事求是的原则,并不是要人们机械、呆板地执行,而是灵活、辩证地掌握、贯彻,这就要求公共关系人员不仅要有高尚的职业道德情操,也要具备相应的传播技术水平,才能真正做到实事求是。

(2) 互惠共赢的原则性

成功的公共关系活动应以组织利益与公众利益的统一为宗旨。企业生存发展依赖于社会,既为社会公众提供消费品,同时也依靠社会公众提供原料、贷款等。企业与社会公众相互依存,两者的利益根本上应该是一致的。因此,开展公关活动,也应本着两者利益协调一致的原则,把社会公众的利益同企业利益结合起来,通过为社会作出贡献来赢得公众,建立良好的企业形象。在市场经济社会,社会组织与公众要建立长期的合作关系,必须实行互惠互利的原则,实现双赢。

坚持双赢原则,必须做到:一是要对公众负责,承担社会责任;二是要对组织负责,保证组织生存、运行、发展;三是必要时牺牲组织的眼前利益。当组织利益与公众利益相抵触时,公共关系强调组织的利益服从公众利益,维护组织的生存环境。

2. 公共关系的实施步骤

要塑造企业形象,创造有利于促进销售的气氛和环境,需要一个有计划、有步骤的整体决策过程。它不是公关活动产生之后的事后总结,而是公关活动实施之前的事前谋划。作为一个完整的工作过程,公共关系的实施步骤应包括以下方面。

(1) 调查研究

调查研究是做好公共关系的基础,公关部门必须收集整理提供信息交流所必需的各种材料。企业通过调研,一方面了解企业实施政策的有关公众的意见和反应,反馈给高层管理者,促使企业决策有的放矢;另一方面将企业领导者意图及企业决策传递给公众,使公众加强对企业的认识。

(2) 确定目标

企业公关目标是促使公众了解企业形象,改变公众对企业的态度。在调查分析的基础上,明确问题的重要性和紧迫性,进而根据企业总目标的要求和各方面的情况,确定具体的公共关系目标。一般来说,企业的公共关系的直接目标是:促成企业与公众的相互理解,影响和改变公众的态度和行为,建立良好的企业形象。公关工作是围绕着信息的提供和分享而展开的,具体的公关目标又分为:传播信息、转变态度、唤起需求。需要注意的是不同企业或企业在不同发展时期,其公关具体目标是不同的。

(3) 交流信息

企业通过大众传播媒体及交流信息的方式传播信息,公关工作是以有说服力的传播去影响公众,因此公关工作过程也是交流信息的过程。企业必须学会运用大众传播媒介及其他交流信息的方式,从而达到良好的公关效果。

(4) 评价结果

企业要对公共关系活动是否实现既定目标进行及时评价。评价结果的目的在于为今后公关工作提供资料和经验,也可向企业领导层提供咨询。公关工作的成效,可从定性和定量两方面评价。信息传播可以强化或改变受传者固有的观念与态度,但人们对信息的接受、理解和记忆都具有选择性。传播成效的取得,是一个潜移默化的过程,在一定时期内很难用统计数据衡量。有些公关活动的成效,可以进行数量统计,如计算出现在媒体上的曝光次数或者销售额和利润方面的变化、理解程度、抱怨者数量、传媒宣传次数、赞助活动、分析由公共关系活动而引起公众对产品的知名度、理解、态度方面的变化与反响等。

10.5.4 公共关系活动方式

公共关系在企业市场营销活动中占据重要的地位,因为企业公共关系直接的目标是树立良好的社会形象。一方面,企业要在生产中创造名牌,以优质产品树立形象,在经营中重合同、守信用,诚实、热忱地对待有关客户;另一方面,则需要开动传播机器,提高企业的知名度和美誉度,即广泛展开公关活动。企业开展公关活动的主要方式有以下类型。

1. 利用新闻媒介宣传企业及产品的宣传型公关

企业利用新闻媒介宣传企业及产品,以树立形象为中心,着重传播自己的理念、经济效益、社会贡献及荣誉,成就新闻媒介的免费广告宣传效应。由大众传媒进行的宣传,具有客观性或真实感,传媒客观性带来的社会经济效益往往高于单纯使用商业广告。企业应善于将其生产经营活动和社会活动发展转变为新闻,选择和巧妙运用传媒进行自我传播。企业活动中经常会出现很多新情况、新事物、新动向,要学会与传媒建立和保持良好的合作关系。要努力引起社会公众的关注,通过新闻媒介达到比广告更为有效的宣传效果。

2. 举办和参与社会活动的社会型公关

企业是社会的一分子,通过举办社会活动与公众建立一种特殊关系,使公众产生特殊兴趣,在广泛的社会交往中发挥能动作用,赢得社会公众的爱戴。例如,参与上级和社会组织的各种文化、娱乐、体育活动;举办庆典,参与赞助公益事业等。通过参与各种社会活动,引起社会的重视,一方面充分表现企业对社会的一片爱心,展示企业良好的精神风貌;另一方面广交朋友,改善人际关系,以企业对社会的关心换来社会对企业的关注。

3. 宣传和展示企业形象的建设型公关

企业可组织编印宣传性的文字、图像材料,拍摄宣传影像以及组织展览等方式开展公共关系活动。通过一系列形式多样、活泼生动的宣传,让社会各界认识企业、理解企业,从而达到树立企业形象、建立良好社会基础的目的。企业宣传展示的内容,既可以是企业历史、企业优秀人物、取得的优异成绩,也可以是企业技术实力、名牌产品等。企业宣传展示的形式尽可能多样化,利用光电、声音、图像、文字模型等,从不同侧面充分展示企业形象,建设企业文化。

10.5.5 企业形象设计

组织形象是指社会组织、组织行为及行为后果在社会公众心目中留下的整体印象和评价,即社会公众对社会组织的整体信念。构成企业形象的因素是多方面的,公共关系的目标是塑造组织的形象。企业的形象是由多种因素构成的,包括企业的容貌、规模、设备、效率、产品、服务、信誉等。

在社会主义市场经济条件下,企业组织形象关系到企业的生存和发展。良好组织形象的塑造,取决于企业的职工素质、产品质量、管理和服务水平、公共关系等,良好的形象是企业的无形财富,是推动企业发展的一种动力。实施企业视觉形象识别系统(CIS 战略)就在于进一步加强这一动力,使企业通过完整的系统创意将企业的经营观念、企业的个性,通过动态和静态的传播方式,引起大家的注意,树立良好的形象,使广大消费者产生对企业及其产品的信赖和好感的心理效应。

1. CIS 的构成

CIS 是英文 Corporate Identity System 的缩写,通常译为"企业视觉形象识别系统"。CIS 战略是一种借设计、改变、完善组织形象,注入新鲜感,使组织引起公众注意,从而改进业绩的经营管理技巧。CIS 战略是提高组织知名度和美誉度的有效手段。CIS 战略是一项系统工程,由 MI(企业理论识别系统)、BI(企业行为识别系统)、VI(企业视觉识别系统)构成。

(1) MI(企业理论识别系统)。从理论上说,企业的经营理念是企业的灵魂,是企业哲学、企业精神的集中表现。其主要包括企业精神、经营宗旨、信条、目标及组织经营管理观念等,也是整个企业识别系统的核心和依据。MI 是通过尽可能用简明确切、能为企业内外乐意接受、易懂易记的语句来表达。

(2) BI(企业行为识别系统)。企业行为识别的要旨是企业在内部协调和对外交往中应该有一种规范性准则。这种准则具体体现在全体员工上下一致的日常行为中,能反映出企业的经营理念和价值取向。行为识别的贯彻,对内包括新产品开发、干部分配以及文明礼貌规范等;对外包括市场调研及促销活动、各种报道及社会公益性或文化性活动、生产管理、职工教育、接待服务、行为准则,与金融、上下游合作伙伴以及代理经销商的交往行为准则。

(3) VI(企业视觉识别系统)。其主要包括基本要素(如企业名称、企业标志、标准字、标准色、企业造型等)和应用要素(如产品造型、办公用品、服装、招牌、交通工具等)传播企业形象的载体,企业通过这些载体来反映企业形象,这种符号系统称为企业形象的符号系统。VI 是一个严密而完整的符号系统,特点在于展示清晰的"视觉力"结构,从而准确地传达独特的企业形象,通过差异性面貌的展现,达成企业认识、识别的目的。

CIS 战略各要素之间的关系是:MI 是 CIS 战略的基本精神所在,决定组织差别,左右组织的素质,影响组织的市场地位;BI 是组织行为的动态形式,可直接显示 MI 的内涵;VI 是组织独特符号系统,能把组织的基本精神、差异性等特征充分地表达出来,让内、外公众一目了然地掌握 VI 传递的信息,达到识别、认识的目的。企业形象识别系统(CIS)是指一个企业为了获得社会的理解与信任,将其企业的宗旨和产品包含的文化内涵传达给公众,建立自己的视觉体系形象系统。

2. CIS 的导入程序

CIS 的导入是一项全面而持久的系统工程,需要正确掌握其程序,一般分为以下几个阶段。

(1) 设立组织机构。CIS 导入需要有专门的领导决策机构和执行操作机构,这就要求组织在正式导入 CIS 之前,成立 CIS 委员会和 CIS 执行委员会。要明确导入 CIS 的动机与目的;确定总体计划,安排 CIS 作业的日程,编制导入 CIS 的费用预算。

CIS 委员会是 CIS 导入的领导决策机构,必须有组织的高级主管和职能人员参加。它一般由创意策划人员、平面设计人员、市场调研人员和文案人员组成,具体负责 CIS 的导入工作。

(2) 组织环境调查。要进行 CIS 内、外调查,分析与评估企业运营状况。CIS 调查主要包括宏观的政治、经济、文化、法律环境调查,消费者调查、产品调查、营销调查、竞争组织调查和组织形象调查等。

(3) 组织理念的设定与审核。首先,公关部门和公关人员应该认识到组织的理念并非是随意确定的。组织理念的确立应该是组织对自己的社会地位、社会使命、社会价值的发现和认识。其次,要发动组织的员工广泛参与,并且在组织的运行中形成组织理念。

组织理念的设计内容包括组织要确立的经营宗旨、经营方针、价值观念等。设计时要注意坚持个性化、民族化、概括化原则,反映组织行业的特点、企业个性特点,还要被公众所认同与内化。

(4) 组织行为设计。组织行为设计是对组织理念的具体化,不仅要求能充分反映理念,还要求有可操作性。组织行为设计,要从员工的培训抓起,因为员工就是组织活动的主体。培训大多分为两种:一种是政治素质的培训;另一种是文化和业务技术的培训。

行为设计是 CIS 设计的主要内容,也是其难点。之所以是难点,一是在设计上非常困难;二是在扩大上也非常困难,因为行为设计需要组织的每一个员工共同行动。这不仅要打破旧的行为模式,而且要增加新的行为模式,实施内部传播与员工教育,使组织的全体成员的行为科学化、规律化、模式化和可操作化。

(5) 感觉形象设计。感觉形象设计必须以组织理念的行为系统为依据,对标志系统以及组织的道德形象、信誉形象、管理者形象、员工形象、环境形象及产品形象等进行全方位设计,并办理有关法律、行政管理手续。

(6) 信息传输系统设计。CIS 结构中的信息传输是指组织利用一定的媒介进行自身信息的传递过程。它是组织与其公众双方对有关 CIS 信息的沟通与分享,实施内部传播与员工教育,是一种情感与意见的交流。信息传输系统一般利用新闻、广告、社会活动等途径,全方位传输企业形象信息。

(7) 编制企业形象系统手册(CIS 手册)。要制订 CIS 手册,落实企业各部门的 CIS 管理。企业 CIS 手册包括以下五部分内容。

① 企业理念识别系统。此部分收录企业理念识别系统所策划的成果,如企业宗旨、企业精神、价值观念、方针政策、战略目标等。

② 企业行为识别系统。此部分收录企业各个部门、各种岗位上的全部行为规范和行为模式。这部分是企业开始沿着新轨道安全、有序、高效运行的全部制度和规程,必须使企业全体员工人手一份,并把这部分作为员工辅导、基本要素的组合系统以及应用要素等。

③ 企业视觉识别系统。此部分收录企业标志系统的全部内容,包括基本要素、附属基本要素、基本要素的组合系统以及应用要素等。

④ 企业综合感觉识别系统。此部分收录策划人员在企业信誉形象、道德形象、管理者形象、员工形象、经营环境形象等项目上的策划成果。

⑤ 企业信息传播识别系统。在企业形象系统中,信息传播识别可以把企业的理念信息、行为信息、视觉信息、综合感觉信息等源源不断地向企业内、外进行辐射。

(8) 写作企业形象系统宣言(CIS 宣言),向内、外公众公布。企业形象系统宣言代表一家企业在步入一个新的历史发展阶段时,向全社会发布的一次精神宣誓,是企业向社会公众,特别是目标市场消费者所做出的一次永久性的精神承诺。这一承诺将在今后漫长的经营管理过程中,作为一面镜子,检验企业的行为和形象。

企业形象系统宣言一般包括 4 个方面的内容:回顾企业所走过的历程;准确诠释企业经营理念;概括描述企业品牌的功能优势以及精神意义;详细说明企业标志含义。

本章小结

1. 促销是营销企业传递信息、激发消费者或客户的欲望与兴趣,促进购买,进而实现企业营销目标的主要方法。良好的促销组合工具应用、科学的促销预算、一丝不苟的促销执行和促销管理,既是企业营销理念的贯彻,也是营销管理水平的体现。

2. 企业应根据实际情况,正确制订并合理运用促销策略和确定促销组合。广告、公共关系、营业推广及人员推销,这 4 种基本促销方式各具特点,各有优势与局限性;同时彼此之间具有一定互换性。因此,企业要综合运用各种促销工具,利用各种促销工具的长处,以达到与消费者进行信息交流、沟通的良好目的,保证企业市场目标的实现。

 同 步 训 练

一、名词解释

促销　促销组合

二、单选题

1. 能够体现及时调整信息、实现信息双向交流等特点的促销手段是(　　)。
   A. 人员推销　　　B. 广告　　　　C. 营业推广　　　D. 公共关系
2. 促销的实质是(　　)。
   A. 扩大销售　　　B. 占领市场　　C. 信息沟通　　　D. 参与竞争
3. 不同广告媒体所需费用是有差别的,其中最昂贵的是(　　)。
   A. 报纸　　　　　B. 电视　　　　C. 广播　　　　　D. 杂志
4. 儿童智力玩具一般宜选择(　　)作为广告媒介。
   A. 报纸　　　　　B. 广播　　　　C. 电视　　　　　D. 杂志
5. 企业确立提示性广告目标的目的是通过广告达到(　　)的目的。
   A. 使消费者偏爱和购买企业的产品
   B. 使消费者了解有关产品的信息
   C. 消除顾客购买产品的后顾之忧
   D. 使消费者经常想到本企业的产品
6. 企业业务员在闹市向消费者免费赠送样品的促销方式属于(　　)。
   A. 广告　　　　　B. 人员推销　　C. 营业推广　　　D. 公共关系
7. 不同的促销工具对购买者知晓、了解、信任和订货等不同购买准备阶段的作用是不同的。其中,在信任阶段,对购买者影响最大的是(　　)。
   A. 广告　　　　　B. 销售促进　　C. 宣传　　　　　D. 人员推销
8. 企业销售人员在访问推销过程中可以亲眼观察到顾客的反应,并揣摩其心理,不断改进推销陈述和推销方法,最终促成交易。这说明人员推销具有(　　)。
   A. 公关性　　　　B. 针对性　　　C. 灵活性　　　　D. 复杂性
9. 关于促销与营销的关系,说法正确的是(　　)。
   A. 促销就是营销　　　　　　　　B. 促销是营销策略中的一个部分
   C. 促销是营销的发展　　　　　　D. 营销的重点是促销

三、多选题

1. 促销的基本策略有(　　)。
   A. 水平式策略　　B. "推"式策略　C. 垂直式策略　　D. "拉"式策略
2. 人员推销具有(　　)特点。
   A. 灵活性　　　　B. 选择性　　　C. 完整性

D. 广泛性　　　　E. 情感性

3. 营业推广的形式包括(　　　)。
   A. 商品降价　　B. 散发宣传材料　　C. 免费使用产品
   D. 有奖销售　　E. 现场展示产品

4. 关于促销与营销的关系说法,不正确的是(　　　)。
   A. 促销就是营销　　　　　　　　B. 促销是营销策略中的一个部分
   C. 促销是营销的发展　　　　　　D. 营销的重点是促销
   E. 营销是促销的一个部分

5. 关于营业推广的理解,正确的是(　　　)。
   A. 营业推广对在短时间内争取顾客扩大购买具有特殊的作用,因此营业推广占促销预算的比例越来越高
   B. 由于消费者对不同推广方式的反映不同,为引起消费者兴趣,在一次营业推广活动中,应尽量选择较多推广方式
   C. 由于营业推广是企业在特定目标市场上,为迅速起到刺激需求作用而采取的促销措施,因此营业推广在实施过程中不需要和其他营销沟通工具结合在一起,也往往能起到较好的作用
   D. 有奖销售,是利用人们的侥幸心理,对购买者刺激性较大,有利于在较大范围内迅速促成购买行为,因此奖励应尽可能大
   E. 营业推广的影响常常是短期的,对建立长期的品牌偏好不是很大

四、判断题

1. 企业在促销活动中,如果采取"推"的策略,则广告的作用最大;如果采用"拉"的策略,则人员推销的作用更大些。(　　　)
2. 促销的实质是沟通。(　　　)
3. 对于价格较低、技术性弱、买主多而分散的消费品适宜采用广告方式促销;而对于价格昂贵、技术性强、买主少而集中的工业用品,适宜采用人员推销方式促销。(　　　)
4. 对消费品的促销多采用"拉"的策略。(　　　)
5. "推"的策略适用于用户多而广、需求总量大的产品促销。(　　　)

五、简答题

1. 促销的主要作用有哪些方面?
2. 为什么要对中间商进行营业推广?
3. 常用的公共关系活动有哪些方式?

六、案例分析题

免费赠送策略

免费赠送是一种促销方法,就其实质而言是一种销售促进策略。日本万事发公司就是利用这一方法一炮打响的。相当一段时间,万事发香烟的销路打不开,公司面临倒闭的危险,公司决定以"免费赠送"进行促销。于是,公司老板在各主要城市物色代理商,通过代理商向当地一些著名的医生、律师、作家、影星、艺人等按月寄赠两条该牌子香烟。每过若干时日,代理商就会寄来表格,征求对香烟的意见。半年左右,万事发香烟赢得了一些较有身份和影响的顾客;接着,利用这些名人做广告,宣传该牌子的香烟都是有身份的高贵人士所用。

那些有身份的人当然会来购买;而那些没有多少财富或名气的人,碍于心理或面子的驱使,也买这种香烟。这样,万事发香烟很快获得众多的顾客。

美国企业巨人西屋电气公司也曾从这种方法中获益。西屋电气公司曾经开发了一种保护眼睛的白色灯泡,为了打开销路,采取免费赠送策略。两周后再派人到用户家中收集使用意见。在反馈意见中,有86%的家庭主妇认为,这种灯泡比别的灯泡好,眼睛感觉舒服;78%的主妇认为,这种灯泡光线质地优良。于是,西屋电气公司以此作为实验性广告资料,将用户的评论意见公之于众,立即引起了消费者注意,其白色灯泡顿时成为畅销品。

资料来源:根据网络有关资料整理而成

问题:

1. 万事发公司和西屋电气公司为什么采取免费赠送策略?
2. 你认为免费赠送产品的方法有哪些?试列举3种以上,并对每种方法进行简要说明。
3. 结合本案例谈谈免费赠送对企业产品被消费者接受的作用。

第11章

营销组织与控制

学习目标

1. 了解市场营销计划、组织的概念。
2. 掌握市场营销计划的基本流程及内容。
3. 掌握市场营销组织的设计原则、设计步骤与设计类型。
4. 掌握市场营销执行与控制的过程及控制方法。

导入案例

某移动公司一次失败的促销计划

为了留住老客户,增加新客户,某移动公司除了进行大规模的广告宣传之外,拟按在网时间长短给老客户以相应的手机购买补贴。具体方法是:从880元、640元、400元到240元,共分为4个档次,享受补贴。老客户现场购买手机,价格可分别优惠640元、400元、160元、0元;同时,赠送一个全球通号码,已包含240元话费,分12个月赠送。

该活动组成一个活动小组,首日公司一下子去了50多人。可当天由于准备不足,现场带去的SIM卡与所放的号段不对应,已经办完手续的一批客户将无法开机。于是,只有通过现场喇叭请求顾客再回到指定位置替换,现场一片混乱。该公司决定第二天的活动取消。

据统计,该活动两天支出的宣传费、场地费、手机补贴费总计120万元,发展用户1000人。该活动的结果是入不敷出。

资料来源:张欣瑞等. 市场营销管理. 北京:清华大学出版社,北京交通大学出版社,2005:291-292

引导问题:

怎样理解计划对现实营销活动的重要意义。

11.1 营销计划

市场营销计划是企业营销战略的重要职能之一,也是企业营销战略的最终体现。市场营销管理中心内容是企业对市场营销活动进行全面的、有效的规划和控制。也就是说,首先从满足消费者的需求出发,建立一整套系统的管理秩序和方法,把市场需求变成企业的战略目标。然后,编制计划、执行计划来保证市场营销战略目标的实现,保证企业人、财、物等资源得到最合理的配置与使用。

市场营销计划的目标在于识别和创建可持续的竞争优势,它是实现企业既定营销目标的战略与战术形式,以及相关财务成果的逻辑顺序和一系列活动。营销计划通常包括战略营销计划和战术营销计划。战略营销计划一般覆盖3～5年的时间;而战术营销计划是为实现战略营销计划中每一年的目标所需要采取行动的具体安排。

11.1.1 营销计划的概念与内容

1. 市场营销计划

简单来说,市场营销计划是关于某项业务、产品或品牌在营销方面的具体安排和规划。其内容主要涉及两个基本问题:一是企业的营销目标是什么;二是如何实现营销目标。也就是说,在企业的营销活动开始以前,首先要明确营销活动的目的以及达到这种目的的手段,这正是营销计划所要解决的问题。

市场营销计划是指在研究目前市场营销状况,分析企业所面临的主要机会与威胁、优势与劣势以及存在问题的基础上,对财务目标与市场营销目标、市场营销战略、市场营销行动方案以及预计利润的确定和控制。市场营销计划工作过程从财务目标开始,进入营销审计阶段;然后制订3～5年的营销目标和战略规划。

市场营销计划是作业计划,即具体的营销策略和步骤。经营计划与战略规划的区别在于,后者的目的是决定目标和基本战略,而前者的作用则在于将这些目标和战略付诸实施;后者是创始性的原则计划,前者是从属于后者的具体计划。如果公司推行的是标准化的战略,那就需要制订出一套统一的营销策略和步骤,然后用于指导各个目标市场的营销活动;如果实行的是差异化的战略,则要针对某个具体的目标市场制订市场营销计划和方案。无论是哪一种类型的市场营销计划,都应明确规定应干什么、由谁干、如何干、何时干。

2. 市场营销计划的内容

(1) 产品计划。产品计划主要制订一个特订产品或产品种类的销售目标和指标,由产品经理编制。

(2) 品牌计划。品牌计划主要制订一个产品类别中某个品牌的销售目标和手段,由品牌经理编制。

(3) 市场计划。市场计划是为某一地区或细分市场制订的经营销售计划,说明在这一市场公司应采取的战略和战术,它由市场经理编制。

(4) 渠道计划。渠道计划确定公司在某一市场对渠道的选择及扩展方案,渠道的长度、宽度,经销、代理或设立销售公司。此计划包括对中间商的选择和训练计划。

(5) 定价计划。根据公司的竞争战略和市场战略,确定每个市场是采用高价还是低价,制定价格的调整和变化策略,确定每个市场价格制订的基础和方法。

(6) 促销计划。制订促销各手段中的广告预算、广告计划、营业推广计划和人员推销计划等。

市场营销计划是将营销管理上的构思和工作程序经过整理后表达出来。仅就思想过程而言,营销计划使公司有关的管理人员深刻地意识到现实可能遇到的难题,便于采取有效的措施去克服它。

11.1.2 营销计划的基本流程

市场营销计划是公司各部门计划中的一种计划,也是最重要的一种。例如,公司的生产计划,只有确知了产品在市场销售潜力以后才能决定。公司的财务计划、人事计划、资金计划、设备计划以及存货计划等,也都要等预计了销售和生产数量以后才能确定。同时,正是由于公司各个部门的业务活动与市场销售部门的业务互相关联,市场营销部门的经理在拟订市场营销计划时,必须考虑其他部门业务活动的情况,并且需要得到公司内部各部门的帮助。例如,当计划中涉及向市场推出一项新产品时,就需要生产部门提供有关资料;涉及财务问题时,则需要财务和会计部门的协助等。所以,公司市场营销部门在拟订营销计划时,必须考虑公司各个主要环节及有关人员。

一般情况下,市场营销计划基本流程应包含以下 8 方面的内容,如图 11-1 所示。

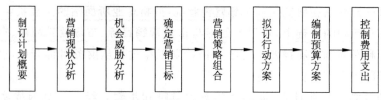

图 11-1 营销计划的基本流程

1. 制订计划概要

营销计划需要形成正式的文字,在计划书的开头要对本计划的主要营销目标和措施做一简要的概括。例如,某企业年度营销计划的概要可以这样表述:本年度要使某产品系列的销售额和利润额比去年有较大幅度的增长,前者要达到 8000 万元,增幅 20%;后者要达到 700 万元,增幅 15%。这个增幅可通过增加广告预算 20%,开发新的地区市场投入 50 万元达到……计划概要的目的是让高层主管尽快掌握计划的核心内容,类似内容提要。

2. 营销现状分析

这部分要提供与市场、竞争、产品、分销和宏观环境因素有关的背景材料。例如,市场情况应说明市场的规模、过去几年的增长情况、顾客需求和购买行为方面的趋势;产品情况应说明近年来各主要产品品种的销量、价格、获利水平等;竞争形势应说明谁是主要的竞争对手,每个竞争对手在产品品质、特色、定价、促销、分销等方面都采取了哪些策略,各自的市场占有率及变化趋势;分销情况应说明各主要经销商近年在销售额、经营能力和地位方面的变化。

3. 机会威胁分析

机会和威胁的分析,是企业战略规划的基础。"机会"是指营销环境中对企业营销有利的各项因素的总和。"威胁"是指营销环境中对企业营销不利的各项因素的总和。企业在制订营销计划时,必须首先找出这些因素,并要分清哪些是有利的因素、哪些是不利的因素;同时,在分析机会与威胁时,还要分出轻重缓急,以便使其中较重要的因素能受到特别的关注。计划书中还有必要对企业的优势和劣势做出分析。与环境机会和威胁相反,优势和劣势是内在因素,反映企业在竞争中与对手比较的长处和短处。"优势"是指企业可以利用的要素,如高质量的产品。"劣势"是指企业应加以改进的部分,如公关宣传不力。

4. 确定营销目标

营销目标是营销计划的核心部分,将指导随后的策略和行动方案的拟订。计划目标分为两类:财务目标和营销目标。财务目标主要由即期利润指标和长期投资收益目标组成。财务目标必须转换成营销目标,如销售额、市场占有率、分销网覆盖面、单价水平等。所有目标都应以定量的形式表达,并具有可行性和一致性。

5. 营销策略组合

每一目标都可通过多种途径去实现。营销管理者必须从各种可供选择的策略中做出选择,并在计划书中加以陈述,包括目标市场、产品定位、市场营销组合策略及新产品开发和营销调查方面的计划。

6. 拟订行动方案

有了营销策略,还要转化为具体的行动方案。例如,如何具体着手做、何时开始、何时完成、由谁做、预算多少等。这些都要按时间顺序,列成一个详细且可供实施的行动方案。

7. 编制预算方案

根据行动方案编制预算方案,收入方列出预计销售量及单价,支出方列出生产、实体分销及市场营销费用,收支差即为预计的利润。上级主管部门负责该预算的审查、批准或修改。一旦获批,此预算即成为购买原料、安排生产、支出营销费用的依据。

8. 控制费用支出

在营销计划中要规定如何对计划实施过程进行控制。其基本做法是将计划规定的目标和预算按季度、月份或更小的时间单位进行分解,以便于主管部门能对计划执行情况随时监督检查。

11.2 营销组织

市场营销计划的落实,必须通过营销组织来进行。没有高效运行的营销组织作为保证,再好的营销计划也不可能达到预期目的。因此,企业在营销部门与其他部门之间要建立一种组织关系,而且需要有一个高效运作的组织形式来执行计划。

市场营销组织是指企业内部涉及市场营销活动的各个职位安排、组合及组织结构模式。市场营销组织是营销管理的重要保证。再好的计划也要靠有一定能力的人去实施,才能获得效果,而人又需形成一个有效率的组织机构。这个组织的构成及运行方式应符合市场营销观念的要求,具有灵活性、适应性和系统性,即企业组织能够根据营销环境和企业资源、目标、策略的变化,迅速适应需要,调整自己,且企业内部各职能部门均能相互配合,整体协调,共同为实现企业目标、计划而努力。

有时,市场营销组织也被理解为各个市场营销职位中"人的集合"。由于企业的各项活动总是由人来承担,所以对企业而言,人的管理比组织结构的设计更为重要。有的组织看起来完美无缺,但运作起来却不理想,这主要是由于人的因素介入。正是在这种意义上,判断市场营销组织的好坏主要是指人的素质,而不单单是组织结构的设计。这就要求市场营销经理既能有效地制订市场营销计划和战略,又能使下级正确地贯彻执行这些计划和战略。

11.2.1 营销组织设计的原则与影响因素

1. 市场营销组织设计的原则

任何一家现代企业都必须要建立市场营销组织。企业设计的市场营销组织,必须从实际出发,遵循以下原则。

(1) 目标一致原则

市场营销组织是实现营销目标的手段和保证,其设置必须依据并服从于营销目标,与营销目标保持高度一致。因此,在设计市场营销组织时,要坚持以营销目标为导向,以"事"为中心,因"事"设机构、因"事"配人员。也就是说,任何一个职务与机构的设置都是实现营销目标所必需的,凡是与目标无关的职位与机构必须坚决取消;对于那些与营销目标关系不大、可有可无的职位与机构,应该予以调整或合并。

(2) 分工协作原则

分工协作是社会化大生产的客观要求,是实现现代企业目标所必需的。因此,在设计企业市场营销组织时,必须坚持分工协作的原则。要将市场营销目标层层分解,变成具体的工作和任务,落实到各个部门与岗位上。这也就是在组织内部进行分工,明确各个部门和各个岗位的工作内容与工作范围,解决干什么的问题。有分工就必然有协作。分工是将一个整体分成各个部分,为使各个部分协同运作,产生 1+1>2 的效应,就必须在分工的基础上,明确规定各个部门和各个岗位之间的关系、协调配合的途径与方法,使企业市场营销工作运行有序,形成合力,产生整体功能。

(3) 命令统一原则

命令统一原则是指在市场营销管理工作中实行统一领导,形成统一的指挥中心,避免多头领导,消除有令不行、有禁不止现象,确保政令畅通、指挥灵敏。

(4) 权责对等原则

职权和职责是两个互相关联的概念。职责是指某一职位的责任和义务;职权是指为完成某一职位的责任和义务所应具有的权力,包括决定权、命令权、审查权、提案权、支配权等,两者不可分割。因此,在设计营销组织结构时,既要明确规定各个部门、各个职位的职责范围,又要赋予完成其职责所必需的管理权限。职责与权限必须统一,而且必须对等。为了履行一定的职责,就必须有相应的职权。只有职责,没有职权或权限太小,人们就没有履行职责的能力;反之,只有职权而没有责任,或权力很大而责任很小,就会造成滥用权力和瞎指挥,产生官僚主义。只有职责与职权对等,才是最佳的组合。

(5) 集权与分权相结合原则

集权是把权力集中于最高层领导;分权是将权力分散于组织各个层次。集权的优点是:有利于集中统一领导,加强对整个组织的控制;有利于协调组织的各项活动,提高工作效率;有利于充分发挥高层领导的聪明才智和统御能力。但集权也有其缺点,它使管理层次增多,信息沟通渠道变长,基层组织缺乏独立性和自主权,高层领导的负荷过重。

分权使管理层次减少,信息沟通渠道缩短,高层管理者可以从具体事务中解脱出来,集中精力抓大事,同时又有利于调动基层管理人员的积极性和主动性。但是,过度分权,也有可能失去对整个组织的控制。因此,权力过于集中和过于分散,都不利于发挥整个组织的作用。

为了避免权力的过于集中和过于分散,应坚持把集权和分权有机结合起来,并把握好两者结合的度。一般而言,集权应以不妨碍基层人员积极性的发挥为限,分权应以不失去对下级的有效控制为限。

2. 市场营销组织设计的影响因素

市场营销组织设计主要受到以下 3 个因素的影响。

(1) 企业规模

企业规模越大,市场营销组织的规模也越大,结构也越复杂。一般来说,大型企业的市场营销组织具有"一化两多"(即专业化、层次多、人员多)的特点。

① 专业化。对大型企业来说,各项具体的营销工作都由专门部门或专门人才来负责。例如,市场调研部门负责市场状况的调查和预测,市场企划部门负责营销工作的计划,分销部门负责与中间商的接洽等。对小企业来说,这些工作往往只由一个部门来承担。

② 层次多。对大型企业来说,营销组织层次较多,不仅有高层管理机构、中层管理机构、基层管理机构,而且还有各地区的营销机构,甚至还有各品牌营销管理机构。对小企业来说,层次就要少得多。

③ 人员多。对大型企业来说,营销工作人员较多,不仅基层工作人员数量众多,包括各种推销人员、营销人员、业务主管,而且中、高层的管理人员也为数不少,包括营销副总经理、营销经理、地区经理、品牌经理等。对小企业来说,人员就精简得多。

(2) 市场特征

① 市场的地理位置。企业应在购买者较为集中的地区建立企业的地区性销售组织。

② 市场的细分程度。市场细分程度越高,企业相应的营销部门就越多,因为在大型企业中,每个细分市场都应设立专门的营销部门来负责。

③ 市场的规模大小。市场规模用顾客数量和产品销售量来衡量。市场规模越大,企业相应的营销工作量也越大,需要设立的营销部门也应有适当的规模。

(3) 产品类型

一般来说,生产或销售日用消费品的企业需要规模较大的营销组织队伍,因为日用消费品的顾客是社会公众,这类消费者数量众多、分布较散、购买力流动性大、消费具有较强的差异性和多变性,营销工作复杂且工作量很大。对生产或销售工业品的企业来说,则需要规模相对较小的营销组织队伍,因为工业品的顾客是其他企业,这类客户交易次数少、每次交易的数量大,属专家购买类型。因此,这类企业的营销组织中人员素质要高、人员业务要精;推销部门的比重要大、广告等非人员推销部门比重要小。

11.2.2 营销组织设计的步骤与类型

1. 营销组织设计的步骤

设计和发展营销组织是每一位营销经理的任务之一。如前所述,营销经理从事管理的前提是进行组织规划,包括设计组织结构和人员配备等。20 世纪 90 年代以来,越来越多的公司都改变了自己营销组织原来的形式,改变的原因主要来自于产品需求、购买类型、竞争对手行为、政府政策等方面的变化。因此,企业营销组织结构建立起来之后,营销经理要不断地对此进行调整和发展;否则,随着企业自身的发展与外部环境的变化,原先的营销组织将会越来越不适应营销管理的需要,变得僵化和缺乏效率。简而言之,企业营销组织的设计和发展大体要遵循6个步骤:分析营销组织环境、确定组织内部活动、建立组织职位、设计组织结构、配备组织管理人员、评估和调整组织。这6个步骤相互联系、相互作用,形成有效决策。设计营销组织的一般步骤,如图11-2所示。

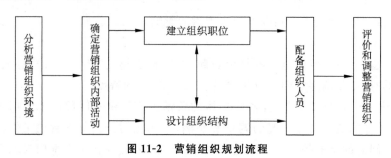

图 11-2 营销组织规划流程

(1) 分析营销组织环境

外部环境属于企业的不可控因素,而且是不断发展变化的。所以,作为营销组织必须随着外部环境的变化而不断调整,以适应市场环境。外部环境包括很多复杂因素,如政治因素、经济因素、社会因素、文化因素、科技因素等,对营销组织影响最大的主要是市场和竞争者状况。此外,营销组织作为企业的一部分,也受整个企业特征的影响。

① 市场状况

一是产品生命周期。在产品生命周期的不同阶段,企业的营销战略和营销组织相应地随之改变。通常情况下,在导入期,企业冒着很大的风险向市场投放产品,往往建立临时性的组织如销售小组,以便迅速地对市场行为做出反应;在成长期,消费需求增大,利润不断上升,吸引了大批竞争者进入该市场,这时企业要建立有效的营销组织,如市场导向型矩阵型组织,确立自己强有力的竞争地位;在成熟期,消费需求稳定,利润开始下降,于是企业必须建立高效率的组织,如职能金字塔型组织,以获取最大利润;而在衰退期,产品需求减弱,企业为保持原有的利润水平,开始精简部分组织结构,如减少销售地点等,有时也可能会设立临时机构,帮助产品重新开拓市场。

二是市场变化程度。对于有些市场而言,如食品和工业原料市场,在一个较长时期内,消费者购买行为、分销渠道、产品供应等变化不大,显得十分稳定;而另外一些市场,如儿童玩具和妇女流行用品市场,由于产品生命周期较短,技术和消费需求变化快,它们变得多变而不稳定。不难理解,市场越不稳定,营销组织越发需要改变,必须随着市场变化,及时调整内部结构的资源配置方式。

三是购买行为类型。不同类型的购买者对企业提供的产品及服务有不同的要求。产业用品购买者和医疗品购买者相比,前者侧重于产品的技术性能和连续的供应关系,而后者则强调服务和安全保证。侧重点的不同影响到企业的营销方式,从而要求与其相适应的组织类型以满足顾客需求。

② 竞争者状况

营销组织必须在两方面来应对竞争者:一是分析竞争环境,辨明竞争者是谁,它们的营销战略和策略;二是如何对竞争者行为做出反应。为此,企业就要使其营销组织结构不断加以改变和调整。企业搜集竞争对手情报的方式多种多样,既可以设立专门的机构(市场研究部),也可通过其他部门获得(如借助于销售人员);既可依靠外部机构(咨询公司),也可要求企业全体职工为搜集情报努力。不同的选择将直接影响营销组织的结构。究竟该选择哪种方式,取决于企业是否需要直接、快速地根据竞争者的行为调整其营销战略。此外,企业在搜集到有关情报后,还必须制订相应的措施,并经由营销组织贯彻实施。如果经调查发现,加强售后服务是提高企业竞争能力的主要方面,那么企业就可能会把营销部门和服务部门合并在一起。

③ 企业状况

高层管理者的经营思想对企业营销组织的设计影响较大。有的管理者强调稳定,有的则试图成为行业领导者。经营思想的不同,势必造成营销组织的差异。同时,企业发展与产品相类似,也有一个周期过程。企业处于不同的发展阶段,就相应地有不同的组织结构。

(2) 确定营销组织内部活动

营销组织的内部活动主要分为两种类型:一种是管理性活动,涉及管理任务中的计划、协调和控制等方面;另一种是职能性活动,涉及营销组织的各个部门,范围相当宽泛。企业通常是在分析市场机会的基础上,制订营销战略,然后再确定相应的营销活动和组织的专业化类型。

如果企业产品销售区域很广,并且每个区域的购买行为与需求存在很大的差异,那么它就会建立管理型组织。如果企业组织年轻且易于控制成本,企业的几种产品都在相对稳定的市场上销售,竞争战略依赖于广告或人员推销等技巧性活动,那么该企业就可能设计职能型组织。不过,在实践中按照上述逻辑有时显得行不通。因为企业的营销战略可能被现有的组织结构所制约。例如,一家公司通过对市场和竞争者状况的分析,决定实行系统销售战略。然而,由于该公司的原有组织机构是为不断开发新产品而设计的,所以采用这一新战略就显得困难重重。

(3) 建立组织职位

企业在确定营销组织活动之后,还要建立组织职位,使这些组织活动有所归附。职位决策时要弄清楚各个职位的权利和责任及其在组织中的相互关系,它考虑三个要素,即职位类型、职位层次和职位数量。每个职位的设立都必须与营销组织的需求及其内部条件相吻合。职位决策的目的,是把组织活动纳入各个职位。因此,建立组织职位时必须以营销组织活动为基础。

企业可以把营销活动分为核心活动、重要活动和附属性活动三种。核心活动是企业营销战略的重点,首先要根据核心活动来确定相应的职位,而其他的职位则要围绕这一职位依其重要程度主次排定。此外,职位的权力和责任的规定要体现在工作说明书上。工作说明书包括工作的名称、主要职能、职责、职权和此职位与组织中其他职位的关系以及与外界人员的关系等。如果企业决定建立新的职位,有关部门主管就要会同人事专家拟出一份关于该职位的工作说明书,以便于对应聘人员的考核和挑选。

(4) 设计组织结构

组织结构的设计和选择同职位类型密切相关。企业如果采用矩阵型组织,就要建立大量的协调性职位;如果采用金字塔型组织,则又要求有相应的职能性职位。因此,设计组织结构的首要问题是把各个职位与所要建立的组织结构相适应。从这个意义上来说,对组织结构的分析要注重外部环境因素,它强调组织的有效性。但是,营销经理总是希望节约成本和费用,而且他还要考虑效率。通常,组织的效率表现为以较少的人员和上下隶属关系以及专业化较高的程度去实现组织的目标,分权化越高,管理宽度越大,则组织效率也就越高。如果一个20人的销售队伍仅由1~2名经理来控制,那么这支队伍就有较大的决策主权,可能会取得较好的销售效果。此外,营销组织总是随着市场和企业目标的变化而变化,所以设计组织结构要立足于未来,为未来组织结构的调整留下更多的余地。

(5) 配备组织人员

人员配备分两种情况:新组织、再造组织。相比较而言,再造组织的人员配备要比新组织的人员配备更为复杂和困难。这是因为,人们总是愿意让原组织发生变化,他们认为再造组织所提供的职位和工作是一种威胁。事实上,组织经过调整后,许多人在新的职位上从事原有的工作,这就大大损害了再造组织的功效。同时,企业解雇原有的职员或招聘新的职员也非易事。考虑到社会安定和员工个人生活等因素,许多企业不敢轻易裁员。但是,无论哪种情况,企业配备组织人员时必须为每个职位制订详细的工作说明书,从受教育程度、工作经验、个性特征及身体状况等方面进行全面考察。而对再造组织来说,还必须重新考核现有员工的水平,以确定他们在再造组织中的职位。

(6) 评价和调整营销组织

营销组织运作效果,总体上可以从效率和效果两个方面来考察。效率通常是结果与付出的比率。从组织的角度看,效率要通过企业内部的专业化和程序化而实现,只要组织的目标及所面临的外部环境不发生变化,即使专业化和程序化会带来精神和道德等方面的问题,它们也必然大大提高组织的效率。效果反映的是实现目标的程度,因此,一个有效的组织必须能随市场变化和技术革新而不断地进行自我调整。正如著名管理学家彼得·德鲁克所言:"效率是正确地做事情,而效果则是做正确的事情。"

营销经理要经常检查、监督组织的运行状况,并及时加以调整,使之不断得到发展。营销组织需要调整的原因主要有外部环境的变化、组织主管人员的变动、改组是为了证明现存组织结构的缺陷;组织内部主管人员之间的矛盾,也可以通过改组来解决。所以,为了不使组织结构变得呆板、僵化和缺乏效率,企业必须适当、经常地对组织结构加以重新调整。

2. 营销组织的类型

为了实现营销目标,企业必须选择建立合适的营销组织。一般来说,市场营销组织的类型可以分为专业化营销组织与结构化营销组织两大类型。

(1) 专业化营销组织

① 职能型组织。这种组织形式把销售职能当作市场营销的重点,而广告、产品管理和研究职能则处于次要地位。当企业只有一种或很少几种产品,或者企业产品的市场营销方式大体相同时,按照市场营销职能设置组织结构比较有效。这种组织形式的优点是易于管理。但是,由于没有一个部门能对某产品的整个市场营销活动负全部责任,随着产品品种的增多,市场的扩大,这种组织形式就暴露出发展不平衡和难以协调的问题。首先,会出现某些产品或市场的计划不完善的状况;其次,各职能单位都争相要求使自己的部门获得比其他部门更重要的地位,可能导致各职能部门之间的协调困难局面出现。因此,这种组织结构常应用在产品种类有限,市场区域覆盖面较窄的企业中。职能型组织示意图如图11-3所示。

② 市场型组织。市场型组织结构的特点是按照市场系统安排营销结构,一般是为了适应细分市场的不同要求而设立的机构。当企业拥有单一的产品线,并且同时具有多个细分

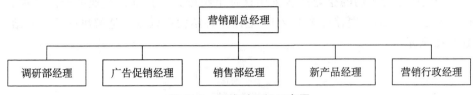

图 11-3 职能型组织示意图

市场,实行差异化经营,并且有不同的分销渠道时,应用此种方式较好。市场型营销组织示意图如图 11-4 所示。

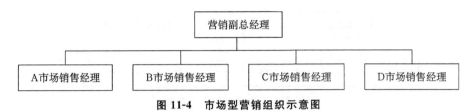

图 11-4 市场型营销组织示意图

市场型组织的优点在于,企业的市场营销活动是按照满足各类不同顾客的需求来组织和安排的,有利于企业加强销售和市场开拓。其缺点是存在权责不清和多头领导的矛盾;同时,随着企业服务的市场和客户越来越多,必须雇用大量的销售人员。

市场型组织中,市场经理负责制订主管市场的经营计划,分析主管市场的动向和提出新产品开发建议。他们的工作成绩常用市场份额的增加状况进行判断,而不是看其市场现有的盈利状况。市场经理开展工作所需要的功能性服务由其他功能性服务组织提供。分管重要市场的市场经理甚至有几名功能性服务的专业人员直接向他负责。

③ 产品型组织。产品型组织是指在企业内部建立产品经理组织制度,以协调职能型组织中的部门冲突,在企业所生产的各种产品差异很大、产品品种很多时较为适用。其组织示意图如图 11-5 所示。

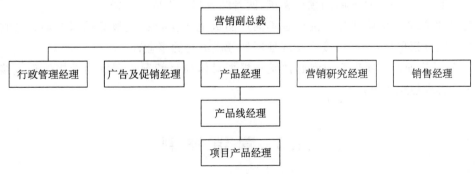

图 11-5 产品型组织示意图

产品经理是一个从事产品管理的职业经理人。在不同的企业里,由于结构的设置不一样,产品管理的内容也不尽相同。

一般来说,产品管理的核心内容就是:设定产品战略目标,制订产品营销计划,进行信息、价格、广告和促销管理及危机处理。

④ 地区型组织。这种组织结构的特点是按照地理区域设置市场营销机构。在广阔的

地理区域开发产品与市场的企业适合采用这种组织形式。特别是企业的产品范围有限,且又具有同质性,需要迅速覆盖许多地区时,应用这种结构可以较好地解决问题。其结构示意图如图 11-6 所示。

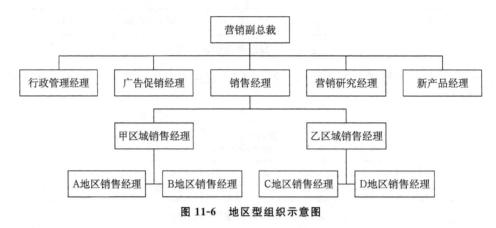

图 11-6　地区型组织示意图

一般情况下,地区销售经理的职责有以下方面:具体负责管理企业指定地区的营销工作;掌握所管辖地区的市场动态和发展趋势;提出具体的区域营销计划方案;与该地区的主要经销商、客户建立长期稳定的合作关系;负责与相关的调研机构、广告公司、发布媒体保持正常联络;根据市场变化对推销人员和营销资源进行动态优化分配。

(2) 结构化营销组织

结构化营销组织,一般是指根据企业内部不同的营销组织与职位之间的相互关系而形成的不同形式的营销组织体系。结构化营销组织主要包括以下几种类型。

① 金字塔型。金字塔型是由经理至一般员工自上而下建立起垂直的领导关系,管理幅度逐步加宽。其特点是上下级权责明确,沟通迅速,管理效率较高。

② 矩阵型。矩阵型组织是职能型组织与产品型组织相结合的产物,它是在垂直领导系统的基础上,又建立一种横向的领导系统,两者结合起来组成一个矩阵。

③ 事业部型。事业部管理机构是不同产品或地区实行独立核算的组织形式。它是总公司的一级分权单位,一般可按产品或地区划分成不同的事业部。

④ 项目管理型。项目管理型通常是指根据具体项目情况设置的由营销经理直接管理的临时性管理组织系统。

11.3　营　销　控　制

营销控制是指市场营销管理者检查市场营销计划的执行情况。如果计划与执行结果不一致,则要找出出现问题的原因,采取必要的措施,以保证计划地完成。市场营销执行是指将市场营销计划转换为行动方案的过程,并保证这种任务的完成,以实现计划的既定目标。分析市场营销环境、制订市场营销计划是解决企业市场营销活动应该"做什么"和"为什么要这样做"的问题;而市场营销执行则是要解决"由谁去做"、"在什么时候做"和"怎样做"的问题。

市场营销执行是一个艰巨而复杂的过程。美国的一项研究表明，90%的计划人员认为，他们制订的战略和战术之所以没有成功，是因为没有得到有效地执行。管理人员常常难以诊断市场营销工作执行中的问题，市场营销失败的原因可能是由于战略战术本身有问题，也可能是由于正确的战略战术没有得到有效地执行。

11.3.1 营销控制的概念与特点

市场营销的控制是市场营销管理过程的一个重要步骤。市场营销计划不仅需要借助一定的组织系统来实施，需要执行部门将企业的资源投入到市场营销活动中去，而且需要控制系统来考察营销计划的执行情况。

1. 营销控制的概念

市场营销控制是指市场营销管理者为了确保预定营销计划的运行、衡量和评估营销计划的成果，从而实施的一整套工作程序或工作制度。 市场营销控制用于跟踪企业市场营销活动过程的每一个环节，包括为了达到营销绩效与预期目标的一致而采取的一切措施。也就是说，市场营销管理者要经常检查市场营销计划的执行情况，看计划与实际是否一致。如果不一致或者没有完成计划，就要找出原因之所在，并且采取适当的措施和正确的行动，以确保市场营销计划与目标的完成。

2. 营销控制的任务

通常来说，市场营销的控制要完成四项任务。

（1）市场营销控制的中心内容是目标管理。在营销计划制订出来之后，营销控制就必须严密监控是否有与计划或目标不一致的情况出现，自始至终实施目标管理。

（2）市场营销控制必须监视市场营销计划的执行情况，进行对比，判断计划与实际是否始终保持一致。

（3）通过市场营销控制，发现差距后，要及时查找原因，判断是何种因素导致了偏离计划的行为产生。

（4）查明原因后，采取适当的措施加以纠正，必要时甚至可以改变原有的计划目标，以实现营销战略的预期总目标。

3. 营销控制的特点

无论是物理的、经济的或其他方面的控制，其基本过程和基本原理都是一样的。然而，市场营销控制与其他的控制相比，又有自身特点，主要表现在以下几个方面。

（1）整体性

整体性包含两层含义：一是市场营销控制是企业全体成员的职责，完成计划是所有人共同的责任。因此，参与控制也是全体成员的共同任务。二是控制的对象是企业市场营销活动的各个方面。为了保证企业内部各个部门之间的协调一致，需要进行有效的控制。

（2）动态性

具体事物的物理性控制通常是高度程序化的，具有稳定的特征。但是，市场营销活动不是静态的，企业外部环境和内部情况随时都在发生着变化，如果事先制订的计划因为某些不可预见的情况而无法执行，但事先设计的控制系统仍在按计划运转，那就意味着会在错误的道路上越跑越远。因此，市场营销的控制标准和控制方法不能保持一成不变。为了提高控制的有效性和适应性,也必须使市场营销控制具有动态性。

(3) 人为性

无论是什么样的控制,最终都是要由人去执行控制。因此,市场营销控制首先是对人的控制;同时,控制不仅仅是监督,更重要的是指导和帮助。只有当企业所有员工认识到矫正偏差的必要性,并具备了矫正能力时,偏差才会真正被矫正。这样,既会达到有效控制的目的,又会提高企业员工的自我控制能力。

11.3.2 营销控制的程序与方法

1. 营销控制的程序

实行营销控制的最根本原因在于,计划通常是建立在事先对众多不确定因素的某种假定基础上的,而在计划实施过程中遇到的现实并不总与事先假定相一致(难免会遇到各种意料之外的事),这时就需要通过营销控制,及早发现问题,并对计划或计划的实施方式做出必要的调整。控制有助于企业及早发现问题,防患于未然。控制还对营销人员起监督和激励的作用。如果营销人员发现他们的主管非常关心每种产品、每个地区市场的盈利情况,而且他们的报酬及前途也取决于此,那么,他们肯定工作得更加努力,并更加认真地按计划要求的去做。

有效的营销控制,讲究科学、严格的工作程序或步骤,如图11-7所示。

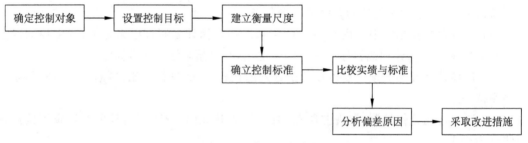

图 11-7 营销控制步骤

(1) 确定控制对象

营销控制的内容多、范围也很广,可获得较多信息,但任何控制活动本身会引起费用支出。因此,在确定控制内容、范围、额度时,管理者应当注意使控制成本小于控制内容所能带来的效益或可避免的损失。最常见的控制内容是销售收入、销售成本和销售利润,但对市场调查、推销人员工作、消费者服务、新产品开发、广告等营销活动,也应通过控制加以评价。

(2) 设置控制目标

这是将控制与计划连接起来的主要环节。如果在计划中已经认真设立了目标,这里只要借用过来就可以了。

(3) 建立衡量尺度

在很多情况下,企业的营销目标就决定了其控制衡量尺度,如目标销售收入、利润率、市场占有率、销售增长率等。但是,还有一些问题比较复杂。例如,销售人员的工作效率可用一年内新增加的客户数目及平均访问频率来衡量;广告效果可以用记住广告内容的读者占全部读者的百分比数来衡量。由于大多数企业都有若干管理目标,所以在大多数情况下,营销控制的衡量尺度也会很多。

（4）确立控制标准

控制标准是指以某种衡量尺度来表示控制对象的预期活动范围或可接受的活动范围，即对衡量尺度加以定量化。例如，市场调查访问每个用户费用每次不得超过100元等。同时，控制标准一般应允许有一个浮动范围。例如，上述访问费用标准是100元，最高不得超过120元。

（5）比较实绩与标准

在将控制标准与实际执行结果进行比较时，需要决定比较的频率，即多长时间进行一次比较，这取决于控制对象是否经常变动。如果比较的结果是实际与控制标准一致，则控制过程到此结束；如果不一致，则需要进行下一个步骤。

（6）分析偏差原因

产生偏差可能有两种情况：一种是实施过程中的问题，这种偏差比较容易分析；另一种是计划本身的问题，确认这种偏差比较困难。况且，两种情况往往交织在一起，使分析偏差的工作成为控制过程中的一大难点。特别要避免因缺乏对背景情况的了解，或未加适当分析，犯"把孩子连同洗澡水一起泼出去"的错误。例如，某推销人员完不成访问次数的标准，可能是由于在旅途中花费时间过多，需要改进访问路线；但也可能是由于定额过高，这时则应降低定额以保证每次访问的质量。

（7）采取改进措施

如果在制订计划时，同时也制订了应急计划，改进工作就能更快。例如，计划中规定"某部门一季度的利润如果降低5%，就要削减该部门预算费用的5%"条款，届时就可自动启用。不过，多数情况并没有这类预定措施，这就必须根据实际情况迅速制订补救措施，或适当调整某些营销计划目标。

2. 营销控制的方法

市场营销控制有年度计划控制、盈利能力控制、效率控制与市场营销审计4种方法。

（1）年度计划控制

年度计划控制是指由企业高层管理者和中层管理者负责控制，其目的是确保年度计划所确定的销售、利润和其他目标的实现。年度计划控制的中心是目标管理，控制过程分为4个步骤。

第一步，确定目标。管理者必须把年度计划分解为每个月、每个季度的具体目标；确定本年度各个季度（或月）的目标，如销售目标、利润目标等。

第二步，评估执行情况。将实际成果与预期成果相比较，随时掌握营销计划的实施情况。

第三步，诊断执行结果。进行因果分析，及时发现实际工作与计划工作目标的差距，并找出产生差距的原因。

第四步，采取修正措施。采取必要的补救或调整措施，以缩小实际与计划之间的差距。

年度计划控制过程的4个步骤如图11-8所示。

（2）盈利能力控制

企业需要运用盈利能力控制来测定不同产品、不同销售区域、不同顾客群体、不同渠道以及不同订货规模的盈利能力。由盈利能力控制所获取的信息，有助于管理人员决定各种

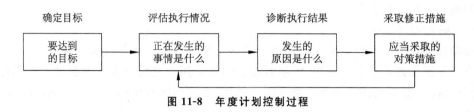

图 11-8　年度计划控制过程

产品或市场营销活动是扩展、减少,还是取消。

(3) 效率控制

假如盈利能力分析显示出企业关于某一产品、地区或市场所得的利润很差,那么紧接着下一个问题便是有没有高效率的方式来管理销售人员、广告、促销及分销。

① 销售人员效率。企业各地区的销售经理要记录本地区内销售人员效率的几项主要指标,这些指标包括:每个销售人员每天平均的销售访问次数;每次会晤的平均访问时间;每次销售访问的平均收益;每次销售访问的平均成本;每次访问的招待成本;每百次销售访问而订购的百分比;每期间的新顾客数;每期间丧失的顾客数;销售成本对总销售额的百分比。

② 广告效率。企业至少应该做好以下统计:每一媒体类型、每一媒体工具接触每千名购买者所花费的广告成本;顾客对每一媒体工具注意、联想和阅读的百分比;顾客对广告内容和效果的意见;广告前后对产品态度的衡量;受广告刺激而引起的询问次数。

企业高层管理可以采取若干步骤来改进广告效率,包括进行更加有效的产品定位;确定广告目标;利用计算机来指导广告媒体的选择;寻找较佳的媒体;进行广告后效果测定等。

③ 促销效率。为了改善销售促进的效率,企业管理阶层应该对每一销售促进的成本和对销售影响做记录,注意做好以下统计:由于优惠而销售的百分比;每一销售额的陈列成本;赠券收回的百分比;因示范而引起的询问的次数。企业还应观察不同销售促销手段的效果,并使用最有效果的促销手段。

④ 分销效率。分销效率主要是对企业存货水准、仓库位置及运输方式进行分析和改进,以达到最佳配置并寻找最佳运输方式和途径。

效率控制的目的在于提高人员推销、广告、销售促销和分销等市场营销活动的效率。市场营销经理必须重视若干关键比率,这些比率表明上述市场营销组合因素的有效性以及应该如何引进某些措施以改进执行情况。

(4) 市场营销审计

市场营销审计是对企业的营销环境、目标、战略、组织、方法、程序和业务做出综合的、系统的、独立的和定期性的检查,以便确定困难所在,发现机会,并提出行动计划和建议,以提高企业的营销业绩。任何企业必须经常对其整体营销效益做出缜密的回顾评价,以保证它与外部环境协调发展。因为,在营销这个领域里,各种目标、战略和计划不适合市场情况是常有的事。因此,企业必须定期对整个营销活动进行审计。营销审计是营销战略控制的主要工具,是实现营销目标的重要手段。企业营销审计步骤如图 11-9 所示。

图 11-9　企业营销审计步骤

市场营销审计主要由 6 个方面组成。

① 营销环境审计。其主要分析经济、技术、政治、社会文化等宏观环境,以及直接影响企业营销的因素如市场、顾客、竞争者、经销商的检查分析。

② 营销战略审计。其主要考察企业营销目标、战略以及当前及预期营销环境适应的程度。

③ 营销组织审计。审查营销组织在预期环境中实施组织战略的能力。

④ 营销系统审计。其包括对企业营销信息系统、计划系统、控制系统及新产品开发系统的审查。

⑤ 营销效率审计。检查各营销单位的获利能力和各项营销活动的成本效益。

⑥ 营销职能审计。对营销组织的每个因素,如产品、定价、渠道和促销策略的检查评价。

在市场营销活动中,市场营销审计的执行过程与企业其他审计是相同的。只是由于环境的迅速变化,市场营销审计更加经常化,可以由企业内部人员来进行,也可以聘请外部专家进行,以减少本身的偏见,更能正视企业的现实。同时,专家们的专业知识和经验能够给企业提供一定的帮助。

本章小结

1. 市场营销计划是指在研究目前市场营销状况(包括市场状况、产品状况、竞争状况、分销状况和宏观环境状况等),分析企业所面临的主要机会与威胁、优势与劣势以及存在的问题的基础上,对财务目标与市场营销目标、市场营销战略、市场营销行动方案以及预计利润的确定和控制。市场营销计划是企业营销战略的重要职能之一,其目标在于识别和创建可持续的竞争优势。

2. 市场营销组织是指企业内部涉及市场营销活动的各个职位及其结构。市场营销组织设计的一般原则有:目标一致原则;分工协作原则;命令统一原则;权责对等原则;集权与分权相结合原则。

3. 市场营销控制包括年度计划控制、盈利能力控制与效率控制与市场营销审计 4 种主要方法。

同步训练

一、名词解释
市场营销计划　市场营销组织　市场营销审计

二、单选题
1. 市场营销管理必须依托于一定的(　　)进行。
　　A. 财务部门　　B. 人事部门　　C. 主管部门　　D. 营销组织
2. 制订实施市场营销计划,评估和控制市场营销活动,是(　　)的重要任务。
　　A. 市场主管部门　B. 市场营销组织　C. 广告部门　　D. 销售部门
3. 市场营销组织是为了实现(　　),制订和实施市场营销计划的主管部门。
　　A. 企业计划　　B. 营销计划　　C. 企业目标　　D. 利润目标

4. 现代市场营销企业取决于企业所有的管理人员,甚至每位员工对待(   )的态度。
   A. 市场营销活动　　　　　　　　B. 市场营销机构
   C. 市场营销组织　　　　　　　　D. 市场营销职能
5. (   )是最常见的市场营销组织形式。
   A. 职能型组织　　B. 产品型组织　　C. 地区型组织　　D. 管理型组织
6. 满足市场的需要,创造满意的顾客,是企业最基本的(   )。
   A. 组织形式　　B. 宗旨和责任　　C. 主要职能　　D. 营销观念
7. 设置(   ),能够对企业和外部环境,尤其是与市场、顾客之间关系的协调发挥积极作用。
   A. 市场营销机构　　　　　　　　B. 市场营销职能
   C. 市场营销企业　　　　　　　　D. 市场营销控制
8. 市场营销是企业管理和经营中的(   )。
   A. 主导性职能　　　　　　　　　B. 辅助性职能
   C. 被动性职能　　　　　　　　　D. 社会分配职能
9. 市场营销计划的提要部分是整个市场营销计划的(   )所在。
   A. 任务　　　　B. 精神　　　　C. 标题　　　　D. 目录

三、多选题

1. 推销和市场营销两个职能及其机构之间,需要(   )。
   A. 互相协调　　　B. 默契配合　　　C. 互不干涉
   D. 各自为战　　　E. 前者在后者的指导下行动
2. 市场营销战略主要是由(   )构成的。
   A. 目标市场营销战略　　　　　　B. 市场营销组合战略
   C. 市场营销控制　　　　　　　　D. 市场营销行为
   E. 市场营销预算
3. 要发挥市场营销机构自身的整体效应,必须做到(   )的协调一致。
   A. 机构内部　　　B. 企业内部　　　C. 企业外部
   D. 营销机构　　　E. 企业目标
4. 市场营销部门的组织形式为(   )。
   A. 职能型组织　　　　　　　　　B. 产品或品牌管理型组织
   C. 产品或市场管理型组织　　　　D. 地区型组织
   E. 市场管理型组织
5. 市场营销控制包括(   )。
   A. 年度计划控制　　B. 盈利控制　　C. 质量控制
   D. 效率控制　　　　E. 战略控制

四、判断题

1. 市场营销组织设置不应该按照一种模式设置市场营销机构。(   )
2. 生产多种产品或拥有多个品牌的企业,通常设置市场管理型组织。(   )
3. 设置的市场营销机构,要能够与企业内部的其他机构相互协调。(   )
4. 组织形式与管理机构只是手段,不是目的。(   )

5. 在市场营销计划的实施过程中,组织机构起着决定性的作用。(　　)

五、简答题

1. 市场营销计划的主要内容有哪些方面?
2. 营销市场营销组织设计的因素有哪些方面?
3. 营销部门的组织形式主要有哪几种基本类型?
4. 营销控制包括哪些主要方法?

六、案例分析题

壳牌的组织变革

英国—荷兰的英荷皇家壳牌公司是世界上最大的非国有石油公司,其业务遍布世界130多个国家,2002年收入达2350亿美元。自20世纪50年代到1994年,壳牌一直以矩阵结构运营,该结构有专长组织结构设计的麦肯锡管理咨询公司为其量身订制。在此矩阵结构下,每个营销公司的主管要向两名上司汇报。一名上司负责营运公司所在的地理区域或国家;而另一个上司则负责营运公司所从事的经济业务(壳牌的业务包括石油勘探和生产、石油产品、化工、天然气和煤炭)。因此,举例来说,澳大利亚壳牌化工公司的负责人既要向壳牌澳大利亚公司的上司汇报,也要向驻在伦敦的壳牌化工部的上司汇报。

这种矩阵结构在壳牌有两个十分显著的效果。首先,每个营运公司都要满足两个上司的要求,因此通常要通过达成共识的方法来进行决策。国家(或区域)经理和业务分部经理的不同看法可通过辩论再趋同。虽然这个流程既慢又不灵活,但在石油业看来却很好,因为石油业的大部分重大决策都是涉及大笔资金开销的长期决策,不同观点间的辩论可以分清问题的正反两面,而不是阻碍决策。其次,由于决策过程缓慢,只有最重要的决策才需要通过这种流程(如重大的新资本投资),结果保证了营运公司的负责人享有充分的经营自主权。这种分权有助于壳牌公司灵活应对当地政府管制以及竞争环境和消费者偏好的不同。例如,壳牌澳大利亚化工公司的负责人可以自主决定澳大利亚市场的价格和市场战略。只有当壳牌想进行重大资本投资,如建造一所新的化工厂时,才需要启用"创建共识"决策系统。

这个矩阵结构看似十分理想,但壳牌在1995年宣布撤销矩阵组织结构的激进计划。管理高层给出的主要理由是石油需求长期低迷,油价持续疲软,这给壳牌的利润带来很大的压力。虽然壳牌历来位于世界最赚钱石油公司的行列,但在20世纪90年代初壳牌的相对业绩开始下滑。其他石油公司,如埃克森,通过大幅度削减间接费用成本,把生产集中在高效地区,关闭小型工厂,能更快适应公司大量重复的石油、化工冶炼厂之间的关系,同时每家公司通常都有满足各自市场需求的生产设备。

1995年壳牌的管理高层意识到,降低营运成本需要大幅削减总部办公室的间接费用,如果恰当的话,还应去除各国不必要的重复设备。为实现这些目标,高层领导决定按产品大类对公司进行重组。现在壳牌有5个全球主要的产品分部——勘探与生产、石油产品、化工产品、天然气和煤炭。每个营运公司向最相关的全球分部汇报。这样,澳大利亚化工公司现在直接向全球化工部汇报。这样做可以增加全球化工分部的权力,使该分部可以去掉各国不必要的重复设备。最终,生产可以集中在规模更大的工厂,使其服务于整个地区,而不是单个的国家。这样,壳牌可以实现更大的规模经济。

国家(或区域)经理仍然存在,但他们的角色和职责有所减弱。现在,他们的主要任务是协调同一国家(或区域)不同营运公司之间的关系,以及协调与当地政府之间的关系。营运公司负责人向全球分部领导汇报的责任是直接的,而向国家经理汇报的责任是间接的。例如,这些变革使壳牌澳大利亚公司总经理决策壳牌澳大利亚化工公司主要资本投资的能力大大减弱。此外,简化的汇报体系不再需要一个庞大的总部办公室机构,壳牌的伦敦总部办公室精简了1170名人员,使壳牌的成本结构有所下降。

资料来源:[美]查尔斯·W.L.希尔. 国际商务(英文第5版). 周建临等译. 北京:中国人民大学出版社,2005:485-486

问题:

1. 壳牌的矩阵结构有哪些优点?又有哪些缺点?在20世纪80年代矩阵结构是否适合全球石油和化工业的环境?

2. 在20世纪90年代,壳牌的营运环境发生了哪些变化?这些变化对公司的财务状况产生了什么影响?这对于战略与机构相结合有哪些启示?

第12章 市场营销的新发展

学习目标

1. 掌握网络营销的基本概念与功能。
2. 了解服务营销的概念与内容。
3. 熟悉关系营销的基本模式。

导入案例

激情来自奥迪

奥迪中国与一汽大众把奥迪中国所代表的生活方式诠释得淋漓尽致。在一组"激情来自奥迪"的广告中,放飞的风筝、信手书写的毛笔、疾驰的汽车,加上极具鼓动力的广告词"激情令你成为真正的你"、"激情为你焕发内心的自由"、"激情让你循着自己的轨迹臻于完美",令每一个追求自我实现的广告读者心驰神往。公关事件、相同主题的媒体报道也围绕着激情与时尚的主题展开。与此同时,奥迪中国网站也是整合营销传播中的重要工具。网站除了开辟各种信息栏目如奥迪新闻、奥迪车型等,传递给消费者统一的信息外,奥迪中国还非常重视利用这一工具与消费者进行双向沟通。

资料来源:杨明刚.市场营销策划.北京:高等教育出版社,2009

引导问题:

网络整合营销传播工具有哪些?

12.1 网络营销

12.1.1 网络营销的概念与特点

21世纪,人类进入信息社会。随着计算机网络的发展,网络技术改变了信息的分配与接受方式,改变了人们的生活、工作与交流的环境,同时也加速了企业经营理念、经营方式与方法的变革。网络时代的到来,不但是企业所要面对的前所未有的挑战和机遇,也是整个社会市场格局变化的前奏。

1. 网络营销的概念

网络营销是指为实现企业的营销目标,借助于互联网、电子通信和数字交换等系统进行

的一系列商务活动。其主要包括网络广告、订货、付款、客户服务和货物递交等售前、售中、售后服务,以及市场调查分析、财务核算及生产安排等利用互联网开发的商务活动。

网络营销的具体步骤是:首先,通过电子邮件与消费者、合作者进行沟通,通过电子网络的发信功能,给用户一次性发信,并定期发送各种信息邮件、电子刊物,以提高用户的忠诚度。其次,建立相关的网页,将企业的有关图片、信息资料放在网站上,尽量做得生动有趣味,要不断更新网站的内容和页面,发挥网络信息媒体的作用,使潜在的顾客不断产生新鲜感、好奇心,增加固定来访者的数量。

一些对网络较为敏感的企业已经进入网络营销的实战阶段,它们从网络营销的调查开始,相对传统的市场调查方式来说,互联网没有时间、空间的限制,具有高度的交互性和实时性;成本低廉,几乎能实现实时反馈;网络调查使用的是电子问卷,大大减少了数据输入工作量,缩短了调查的时间周期。

网络营销是一种最新的营销方式,几乎超越了所有的中间环节,直接面对全球分布的最终消费者,管理和销售的成本相当之低,据估计约为传统直销的3%。可以说,它终于实现了真正意义上的直销。网络上的企业所经营的也不再是传统的商品,而主要是信息,交易过程中更多地表现为信息的交换,实物交换从以往实物经济的唯一交易手段进化成为交易完成的一个必要程序。网络营销也使企业可以提供完全个性化和专业化的服务,网上订制系统能为每一个顾客量身打造,充分满足不同顾客的个性化要求;而专业系统可以为消费者提供高度的专业化需求的产品,并且得到一般营销方式难以完善的售后服务,从而形成企业与顾客之间的个性化关系。网络营销存在不可忽视的一环,那就是网络营销的战略营销层次。它的存在不仅对企业营销的某一个环节产生影响,而是对企业的整个营销组织、营销计划产生根本变革,包括整个网络营销和信息共享。

2. 网络营销的特点

与传统的营销手段相比,网络营销是一种新形式的营销,具有以下特点。

(1) 竞争优势

如今,中国的许多家庭购买计算机大部分是为了供孩子学习,使他们能够跟得上时代的发展,而好奇心极强的孩子们大都对网络着迷。如果能抓住他们的心理,当他们成长为具有购买能力的消费者时,为他们所熟知的产品无疑会成为其首选。

(2) 便利性

信息社会中,无论是报纸、电视,还是杂志,都充满了广告,甚至在电视剧中都插入广告,让人不得不被动接受各种信息。在这种情况下,广告的到达率和记忆率之低,就可想而知了。商家感叹广告难做,而消费者则抱怨广告无处不在。

网络营销则不同,人们不必面对广告的轰炸,只要根据自己的喜欢或需要去选择相应的信息,如厂家、产品等;然后加以比较;再做出购买的决定。这种自由而轻松的选择,可以跨越时间与空间的限制,让人们浏览到国内、外任何网络的信息,而不用消费者一家一家商店跑来跑去。灵活、快捷、方便,是传统商场购物所不能比拟的,网上商城尤其受到许多没有时间或不喜欢逛商场的人的喜爱。

(3) 成本优势

与传统传播手段比,在网上发布产品信息的价格是很便宜的;将产品直接向消费者推销,可以缩短分销环节,可以节省批发加价的必要成本。发布的信息谁都可以自由索取,企业可以借此拓宽销售范围,节省促销费用,从而降低成本,使产品具有价格竞争力;同时前来访问网站的人大多对此类产品感兴趣,这样就避免了许多无用的信息传递,也可节省费用;企业还可以根据订货情况调整库存量,降低库存费用。例如,网上书店,其书目可分为社科类、艺术类、工具类、外文类等;也可以按出版社、作者、国别分类来进行索引,方便读者的查找;还可以辟出专门的栏目介绍新书等。另外,网上书店对网络资源的更新是很方便、及时的。这样,网上书店就能够以较低的场地费、库存费提供更多、更新的图书,争取到更多的顾客。

(4) 优质服务

顾客在市场如果遇到冷若冰霜的销售员或热情似火的销售员,都有会让顾客感到无所适从。网络营销就没有这样的顾虑,顾客可以避免因人的因素对消费决策造成的影响,使消费更加理性化。同时,在网上能得到快捷的售后服务。例如,顾客买了一台打印机,却因打印程序老出毛病,只要顾客找到生产企业的网站,就可以下载打印程序,问题迅速得到解决。

网络营销正处于高速发展的阶段,存在诸多方便的同时,也存在一些不完善的地方。

① 缺乏信任感。中国人往往相信"眼见为实"的观念,在网上人们看不到真实的产品,总有一些不踏实的感觉。另外,人们的购物习惯也难以一时改变。对家庭主妇来说,可能更喜欢逛商店。正如电视取代不了电影一样,网络营销有其市场需求和市场定位,但并不是任何产品和服务都能在网上进行交易的。例如,尽管已经出现网上医院,但目前还没有医生大胆在网上给危重病人开药。但是,互联网作为一种工具,至少能成为诸多媒体中最有开发前景的。互联网不是万能的,但是人们生活与工作都离不开它,企业生产与销售更不能没有它。

② 局限性。虽然网页广告具有多媒体的效果,但其声音效果明显不如电视和电台。同时,广告的受众受到很大的限制。从目前网络公司还要在其他媒体上做广告的现状来看,其广告效果要取代电视是难以做到的。而且,广告的效果是要提高企业的知名度,如果让已经知道某企业和产品的人再去看广告,网上广告投入的边际效果则可能不大。同时,网上广告的界面也受到屏幕的限制。另外,没有几个人会主动付上网费然后专门去找广告看的;而在其他媒体中,如户外广告,只要路过就会看到,电视也是如此。

③ 安全性。随着网络营销日益成为营销新趋势,个人计算机也更加普及,同时不断出现的黑客(Hacker)和众多病毒,对网络安全构成了极大的威胁。据 FBI 统计,在计算机网络最为发达的美国,1998 年因网络安全问题所造成的经济损失接近百亿美元。所以,如果不认真解决这些问题,那么电子网络营销不可能真正发展起来。因为没有哪家企业愿意把自己的商业秘密交由一个不安全的网络环境。

12.1.2 网络营销的类型与作用

1. 网络营销的类型

根据不同的划分标准,网络营销大致分为以下类型。

(1) 根据主体与对象不同划分

① 企业对消费者(Business to Customer, B to C),在网上从事零售,如亚马逊网站(www. amazon. com)。

② 企业对企业(Business to Business, B to B),企业采购,如 freemarkets 网站(www.

freemarkets.com)。

③ 消费者对企业(Customer to Business,C to B),消费者提出报价,从企业购买产品,如 Priceline 网站(www.priceline.com)。

④ 消费者对消费者(Customer to Customer,C to C),消费者拍卖,如 ebay 网站(www.ebay.com)。

(2) 根据营销主体有无网站划分

根据营销主体有无网站,分为无站点营销与有站点营销。无站点营销可以利用互联网进行信息发布、电子邮件等进行营销活动。有站点营销可以利用自己的网站进行网上直销、网上服务等。

(3) 根据营销主体的经营性质划分

根据营销主体的经营性质,可分为基于网络公司的"网站营销"与基于传统公司的"网上营销"。

(4) 根据应用范围划分

根据应用范围划分,可分为广义的网络营销和狭义的网络营销。广义的网络营销,是指网络营销以互联网为主要手段开展的营销活动;狭义的网络营销,是指组织或个人基于开放便捷的互联网络,对产品、服务所做的一系列经营活动,从而达到满足组织及个人需求的全过程。

(5) 根据具体推广方式划分

根据具体推广方式,可分为:口碑营销、网络广告、媒体营销、事件营销、搜索引擎营销(SEM)、E-mail 营销、数据库营销、短信营销、电子杂志营销、病毒式营销、问答营销、QQ 群营销、博客营销、论坛营销、社会化媒体营销、针对商务网站的产品信息发布及平台营销等。

(6) 根据与顾客互动交流分类划分

根据与顾客互动交流分类,可分为在线咨询留言本、E-mail 邮件或邮件列表、Help 或 FAQS(常见问题解答)、企业论坛(BBS)或顾客交流社区。

2. 网络营销的作用

(1) 网上交易对企业的影响

① 降低营销成本。尽管建立和维护公司的网站需要一定的投资,但与其他销售渠道相比,网络营销的成本明显更低。有研究表明,使用互联网做广告媒介,进行网上促销活动,其结果是增加 10 倍销售量的同时,只花费传统广告预算的 1/10;研究还表明,采用网上促销的成本通常只相当于直接邮寄广告花费的 1/10。

② 提高客户满意度。在网上介绍产品、提供技术支持、查询订单处理信息,不仅可以解放公司的客户服务人员,让他们去处理更为复杂的问题,调整与客户的关系,而且可使客户更为满意。公司收集和存储客户和产品的信息、建立数据库,通过数据挖掘开发与利用这些信息。除了提高客户的满意程度外,公司利用互联网进行客户服务,也可以在联机订单跟踪、下载软件和提供技术支持信息等方面节省开支。

③ 提高销售能力。传统的销售方式下,随着订购量的增加,公司要增加销售人员。但是,互联网网络业务可以在很少或根本没有追加费用的情况下增加新的客户。互联网可以使传统的销售组织形式,如分级批发渠道、分类销售和广告宣传等更加有效。由于具有自动订购功能,销售代理人可以把更多时间花在建立和保持客户关系上;电子分类目录可以提供

比纸质分类目录更多的信息与选择方案;直接面对市场的联机服务,可以缩短再采购周期,并增加销售附带产品的能力。

④ 创造新的销售机会。在互联网上的企业可以进入一个新的市场,这个市场通过传统的人员促销与广告宣传是无法有效进入的。原来销售人员不足的供应商现在可以在网上寻找买主,介绍产品;卖主在网上提供订制服务,可能会建立起一个全新的、有利可图的市场。对于企业来讲,提供每天 24 小时的客户支持与服务费用相当昂贵;然而,网络信息服务不同于人员销售,可以实现 24 小时的在线服务。

(2) 网上交易对消费者的影响

电子商务对消费者最明显的影响莫过于消费者在网络上直接面对所有相关的商家,使他们能最大限度地进行比较与挑选,大大提高了他们的购买效率。通过网络和浏览器,消费者可以足不出户看遍世界,网上搜索功能也可以让客户货比多家。消费者以十分轻松自由的自我服务方式完成交易,从而使消费者对服务的满意度大为提高。

(3) 网上交易对金融机构的影响

在电子商务的结构系统中,银行是重要和必不可少的角色,不但要负责贸易活动的结算,还要负责商家与消费者相互的认证问题。银行应该能够给顾客和厂商的网上交易创造一种安全环境,使它们不担心收付风险,保护厂商免受欺诈或赖账损失;同时,顾客也不必担心自己的信用卡号会被窃取盗用,消费者个人信息不会泄露。

12.1.3 网络营销的常用方法

网络营销职能的实现需要通过一种或多种网络营销手段,常用的网络营销方法除了搜索引擎注册之外,还有关键词搜索、网络广告、交换链接、信息发布、整合营销、邮件列表、许可 E-mail 营销、个性化营销、会员制营销、病毒性营销、网上商店等。以下介绍几种常用的网络营销方法。

1. 搜索引擎营销

搜索引擎营销是最经典、也是最常用的网络营销方法之一。虽然搜索引擎的效果已经不像几年前那样有效,但调查表明,搜索引擎仍然是人们发现新网站的基本方法。因此,在主要的搜索引擎上注册并获得最理想的排名,是网站设计过程中就要考虑的问题之一。网站正式发布后,尽快提交到主要的搜索引擎,是网络营销的基本任务。

2. 交换链接

交换链接或称互惠链接,是具有一定互补优势的网站之间的简单合作形式,即分别在自己的网站上放置对方网站的 Logo 或网站名称,并设置对方网站的超级链接,使用户可以从合作网站中发现自己的网站,达到互相推广的目。交换链接的作用主要表现在:获得访问量;增加用户浏览时的印象;在搜索引擎排名中增加优势;通过合作网站的推荐,增加访问者的可信度等。更重要的是,交换链接的意义已经超出了是否可以增加访问量,比直接效果更重要的是业内的认知和认可。

3. 病毒性营销

病毒性营销并非真的以传播病毒的方式开展营销,而是通过用户的口碑宣传网络,信息像病毒一样传播和扩散,利用快速复制的方式传向大量受众。现在几乎所有的免费电子邮件提供商都采取过类似的推广方法。

4. 网络广告

几乎所有的网络营销活动都与品牌形象有关,在所有与品牌推广有关的网络营销手段中,网络广告的作用最为直接。标准标志广告(banner)曾经是网络广告的主流(虽然不是唯一形式),2001年后,网络广告领域新的广告形式不断出现,新型广告由于克服了标准条幅广告条承载信息量有限、交互性差等弱点,获得了相对比较高一些的点击率。有研究表明,网络广告的点击率并不能完全代表其效果,网络广告对那些浏览而没有点击广告的、占浏览者总数99%以上的访问者同样产生作用。

5. 信息发布

信息发布既是网络营销的基本职能,又是一种实用的操作手段。通过互联网,不仅可以浏览到大量商业信息,同时还可以发布信息。最重要的是将有价值的信息及时发布在自己的网站上,以充分发挥网站的功能,如新产品信息、优惠促销信息等。

6. 许可 E-mail 营销

基于用户许可的 E-mail 营销比传统的推广方式、或未经许可的 E-mail 营销,具有明显的优势,如可以减少广告对用户的滋扰、增加潜在客户定位的准确度、增强与客户的关系、提高品牌忠诚度等。开展 E-mail 营销的前提是拥有潜在用户的 E-mail 地址,这些地址可以是企业从用户、潜在用户资料中自行收集整理,也可以利用第三方的潜在用户资源。

7. 邮件列表

邮件列表实际上也是一种 E-mail 营销形式,是基于用户许可的原则,用户自愿加入、自由退出。稍微不同的是,E-mail 营销直接向用户发送促销信息;而邮件列表是通过为用户提供有价值的信息,在邮件内容中加入适量促销信息,从而实现营销的目的。邮件列表的主要价值表现在4个方面:作为公司产品或服务的促销工具、方便和用户交流、获得赞助或者出售广告空间、收费信息服务。邮件列表的表现形式很多,常见的有新闻邮件、电子刊物、新产品通知、优惠促销信息、重要事件提醒服务等。

8. 个性化营销

个性化营销的主要内容包括:用户订制自己感兴趣的信息内容、选择自己喜欢的网页设计形式、根据自己的需要设置信息的接收方式和接受时间等。个性化服务在改善顾客关系、培养顾客忠诚以及增加网上销售方面具有明显的效果。据研究,为了获得某些个性化服务,在个人信息得到保护的情况下,用户愿意提供有限的个人信息,这正是开展个性化营销的前提保证。

9. 会员制营销

网络会员制营销已经被证实为电子商务网站的有效营销手段,国外许多网上零售型网站都实施了会员制计划,几乎已经覆盖了所有行业,国内的会员制营销也蓬勃发展。一度是中国电子商务旗帜的时代珠峰公司(My8848.net)于2001年3月初推出的"My8848网上连锁店(U-Shop)"就是一种会员制营销的形式。

10. 网上商店

建立在第三方提供的电子商务平台上、由商家自行经营的网上商店,如同在大型商场中租用场地开设的专卖店一样,是一种比较简单的电子商务形式。网上商店除了通过网络直接销售产品这一基本功能之外,还是一种有效的网络营销手段。从企业整体营销策略和顾客的角度考虑,网上商店的作用主要表现在两个方面:一方面,网上商店为企业扩展网上销售渠道提供了便利的条件;另一方面,建立在知名电子商务平台上的网上商店增加了顾客的信任度。从功能上来说,对不具备电子商务功能的企业网站也是一种有效的补充,对提升企业形象并直接增加销售具有良好效果,尤其是将企业网站与网上商店相结合,效果更为明显。

12.2 服 务 营 销

12.2.1 服务营销概述

1. 服务的定义和特征

作为服务营销基石的"服务"的概念,营销学者一般是从区别于有形的实物产品的角度来进行研究和界定的。

菲利普·科特勒把服务定义为:一方提供给另一方不可感知且不导致任何所有权转移的活动或利益。

美国市场营销学会将其定义为:主要为不可感知,却使欲望获得满足的活动,而这种活动并不需要与其他的产品或服务的出售联系在一起。生产服务时可能会或不会利用实物,而且既使需要借助某些实物协助生产服务,这些实物的所有权将不涉及转移的问题。

因此,服务是一种涉及某些无形因素的活动、过程和结果,它包括与顾客或他们拥有的财产间的互动过程和结果。所以服务不仅是一种活动,而且是一个过程,还是某种结果。就像个人计算机的维修服务,既包括维修人员检查和修理计算机的活动和过程,又包括这一活动和过程的结果——顾客得到完全或部分恢复正常功能的计算机。

与有形产品相比,服务具有以下共同特征:不可感知性;不可分离性;差异性;不可储存性;缺乏所有权。

2. 服务营销的分类与一般特点

现实经济生活中的"服务"可以区分为两大类:一类是服务产品,产品为顾客创造和提供的核心利益主要来自无形的服务,如心理疗法;另一类是功能服务,产品的核心利益主要来自形成的成分。无形的服务只是满足顾客的非主要需求,如送货上门。贝瑞和普拉苏拉曼(1991)认为,在产品的核心利益来源中,有形的成分比无形的成分要多,那么这个产品就可以看作是一种"商品"(指有形产品);如果无形的成分比有形的成分要多,那么这个产品就可以看作是一种"服务"。

与服务的这种区分相一致,服务营销的研究形成了两大领域,即服务产品的营销和顾客服务营销。服务产品营销的本质是研究如何促进作为产品的服务的交换;顾客服务营销的本质则是研究如何利用服务作为一种营销工具,促进有形产品的交换。但是,无论是服务产品营销,还是顾客服务营销,服务营销的核心理论都是顾客满意和顾客忠诚,通过取得顾客的满意和忠诚来促进相互有利的交换,最终实现营销绩效的改进和企业的长期成长。

由于服务的特征,服务营销具有一系列不同于产品营销的一般特点。

(1) 供求分散性

服务营销活动中,服务产品的供求具有分散性:不仅供方覆盖了第三产业的各个部门和行业,企业提供的服务也广泛分散;而且需方更涉及各类企业、社会团体和不同类型的消费者。服务企业一般占地小、资金少、经营灵活,往往分散在社会的各个角落。即使是大型的机械服务公司,也只能在有机械损坏或发生故障的地方提供服务。服务供求的分散性,要求服务网点广泛而分散,尽可能地接近消费者。

(2) 营销方式单一性

有形产品的营销方式有经销、代理和直销多种营销方式。有形产品在市场可以多次转手,经批发、零售多个环节才使产品到达消费者手中。服务营销则由于生产与消费的统一性,只能采取直销方式,中间商的介入是不可能的,储存待售也不可能。服务营销方式的单一性,在一定程度上限制了服务市场规模的扩大,也限制了服务业在许多市场上出售自己的服务产品,这给服务产品的推销带来了困难。

(3) 营销对象复杂多变

服务市场的购买者是多元、广泛、复杂的。购买服务的消费者的购买动机和目的各异,某一服务产品的购买者可能牵涉社会各界各业、各种不同类型的家庭和不同身份的个人。即使购买同一服务产品,有的用于生活消费,有的却用于生产消费,如信息咨询、邮电通信等。

(4) 服务消费者需求弹性大

根据马斯洛需求层次原理,人们的基本物质需求是一种原发性需求,这类需求人们易产生共性;而人们对精神文化消费的需求属于继发性需求,需求者会因各自所处的社会环境和各自具备的条件不同而形成较大的需求弹性。同时,对服务的需求与对有形产品的需求在一定组织及总金额支出中相互牵制,也是形成需求弹性大的原因之一。另外,服务需求受外界条件影响大。例如,季节的变化、气候的变化、科技发展的日新月异等,对信息服务、环保服务、旅游服务、航运服务的需求造成重大影响。需求的弹性是服务业经营者最棘手的问题。

(5) 服务人员的技术、技能、技艺要求高

服务者的技术、技能、技艺直接关系着服务质量。消费者对各种服务产品的质量要求也就是对服务人员的技术、技能、技艺的要求。服务者的服务质量不可能有唯一的、统一的衡量标准,只能有相对的标准和凭购买者的感觉体会。

12.2.2 服务营销组合

服务市场营销组合,是指服务企业对可控制的各种市场营销组合手段的综合运用。也就是说,服务企业运用系统的方法,根据企业外部环境,把服务市场营销的各种可控因素进行最佳组合,使它们之间互相协调配合,综合发挥作用,以实现服务企业的营销目标。传统的产品市场营销的核心理论之一"4P"的组合(产品、价格、渠道、促销)对服务市场营销具有一定的借鉴意义。但是,依据服务营销的特殊性,必须重新调整市场营销组合以适应服务市场营销,于是就出现了"7P",即产品(product)、定价(price)、地点或渠道(place)、

促销(promotion)、人(people)、有形展示(physical evidence)、过程(process)。

1. 产品

服务产品是一种特殊的产品。服务产品营销必须考虑的是提供服务的范围、服务质量、服务水平、品牌、保证以及售后服务等。同类的服务产品对不同企业来说,其要素组合的差异相当大。例如,一家供应数样菜肴的小餐馆和一家供应各色大餐的五星级大饭店的要素组合,就存在明显的差异。

2. 定价

价格是影响服务产品销售的重要因素之一。服务企业要特别重视价格在开拓服务市场中的作用,在价格方面要考虑价格水平、折让和佣金、付款方式和信用等因素。在区别一项服务和另一项服务时,价格是一种识别方式,顾客可从一项服务的价格感受到其价格的高低。而价值与质量间的相互关系,也是服务定价的重要考虑因素。

3. 渠道

由于服务产品的生产过程和消费过程不可分离,提供服务者的所在地以及其他地缘的可达性就成为影响服务市场营销及市场营销效益的重要因素。地缘的可达性不仅是指实物上的,还包括传导和接触的其他方式。所以,分销渠道的类型及其涵盖的地区范围都与服务可达性密切相关。

4. 促销

促销包括广告、人员推销、宣传、形象促销、公共关系等各种市场营销沟通方式。

5. 人

在服务企业担任生产或操作性角色的人,在顾客看来,其实就是服务产品的一部分,其贡献也和其他销售人员相同。大多数服务企业的特点是操作人员可能担负服务表现和服务销售的双重任务,因此市场营销管理者必须和作业管理者协调合作。企业工作人员极为重要,尤其是那些经营"高接触度"服务业务的企业。所以,市场营销管理者还必须重视雇用人员的甄选、训练、激励和控制。此外,对某些服务而言,顾客与顾客间的关系也应引起重视。因为某顾客对一项服务产品质量的认知,以及对服务产品生产过程的参与程度,很可能会受到其他顾客的影响。

6. 有形展示

有形展示会影响消费者对一家服务企业的评价和服务产品的销售。有形展示包含的要素有:实体环境(如装潢、颜色、陈设、声音),服务提供时所需用的装备实物(如汽车租赁公司所需要的汽车)以及其他实体性线索(如航空公司所使用的标志、干洗店为洗好的衣物加上的包装等)。

7. 过程

人的行为对服务企业很重要,而过程也同样重要,即服务的传递过程。例如,表情愉悦、专注和关切的工作人员,可以减轻必须排队等待服务的顾客的不耐烦感,还可以平息技术上出问题时的怨言或不满。整个系统的动作政策和程序方法的采用,服务供应中的机械化程度、员工决断权的适用范围、顾客参与服务操作过程的程度、咨询与服务的流动等,都是市场营销管理者需要特别关注的事项。

然而,到了20世纪70年代之后,尤其是20世纪90年代以来,随着科技的进步,消费文化与消费心理的改变,市场环境发生了巨大变化,市场竞争日趋激烈,竞争手段丰富多彩。在新的市场环境下,营销学者提出了服务企业应将营销重点放在如何保留顾客、如何使他们购买相关产品、如何让他们向亲友推荐企业的产品上,这就产生了"3R",即留住顾客、相关销售和顾客推荐。

(1) 留住顾客

留住顾客是指通过持续地和积极地与顾客建立长期的关系,以维持与保留现有顾客,并取得稳定的收入。随着老顾客对公司与产品的熟悉,对这些顾客所需的营销费用将降低,这部分收入的利润率将越来越高,同时对现有顾客服务的费用也会随着时间的推移而下降,这主要是由于顾客对公司的产品越来越熟悉,对于顾客参与的服务来说,费用的下降更为明显。因此,根据赛斯与瑞查德的研究发现,顾客的保留率每上升5个百分点,公司的利润将上升75%。研究也发现,吸引一位新的顾客所花的费用是保留一位老顾客的5倍以上。

(2) 相关销售

相关销售是指销售与产品相关的产品和服务,尤其是与产品相关的配套服务。在制造业中,许多公司的大量利润来自于顾客服务,而不是其产品的销售。例如,在电梯制造业中,由于竞争的激烈,美国电梯业中大部分公司在电梯的销售上只能获取有限的利润,其大部分的利润来自电梯的安装与维修等服务。

(3) 顾客推荐

随着市场竞争的加剧,广告信息的爆炸,人们对大众传播媒介(如电视)越来越缺乏信任,而在进行购买决策时却越来越看重朋友及亲人的推荐,尤其是已有产品使用经验者的推荐。实施服务营销,提高顾客的满意度与忠诚度的最大好处之一就是忠诚顾客对其他潜在顾客的推荐。顾客推荐将形成对公司有利的效应,最终会提高公司的盈利水平。

根据美国消费者协会近年所做的一项调研发现,高度满意与忠诚的顾客将向其他至少5人推荐产品,而对产品不满意的顾客将告诉其他11人。

这里应该指出,服务市场营销组合的"7P+3R"因素不是孤立存在的,而是彼此联系、相互影响的。没有适合消费者需要的产品和服务,就无法留住顾客。同样,要留住顾客,使顾客能向亲朋好友推荐企业的产品或服务,就需要其他营销组合因素的密切配合。因此,服务营销者要善于适应市场营销环境,分析市场营销组合因素的相互关联程度,综合运用营销组合的各个因素,以便进行最佳的"7P+3R"服务市场营销组合。

小资料12-1　　美国饭店业对日本游客的服务营销组合

美国饭店业为了争取日本游客,在许多方面对其服务规范进行了重新设计。从服务营销组合的观点看,美国饭店对服务规范的重新设计,实际上就是突出了服务营销组合中"人"和"过程"这两个要素。

1. 美国饭店业对服务营销"人"要素的策划

(1) 安排专职对日服务人员。例如,美国的四季度假饭店安排日语流利、有丰富对日经验的专职经理,专门负责接待日本游客。

(2) 调整总台服务人员。例如,有的饭店在总台增加懂日语的服务人员。

(3) 安排提供特别服务人员。美国芝加哥四季饭店考虑到日本客人生病或需要医务人员的护理和有些带孩子的游客要到城里消夜,需要找人看护孩子,就增加了懂日语的医生和看孩子的临时保姆。

(4) 让员工熟悉日本文化。日本客人有时对服务质量期望很高,觉得美国的服务较冷漠,这实际上是由于文化差异造成的。美国许多饭店服务人员对日本人的礼节很不习惯,为了消除这种隔阂,美国许多饭店对员工进行培训,让他们对美、日之间的文化差异有一定的了解,有的饭店还专门聘请日本礼仪专家作为顾问。

2. 美国饭店业对服务营销"过程"要素的策划

(1) 提供适合日本游客的接待手续。日本商务团体常常有等级次序,这在入住、排房、签名等问题上有所表现。美国饭店业在办入住手续时较好地处理了这个问题。例如,芝加哥四季饭店的总经理,在客人入住后,立即派人送上有亲笔签名的欢迎卡。

(2) 制订针对日本游客的服务"政策"。例如,美国饭店与"日本语翻译服务系统"(JAN)联网,提供东京股市行情,欢迎日本客人使用SCB卡日本信用卡,提供地道的日本料理、日语菜单、日本客人喜欢的拖鞋、和服、日本式浴衣和浴室。

(3) 安排娱乐活动。日本人喜欢打高尔夫球,尤其是参加著名高尔夫球俱乐部举办的培训。美国饭店尽量为他们安排,在天气不好时,还安排室内活动。

(4) 指导观光浏览。例如,许多饭店备有日文版的当地城市浏览指南和地图。有一家饭店还别出心裁,设计了一种"信息袋",里面盛有各种"游客须知",如支付小费的标准、娱乐及观光等注意事项。

资料来源:根据网络有关资料整理而成

12.3 关 系 营 销

越来越多的企业意识到,寻求与客户建立和维系一种长期的战略伙伴关系是使交易双方企业获得"双赢"的最大保障。因此,在此基础上,关系营销应运而生。

关系营销是美国营销学者巴巴拉·杰克逊于1985年首先提出的,菲利普·科特勒在《营销管理》第六版也有论述,从20世纪80年代起,迅速风靡全世界。它是现代西方营销理论与实践在传统"交易型营销"基础上的一个发展和进步。

12.3.1 关系营销的概念与特征

关系营销是作为交易营销的对称提出的,提出的原因是:单靠交易营销建立的品牌忠诚度不稳,回头客太少;而现实营销中企业的生意不断,有些企业则是一次性交易。究其根源是企业与顾客的关系不同。为了扩大回头客的比例,提出关系营销。

1. 关系营销的概念

关系营销是指把营销活动看成是一个企业与消费者、供应商、分销商、竞争者、政府机构及其他公众发生互动作用的过程,其核心是建立和发展与这些公众的良好关系。

关系营销实际上是买卖"双方间创造更亲密的工作关系与相互依赖关系的艺术"。企业与顾客、分销商、经销商、供应方等建立、保持并加强关系,通过互利交换及共同履行诺言,使有关各方实现各自的企业与购买者之间,创造更亲密的工作关系和相互依赖伙伴关系,建立和发展双方的连续性效益,提高品牌忠诚度和巩固市场的方法与技巧。

关系营销的目标就是建立关系,主要包括三方面:关系营销为企业创造忠诚顾客,导致销售额增加;关系营销使企业的顾客保留成本与顾客流失成本下降;关系营销间接的利益是留住员工。

2. 关系营销建立的形式

(1) 关系深入型。成交后,继续关心顾客,了解他们存在的问题和机会,并随时以各种方式为其提供服务。其前提是交易关系已经发生;目的是培养交易之外的各种关系,这只适用于现有顾客。

(2) 关系领先型。在企业与顾客建立交易关系之前,先建立非交易关系,为以后的交易打下基础。其范围广,只要是目标市场上的顾客均可。例如,尿布生产厂家全百利公司,花1亿美元建立了一个包括美国75%的怀孕妇女的资料库,并寄去孕期保护、育儿知识等资料,为婴儿出生购买其产品做准备。

3. 关系营销的本质特征

关系营销是在买卖关系的基础上建立非交易关系,以保证交易关系能持续不断地确立和发生。关系营销的关键是顾客满意。关系营销的本质特征主要有以下几个方面。

(1) 双向沟通

在关系营销中,沟通应该是双向的,而非单向的。只有广泛的信息交流和信息共享,才可能使企业赢得各个利益相关者的支持与合作。

(2) 信任

关系营销具有显著的信任属性,利益相关者之间存在牢固的、充分的信任感,基于彼此乐于做出承诺,并能遵守承诺。关系营销的基本目标是为赢得公众的信赖与好感。因此,当关系双方的利益发生矛盾时,企业舍弃部分利益,换来的将是宝贵的关系利益。

(3) 合作

一般而言,关系有两种基本状态,即对立和合作。只有通过合作,才能实现协同。因此,合作是"双赢"的基础。

(4) 双赢

关系营销旨在通过合作增加关系各方的利益,而不是通过损害其中一方或多方的利益来增加其他各方的利益。真正的关系营销是达到关系双方互利互惠的境界。因此,关系营销的关键,在于了解双方的利益共同点,并努力使共同的利益得到实现,达到"双赢"的结果。

(5) 亲密

关系能否得到稳定与发展,情感因素起着重要作用。因此,关系营销不只是要实现物质利益的互惠,还必须让参与各方能从关系中获得情感的需求满足。

(6) 控制

关系营销要求建立专门部门,用于跟踪顾客、分销商、供应商及营销系统中其他参与者的态度,及时发现、及时解决不利因素。

小资料 12-2　　　　　　　　　　"营销水桶"理论

假日饭店市场部执行副总裁詹姆斯在一次访问中提出了"营销水桶"理论。他认为，营销可以看作是一个大水桶，所有的销售、广告和促销计划都是从桶口往桶里倒水，只要这些方案计划是有效的，水桶就应该可以盛满水。然而，有一个问题——桶上有一个洞。当生意状况很好并且企业按承诺提供服务时，这个洞很小。也就是说，只有很少的顾客流失。但当运营管理不善并且顾客对服务不满意时，这个洞就很大，顾客就会大量流失。"营销水桶"理论以一个简单的例子说明了关系营销的重要性。运用关系策略留住顾客，就像堵住水桶上的洞一样重要。

资料来源：编者改编中国传播营销网有关资料

4. 关系营销与交易营销的区别

传统的市场营销是企业利用营销 4P 组合策略来争取顾客和创造交易，已达到扩大市场份额的目的。关系营销突破了传统的 4P 组合策略，强调充分利用现有的各种资源，采取各种有效的方法与手段，使企业与其利益相关者（如顾客、中间商、政府等）建立长期的伙伴关系。其中，最重要的是企业与消费者的关系。

传统的市场营销与关系营销有着很大的区别，传统的市场营销是建立在"以生产者为中心"的基础上；而关系营销则是建立在"以消费者为中心"的基础之上。传统的市场营销的核心是交易，企业通过各种办法使对方发生交易，并从中获利；而关系营销的核心是关系，企业通过建立良好的互惠合作关系，并从中获利。传统的市场营销仅把视野局限在目标市场；关系营销所涉及的范围非常广，包括目标顾客、供应商、分销商、竞争对手、中介机构、政府部门以及内部员工等。传统市场营销强调如何生产、如何获得顾客；关系营销强调的是充分利用现有的资源来保持自己的顾客，留住老顾客，争取新顾客。

关系营销与传统的交易营销的主要区别有以下几个方面，如图 12-1 所示。

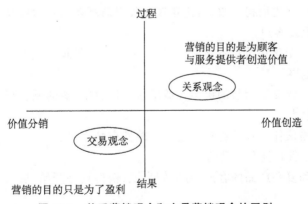

图 12-1　关系营销观念和交易营销观念的区别

（1）交易营销关注的是一次性交易；关系营销关注的是如何保持顾客。

（2）交易营销较少强调顾客服务；关系营销高度重视顾客服务，并借顾客服务提高顾客满意度，培育顾客忠诚。

（3）交易营销往往只有少量的顾客承诺；关系营销则有充分的顾客承诺。

（4）交易营销认为产品质量应是生产部门所关心的；关系营销认为所有部门都应关心质量问题。

（5）交易营销不注重与顾客的长期联系；关系营销的核心就在于发展与顾客长期的、稳定的关系。

（6）交易营销注重单次利润最大化；关系营销则注重"双赢"，追求双方利益最佳化。

12.3.2 关系营销的原则与作用

1. 关系营销的原则

关系营销的实质是在市场营销中，与各关系方建立一种长期的、稳定的、相互依存的营销关系，彼此能协调发展。因此，必须遵循以下原则。

（1）主动沟通的原则

在关系营销中，各关系方都应主动与其他关系方接触和联系，相互沟通信息，了解情况，形成制度，以合同形式定期或不定期的碰头。

（2）承诺信任原则

在关系营销中各方关系相互之间都应做出一系列书面或口头的承诺，并以自己的行为履行承诺，才能赢得关系方的信任。承诺的实质是一种自信的表现，履行承诺就是将誓言变为行动，是维护和尊重关系方利益的体现，也是获得关系方信任的关键，是公司与关系方保持融洽伙伴关系的基础。

（3）互惠原则

在与关系方交往过程中，必须做到相互满足关系方的经济利益。因为各营销关系方都是经济利益的主体，在市场上地位平等。根据商品经济的规律，在公开、公平、公正的条件下，进行等价交换，有偿让渡，使关系方都能得到实惠。

2. 关系营销的作用

（1）收益高

向现有顾客继续销售而得的收益，比花钱去吸引新顾客的收益要高。

（2）可以保持更多客户

随着顾客日趋大型化和数目不断减少，每一个客户显得越来越重要。

（3）扩大顾客范围

企业对现有客户的交叉销售的机会日益增多，可以维持老的顾客，开发新的顾客。

（4）提高市场效力

企业间形成战略伙伴关系更有利于应对全球性市场竞争。

（5）吸引大型设备和复杂产品的购买者

购买大型设备和复杂产品的客户，对他们来说，销售只是开始，后面有大量的工作要做，必须依赖关系营销。

12.3.3 关系营销的层次

关系营销有4个层次，层次越高，企业的潜在收益就越大。

1. 一级关系营销

一级关系营销又称财务层次营销，主要运用财务方面的手段，使用价格来刺激目标公众的需求,以增加收益,属于最低层次的关系营销。

其主要手段是:利用价格刺激,增加目标市场顾客的财务利益,例如,新加坡奥迪公司承诺如果顾客购买汽车一年内不满意,按原价退款。

2. 二级关系营销

二级关系营销又称社交层次的营销。与一级关系营销相比,这种方法在向目标公众提供财务利益的同时,也增加他们的社会利益。

其主要形式是:建立顾客组织,以某种方式将顾客纳入到企业的特定组织中,使企业与顾客保持更为紧密的联系,实现顾客的有效控制。

3. 三级关系营销

三级关系营销又称结构层次营销,使企业在向交易伙伴提供财务利益和社会利益的同时,与交易伙伴结成稳定的结构纽带和稳定联系。

其方法是:实行订制化联系,同时附加目标顾客的财务利益和社会利益。

其主要表现形式是大规模订制和顾客亲密。通过针对个体的需要,进行小小的调整和改进来提供订制的服务,利用了解个别顾客的需要情况,并在此基础上发展适合每位特定顾客需求的"一对一"解决方案,有利于顾客忠诚的建立。

小资料 12-3　　　　　新加坡东方大酒店的"超级服务"

新加坡东方大酒店曾推行了一项名为"超级服务"的训练计划,要求员工尽可能满足顾客的需要,即使不属于分内的事或者顾客没有提出要求,也要尽量使顾客感到满意。一天,咖啡厅来了四位顾客,边喝咖啡边商量事情,但人越来越多,非常嘈杂。服务员察觉后,立即申请一间空房供客人临时用。客人感到非常意外,事后写了一封感谢信:"我们除了永远成为您的忠实顾客之外,我们所属的公司以及海外的来宾将永远为您广为宣传。"

资料来源:刘韬.编织现代关系营销网.销售与市场,2000(10)

---

4. 四级关系营销

四级关系营销主要方法是增加结构纽带,同时附加目标顾客的财务利益、社会利益和订制化联系。

12.3.4　关系营销的实施

在关系营销中,建立与消费者的良好关系是营销的核心和关键。因此,关系营销实施的实质就是构建企业与消费者之间和谐互利、共生共荣的良好关系。

1. 建立消费者数据库

当顾客开始购买企业的产品和服务时,企业应该将其详细记录在案。记录的内容包括购买的时间、购买的次数、购买产品的偏好等。这种顾客档案的日积月累,就会形成消费者数据库。企业借助数据库,可以准确地找到目标消费群体。根据这个群体的个性喜好,改善购买环境,加大产品个性化设计,采取适当的营销方法来吸引和保持这一群体。由于数据库提供了有针对性的信息,因此可以降低营销成本,提高营销效益。同时,企业可以通过消费者数据库,经常与消费者保持联系,可以强化企业与消费者的关系。可以说,建立消费者数据库是关系营销的基础。

2. 消费者数据库分析

保持与消费者的关系,重要的是为消费者服务,在服务的同时发展企业的营销。因此,消费者数据库中特定顾客群体的分析在关系营销中具有十分重要的作用。毫无疑问,在消费者数据库中,每一种产品、每一项服务都有客户档案,即购买产品和服务的客户类型、客户购买行为、客户购买频率等。优化的顾客档案要在新老客户之间保持平衡,这个平衡是通过分析后开展有意识市场活动的结果。一般而言,新老顾客之间的平衡越好,实现预订的销售和利润目标的可能性就越大。

关系营销通过消费者数据库分析,特别关注5类顾客的行为:现有客户、新客户、改换品牌者、试用者、放弃企业产品和服务者。这5类客户的行为决定了企业营销的走向。因此,一旦发现不利的变化趋势时,就要通过一定的沟通途径,密切关系。例如,一旦发现目标消费群体中已出现对企业产品和服务的"审美疲劳"时,就应该立即加大个性化、差异化产品和服务的开发力度,以消除消费者的"审美疲劳"。有时,品牌转换是因为消费者需要变换口味,并不是对品牌商品本身的不满意。

通过消费者数据库分析,可以进行有效的数据库营销,采用个人可以控制的沟通媒介,如邮件、电话、人员推销等,有效地满足目标客户的需求,并通过提供信息刺激目标客户的新需求,保持与目标客户的密切关系。

3. 制订接触顾客计划

关系是靠接触产生和维系的,每次接触都可以成为关系的纽带。接触可分为良性接触和不良接触。只有良性接触才能成为企业与消费者良好关系的纽带。因此,制订接触顾客计划必须全面周详、慎之又慎。

在传统营销部门里,与顾客接触的主要部门是营销机构。在关系营销接触顾客计划中,企业的每一个部门,每一个员工都要成为与顾客的接触点。因此,关系营销要求企业的每一个部门、每一个员工都要适应顾客,全心全意地为顾客服务,兼顾两个最大化,即顾客利益最大化、企业利益最大化。当两者利益不能统一时,首先应考虑顾客利益最大化。只有这样,企业与顾客的每一个接触点才会成为良性接触点。

4. 妥善处理顾客投诉

企业的忠诚顾客往往是从投诉开始的。因此,认真听取顾客的投诉,妥善处理顾客的投诉,是实施关系营销的重要工作。认真听取顾客投诉,就能从听取中捕捉企业发展的契机,找到必须解决的问题。

传统营销的企业也设立了顾客投诉部门,但这些部门对顾客的投诉往往采取听之任之、不了了之的态度。有些企业接受投诉的部门,不仅不积极反馈顾客的投诉,甚至千方百计地压住这些投诉,不让有关领导、部门知道。他们的观念是,投诉是对工作的否定。在实施关系营销的企业里,一定要破除这种错误观念。忠诚顾客是从投诉开始的,忠诚顾客是企业营销的最大资本。因此,关系营销绝不追求零投诉,而是将解决投诉和没有投诉放在同等重要的位置,甚至将解决投诉看得更重要一些。这样,对企业内部而言,必然会形成一种实事求是、不掩盖矛盾的良好风气。对企业外部而言,必然会形成企业与消费者之间和谐的关系。因此,建立顾客投诉部门,专人负责顾客投诉,积极、妥善解决顾客投诉等是实施关系营销的重点。

5. 实施会员制营销

会员制营销是针对优质顾客的关系营销战略。优质顾客来自于企业的忠诚顾客。会员制中的会员是忠诚顾客中的一部分,且具有更强的购买力和购买欲望。为了使会员制营销落到实处,一般先要建立顾客组织,通过给予会员顾客额外利益(如折扣、礼品、联谊活动等),顾客组织就可以建立起来了。这个组织可以称为顾客俱乐部、顾客联谊会、顾客协会等。通过这种顾客组织形式,加强企业与忠诚顾客的沟通,促进企业与顾客良好关系的建立。要加强顾客与顾客的沟通,可以让顾客之间交流消费体验,增加产品和服务的口碑营销。会员制营销只要得法,就能使会员产生参与企业管理、与企业共同发展的归属感。

6. 个性化订制营销

个性化订制营销是网络时代的关系营销。这种营销方式有利于实现企业与消费者之间的最佳沟通。借助互联网制订的企业客户数据库,企业可以实施个性化订制营销,即"一对一"式的差异化营销。例如,戴尔计算机公司首创了个性化订制营销,从而在个人计算机市场上独领风骚数十载。"一对一"个性化订制营销成功的关键在于企业能满足顾客的个性化需求。企业满足顾客个性化需求的程度决定了顾客对企业的忠诚度和关系度。因此,实施个性化订制关系营销的企业,必须千方百计地根据顾客的需求,生产出不同的产品和服务,以满足顾客的特殊需求。由于产品和服务的生产是订制的,产品和服务的提供是一对一的,因此有利于企业与顾客建立和维持长期的良好关系。有些专家认为,个体化订制营销同样适合标准化生产的产品。因为顾客可以在一系列合适的营销组合中进行选择,如送货条件、培训计划、付款方式、技术服务等。个性化订制营销其实也是一种伙伴式的关系营销。

本章小结

1. 网络营销是以互联网为基础,利用数字化的信息和网络媒体的交互性来辅助营销目标实现的一种新型的市场营销模式。

2. 服务营销是企业在充分认识满足消费者需求的前提下,为充分满足消费者需要在营销过程中所采取的一系列活动。

3. 关系营销是以系统论和大市场营销理论为基本思想,将企业置身于社会经济大系统来考察企业的市场营销活动,认为企业营销是一个与消费者、竞争者、供应商、分销商、政府机构与社会组织发生作用的过程。

同步训练

一、名词解释

网络营销　服务营销　关系营销

二、单选题

1. 下列不属于"7P+3R"因素的是(　　)。

　　A. 价格　　　　　B. 人　　　　　C. 渠道　　　　　D. CI

2. 以下活动中不属于服务业的是（　　）。
   A. 餐饮　　　　　B. 科学研究　　　　C. 钢铁冶炼　　　　D. 金融业
3. 设置幼儿园男老师体现了（　　）。
   A. 专业特色　　　B. 技巧特色　　　　C. 人员特色　　　　D. 顾客特色
4. 休闲餐厅和工作餐厅体现了（　　）。
   A. 专业特色　　　B. 时间特色　　　　C. 原产地特色　　　D. 环境特色
5. 上海公交车采用绿色能源，属于服务营销中的（　　）。
   A. 顾客教育　　　B. 硬件技术　　　　C. 信息咨询　　　　D. 知识素养
6. 由于服务营销的（　　）最明显，因此关系营销最适合服务营销。
   A. 长期性　　　　B. 过程性　　　　　C. 价格非敏感性　　D. 互动性

三、多选题

1. 下列属于整合营销传播工具的是（　　）。
   A. SP　　　　　　B. 公关　　　　　　C. CI
   D. 渠道　　　　　E. 广告
2. 服务的共同特征有（　　）。
   A. 可感知性　　　B. 差异性　　　　　C. 缺乏所有权
   D. 可分离性　　　E. 不可储存性
3. 关系营销的本质特征有（　　）。
   A. 合作　　　　　B. 控制　　　　　　C. 双向沟通
   D. 信任　　　　　E. 双赢

四、判断题

1. 关系营销的核心就在于发展与顾客的长期稳定关系。（　　）
2. 公共关系的对象是公众。（　　）
3. 不管销售对象是谁，销售促进的工具都是一样的。（　　）
4. 服务营销"7P+3R"中的因素之间是孤立存在的。（　　）
5. 关系营销的着眼点：一是赢得顾客；二是拥有顾客。（　　）

五、简答题

1. 网络营销基本特点与作用有哪些？
2. 关系营销与交易营销有什么不同？

六、案例分析题

客人永远是对的

"客人永远是对的"（the guest is always right），是美国"现代酒店之父"斯塔特勒先生的名言。

斯塔特勒先生注意研究客人的需求，只要是他想到的或客人提出来的要求，就想法使之变成现实。有一天，他对巴法罗斯塔特勒酒店经理说："我要客人每天早晨免费得到一份报纸，叫服务员从门底下塞进去。"几天以后，他气鼓鼓地闯进经理室，责问经理："我记得我已经下过命令，叫服务员每天把早报从门下塞进去！"经理解释说："报纸太厚，从门底下塞不进去。"他听后立刻说："那好，叫人把门从下面锯去一英寸，三百个房间的门都锯，叫木匠今天就干。"还有一次，意大利一名著名男高音歌唱家打电报给巴法罗斯塔特勒酒店，预订一套三套间的客房。斯塔特勒知道酒店里没有三套间的房子,但仍叫人答应了他的要求。他立刻组织人临时突击,在两套间隔壁的墙上凿出一扇门来,安上门,粉刷装修好。等 10 来小时后,这位大歌唱家到来的时候,一个崭新的三套间已经准备就绪了。

资料来源:刘剑飞,陈幼君. 酒店市场营销. 长沙:湖南大学出版社,2010

问题:

怎样理解"客人永远是对的"这一观点?如果你认为该观点是合理的,那么在营销活动中该怎样去执行?

参 考 文 献

[1] 菲利普·科特勒. 营销管理[M].12版. 梅清豪,译. 上海:上海人民出版社,2006.
[2] 郭国庆. 市场营销学通论[M].3版. 北京:中国人民大学出版社,2005.
[3] 吴勇,邵国良. 市场营销[M]. 北京:高等教育出版社,2005.
[4] 汤定娜,万后芬. 中国企业营销案例[M]. 北京:高等教育出版社,2001.
[5] 李文国. 市场营销[M]. 上海:上海交通大学出版社,2005.
[6] 李怀斌. 市场营销学[M]. 北京:清华大学出版社,2007.
[7] 连漪. 市场营销学[M]. 北京:北京理工大学出版社,2007.
[8] 张欣瑞. 市场营销管理[M]. 北京:清华大学出版社,2005.
[9] 胡德华. 市场营销经典案例与解读[M]. 北京:电子工业出版社,2005.
[10] 陈子清. 市场营销实训教程[M]. 武汉:华中科技大学出版社,2006.
[11] 苏兰君. 现代市场营销能力培养与训练[M]. 北京:北京邮电大学出版社,2005.
[12] 吴亚红. 市场营销实务[M]. 南京:南京大学出版社,2007.
[13] 荣晓华. 消费者行为学[M]. 大连:东北财经大学出版社,2002.
[14] 赵伯庄,张梦霞. 市场调研[M].2版. 北京:北京大学出版社,20067.
[15] 陈殿阁. 市场调查与预测[M]. 北京:清华大学出版社,2004.
[16] 方光罗. 市场营销学[M]. 大连:东北财经大学出版社,2005.
[17] 吴健安. 市场营销学[M].2版. 北京:高等教育出版社,2004.
[18] 张晋光. 市场营销[M]. 北京:机械工业出版社,2006.
[19] 陈放. 产品策划[M]. 北京:知识产权出版社,2000.
[20] 杨明刚. 市场营销100个案与点析[M].2版. 上海:华东理工大学出版社,2004.
[21] 德尔. 消费者行为学[M].7版. 符国群,译. 北京:机械工业出版社,2000.
[22] 陈信康. 市场营销学案例集[M]. 上海:上海财经大学出版社,2003.
[23] 徐育斐. 推销技巧[M]. 北京:中国商业出版社,2003.
[24] 马连福. 现代市场调查与预测[M]. 北京:首都经济贸易大学出版社,2002.
[25] 王峰. 市场调研[M]. 上海:上海财经大学出版社,2006.
[26] 杨莉惠. 客户关系管理实训[M]. 北京:中国劳动社会保障出版社,2006.
[27] 查尔斯·W.L.希尔. 国际商务[M].5版. 周建临,等,译. 北京:中国人民大学出版社,2005.
[28] 大卫·乔布尔. 市场营销学原理与实践[M].3版. 胡爱稳,译. 北京:机械工业出版社,2003.
[29] 王丽萍. 汪海的鞋门鞋道[M]. 北京:中国商业出版社,2002.
[30] 李航. 有效管理者——产品战略[M]. 北京:中国对外经济贸易出版社,1998.
[31] 德尔·I.霍金斯,罗格·J.贝斯特,肯尼斯·A.科尼. 消费者行为学[M].7版. 符国群,译. 北京:机械工业出版社,2000.
[32] 杨文士,焦叔斌. 管理学原理[M].2版. 北京:中国人民大学出版社,2003.
[33] 杨勇. 市场营销:理论、案例与实训[M]. 北京:中国人民大学出版社,2011.
[34] 杨明刚. 市场营销策划[M]. 北京:高等教育出版社,2009.

[35] 刘剑飞,陈幼君. 酒店市场营销[M]. 长沙:湖南大学出版社,2010.
[36] 隋静,周海霞. 山东芸祥绣品有限公司营销战略探讨[J]. 中国集体经济,2011(3)
[37] 吕艳丹. 百年李锦记的时尚营销[M]. 北京:新营销杂志社出版,2013.
[38] 符莎莉. 市场营销实务[M]. 北京:电子工业出版社,2012.